特别感谢惠予裁判文书或其他诉辩资料的法官、律师和当事人。

中国社会科学院科研局为本书提供了出版资助，一并鸣谢。

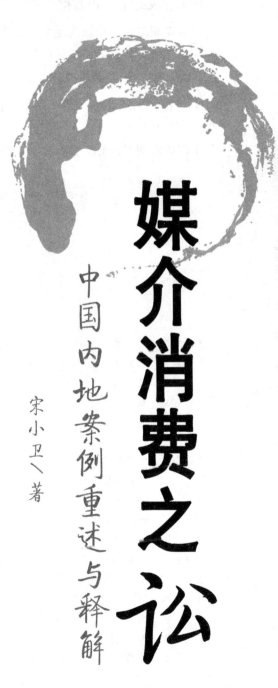

媒介消费之讼

中国内地案例重述与释解

宋小卫／著

中国社会科学出版社

图书在版编目（CIP）数据

媒介消费之讼：中国内地案例重述与释解／宋小卫著.
北京：中国社会科学出版社，2009.4

ISBN 978 - 7 - 5004 - 7678 - 8

Ⅰ. 媒… Ⅱ. 宋… Ⅲ. 传播媒介—法律—研究—中国
Ⅳ. D922. 164

中国版本图书馆 CIP 数据核字（2009）第 037803 号

责任编辑 郎丰君
特邀编辑 冯慧慧
责任校对 许 杨
责任印制 戴 宽
封面设计 王国凤

出版发行 中国社会科学出版社
社 址 北京鼓楼西大街甲 158 号 邮 编 100720
电 话 010 - 84029450（邮购） 传 真 010 - 84017153
网 址 http://www.csspw.cn
经 销 新华书店
印刷装订 三河君旺印装有限公司
版 次 2009 年 4 月第 1 版 印 次 2009 年 4 月第 1 次印刷
开 本 710×1000 1/16
印 张 20.75
字 数 290 千字
定 价 35.00 元

题解并致读者

尊敬的读者，本书旨在提供近十余年来国内媒介消费领域的讼案记载与裁判释评。所谓"媒介消费"（Media Consumption），泛指公众获享大众传播资源的需求之满足。在日常生活中，人们对报纸、电视等大众媒介的视听阅读及其费用支付，皆属媒介消费的范畴。

媒介消费之讼，顾名思义，系指因媒介消费纠纷而引发的民事或行政诉讼，亦即媒介消费者和媒体之间、媒介消费者和媒体行政管理机关之间的诉争与讼事。

本书释解和评点的司法案例，涉及报刊编校质量和发行服务、有线电视费用收缴、媒体广告刊播、处理媒介消费事项的行政管理等四类媒介消费纠纷；或显另类的是"廖良兴诉延平区广播电视局"一案，该案之是非，关乎公民电视表达的法定规制，已然溢出了媒介消费的范畴，惜咎其诉求时新而法理旨远，亦破格收入。

本书并非法律文书教程。书中附录法院判决与裁定，意在文献之客观记录而非文书之样式示范，对其行文制作的格式规范本书不予置评，于此有兴趣的读者可参阅最高人民法院下发的法院诉讼文书格式规范及相关的司法解答与法律教材。

敬祈悦读与指正。

目　　录

周尚万诉市场时报社

　　本案涉及报纸实际版数少于其标示数量的惩罚性赔偿责任。

　　解读本案，或有人敏感于诉讼的收益与代价，或有人揣度原告的目的与动机，抑或有人在思考：媒体失范的违法成本是否过低？媒介消费者的维权代价是否过高？一个案件审结了，就变成了一件公共产品，每个人都可以根据自己的偏好和需要慢慢地咀嚼和品味。

导读： 报纸的实际版数少于其标示的数量是否构成"欺诈"

纠纷： 武汉市居民周尚万在报摊上买了一份《市场时报》，该报右上角标有"48版，仅售1元"的醒目字样，周某阅后发现当期报纸实际仅有44版，与标称相差4个版，他认为该报"虚标"版数的做法违反了《消费者权益保护法》的规定，遂诉至法院，要求判令报社承担惩罚性赔偿责任。

审级： 二审

裁判： 湖北省武汉市洪山区人民法院民事判决书〔1999〕洪民初字第563号

　　　　　湖北省武汉市中级人民法院民事判决书〔1999〕武民终字第1507号

原告： 周尚万

被告： 市场时报社

　　1999年5月20日，武汉市居民周尚万在该市洪山区流动报贩处购得一份《市场时报》（第1016期），该报售价1元，其封面上有"48版"的文字标示。周尚万阅读后发现，该报实际只有44个版面，与其封面上标称的48版相差4个版。周尚万认为，《市场时报》多标版数的行为是引人误解的虚假宣传，属于欺诈行为，于1999年7月12日诉至法院，要求市场时报社赔偿其损失。

　　周尚万诉称：被告的行为违反了《消费者权益保护法》第四十条[1]第六项、第四条[2]、第十条[3]、第十九条[4]第一款之规定，侵犯了消费者的权益。根据《消费者权益保护法》第四十九条[5]之规定，被告应当赔偿原告人民币2元。为了保护消费者的合法权益，依据《民事诉讼法》第一百零八条[6]，《消费者权益保护法》第六条[7]、第三十五条[8]第二款之规定，诉请法院判令被告赔偿原告人民币2元并赔偿原告因诉讼而支出的打印费47.5元、交通费22元、律师费500元等相关费用。

　　被告市场时报社辩称，由于时间、生产技术等各方面原因导致该报第

1016 期出现 44 版，该报 1999 年改版时，新闻出版局批文规定为 4 开 48 版，所以此后各期报纸均统一标称 48 个版。其报纸版数与标示不符属明显的善意瑕疵而非欺诈，补偿的办法是补足，而不是加倍赔偿。

一审法院审理后认定，被告出版的第 1016 期《市场时报》右上角标称 48 版，仅售 1 元，而实际却为 44 版，确实属于与内容不相符合的虚假宣传，违背了民事活动应当遵循诚实信用的基本原则，损害了消费者的合法权益。判决被告市场时报社赔偿原告人民币 2 元，赔偿原告损失费（交通费、打印费、聘请律师费）569.5 元。

一审判决后，市场时报社不服，以一审认定事实不清、判决赔偿律师费于法无据、其报纸版数标示失误不构成侵权等为由提出上诉，请求二审法院撤销原判，公正判决。周尚万（被上诉人）则辩称，一审判决正确，请求维持原判。

二审法院审理认为，上诉人市场时报社在其出版的第 1016 期《市场时报》头版上宣称该期为 48 版，但数量短少，实为 44 版，该虚假宣传具有欺诈性，侵害了原告作为消费者的合法权益。市场时报社应当按照商品价款的一倍赔偿原告的损失，同时还应赔偿原告因诉讼支出的交通费、打印费及合理的聘请律师费用。原告律师收取 500 元的代理费，违反了《律师业务收费管理办法》的规定[9]，对其向原告多收取的费用，法院不予保护。上诉人的上诉理由部分成立。

1999 年 12 月 16 日，二审法院根据《消费者权益保护法》第十九条[10]、第四十条[11]第（六）项、第四十九条[12]、《民法通则》第一百零六条[13]第一款、第一百三十四条[14]第一款（七）项及《民事诉讼法》第一百五十三条[15]第一款（三）项的规定，判决维持武汉市洪山区人民法院 [1999] 洪民初字第 563 号民事判决第一项，即市场时报社赔偿周尚万人民币 2 元；撤销一审法院有关被告赔偿原告损失费（交通费、打印费、聘请律师费）569.5 元的判决，改判市场时报社赔偿周尚万交通费、打印费、聘请律师费共计人民币 269.5 元。

释解与评点

本案是媒体披载的第二例[16]起诉报社"虚标"报纸版数的民事讼案，也是较早适用《消费者权益保护法》的规定解决报纸消费纠纷的法院判决，在此之前，这一领域的民事讼案，多以广告虚假或投递质量为争端。

本案经媒体报道[17]，以其新异的诉因再次向社会提示了报纸消费的可诉性。

🖋 以报纸的"有形物"瑕疵和内容不当为诉因的三类民事讼案

所谓报纸者，是为"一种附带有形物的服务形式"[18]，其中"有形物"是指承载信息的纸张、版式、印刷文字和图片，"服务"则是以上述有形物为载体向读者提供信息，为公民、广告主和党政机关等表达者刊布和传播信息——当然是有选择、有编审地提供和刊布[19]。

报纸的"有形物"和报纸的"服务"如果出现瑕疵乃至侵扰，导致其服务对象或其他公民、法人的某种"不利益"，只要诉之有据，讼之有法，从理论上说，都属"可司法之事项"，当事人有权求诸法院的利益救济。以法院下判所援用的核心实体法而论，起诉报纸（报社）的民事讼案至少可类分出知识产权纠纷之讼、新闻侵权纠纷之讼和订（购）阅消费纠纷之讼。

以报社为被告的"知识产权纠纷之讼"，是原告当事人与报社之间发生著作权、专利权、商标权纠纷所提起的诉讼，受案法院主要以《著作权法》、《著作权法实施条例》、《商标法》、《商标法实施条例》、《专利法》、《专利法实施细则》等[20]作为下判的实体法依据。

以报社为被告的"新闻侵权纠纷之讼"，是原告当事人与报社之间发生名誉权、隐私权、肖像权等人格权纠纷和商誉权[21]纠纷所提起的诉讼，受案法院主要以《民法通则》、《妇女权益保障法》、《未成年人保护法》、《反不正当竞争法》等法律和最高人民法院的《关于审理名誉权案件若干问题的解答》、《关于审理名誉权案件若干问题的解释》、《关于确定民事侵权精神损害赔偿责任若干问题的解释》等司法解释作为下判的实体法[22]依据。

以报社为被告的"订（购）阅消费纠纷之讼"，是原告当事人与报社之间发生产品与服务瑕疵纠纷、虚假宣传或违约纠纷所提起的诉讼，受案法院主要以《民法通则》、《消费者权益保护法》、《广告法》、《合同法》等作为下判的实体法依据。

周尚万与市场时报社的讼争，即是一例起诉报纸"有形物"存在瑕疵的"订（购）阅消费纠纷之讼"。本书收录的另两个案例——"徐三堤诉中国经营报社等虚假广告纠纷案"和"陈洪东诉广西日报社等节日休刊违约案"，亦属同类的讼事。前者的诉因在于广告虚假，即报纸提供的服务

"内容不当"；后者的诉因在于份额缺失，即报纸提供的"有形物"数量缩减，进而导致服务内容的不足。

✎《消费者权益保护法》与报纸消费者的权益保护

本案中，原告和法院都援用了《消费者权益保护法》（以下简称《消法》）的规定作为追究被告民事责任的依据。该法于1993年颁布，自1994年起实施，其总则第二条规定"消费者为生活消费需要购买、使用商品或者接受服务，其权益受本法保护；本法未作规定的，受其他有关法律、法规保护"。该法实施的最初几年，对于能否将各种有偿的精神文化消费（包括掏钱买报和付费看电视等媒介消费）纳入该法所称的"生活消费"范畴，并没有一个明确的说法，甚至多有疑虑。究其原因，恐怕与国内多年贯彻的文化政策不无关系，此前长时期内的主导性文化理念，偏重于张扬文化作为思想道德教育手段和国家意识形态的属性，多少忽视乃至排斥了文化作为公民精神生活资源的消费产品属性。随着传统文化制度的经济基础和管理体制的变革和发展，公民文化权益的实现方式也开始从单纯以国家行政机制为中介的"他导"方式，转向更加丰富的、以市场为中介的自主选择方式，包括报纸在内的大众媒体的文化产业属性逐步得到了国内的政策认可、学理阐释和媒体业界的实际施展。一些地方立法部门在制定消费者权益保护法的地方性实施性法规时，也开始明确地将精神消费的保障内容，纳入消费者权益保护的地方立法调整范围。例如，1997年12月海南省第一届人民代表大会常务委员会第三十三次会议通过的《海南省实施〈中华人民共和国消费者权益保护法〉办法》第二条规定："本办法所称消费者，是指为物质、文化生活需要而购买、使用商品或者接受服务的单位和个人。"国内的民法专家也明确指出：消费者权益保护法所称的"生活消费"，"是指人们为满足个人生活需要而消费各种物质资料、精神产品，是人们生存和发展的必要条件。它首先包括吃饭、穿衣、住房以及使用日用品和交通工具等消费活动；其次包括满足人们精神文化需要的消费活动，如阅读书报杂志，看电影、电视，旅游等。"[23]

至本案发生时，人们对《消法》施之于文化消费领域的疑虑已有所消解，本案被告虽然对原告和法院援用《消法》的特定条款存有异议，但对援用《消法》的规定来处理双方的纠纷却并无质疑。本案的价值之一，就是为报纸消费"实证地"进入《消法》的调整范围提供了一个早期的司法例证。

需要说明的是，对报纸消费而言，《消法》的保护主要施之于报纸"有形物"的质量保障，报纸的订（购）阅消费者不能以报纸的服务内容不佳提起消费者诉讼。因为对报纸内容的评价，往往因人而异，甲说不错的，乙可能觉得很糟，青年人喜欢的，老年人可能反感。即便是大家都评价很差的报道，也无法按照法律的要求，对读者的实际损失进行举证和证明，而只能通过受众反馈、媒介批评、媒体内部的自我调控、行政管理等途径，促其改进和解决。同时也要考虑，如果允许受众对不合己意的大众传播内容轻易地享有否决权，势将限制乃至剥夺媒体和另外一部分社会成员的表达自由，而公民和媒体的表达自由，与公民享用大众传播资源的权益一样，也是法律所保护的一种十分重要的、有时甚至是更高阶位的权利和基本人权。

只有在出现法定事由的情况下，读者才能依据《消法》的规定对报纸的内容行使诉权，这就是报纸刊登虚假广告，致使读者的合法权益受到侵害。根据《消法》第三十九条[24]的规定，虚假广告的受害者可以向广告主要求赔偿，并且可以请求行政机关追究广告经营者和广告发布者的行政法律责任。广告经营者和广告发布者不能提供广告主的真实名称、地址的，应当向受害者承担民事赔偿责任。

还有一种比较特殊的情况，是报纸刊登假新闻。报纸上出现一两条假新闻，可以通过新闻行政管理或行业自律手段来处理，但如果一份报纸上的假新闻多到足以影响其基本的使用价值，就可以依据《消法》第二十二条[25]、第三十五条[26]、第四十四条[27]的规定要求报社或报纸发行者承担赔偿责任。不过，一份报纸同时出现大量假新闻（而不是假广告）的情况极为罕见，目前还只是一种理论上的虚拟和假设。至于报纸可能出现的其他内容违法问题，比如侵害他人的名誉权或著作权、发表有损国家利益的言论等，则不属于消费者权益保护法的调整范围，可以按照侵权行为法、行政法和刑法的规定来解决。

📝 本案被告错误标示报纸版数是否构成"欺诈行为"

本案的争议焦点，是市场时报社不实标示报纸版数的行为是否构成《消法》所称的"欺诈"。

我国的《消法》在其第四十九条中规定："经营者提供商品或者服务有欺诈行为的，应当按照消费者的要求增加赔偿其受到的损失，增加赔偿的金额为消费者购买商品的价款或者接受服务的费用的一倍。"这是我国民事法律中唯一的惩罚性赔偿规定，其主旨在于明确欺诈经营的双倍赔偿责任。根据这一规定，经营者提供商品或服务时有欺诈损害消费者利益的，都要承担加倍赔偿的责任[28]。关于"欺诈"的含义，《消法》中并未给出界定，我国民法中的这一概念，首先见之于《民法通则》第五十三条[29]关于"以欺诈的手段使对方在违背真实意思的情况下所实施的民事行为无效"的规定。最高人民法院在《关于贯彻执行〈中华人民共和国民法通则〉若干问题的意见（试行）》中就《民法通则》规定中的"欺诈"进行了解释：即"一方当事人故意告知对方虚假情况，或者故意隐瞒真实情况，诱使对方当事人作出错误意思表示的，可以认定为欺诈行为。"[30]根据该解释，欺诈的构成有三个方面的要件：一是欺诈方具有欺诈的故意，即欺诈的一方明知自己告知对方的情况是虚假的且会使被欺诈人陷入错误认识，而希望或放任该结果的发生；二是欺诈方实施了欺诈，即将其欺诈的故意表示为外显的行为；三是被欺诈的一方因欺诈而陷入错误并因此作出了意思表示。因为《消法》第四十九条的规定属于民法的特别法，所以最高法院关于《民法通则》中"欺诈"概念的上述解释，也同样适用于《消法》的规定。

本案中，被告错误标示报纸版数的行为是否构成《消法》第四十九条规定的欺诈，取决于该行为是否符合欺诈的表现形式，是否出于被告的故意。

根据《欺诈消费者行为处罚办法》第三条[31]的规定，经营者采取虚假或者其他不正当手段使销售的商品或提供的服务分量不足的，以虚假的商品或服务说明、标准等方式销售商品或提供服务的，都属于欺诈消费者的行为。据此比照，本案被告不实标称其报纸版数的行为，显然符合欺诈的行为表现。

关于欺诈主观要件的认定，即如何判断经营者是否具有欺诈的故意，直接参与了《消法》制定的民法专家提出：依据《消法》对消费者提供特殊保护的立法目的及参考发达国家法院的经验，应当采用举证责任转换的立法技术。即不要求消费者举证证明经营者具有"故意"，而是要求经营者就自己不具有"故意"举证。[32]因为故意多属主观状态，某种行为是出于疏忽还是故意，他人较难予以证明，所以要对欺诈行为的主观故意采取推定的方式，只要经营者提供的商品或服务有欺诈的后果，就可以推定其具有欺诈的主观故意，同时通过举证责任倒置给其提供辩驳的机会，如果行为人认为自己没有欺诈的故意，可以自己举证证明。证明成立者，不承担民事责任；证明不能或者证明不足者，则推定成立，经营者应当承担支付惩罚性赔偿金的责任。[33]审判实践中，我国许多法院也正是这样做的。

因未得到本案的一审判决书，故对被告当时的自辩所知不详。二审判决书对本案当事人原审中的诉辩和举证事实没有完整的交代，对上诉人（原审被告市场时报社）提出的异议也只极为简化地提到"市场时报社不服，以一审认定事实不清、判决赔偿律师费于法无据，我社不构成侵权等为由提出上诉"，但具体对哪些事实认定不清、究竟提出了哪些不构成侵权的理由，则不得而知，此为二审判词的一个明显缺憾。更规范的做法，应把有异议的部分叙述清楚，并应有针对性地对相关的证据进行分析，论证其异议可否成立，尤其应针对上诉人对其"故意"的举证、质证和自辩，写明法庭采信与否的理由，这既是尊重当事人的诉讼权利，也使判词以下各部分的叙事、说理和判决有所依凭和照应，具有逻辑上的连贯性和说服力。

据媒体报道，市场时报社曾对指诉其虚标报纸版数的究责回应称：该报1999年改版，新闻出版局批文规定为4开48版，所以此后的各期报纸都统一标称48个版。其中第1015期出现44版，原因是5月8日发生了北约轰炸我驻南大使馆的突发事件，报社在付印前临时调整了版面。该报每期成本为3元至5元，却仅售1元，不但物有所值，甚至是物超所值。另外，读者从内页的目录很明显可以看出该报是42版（加上封底2个版合计为44个版），所以这属明显（善意）瑕疵商品。标称48个版的行为不属于欺诈，只能适用于《消法》中所说的数量不足，补偿的办法是补足，而不是加倍赔偿。[34]

市场时报社的上述答辩，只是强调了其标示版数与实际版数不符的理由，并未证明其不存在错误标示版数的故意。

实际上，我国的新闻出版管理部门从未规定，即便报纸的实际版数减少，也必须按照"新闻出版局批文"中的版数进行标示。退而言之，就是有这样的规定，也属于其行业内部的管理规范，不能以其作为免于承担民事法律责任的抗辩事由。

至于"因突发事件而在付印前临时调整了版面"，倒确实可能因此出现疏忽和差错，以此解释报社错标版数的"非故意"，应该是有证明力的。问题在于，该报改版后出版的11期报纸中，44版的并非仅有"突发事件"这一期，还有另外3期报纸也是44版，也同样在其封面标称48版，这就不好用"一时"的疏忽和差错来解释了。

还应说明的是，报社所称"该报纸每期成本为3元至5元，却仅售1

元，不但物有所值，甚至是物超所值"或许属实，其言外之意，是在表明报社无需通过虚标版数来赚钱，或报社并无以此谋利的故意动机。但依民法的判断法则，"欺诈方告知虚假情况，不论是否使自己或第三人牟利，不妨碍恶意的构成；如果欺诈者意识到自己的欺诈行为会使自己或第三人牟利、使对方当事人遭受损害而故意为之，则可认为欺诈者具有较大的主观恶性。"[35]

以上所析，一言以蔽之，即：有"理由"的故意仍然是故意。所以，法院判决本案被告加倍赔偿原告的损失，并无不妥。

媒介消费的小额诉讼之得失

本案是又一例"赔钱赢官司"的诉讼，为追讨 2 元的损失赔偿，原告付出了 52 元的讼费和无法精确计量的时间、精力等代价，媒介消费者的诉讼支出大大超过了收益，值不值得？这是个开放性的提问，仁者见仁，智者见智，但任何人都无法代替兴讼者作出价值判断和选择，每个公民都有权自主地处分其诉的利益。

一例媒介消费讼案的索赔得失，可以算计其经济的盈亏，也可着眼其社会的收益，但它对法治信仰的确立、社会公正的实现、传播秩序的维护、同类纠纷的预防和抑制等，能忽略不计吗？

当然，每一件诉讼不唯需要当事人的付出，同时也在消耗司法的成本——一种当下尚属稀缺的公共资源，因为稀缺，所以应该惜用。但是，一种合理的司法制度设计，总得为"二元钱"的诉讼预留足够的理讼资源和空间，同时，国家和社会也应积极探索和建立各种行之有效的非讼解纷渠道和机制，尽快建立起小额诉讼司法制度。

解读本案，或有人敏感于诉讼的收益与代价，或有人揣度原告的目的与动机，抑或有人在思考：媒体失范的违法成本是否过低？媒介消费者的维权代价是否过高？一个案件审结了，就变成了一件公共产品，每个人都可以根据自己的偏好和需要慢慢地咀嚼和品味。

注释：

[1]《消费者权益保护法》（1994 年 1 月 1 日起施行）第四十条 经营者提供商品或者服务有下列情形之一的，除本法另有规定外，应当依照《中华人民共和国产品质量法》和其他有关法律、法规的规定，承担民事责任：

（一）商品存在缺陷的；

（二）不具备商品应当具备的使用性能而出售时未作说明的；

（三）不符合在商品或其包装上注明采用的商品标准的；

（四）不符合商品说明、实物样品等方式表明的质量状况的；

（五）生产国家明令淘汰的商品或者销售失效、变质的商品的；

（六）销售的商品数量不足的；

（七）服务的内容和费用违反约定的；

（八）对消费者提出的修理、重作、更换、退货、补足商品数量、退还货款和服务费用或者赔偿损失的要求，故意拖延或者无理拒绝的；

（九）法律、法规规定的其他损害消费者权益的情形。

〔2〕《消费者权益保护法》第四条 经营者与消费者进行交易，应当遵循自愿、平等、公平、诚实信用的原则。

〔3〕《消费者权益保护法》第十条 消费者享有公平交易的权利。

消费者在购买商品或者接受服务时，有权获得质量保障、价格合理、计量正确等公平交易条件，有权拒绝经营者的强制交易行为。

〔4〕《消费者权益保护法》第十九条 经营者应当向消费者提供有关商品或者服务的真实信息，不得作引人误解的虚假宣传。

经营者对消费者就其提供的商品或者服务的质量和使用方法等问题提出的询问，应当作出真实、明确的答复。

商店提供商品应当明码标价。

〔5〕《消费者权益保护法》第四十九条 经营者提供商品或者服务有欺诈行为的，应当按照消费者的要求增加赔偿其受到的损失，增加赔偿的金额为消费者购买商品的价款或者接受服务的费用的一倍。

〔6〕《民事诉讼法》（1991年4月9日起施行）第一百零八条 起诉必须符合下列条件：

（一）原告是与本案有直接利害关系的公民、法人和其他组织；

（二）有明确的被告；

（三）有具体的诉讼请求和事实、理由；

（四）属于人民法院受理民事诉讼的范围和受诉人民法院管辖。

〔7〕《消费者权益保护法》第六条 保护消费者的合法权益是全社会的共同责任。

国家鼓励、支持一切组织和个人对损害消费者合法权益的行为进行社会监督。

大众传播媒介应当做好维护消费者合法权益的宣传，对损害消费者合法权益的行为进行舆论监督。

〔8〕《消费者权益保护法》第三十五条 消费者在购买、使用商品时，其合法权益受到损害的，可以向销售者要求赔偿。销售者赔偿后，属于生产者的责任或者属于向销售者提供商品的其他销售者的责任的，销售者有权向生产者或者其他销售者追偿。

消费者或者其他受害人因商品缺陷造成人身、财产损害的，可以向销售者要求赔偿，也可以向生产者要求赔偿。属于生产者责任的，销售者赔偿后，有权向生产者追偿。属于销售者责任的，生产者赔偿后，有权向销售者追偿。

消费者在接受服务时，其合法权益受到损害的，可以向服务者要求赔偿。

〔9〕1990 年 2 月 15 日，司法部、财政部、国家物价局以司法〔1990〕043 号文件下发了《律师业务收费管理办法及收费标准》，根据该文件附件二《律师业务收费标准》的规定，办理不涉及财产关系的民事案件，律师业务收费标准是 70－150 元/件，涉及财产关系的除收取办案手续费 100－200 元/件外，还按争议标的的一定比例另加收费，但争议标的在 5000 元以下的免另加收费。1991 年 11 月 19 日，国家物价局、财政部又下发了《关于发布司法行政系统行政事业性收费项目和标准的通知》（〔1991〕价费字 549 号），其中附件四是《律师服务收费标准表》，该通知自 1991 年 12 月 1 日起施行，过去的有关规定一律废止，但该通知中的附件四与司法〔1990〕043 号文件的附件二《律师业务收费标准》的规定是完全一样的。

阅读提示：2006 年 4 月 13 日，国家发展改革委和司法部发布《律师服务收费管理办法》（发改价格〔2006〕611 号），该办法自 2006 年 12 月 1 日起施行。

〔10〕见注 4。

〔11〕见注 1。

〔12〕见注 5。

〔13〕《民法通则》（1987 年 1 月 1 日起施行）第一百零六条 公民、法人违反合同或者不履行其他义务的，应当承担民事责任。

公民、法人由于过错侵害国家的、集体的财产，侵害他人财产、人身的，应当承担民事责任。

没有过错，但法律规定应当承担民事责任的，应当承担民事责任。

〔14〕《民法通则》第一百三十四条 承担民事责任的方式主要有：

（一）停止侵害；

（二）排除妨碍；

（三）消除危险；

（四）返还财产；

（五）恢复原状；

（六）修理、重作、更换；

（七）赔偿损失；

（八）支付违约金；

（九）消除影响、恢复名誉；

（十）赔礼道歉。

以上承担民事责任的方式，可以单独适用，也可以合并适用。

人民法院审理民事案件，除适用上述规定外，还可以予以训诫、责令具结悔过、收缴进行非法活动的财物和非法所得，并可以依照法律规定处以罚款、拘留。

〔15〕《民事诉讼法》第一百五十三条 第二审人民法院对上诉案件，经过审理，按照下列情形，分别处理：

（一）原判决认定事实清楚，适用法律正确的，判决驳回上诉，维持原判决；

（二）原判决适用法律错误的，依法改判；

（三）原判决认定事实错误，或者原判决认定事实不清，证据不足，裁定撤销原判决，发回原审人民法院重审，或者查清事实后改判；

（四）原判决违反法定程序，可能影响案件正确判决的，裁定撤销原判决，发回原审人民法院重审。

当事人对重审案件的判决、裁定，可以上诉。

〔16〕我国媒体报道的首例起诉报社"虚标"报纸版数的民事讼案，先于本案一个多月提起诉讼，同样以《市场时报》为被告。其主诉案情为：1999 年 5 月 17 日，武汉市硚口区市民汪某于街头买了一份《市场时报》，该报封面有"48 版"的标称字样，售价 1 元。汪某阅读该报时发现，整份报纸加上封面、封底共 44 版，与封面及其重要启事内所标称的 48 版相差 4 版，同时该报纸对其版数短缺未作任何说明。当日下午，汪某到武汉市硚口区人民法院起诉，他认为，该报的行为欺骗了消费者，应双倍返还其损失。1999 年 6 月 9 日，法院依法对此案进行了公开审理，被告报社代理人辩称：由于时间、生产技术等各方面原因，导致该报第 1015 期出现 44 版（除此之外还有 3 期为 44 版），且该报版面有 44、48、52 版等三种形式，其成本价格大大高出该报的售价。这明显是善意的瑕疵，不属于欺诈行为，只能说数量不足，不应加倍赔偿。汪某认为报纸属于精神性消费，不同于一般的物质消费，物资数量不够可以补足，而报纸一旦出版发行，版数不够是无法补足的。1999 年 6 月 15 日上午，在武汉市硚口区人民法院主持调解下，原告汪某与被告市场时报社自愿达成协议：被告因报纸实际版面不足，愿以刊登启事方式，向读者声明致歉；原告则放弃诉讼请求。参见闵治奎、郭卫华/主编：《中国典型消费纠纷法律分析》，中国法制出版社 2000 年版，14 － 17 页。

〔17〕参见欧阳春艳：《两律师较真两元钱官司》，2000 年 1 月 28 日《长江日报》；苏民益：《报纸版数不够 读者状告报社——武汉一家报社因侵权被判赔款并承担诉讼费》，1999 年 10 月 15 日《检察日报》。

〔18〕唐绪军/著：《报业经济与报业经营》，新华出版社 1999 年版，第 39 页。

〔19〕本段所称之报纸，限于作为纸质出版物的报纸，更周全的讨论，当然应将以互联网和视频接收终端为载体的电子报纸考虑在内，后者有别于纸媒的特性和影响，已日渐凸显。

〔20〕**阅读提示：**《著作权法》、《商标法》、《专利法》等均已经过修正。我国法律的修改有两种方式，一种是修正，另一种是修订。两者在修改、审议、表决的内容，公布的方式与生效日期等方面都有所不同。采用修正方式修改的法律，只对修正的条款规定一个新的生效日期，原法律的生效日期不变。采用修订方式修改的法律，对原法律规定的生效日期必须作出修改，另行规定新的生效日期。

〔21〕国内法学界亦有观点认为商誉权应归属于知识产权的范畴。参见吴汉东：《论商誉权》，《中国法学》2001 年第 3 期，第 91 － 98 页；郑新建：《论商誉权的法律属性》，《河北法学》2001 年第 1 期，第 27 － 29 页；于新循：《商誉及商誉权之法律归位分析》，《求索》2007 年第 3 期，第 113 － 115 页。

〔22〕此处列举的最高人民法院的 3 个司法解释，不仅有实体法性质的规定，也有不少条款涉及案件受理、管辖等程序法的规定。

〔23〕王利明：《消费者的概念及消费者权益保护法的调整范围》，《政治与法律》2002 年第 2 期，第 10 页。

〔24〕《消费者权益保护法》第三十九条 消费者因经营者利用虚假广告提供商品或者服务，其合法权益受到损害的，可以向经营者要求赔偿。广告的经营者发布虚假广告的，消费者可以请求行政主管部门予以惩处。广告的经营者不能提供经营者的真实名称、地址的，应当承担赔偿责任。

阅读提示：《消费者权益保护法》实施之后，我国又于 1994 年 10 月 27 日公布了《广告法》，并自 1995 年 2 月 1 日起实施，该法第三十八条对广告主、广告经营者、广告发布者制作、发布虚假广告的民事责任作了专门性的规定。该法属于调整广告法律关系的特别法，因此，在处理虚假广告纠纷的讼案时，可直接适用《广告法》的上述规定。

〔25〕《消费者权益保护法》第二十二条 经营者应当保证在正常使用商品或者接受服务的情况下其提供的商品或者服务应当具有的质量、性能、用途和有效期限；但消费者在购买该商品或者接受该服务前已经知道其存在瑕疵的除外。

经营者以广告、产品说明、实物样品或者其他方式表明商品或者服务的质量状况的，应当保证其提供的商品或者服务的实际质量与表明的质量状况相符。

〔26〕见注 8。

〔27〕《消费者权益保护法》第四十四条 经营者提供商品或者服务，造成消费者财产损害的，应当按照消费者的要求，以修理、重作、更换、退货、补足商品数量、退还货款和服务费用或者赔偿损失等方式承担民事责任。消费者与经营者另有约定的，按照约定履行。

〔28〕参见法律出版社法规中心∕编：《中华人民共和国消费者权益保护法注释本》，法律出版社 2006 年版，第 22 – 23 页。

〔29〕《民法通则》第五十八条 下列民事行为无效：

（一）无民事行为能力人实施的；

（二）限制民事行为能力人依法不能独立实施的；

（三）一方以欺诈、胁迫的手段或者乘人之危，使对方在违背真实意思的情况下所为的；

（四）恶意串通，损害国家、集体或者第三人利益的；

（五）违反法律或者社会公共利益的；

（六）经济合同违反国家指令性计划的；

（七）以合法形式掩盖非法目的的。

无效的民事行为，从行为开始起就没有法律约束力。

〔30〕《最高人民法院关于贯彻执行〈中华人民共和国民法通则〉若干问题的意见（试行）》（1988 年 1 月 26 日最高人民法院审判委员会讨论通过）第六十八条。

〔31〕《欺诈消费者行为处罚办法》（1996 年 3 月 15 日国家工商行政管理局令第 50 号发布，1996 年 3 月 15 日起施行）第三条 经营者在向消费者提供商品中，有下列情形之一的，属于欺诈消费者行为：

（一）销售掺杂、掺假，以假充真，以次充好的商品的；

（二）采取虚假或者其他不正当手段使销售的商品分量不足的；

（三）销售"处理品"、"残次品"、"等外品"等商品而谎称是正品的；

（四）以虚假的"清仓价"、"甩卖价"、"最低价"、"优惠价"或者其他欺骗性价格表示销售商品的；

（五）以虚假的商品说明、商品标准、实物样品等方式销售商品的；

（六）不以自己的真实名称和标记销售商品的；

（七）采取雇佣他人等方式进行欺骗性的销售诱导的；

（八）作虚假的现场演示和说明的；

（九）利用广播、电视、电影、报刊等大众传播媒介对商品作虚假宣传的；

（十）骗取消费者预付款的；

（十一）利用邮购销售骗取价款而不提供或者不按照约定条件提供商品的；

（十二）以虚假的"有奖销售"、"还本销售"等方式销售商品的；

（十三）以其他虚假或者不正当手段欺诈消费者的行为。

阅读提示：该办法在其第二条中特别说明：本办法所称商品包括服务。

〔32〕梁慧星：《消费者权益保护法第四十九条的解释与适用》，2001 年 3 月 29 日《人民法院报》，第 3 版。

〔33〕参见杨立新：《关于服务欺诈行为惩罚性赔偿金适用中的几个问题——兼评丘建东起诉的两起电话费赔偿案》，《河南省政法管理干部学院学报》1998 年第 2 期，第 10 - 18 页。

〔34〕此处所引述的市场时报社之回应，是其此前被另一位读者汪某起诉（见注 16）时所作的答辩，汪某的诉讼结案后不到一个月，本案原告又以类同于汪某的诉因提起本案的诉讼。参见欧阳春艳：《两律师较真两元钱官司》，2000 年 1 月 28 日《长江日报》。

〔35〕唐德华、高圣平/主编：《民法通则及配套规定新释新解（上）》，人民法院出版社 2003 年版，第 899 页。

附：

湖北省武汉市中级人民法院民事判决书

〔1999〕武民终字第 1507 号

上诉人（原审被告）市场时报社。住所地，本市桥口区宝丰路 1 号。

法定代表人易志豪，总编辑。

委托代理人滕锦平，该社总编室主任，住本市桥口区宝丰路 1 号。

委托代理人刘建平，男，武汉市委党校副教授，住该校。

被上诉人（原审原告）周尚万，男，1957 年×月×日出生，汉族，湖北省钟祥市人，武汉教育学院教师，住本市江岸区×××号。

上诉人市场时报社因损害赔偿一案，不服武汉市洪山区人民法院〔1999〕洪民初字第 563 号民事判决，向本院提起上诉。本院依法组成合议庭审理了本案，现已审理终结。

原判认定，被告出版的第 1016 期《市场时报》右上角标称 48 版，仅售 1 元，但实际却为 44 版，确实为与内容不相符合的虚假宣传，违背了民事活动应当遵循诚实信用的基本原则，损害了消费者的合法权益。判决：一、被告市场时报社赔偿原告周尚万人民币 2 元；二、被告市场时报社赔偿原告损失费（即交通费、打印费、聘请律师费）569.5 元；三、上述一、二两项费用共计 571.5 元，被告于本判决生效后 10 日内付清。判后，市场时报社不服，以一审认定事实不清、判决赔偿律师费于法无据、该社不构成侵权等为由提出上诉，请求二审法院撤销原判，公正判决。周尚万辩称，一审判决正确，请求维持原判。

经审理查明，1999 年 5 月 20 日，被上诉人周尚万在华中师范大学附近一流动报贩处，用人民币 1 元钱购得上诉人市场时报社出版的第 1016 期《市场时报》1 份。该报右上角标有"48 版，仅售一元"的醒目字样。周尚万阅读后，发现该报只有 44 版，与标称相差 4 版。周尚万认为市场时报侵害了消费者的合法权益，遂于 1999 年 7 月 12 日诉至一审法院，要求市场时报社赔偿损失。

另查，周尚万为诉讼支出交通费 47.5 元、打印费 22 元、聘请律师费 500 元。

以上事实有当事人陈述、《市场时报》第 1016 期、交通费票据、打印费收据及律师费发票等证据证实。

本院认为，上诉人市场时报社在其出版的第1016期《市场时报》头版上宣称该期为48版，但数量短少，实为44版，该虚假宣传具有欺诈性，侵害了消费者周尚万的合法权益。市场时报社应当按照商品价款的一倍赔偿周尚万的损失，同时还应赔偿周尚万因诉讼支出的交通费、打印费及合理的聘请律师费用。周尚万的律师收取500元的代理费，违反了《律师业务收费管理办法》的规定，对于多收取的费用，本院不予保护。上诉人的上诉理由部分成立。根据《中华人民共和国消费者权益保护法》第十九条、第四十条（六）项、第四十九条、《中华人民共和国民法通则》第一百零六条第一款、第一百三十四条第一款（七）项及《中华人民共和国民事诉讼法》第一百五十三条第一款（三）项的规定，判决如下：

一、维持武汉市洪山区人民法院［1999］洪民初字第563号民事判决第一项，即市场时报赔偿周尚万人民币2元；

二、撤销武汉市洪山区人民法院［1999］洪民初字第563号民事判决第二项、第三项；

三、市场时报社赔偿周尚万交通费、打印费、聘请律师费共计人民币269.5元。

四、上述款项共计271.5元，于本判决生效之日起10日内付清。

二审案件受理费50元，由市场时报社承担24元，周尚万承担26元。

一审案件受理费50元，由市场时报社承担24元，周尚万承担26元。

本判决为终审判决。

审判人员署名（略）

一九九九年十二月十六日

注：以上裁判文书仅供参考，引用请以原件为准。

陈洪东诉广西日报社报刊发行中心

本案是报纸春节休刊引出的违约之诉。

基于常识，任何休刊都将是对订户利益的"缩减"，因此，报社在与订户缔约时理应依照《合同法》的规定，履行其提示的义务，这不仅是必要的手续，也是对订户和报社自身利益的维护与尊重。

导读：报纸节日休刊引出的违约之诉；行政备案、行业惯例与民事责任的豁免

纠纷：《南国早报》于春节期间休刊 3 天，该报的订户陈某认为报社此举构成违约，致使其在休刊期间无报可读，故诉至法院，要求报社退还 1.37 元的订报经济损失。

审级：二审

裁判：广西南宁市新城区人民法院民事判决书［2004］新民二初字第 513 号
广西南宁市中级人民法院民事调解书［2005］南市民二终字第 22 号）

原告：陈洪东

被告：广西日报社报刊发行中心、广西日报社

2003 年 12 月 28 日，南宁市民陈洪东为订阅广西日报社（以下简称报社）主办的《南国早报》，向广西日报社报刊发行中心（以下简称发行中心）支付订报款 168 元，发行中心向陈洪东出具了一张订报发票，该发票上注明：报刊名为《南国早报》，订报日期从 2004 年 1 月 1 日至 12 月 31 日，数量为 1 份，报刊价款为人民币 168 元，该票据上加盖了发行中心的印章。

自 2004 年 1 月 1 日起，发行中心每日向陈洪东提供 1 份《南国早报》。2004 年 1 月 21 日，当天出版的《南国早报》在头版刊出一则《敬告读者》，其内容为："本报从 1 月 22 日至 24 日（正月初一至初三）休刊 3 天，25 日、26 日分别出 16 个版，27 日、28 日分别出 24 个版，29 日恢复正常出版。特此敬告，并祝广大读者朋友春节快乐，猴年吉祥！"

陈洪东经向广西新闻出版局了解，证明《南国早报》是周七刊，属于日报。他认为，作为一份日报，《南国早报》负有每日出版并向订户提供报纸的合同义务，发行中心也是按全年的订报天数收取了订户的报款，该报春节休刊 3 日，使其订户无报可读，显属违约。因《南国早报》为广西

日报社主办，发行中心系报社的职能部门，陈洪东遂以报社和发行中心为被告，向法院提出民事诉讼，要求确认报社休刊的违约责任，判令两被告退还其订报费损失1.37元并承担本案的诉讼费用。

陈洪东诉称，被告收到原告所付2004年度《南国早报》订报费，则本案双方成立报纸买卖合同关系，该关系受《民法通则》、《合同法》、《消费者权益保护法》、《报纸管理暂行规定》[1]等法律规范调整。原告已提前一次性履行给付价款义务，被告负有每天将出版的报纸送达原告指定地址的义务，但被告未经包括原告在内的广大订户同意，也无法律上的正当事由，自行休刊三天，这一行为明显违反了合同义务，应承担相应的违约责任。原告支付的全年订报费为168元，2004年有366天，则3天的订报费共计1.37元。该款属被告违约而给原告造成的损失，应由被告赔偿。被告收取了原告订报费而不提供产品，在法律上也无正当理由，故提起本次诉讼，请法院依法判决。

被告发行中心、广西日报社共同答辩称：

一、我社发行的《南国早报》于2004年1月22、23、24日休刊。这3天是中国农历春节的大年初一、初二、初三，同时也是国家法定的假日。我社与原告所订立的订报合同中并未明确约定我社必须在法定节假日向原告提供《南国早报》，而且我社在订户订阅《南国早报》时所散发的宣传资料中已清楚地说明了该报将在部分节假日休刊。从行业惯例来看，绝大多数如《南国早报》这样的市场化的都市类报纸春节都休刊，休刊有休3天至7天不等。如《深圳晚报》、同城的《八桂都市报》等。因此，我社的休刊行为并没有违反合同义务。

二、我社的休刊行为已经向广西壮族自治区新闻出版局提交了报告并获得批准，并不是违法停刊。

三、即使如原告诉称的我社休刊行为导致其损失，但3天无报的1.37元损失并不影响整个合同利益的实现，从结果来看也达到了合同预期的效果，因此不应将我社休刊认定为违约。

综上，被告认为原告的诉讼请求缺乏事实和法律上的依据，请求法院驳回原告的诉讼请求。

针对被告提交的证据及其法庭答辩，原告又在其"关于《南国早报》自行休刊一案的法律适用意见"中陈述了如下看法：

一、关于被告散发给订户的宣传资料，原告认为，首先，该传单未经被告签字盖章，不具备书证的有效形式。其次，没有证据证实该传单制作的时间。还有，没有证据证实该传单在何时、何地、由何人向何人散发，所以，单独一份传单说明不了任何问题。最后，最关键的是，被告没有证据证实订立合同时被告向本人散发了这个传单，告知了春节休刊情况。被告没有申请在发票上签名的发行员范××出庭作证，怠于举证，让人费解。在是否告知的问题上，依举证责任分配规则，由主张已告知的被告一方承担举证责任，该传单既不具备合法性，其真实性也让人怀疑，不能证明其在何时、何地已告知本人，所以不应被法院所采信。

二、《南国早报》作为一份日报，周七刊，其刊期就决定了出版的频率是每天一期。就像周报每周一期、月刊每月一期一样，是不言自明的，并不需要额外承诺。按被告的逻辑，其并未承诺在节假日出报，所以休刊不违法，则被告也同样没有承诺在工作日出报，岂不是也可以工作日休刊吗？在被告出具的订报发票上，起始日期也是写着2004年1月1日至12月31日，并未特别注明哪些日子不出报。可见，既无特别约定，作为日报的被告，天天出版报纸就成为一项当然的合同义务。这在法律的解释中称之为文义解释和当然解释。如果按被告说的可以每天出报，也可以不出报，完全取决于被告的单方意志，这对读者来说是不公平的，有违法律的公平原则。

三、关于新闻出版局的证明。该证明首先可以说明休刊是被告自己作出的决定，因新闻出版局只是备案，并未审批。被告应承担其自行决定休刊所引起的责任。其次，休刊是否审批、备案与本案无关，行政管理的内部规程不影响本案民事法律关系的履行。

四、关于《深圳晚报》、《八桂都市报》等也休刊，被告想以此说明"春节都市类报纸休刊是惯例"，但该证据太薄弱，全中国几千份报纸，两份报纸还不能说明是惯例，被告缺乏统计学数据来支持其主张。如果春节休刊是惯例，那春节正常出版的报纸是否在违反惯例？

五、节假日并非被告休刊的正当理由。被告在答辩状中称其职工在法定假日休息，因而节假日休刊是合理合法的。这种理由过于牵强。职工休息可以通过轮休、轮换岗位、提前编稿等方式继续出版，不应成为休刊的理由，星期六、星期天也是假日，被告也未休刊。

六、原告的损失是存在的，计算也是有依据的。报纸是不论厚薄，按份定价的。原告交款168元，从2004年1月1日至12月31日共计366天，因而每天的订报价为0.459元，三天即为1.37元。被告称该款在全年订报费中微不足道，不影响合同目的实现，但原告本人也并未诉称休刊影响了合同目的的实现。然而被告休刊三天，确实使原告无法从所订的报纸上了解到这三天发生的新闻，原告诉请这三天的损失是有依据的。

一审法院认为：原告陈洪东在被告发行中心订阅《南国早报》并支付报款后，双方的订报关系已成立，其行为合法有效，应受法律保护。原告在订阅2004年度该报刊时，被告发行中心已一次性给予原告优惠年订价168元，比该报全年的零售价216元便宜了48元。原告向被告交付报款后，被告已依约向原告履行了送报义务。被告在2004年1月21日《南国早报》头版刊登的"休刊通知"，已向订户履行了告知义务，也报请了广西壮族自治区新闻出版局备案并得到批准。被告报社的行为未超出报纸出版的行业惯例，亦未违反法律禁止性规定，并无不当。原告要求两被告退还订报经济损失1.37元的诉讼请求，因证据不足，不予支持。依照《民事诉讼法》第六十四条[2]第一款、《民法通则》第五条[3]之规定，法院判决驳回了原告的诉讼请求。

陈洪东对法院2004年10月27日送达的一审判决不服，向南宁市中级人民法院提出上诉，其上诉状称：

一审判决对本案的认定及处理有五点不妥：

一、一审判决认定的被上诉人给上诉人优惠了48元订报费一事与本案无关。《南国早报》全年零售价216元，但上诉人不是散户而是订阅户，上诉人提前一次性付清全年报价，报社给予优惠是理所当然的，这是报社给予订户的一种折让，也是上诉人订报的一个原因。发行中心在收取上诉人168元订报款时也未附加任何条件。一审判决试图说明报社曾给予上诉人48元的报款优惠，该优惠可与合同履行期间报社给上诉人造成的1.37元损失相抵销，这是错误的。因为"优惠48元"是报社向订报户发出的要约，上诉人向发行中心支付"全年订价168元"后，即履行了己方的合同义务，报社不能再以其48元的优惠来抵销上诉人其后所受的1.37元损失。

二、一审判决认定"敬告读者"的通知为履行告知义务，于法不合。所谓告知义务，应该是在订立合同前，将合同的重要事项向对方告知，而不是在订立合同后。本案当事双方于2003年12月28日已订立了合同，此前并无证据证实被上诉人曾告知上诉人节假日将休刊。报纸在2004年1月21日刊出的敬告读者通知，只能认定为报社对读者的一种说明与通知。

三、一审判决认定被上诉人休刊报请广西新闻出版局批准与事实不符，也与本案无关。广西新闻出版局在其出具的证明中仅称："南国早报2004年春节期间休刊3天，曾向我局备案"，只提到"备案"，而不是批准。南国早报的休刊完全是被上诉人自己单方作出的一个决定，未经任何机关批准。另外，报社休刊有否备案也与本案所诉无关。本案审理的是民事纠纷，即被上诉人是否违约，应否承担违约责任，而备案只是一种行政管理程序而已，并不影响其民事合同责任。

四、一审判决以行业惯例作为被上诉人免责的借口，违反了《合同法》第一百一十七条[4]及《报纸管理暂行规定》第三十九条[5]的规定。上诉人认为，没有证据与数据证实春节休刊是报纸的惯例，上诉人不知一审法院据何认定有这个惯例的存在。如果说春节休刊是"惯例"，那么像《中国青年报》、《羊城晚报》以及被上诉人出版的《广西日报》，在春节期间均正常出版，他们是在公然违反"惯例"还是在春节期间对订报户作额外恩惠？

《合同法》第一百一十七条规定，因不可抗力不能履行合同的，根据不可抗力的影响，部分或者全部免除责任。本法所称不可抗力是指不能预见、不能避免并不能克服的客观情况。《报纸管理暂行规定》第三十九条规定，报纸不能随意减版、减期，不可抗力除外。可见，法律与法规认可的休刊免责事由只有一个，即不可抗力的发生，但现在春节放假显然不是不可抗力。因而被上诉人的休刊是不能免责的。

五、一审判决对上诉人关于被上诉人违约的诉求未予评判，违反了程序，应发回重审。本案是一起违约之诉，上诉人的一审诉求是被上诉人违反了每日出版报纸的合同义务，应予赔偿。但细看一审判决，竟未对被上诉人是否违约予以评判，没有对被上诉人是否负有每日出版报纸的义务作出解释与评定，未对是否违约的前提予以判定，直接以一句"原告证据不足，不予支持"为由作出结论。本案事实清楚，根本不存在证据问题，应该是合同的解释与法律的适用问题。上诉人提起本案之诉，是想弄清楚作为一份"日报"，如没有在订约时作出声明与告知，是否应该负有每天出版报纸的义务。但一审判决对上诉人的诉求未予评判，违反了《民事诉讼法》第一百五十三条[6]第一款（四）项的规定。

综上所述，上诉人要求二审法院撤销［2004］新民二初字第 513 号民事判决，改判两被上诉人退还上诉人订报费 1.37 元，或予发回重审。

二审法院于 2004 年 12 月 13 日受理了陈洪东的上诉，2005 年 1 月 10 日对本案进行了公开开庭审理。在二审期间，双方当事人经协商达成了以下共识：

报社及报刊发行中心认同陈洪东提出的主要观点、事实和理由，即如果在订报时没有告知订户，则《南国早报》在春节期间休刊 3 天在法律上属于擅自更改合同的违约行为；报社及报刊发行中心拥有对《南国早报》的经营自主权，包括自主决定是否休刊，但应事先告知订户。在本案中，报社及报刊发行中心未适时履行告知上诉人的义务，即因该社工作人员的疏忽，在上诉人订报时未能提醒其阅读《致订户的公开信》，致使上诉人在决定是否订阅《南国早报》前未能了解到该报刊将在部分节假日休刊的计划。

本案经法院主持调解，双方当事人自愿达成协议：被上诉人广西日报社及报刊发行中心同意退还因《南国早报》在春节期间休刊 3 天而给上诉人造成的订报费损失 1.37 元。本案一审案件受理费 100 元、其他诉讼费 50 元；二审案件受理费 50 元，共计 200 元，由被上诉人与上诉人各承担上述费用的 50%。

上述协议符合有关法律规定，二审法院予以确认。

释解与评点

报纸在节日期间休刊，常见。订户要求休刊的报纸赔偿损失，少见。本案发生前，披露于媒体的"报纸休刊索赔"诉讼，仅有"福建省漳平市杨某诉福建省邮政局和漳平市邮政局"一案[7]。

✎ 新闻出版局的行政备案并不能获得民事责任的豁免

就当事人双方诉辩主张的说服力而言，本案原告（上诉人）所陈述的理据显然更具优势，也更合法理，其中涉及的"备案"和"惯例"问题，不妨再叨言一二。

本案被告回应原告"休刊违约"的指诉，理由之一，是"我社的休刊行为已经向广西壮族自治区新闻出版局提交了报告并获得批准，并不是违法停刊。"一审法院的判词也称"（被告）已向订报读者履行了告知义务，且也报请了广西壮族自治区新闻出版局备案，并已得到了批准。"事实上，正如原告（上诉人）所举证的：被上诉人只是将其休刊事宜向新闻出版局备案，此系被上诉人的单方行为，未经也无需新闻出版行政管理部门的批准。

行政管理所关涉的"备案"，有两种情况，一是下级行政机关或法律授权的组织做出具体行政行为后，将有关的信息登记并报上级主管部门或法律授权的组织备查，以便及时发现和纠正错误；二是行政相对人在处理或达成法定事项后向行政机关提交有关信息以登记备查。前者属内部行政行为，后者是外部行政行为。

国内现行法律、法规、规章及其他规范性文件中，规定了三种类型的备案：第一种是监督性备案，主要是上级对下级制定的规范性文件合法性的审查备案，未按规定报上级部门审核备案的规范性文件属于无效文件。第二种是交存性备案，即申请人向主管机关呈报需要交存的事由、材料，主管机关将其存档以备查。第三种是生效性备案，即当事人只有向主管机关交验相关报告、申报且经主管机关备案之后，其备案关涉之民事行为方始有效，这种性质的备案已具审批性质，对当事人的权利、义务有实质的影响。例如，小区业主委员会的成立须经房地产部门备案，如未取得房产管理局的备案证明，则该业委会不能正式运作。

本案被告的"备案"，属于上述第二种情况，被告只是将其休刊的决定呈报至新闻出版局存档备查而已，后者收受该备案的行为，是不具有审批、羁束、确认或许可效力的信息收集型行政管理行为，不存在批准与否的问题。

再退一步看，假设休刊是须经新闻出版局批准的行为，也只能解决行政管理规制中的正当性问题，而不能将其作为违反民事义务的免责条件。国内行政权力的强势、扩张和媒体的国有独占性质，有时会使人自觉或不自觉地将维护传播管理秩序、实现政府职能的某些行政行为投射和延伸到私权领域，混淆行政管理与民事自治的分界与归属。不唯本案如此，还可另举"杨觉诉 LG 电子（中国）有限公司恐怖广告精神损害赔偿"一案[8]以为佐证。在该案中，法院虽然驳回了原告的诉讼请求，但对被告以其广告"已经行政审查准许播放"作为自辩的理由，法律专家并不认同，认为："一般来说，行政审查具有行为内容合法审查的要求，审查通过就意味着行为内容合法。但是，行政审查对行为内容的要求，基于社会公共利益、公共秩序方面的要求比较多，且审查原则比较抽象，又是事先审查，就很难预料到具体的私权保护上可能出现的问题和形式。所以，通过行政审查获得的是'准入'、'准做'的资格，并不能绝对地获得'民事责任的豁免'。民事责任的有无及免除，必须依靠民事法律关系本身要求的内在要件来认定，行政审查的通过或结论只不过可以使该当事人在民事诉讼上处于较对方更为有利的地位。"[9]经过行政审查准许的媒体传播行为尚且不能绝对地获得民事责任的豁免，本案被告的备案之举，更不能作为回应其违约指诉的正当理由。

✎ 报纸休刊的行业惯例之证明力

法院驳回原告诉请的另一项理由，是被告的休刊未超出报纸出版的"行业惯例"，被告亦以此自辩。此处所谓"行业惯例"，属《合同法》指称的"交易习惯"之一种。交易习惯，就是在交易过程中因长期、反复的践行而被普遍接受、习以为常的行为规则，通常可分为一般的交易习惯、适用于某一地区的交易习惯、适用于特定行业的交易习惯和特定当事人之间屡次交易中形成的习惯。

我国《合同法》第六十一条规定："合同生效后，当事人就质量、价款或者报酬、履行地点等内容没有约定或者约定不明确的，可以协议补充；不能达成补充协议的，按照合同有关条款或者交易习惯确定。"至于如何辨明"交易习惯"，法律没有也很难给出完全到位的答案，只能留待法官于司法个案中审定。本案中，当事人双方在办理报纸订阅手续时，未就"节日休刊"有明确的约定。原告指称，其所订报纸为日报，理应每日出版，被告向其出具的订报发票已写明"订阅 2004 年 1 月 1 日至 2004 年 12 月 31 日《南国早报》"，是以被告的春节休刊构成违约。被告则辩称，在与原告达成订阅协议时已就节日休刊有所提示，但其提供的证据并无足够的证明力，无法被法院所采信。这种情况，就构成了《合同法》上述规定中所称的"合同生效后，当事人对合同内容约定不明确"。由于本案当事人既没有达成补充协议，也不能依据合同有关条款确定争议事项，所以只能按照交易习惯亦即被告所称的"行业惯例"来确定当事人约定不明的"休刊"事宜。

在违约之诉中，按照"谁主张，谁举证"的原则，应由主张适用交易习惯确定合同未明事项的一方或双方，就交易习惯的有无及其实际内容提出证据，经司法审查后，确定其法律效力。本案被告提出的本证是：绝大多数如《南国早报》这样的市场化都市类报纸都在春节休刊，如《深圳晚报》、同城的《八桂都市报》[10] 等，以此证明春节休刊为行业惯例。原告（上诉人）的反驳举证为：全中国有上千份报纸，被告只列举了两家报纸来说明春节休刊是行业惯例，缺乏足够的统计数据支持，再者，《中国青年报》、《羊城晚报》以及被告出版的《广西日报》等在春节期间仍正常出版，也说明休刊并非其行业惯例。

对本案的行业惯例之争及其举证进行裁断，应从以下几个方面考虑：

其一，该行业惯例是否客观存在。如上所述，"行业惯例"从属于《合同法》指称的"交易习惯"。合同法所称的交易习惯，依合同法专家的解释就是"当事人在长期的交易过程中所形成的习惯性做法"[11]。依此评判，春节休刊确实是国内一些报纸的习惯性做法。被告的举证虽有数量不足之缺，但只要稍加搜罗，不难找出更多的例证。其实，即便春节休刊的报社数量不多，但只要该行为是被告长期、反复的做法，也一直被其订户所接受，就可视为该报的一种常规。这种特定当事人之间多次交易中形成的常规虽不能称为行业惯例，也仍然属于合同法所规定的"交易习惯"[12]。

其二，该惯例是否为原告所预知。合同法交易习惯规则的适用，以当事人明知或应知该交易习惯的存在为前提。既然春节休刊不是全国或全行业通行的惯例而仅为某些报社所践行，被告就应举证证明原告在订阅其报纸时"明知或应知"该报春节休刊的惯例。本案当事人的举证、质证记录表明，被告提供的证据并不足以证明原告在订阅涉讼报纸时已"明知"该报春节休刊的惯例，同时，被告也未举证证明原告此前已有订阅该报的经历，即其"应知"该报的惯例。

其三，现行法律、法规对该类惯例有无明文规定。一般而言，交易习惯只在法无相关强制性规定的条件下才能作为判定合同纠纷的依据，此处所说的"法"，主要包括全国人大及其常委会颁布的法律和国务院颁布的行政法规，在司法实践中，如地方性法规和部门规章不违反法律和行政法规的规定，也可作为法院处理合同纠纷的参照依据。本案审理时，我国的法律法规对报纸休刊并无规定，但原新闻出版署1990年12月25日发布的《报纸管理暂行规定》（［90］新出报字第1534号）中有"报纸不得随意减版、减期（因不可抗力的情况引起的除外）"的规定。[13]

其四，该惯例是否符合"自愿、公平、诚实信用、公序良俗"的民法基本原则（《民法通则》第四条、第七条）。不难理解，在司法个案中判断特定交易习惯是否合于民法的基本原则，将会渗入更多的合理性考量，也会牵动多种内外变数，但主要取决于法官对民法原则的理解程度及其利益衡量标准。一般来说，交易主体之间平等博弈之后形成的交易习惯，较之在不对等关系——例如一方是高度垄断者，另一方是分散的消费者——中形成的交易习惯更能经受合法性与合理性的究问。具体就报业而言，我国仍实行高门槛的行政准入制，这在一定程度上限制了订户（读者）选择本地报纸的机会和条件。以常理算计，相对于不休刊而言，报纸节日期间休刊对订户当然是一种"利益的缩减"。本案被告辩解的："原告3天无报的

1.37元损失并不影响整个合同利益的实现"，多少有失对订户利益的在意与关切。如将春节与其他节日的休刊合并计算并乘以所有订户的"利益缩减"，其利益得失恐怕很难忽略不计。

综上考虑，本案被告以"行业惯例"反驳原告的"休刊违约"指诉，缺乏足够的证明力和说服力。

不言而喻，报社依法享有其经营自主权，包括自主决定是否休刊的权利。但是，当代报业多以简化的格式合同方式延揽订户，报社在行使其经营自主权的同时，也应尽其合同义务。基于常识，任何休刊都将是对订户利益的"缩减"，因此，报社在与订户缔约时理应依照《合同法》的规定[14]履行其提示的义务，这不仅是必要的手续，也是对订户和报社自身利益的维护与尊重。近有新闻专业刊物登载文章，特意称赞了《环球时报》有关该报节假日期间休刊的三则启事，文章作者介绍说：

> 本人一直关注节假日的缩版和休刊现象，手头也收集了各报刊有关节假日期间的相关启事、"告读者"之类的文字。
>
> 我发现，在这个问题上，《环球时报》做得很地道，也很公道，不妨看看《环球时报》有关节假日期间休刊的三则启事：
>
> 2007年4月25日，一版刊发启事"本报'五一'期间休刊"："因'五一'放假，本报从5月2日至5月4日休刊3期，5月3日、4日的报纸调整至4月28日、29日出版，5月7日起正常出版。订户的订报费已在征订时减去。特此敬告。祝广大读者节日快乐！"
>
> 今年4月30日，一版登载"本报'五一'期间休刊"启事："因'五一'放假，本报从5月1日、2日休刊两期，3日、4日逢周末正常不出报，5月5日起正常出版。订户的订报费已在征订时减去。祝读者节日快乐！"
>
> 今年9月12日，一版刊登"本报中秋节休刊一期"："因中秋节放假，本报9月15日休刊一期，9月16日起正常出版。订户的订报费已在征订时减去。祝读者节日快乐！"
>
> 可能有些报刊的同仁对此会不以为然，认为报纸经常加张、扩版，并未要订户增加费用，节假日缩版或休刊，又何必言"费"？但是，从《环球时报》的三则启事中，可以看出他们设身处地为读者着想，如实向读者说明情况，表明了他们对读者的尊

重和真诚，让读者"明明白白消费"，心中有数，亲切亲近之情油然而生。

其他报刊能否借鉴、仿效此种做法呢？[15]

《环球时报》的做法的确不错，值得称道，但仍然属于事后的说明。如果该报在读者订阅时未对其节假日休刊予以提示，则其上述的三则启事还是不能视作履行了合同法意义上的告知义务。最"地道"、最"公道"的解决方案，应该是"有言在先"，即在读者订阅报纸时，以适当的书面方式对报纸的节日休刊有所明示，比如将相关提示直接附印在订户收存的付费单据上。实际上，这种"细枝末节的谨慎"也在体现着报纸是否具有规范、健全的依法经营意识。

✎ 本案的得失与节假日的报业经营之道

本案原告为执业律师，在本案中以200余元的代价索回1元多的损失，可谓得不偿失，然其讼争之目的非在谋经济之利，盖为"讨个说法"，促使被告对自己的欠缺和疏漏有足够的认识[16]，由是观之，原告之诉不乏积极的意义。本案双方当事人最后达成的共识表明，被告（被上诉人）至少意识到，报社的现代化经营要有合同法制意识，惯例亦应守法。能够得到这一结果，不亦善哉。

本案因报社春节休刊而讼，《中国新闻出版报》曾载有《节假日报纸应该怎么出？》[17]一文，且将其摘录缀于文后，以为延伸阅读之参考：

> 如果说行业报、产业报停刊还情有可原，这些本来都是工作指导性很强的报纸，节假日大家放假了去指导谁呢？可面向大众的晚报、都市报等综合类报纸，也采取了少出报甚至不出报的做法。对此，我们来听听各方的说法。
>
> 一家晚报总编辑谈及周末报纸减版时说："尽管我们一再解释节假日读者面很宽，发行量少不了多少，有时比平时还多，广告效果应该更好，但客户就是不认账。所以双休日、节假日报纸一般都减版。"
>
> 一位综合类报纸广告代理商说："目前我们是以千人到达成本作为投放的基本参照尺度。有相当多的读者是公费读报型读者，节假日就退出读者队伍。因为在职的职业人群和在单位读报

的人群的消费价值比较高，因此当读报队伍绝对量减少时，投放广告的效益也随之减少。"

退休在家的李大爷说："多少年的习惯了，每天晚上都要看一份晚报，节假日更想知道外边发生啥事了。"一家网络公司上班的小朱反映，节假日报纸特薄，没多少有用信息，买了不值！另一位读者赵小姐说："节假日主要去逛街、看电影或旅游，我很关心吃喝玩乐这方面的信息。"

长达100多天的节假日，占全年近1/3的时间，并且形成了五一、十一、春节三个各有7天的长假，如果不能充分开掘节假日的资源，就等于拱手相让了1/3的"疆土"。

节假日报纸真的没有开发的潜力了吗？与其他传媒相比，报纸最适合读者在节假日里选择，可以随时随地获取、随身携带、信息准确、易保存、可反复阅读、传阅率高……目前，综合类报纸，尤其是晚报、都市报等自费订阅率较高的报纸，完全可以尝试节假日报纸资源的进一步挖掘。

非功利信息更易受青睐。喻国明教授为，节假日，人们需要的是一种放松、一种关乎精神世界的东西。那种非功利的东西，纯粹娱乐、放松、休闲的或者能给大家增长点知识，比如一年回顾、大事记等，反而有市场。

增加资讯服务内容。中国传媒大学广告学院院长黄升民教授认为，除了娱乐以外，应该有很多资讯服务类的东西，因为读者除了看明星、娱乐，还可以去旅游、去卖场，这时候就需要资讯类的东西。

有需求就会有市场。如今，国外现代报业节假日呈现出增版的趋势。如《纽约时报》平时100版左右，而星期天则在300版以上，且销量两成。日本的报纸在元旦等重要节假日期间也不减张。

我国很多市场意识较浓的报纸也开始掌握假日报纸的主动权。《深圳特区报》在第一个国庆长假后，经过市场分析，双休日大胆扩版，由16版扩到20版，增加了文化、娱乐、体育等可读性强的版面，读者反响良好。2000年，该报进一步提出了"夺回星期六，争取星期天"的方针，将周末20版又扩到28版，版面、专栏全面革新，以满足节假日里读者的多重信息需求。

2004年5月18日，《新民晚报》改版，周六、周日与平时一样都是 56 版，还为精明的上海人打造出《财经·星期天夜光杯》周刊，让读者在休闲的同时也不忘理财。2005 年 1 月 15 日，《北京晚报》联合北京众商家共同打造出一份强调休闲、生活和条理性的新闻产品——《星期六》周刊，为读者提供最鲜活的城市风尚和流行观念。1 月 23 日，具有浓郁京味文化的《北京晚报》又推出了星期日版的《四合院》周刊，聊的全是北京的事儿，北京的人儿。

注释：

〔1〕**阅读提示**：《报纸管理暂行规定》已于 2005 年 12 月 1 日废止，取而代之的是《报纸出版管理规定》，自 2005 年 12 月 1 日起施行。

〔2〕《民事诉讼法》(1991 年 4 月 9 日起施行) 第六十四条 当事人对自己提出的主张，有责任提供证据。

当事人及其诉讼代理人因客观原因不能自行收集的证据，或者人民法院认为审理案件需要的证据，人民法院应当调查收集。

人民法院应当按照法定程序，全面地、客观地审查核实证据。

〔3〕《民法通则》(1987 年 1 月 1 日起施行) 第五条 公民、法人的合法的民事权益受法律保护，任何组织和个人不得侵犯。

〔4〕《合同法》(1999 年 10 月 1 日起施行) 第一百一十七条 因不可抗力不能履行合同的，根据不可抗力的影响，部分或者全部免除责任，但法律另有规定的除外。当事人迟延履行后发生不可抗力的，不能免除责任。

本法所称不可抗力，是指不能预见、不能避免并不能克服的客观情况。

〔5〕《报纸管理暂行规定》(1990 年 12 月 25 日起施行，2005 年 12 月 1 日废止) 第三十九条 正式报纸需临时增版、增期的，报社应持主管部门的批准文件在 30 天前向新闻出版行政管理部门提出申请（因特殊情况，未能在 30 天前申请的，须经特别批准）。中央单位的报纸，由新闻出版署审批；地方单位的报纸，由所在地省级新闻出版行政管理部门审批，经批准后方可出版。

正式报纸临时增版、增期应按批准文件规定的日期、文种、开版等进行出版，其内容应与报纸的宗旨、编辑方针一致；临时增版、增期的报纸印数应与主报的印数一致（因特殊情况，临时增期印数需少于主报印数的，须经特别批准），并随主报发行。不得单独发售或借此提高报纸定价。

非正式报纸不得临时增版、增期。

报纸不得随意减版、减期（因不可抗力的情况引起的除外）。

阅读提示：我国新闻出版总署于 2005 年 9 月 30 日公布了《报纸出版管理规定》，自 2005 年 12 月 1 日起施行。《报纸出版管理规定》施行后，原《报纸管理暂行规定》同时废止，此前新闻出版行政部门对报纸出版活动的其他规定，凡与《报纸出版管理规定》不一致的，以《报纸出版管理规定》为准。

《报纸出版管理规定》明确提出了"休刊"的概念，其第二十条规定："报纸休刊连续超过10日的，报纸出版单位须向所在地省、自治区、直辖市新闻出版行政部门办理休刊备案手续，说明休刊理由和休刊期限。报纸休刊时间不得超过180日。报纸休刊超过180日仍不能正常出版的，由新闻出版总署撤销《报纸出版许可证》，并由所在地省、自治区、直辖市新闻出版行政部门注销登记。"

与原《报纸管理暂行规定》第三十九条的规定相比，新的规定在休刊问题上主要有两点变化：其一，原规定为除不可抗力外不得随意减期，新规定则改为报纸在一定期限内允许休刊。具体而言又分为两种情况：如遇节假日，报纸休刊不超过10日的，报纸出版单位可自行决定，事前事后均不需办理任何手续；如有其他理由，如报社领导调整、报纸重新定位等，休刊需超过10日的，报纸出版单位也可自行决定，但应事后及时向所在地省级新闻出版局办理休刊备案手续，说明休刊理由和休刊期限。其二，报纸最长休刊时间不再限定为3个月，而是规定不得超过180日。报纸休刊超过180日仍不能正常出版的，由新闻出版总署撤销《报纸出版许可证》，并由所在地省级新闻出版局注销登记。参见杨颖：《报纸出版过程中是否允许休刊？有哪些具体规定？》，中国出版网（http://www.chinapublish.com.cn/cbzs/bzcb/200703/t20070309_21466.html），2008年9月21日查阅。

〔6〕《民事诉讼法》第一百五十三条 第二审人民法院对上诉案件，经过审理，按照下列情形，分别处理：

（一）原判决认定事实清楚，适用法律正确的，判决驳回上诉，维持原判决；

（二）原判决适用法律错误的，依法改判；

（三）原判决认定事实错误，或者原判决认定事实不清，证据不足，裁定撤销原判决，发回原审人民法院重审，或者查清事实后改判；

（四）原判决违反法定程序，可能影响案件正确判决的，裁定撤销原判决，发回原审人民法院重审。

当事人对重审案件的判决、裁定，可以上诉。

〔7〕该案基本情况是：福建省漳平市一位姓杨的报纸订户于2002年8月5日起诉福建省邮政局和漳平市邮政局，称其于2001年11月至2002年上半年，根据福建省邮政局编印的《2002年度报刊简明目录》向漳平市邮政局订阅了《北京法制报》，但邮局没有依照约定的刊期数提供等价的《北京法制报》；并称邮局在收订时也未将元旦、春节、"五一"期间该报纸休刊的真实情况告知，侵犯了他的知情权，要求判令福建省邮政局、漳平市邮政局返还2002年《北京法制报》元旦、春节、"五一"节假日休刊款8.4元，赔偿7元，合计15.40元，并公开在《中国邮政报》等媒体赔礼道歉，从而引发了全国首例报纸休刊的官司。2003年3月25日，福建省漳平市人民法院做出一审判决。法院认为，原告是《北京法制报》等邮发报刊的长期订户，已经知道《北京法制报》在国家节假日时有休刊，且这是多数报社的惯例，被告漳平市邮政局提供的证人证言亦可以证明原告已经知道休刊的具体情况，原告提供的证据《报刊简明目录》是邮政企业用于订阅报纸的专用宣传资料，原告既已取得并作为证据，亦可说明

被告已尽到告知义务，因此原告主张要求返回休刊款的理由不能成立，不予支持；对原告主张的知情权诉讼请求，法院认为节假日休刊是报业的行业惯例，且休刊亦未对原告的财产或精神造成损失，也未对原告的人格权利进行不法侵害，且原告已掌握《北京法制报》2002 年度休刊情况，故不存在有侵犯原告知情权的情况，该项诉讼请求，理由不能成立，不予支持。漳平市人民法院根据《民事诉讼法》第六十四条、第一百三十条，《民法通则》第一百一十一条、第一百一十二条的规定，依法驳回原告杨某的诉讼请求。参见陈慕民、吕国辉：《违约？侵犯知情权？——全国首例报纸休刊官司引发的思考》，摘自 2003 年 5 月 16 日《中国邮政报》，第 4 版。

〔8〕该案基本情况是：被告 LG 电子（中国）有限公司在中央电视台一套晚间节目中播出一则 15秒钟的 LG 空调广告，广告的画面有一只形似恐龙的巨大怪物口吐火焰。原告杨觉年龄两岁，在广告播出的那段时间，一看到这则广告就扑到父母怀里，哭闹不止。原告法定代理人称该广告内容恐怖、违法，原告观看该则广告遭受惊吓，给其身心健康造成较大伤害，遂诉至法院，要求被告在全国范围内赔礼道歉，支付精神损害赔偿费 3 万元。被告答辩称，本公司在中国广告协会办理了中广咨法 9903033 号广告咨询认证书，咨询认证书意见经国家工商行政管理局广告司中国广告协会审查后，同意该则广告先行试播。中央电视一台在焦点访谈节目前播放了这则广告，该空调广告完全符合广告法的规定，没有违法内容，也不具有恐怖情节。原告的诉讼请求无事实和法律根据，应予驳回。法院审理认为：被告在中央电视台播放的 LG 空调广告，已经国家有关部门许可，该广告符合有关法律规定。原告称被告的该则广告具有"恐怖"内容，就目前而言在法律上对此界定尚不明确，且原告所称伤害后果与被告播放该则广告之间不存在必然因果关系，故原告的诉讼请求法院不予支持。

〔9〕参见《杨觉诉 LG 电子（中国）有限公司在中央电视台上播放内容恐怖的广告使其受惊吓精神损害赔偿案》，杨洪逵/主编：《侵权损害赔偿案例评析》，中国法制出版社 2003 年版，第 305 - 308 页。

〔10〕**阅读提示**：《八桂都市报》已于 2005 年 1 月 1 日并入南宁日报社主办的《南宁晚报》。

〔11〕唐德华、孙秀君/主编：《合同法及司法解释条文释义（上）》，人民法院出版社 2004 年版，第 277 页。

〔12〕合同法的理论通常将交易习惯依其范围分为一般习惯（通行于全国或全行业的交易习惯）、特殊习惯（地域习惯或特殊群体的交易习惯）和当事人之间的习惯（又可分为前行交易习惯和前行履行交易习惯）。在合同解释中，上述三种交易习惯的解释力依序增强，在合同文义无明示反对该交易习惯解释的前提下，当事人之间的习惯优于特殊习惯，特殊习惯优于一般习惯。参见孙琬钟/主编：《中华人民共和国最新合同法集成（基本原理卷）》，中国法律年鉴社 1999 年版，第 191 - 192 页。

〔13〕参见注 5。

阅读提示：我国新闻出版总署于 2005 年 9 月 30 日公布了《报纸出版管理规定》，自 2005 年12 月 1 日起施行，原《报纸管理暂行规定》同时废止。考虑到原《报纸管理暂行规定》有关"报纸不得随意减版、减期"的规定与当代报业之经营自主权颇有不合，且易被援之于类似本案的休刊纠纷，所以新的《报纸出版管理规定》未保留上述禁止性条款，而改为规定："报纸休刊连续超过 10 日的，报纸出版单位须向所在地省、自治区、直辖市新闻出版行政部门办理休刊备案手续，说明休刊理由和休刊期限。"（《报纸出版管理规定》第二十条第一款）。显然，在这种情况下，报社的休刊就有了行政规章明确认可的正当性。

〔14〕《合同法》第三十九条 采用格式条款订立合同的，提供格式条款的一方应当遵循公平原则确定当事人之间的权利和义务，并采取合理的方式提请对方注意免除或者限制其责任的条款，按照对方的要求，对该条款予以说明。

格式条款是当事人为了重复使用而预先拟定，并在订立合同时未与对方协商的条款。

〔15〕摘自江龙宝：《节假日缩版休刊应讲"公道"》，《新闻记者》2008 年第 10 期。

〔16〕原告曾在其博客中撰文介绍本案的讼事，称："提出起诉不是为了经济损失，主要是为了一个说法，并要求报纸有足够的认识。利用司法个案传播法治理念，促使法治转型，比私益诉讼更具有价值。"参见陈洪东的博客（http://chenhongdong. blog. gxsky. com），2008 年 9 月 20 日查阅。

〔17〕卓宏勇：《节假日报纸应该怎么出？》，2005 年 2 月 7 日《中国新闻出版报》，第 2 版。

附：

南宁市新城区人民法院民事判决书

[2004] 新民二初字第 513 号

原告陈洪东，男，1973 年×月×日出生，汉族，广西南宁市人，邦联律师事务所律师。住南宁市城北区×××号。身份证号码：×××。

被告广西日报社报刊发行中心，地址：南宁市民主路 21 号广西日报社大院。

负责人黄志孙，主任。

被告广西日报社，地址：南宁市民主党派路 21 号。

法定代表人李启瑞，社长。

两被告共同委托代理人廖庆凌，广西日报社记者。

原告陈洪东诉被告广西日报社报刊发行中心、广西日报社买卖纠纷一案，本院于 2004 年 8 月 30 日受理后，依法由审判员××独任审判，并于 2004 年 10 月 8 日公开开庭进行了审理。原告陈洪东、被告广西日报社报刊发行中心（以下简称发行中心）及被告广西日报社的共同委托代理人廖庆凌均到庭参加了诉讼，本案现已审理终结。

原告诉称，《南国早报》是被告广西日报社主办的一份省级报纸，属周七刊。我于 2003 年 12 月 28 日交款 168 元给被告发行中心，订阅 2004 年 1 月 1 日至 2004 年 12 月 31 日《南国早报》，并指定了送报地址。被告发行中心给我出具了编号为 0454811 的广西日报社订报发票一张。然而被告广西日报社却在 2004 年 1 月 21 日出版的《南国早报》头版刊出一份《敬告读者》声明，自行休刊 3 天，2004 年 1 月 25 日恢复出版。致使我在 1 月 22 日、23 日、24 日无报可读。被告休刊的行为未经包括我在内的广大订报户同意，也无法律上的正当事由，显然违反了合同义务，应承担相应的违约责任。为保证当事人的合法权益，我特向法院提起诉讼，请求：判令两被告退还我订报费损失 1.37 元；本案诉讼费由两被告共同承担。

被告发行中心、广西日报社共同答辩称，一、我社发行的《南国早报》于 2004 年 1 月 22、23、24 日休刊。这三天是中国农历春节的大年初一、初二、初三，同时也是国家法定的假日。我社与原告所订立的订报合同中并未明确约定我社必须在法定节假日向原告提供《南国早报》，而且我社在包括原告在内的所有订户订阅《南国早报》时，散发给订户的宣传资料已经清楚地说明了《南国早报》在部份节假日要休刊的声明。从行业惯例来看，绝大多数如《南国早报》这样的市场化的都市类报纸春节都休刊，休刊有休 3 天至 7 天不等。如《深圳晚报》、同城的《八桂都市报》等。因此，我社的休刊行为并没有违反合同义务。二、我社的休刊行为已经向广西壮族自治区新闻出版局提交了报告并获得批准，并不是违法停刊。三、即使如原告诉称的我社休刊的行为导致了原告的损失，但是原告所称的三天无报的 1.37 元损失并不影响整个合同利益的实现，从结果看来也达到了合同预期的效果，因此我社休刊不应认定为违约。综上，我社认为原告的诉讼请求缺乏事实和法律上的依据，请求法院驳回原告的诉讼请求。

经审理查明：2003 年 12 月 28 日，被告发行中心向原告陈洪东出具了一张广西壮族自治区广西日报社订报发票编号：为№0454811 号；该订报发票上注明：报刊名为《南国早报》，订报日期从 2004 年 1 月 1 日至 12 月 31 日，数量为一份，报刊共价款为人民币 168 元；报刊送到地址：南宁市城北区×××号（原地委×栋×单元×号房），该票据上加盖了广西日报社报刊发行中心印章。双方达成订报协议之后，原告向被告发行中心支付全年订报款 168 元。被告发行中心也按照双方达成的订报发票日期从 2004 年 1 月 1 日开始向原告提供每日 1 份南国早报的义条，但在双方履行该报刊物供给期间，被告广西日报社于 2004 年 1 月 21 日在当天发行的《南国早报》的头版刊登了"敬告读者"的通告，其登载内容为："本报从 1 月 22 日至 24 日（正月初一至初三）休刊 3 天，25 日、26 日分别出 16 个版，27 日、28 日分别出 24 个版，29 日恢复正常出版。特此敬告，并祝广大读者朋友春节快乐、猴年吉祥！"原告认为被告 3 天休刊的行为，违反双方之间订报买卖关系的义务，致使原告在 2004 年 1 月 22 日至 24 日共 3 天的时间无报可读，为此原告向本院提起诉讼，提出上述的诉讼请求。

另查明，被告发行中心是被告广西日报社的一个下属职能机构，其不具有独立的法人资格。被告发行中心在 2004 年春节期间休刊 3 天的通告，曾向广西壮族自治区新闻出版局备案，并得到了批准。2004 年的《南国早报》的全年零售价为 216 元。

本院认为，2003 年 12 月 28 日，原告陈洪东向被告发行中心订阅《南国早报》并向被告发行中心支付报款 168 元后，双方的订报关系已成立，行为合法有效，应受法律保护。原告在订阅该报 2004 年度报刊时，被告发行中心已一次性给予原告优惠报价，即年订价为 168 元，该报价比全年零售价 216 元便宜了 48 元。原告向被告交付报款后，被告已依约向原告履行了送报的义条。被告发行中心在 2004 年 1 月 21 日当天发行的《南国早报》头版刊登的在春节期间正月初一至初三（1 月 22 日、23 日、24 日）休刊三天的"敬告读者"通知，已向订报读者履行了告知义务，且也报请了广西壮族自治区新闻出版局局备案，并已得到了批准。被告广西日报社的行为并无不当，未超出报纸出版的行业惯例，亦未违反法律禁止性规定。现原告以其每年订该报价款人民币 168 元，按每年 365 天平均计算，要求两被告退还订报经济损失 1.37 元的诉讼请求，因证据不足，本院不予支持。综上所述，依照《中华人民共和国民事诉讼法》第六十四条第一款，《中华人民共和国民法通则》第五条之规定，判决如下：

驳回原告陈洪东的诉讼请求。

本案受理费 50 元，其他诉讼费 l00 元，两项合计 150 元，由原告陈洪东承担。

如不服本判决，可在判决书送达之日起 15 日内，向本院递交上诉状，并按对方当事人的人数提交副本，上诉于南宁市中级人民法院（并同时预交上诉受理费 50 元，直接汇入南宁市中级人民法院诉讼费专户，开户行：农行竹溪分理处；帐号：010201011887017）。逾期不交纳上诉费的，又不提出缓交申请的按自动撤回上诉处理。

审判人员署名（略）
二○○四年十月二十日

广西壮族自治区南宁市
中级人民法院民事调解书

[2005] 南市民二终字第 22 号

上诉人（原审原告）陈洪东，男，1973 年 × 月 × 日出生，汉族，南宁市人，执业律师，住南宁市城北区 × × × 号。居民身份证号码：× × ×。

被上诉人（原审被告）广西日报社。住所地南宁市民主路 21 号。

法定代表人李启瑞，社长。

被上诉人（原审被告）广西日报社报刊发行中心。住所地南宁市民主路 21 号广西日报社大院内。

负责人黄志孙，主任。

两被上诉人的共同委托代理人廖庆凌，广西日报社记者。

上诉人陈洪东因与被上诉人广西日报社、被上诉人广西日报社报刊发行中心（以下简称报刊发行中心）买卖纠纷一案，不服南宁市新城区人民法院［2004］新民二初字第 513 号民事判决，向本院提起上诉。本院于 2004 年 12 月 13 日受理后，依法组成由审判员××担任审判长，审判员×××、审判员×××参加的合议庭，于 2005 年 1 月 10 日公开开庭进行了审理，书记员×××担任记录。上诉人陈洪东，被上诉人广西日报社、被上诉人报刊发行中心的共同委托代理人廖庆凌到庭参加诉讼。上诉人陈洪东上诉认为一审法院在认定事实、适用法律及实体处理均有错误，请求二审法院撤销一审判决，发回重审或改判。双方的诉辩意见已记录在案。

本案在二审期间，双方当事人经协商就本案达成了共识，广西日报社及报刊发行中心认同陈洪东提出的主要观点、事实和理由，即如果在订报时没有告知订户，则《南国早报》在春节期间休刊 3 天在法律上属于擅自更改合同的违约行为；广西日报社及报刊发行中心拥有对《南国早报》的经营自主权，包括自主决定是否休刊，但应事先告知订户。在本案中，广西日报社及报刊发行中心未适时履行告知陈洪东的义务，即因该社工作人员的疏忽，在陈洪东订报时未能提醒其阅读《致订户的公开信》，致使陈洪东在决定是否订阅《南国早报》前未能了解到该报刊将在部分节假日休刊的计划。本案在审理过程中，经本院主持调解下，双方当事人自愿达成如下协议：

一、被上诉人广西日报社及报刊发行中心同意退还因《南国早报》在春节期间休刊三天而给上诉人陈洪东造成的订报费损失 1.37 元；

二、本案一审案件受理费 100 元、其他诉讼费 50 元；二审案件受理费 50 元，共计 200 元，由被上诉人广西日报社及报刊发行中心承担上述费用的 50%，即人民币 100 元；上诉人陈洪东自调解协议已负担 50%，即人民币 100 元；

三、被上诉人广西日报社及报刊发行中心所付的相关费用应在本协议签署时同时交付。

上述协议，符合有关法律规定，本院予以确认。

本调解书经双方当事人签收后，即具有法律效力。

附：

调解协议

甲方：陈洪东

乙方：广西日报社

甲乙双方就报纸买卖合同纠纷一案，经协商达成如下七项协议：

一、乙方认同甲方本次诉讼的主要观点及理由：如果在订报时没有告知订户，则《南国早报》在春节期间休刊 3 天在法律上属于擅自更改合同的违约行为。

二、甲方认同乙方提出的以下观点和事实：

乙方拥有对《南国早报》的经营自主权，包括自主决定是否休刊，但应事先告知订户。

在本案中，乙方未适时履行告知甲方的义务，即因乙方工作人员的疏忽，在甲方订报时未能提醒甲方阅读《致订户的公开信》，致使甲方在决定是否订阅《南国早报》前未能了解到《南国早报》将在部分节假日休刊的计划。

三、乙方同意退还因《南国早报》在春节期间休刊 3 天而给甲方造成的订报费损失 1.37 元，并承担甲方在一审、二审中上交法院诉讼费的 50%，即人民币 100 元。

四、甲方同意自己负担诉讼费的 50%，即人民币 100 元。

五、乙方所付费用应在本协议签署时同时交付。

六、本协议一式三份，双方各执一份，留存南宁市中级人民法院一份。

七、本协议经甲方、乙方盖章后依法成立，待南宁市中级人民法院据此协议书制成民事调解书后，随民事调解书送达而生效。

甲方：陈洪东　乙方：委托代理人　廖庆凌

二〇〇五年一月二十四日

注：以上裁判文书仅供参考，引用请以原件为准。

宋惠明、王心一等
诉常德市广播电视局

本案是一例少见的媒介消费纠纷代表人诉讼。

武陵区法院能够接受本案原告的请求，启用人数确定的代表人诉讼程序受理本案，实属不易，称其为"超前"之举亦不为过。本案8位原告的特定身份与其"聚讼"能力不无关系，这也使得本案具有了某种难以复制的独特性。

导读: 一例少见的媒介消费纠纷代表人诉讼/有线电视服务收费纠纷

纠纷: 经常德市物价局核定批复,该市广播电视局将本市城区有线电视的收费标准,由每月每户 8 元提高到 15 元,而此前湖南省物价局的文件规定,有线电视收视维护费的标准最高不得超过 9 - 11 元。宋某等 5 人作为 2000 多有线电视用户的诉讼代表人,要求法院判令广播电视局停止侵权行为,清退多收的费用。

审级: 一审

裁判: 湖南省常德市武陵区人民法院民事调解书 [1997] 武民初字第 1888 号

原告: 宋惠明、王心一等 2370 人

被告: 湖南省常德市广播电视局

1996 年 5 月,经市物价局批准,湖南省常德市广播电视局发出《关于调整有线电视收费标准的通知》,将常德市城区有线电视的收费标准,由每月每户 8 元提高到 15 元,自 1996 年元月起暂收 1 年。

当地一些有线电视用户对该项调价决定不满。武陵区人大代表宋惠明、王心一等人认为,湖南省物价局 1996 年 2 月 29 日发布的 [1996] 湘价费字第 98 号《关于调整有线电视收费标准的通知》规定,"凡与中央电视台签订联网协议,增加四套加密频道电视节目的市县,均采取网内统一传送方式向用户播放,其收视维护费标准从现行的每户 6 - 8 元调整为最高不超过 9 - 11 元"。常德市广播电视局将收费标准提高到 15 元,比省物价局确定的最高限价 11 元多收 4 元,应属不合理收费。

宋惠明、王心一等人前往市物价局就加价收费一事调查询问,物价局称多收的 4 元是"有线电视网络改造费(以下简称网络改造费)",宋、王等人对该项收费的合理性表示异议,但市物价局对此未予认同。尔后,常德市物价局又于 1997 年 4 月下发文件,决定继续同意市广播电视局自 1997 年元月至 1998 年 12 月再向有线电视用户收取每月每户 4 元的"网络

改造费"。

在多次与市物价局、广播电视局交涉，要求停止收取"网络改造费"未果的情况下，宋惠明、王心一等8名有线电视用户于1997年10月28日向武陵区人民法院提起民事诉讼，要求常德市广播电视局立即停止侵权行为，悉数清退多收的费用。当地的一些有线电视用户得知这一讼事后，也要求加入原告的行列，最后登记参加诉讼的共有2370人，大家推举宋惠明、王心一等5人作为诉讼代表人进行诉讼。

原告诉称：湖南省物价局1996年2月29日发布的〔1996〕湘价费字第98号《关于调整有线电视收费标准的通知》，是全省范围内确定有线电视收视费标准的规范性文件，各地、州、市物价局应遵照执行。常德市广播电视局1996年5月7日的《关于调整有线电视收费标准的通知》，其依据为市物价局1996年4月24日下发的常价费字〔1996〕49号《关于核定有线电视网络改造费的批复》，该批复是在省物价局〔1996〕湘价费字第98号《通知》以后作出的，其内容违反了省物价局的规定，所以广播电视局要求有线电视用户交纳每月4元的"网络改造费"是巧立名目价外收费。

常德市物价局〔1996〕49号《批复》原只决定加收一年的网络改造费。但该局于1997年4月又以常价费字〔1997〕号第48号文件《关于核定有线电视网络改造费的批复》同意广播电视局继续自1997年元月至1998年12月两年向整个城区（德山片）的有线电视用户收取每月每户4元的网络改造费。

原告认为：常德市物价局〔1996〕49号《批复》和〔1997〕48号《批复》违反了《地方各级人民代表大会和地方各级人民政府组织法》第五十九条[1]和《价格管理条例》第八条[2]的规定，超越了行政职权范围；且违反了《价格管理条例》第二十九条[3]第一款（一）项之规定，已构成国家物价局《关于价格违法行为的处罚规定》第四条[4]第一款（三）项所描述的重大价格违法案件。广播电视局根据市物价局的上述无效行政文书，以网络改造费为名提高电视收视费标准，并已实际多收22个月之久，已严重违反了《消费者权益保护法》的有关规定，构成民事侵权行为，为此原告依法提起诉讼，要求法院判令被告停止违法加收有线电视收视维护费之侵权行为，悉数清退多收的电视收视维护费并承担全部诉讼费用。同时要求法院根据《民事诉讼法》第五十五条[5]之规定在当地电视台和《常德日报》上发出公告，通知权利人于一定期间内到法院办理登记以参加诉讼。

常德市广播电视局作为被告，在其答辩状中辩称：原告以"违法加收有线电视收视维护费侵权行为"为由，向法院提出诉讼，要求"悉数清退多收的电视收视维护费"，对此答辩人不能苟同。广播电视局所加收的不是收视维护费，而是有线电视网络改造费。常德市物价局常价费字［1996］49 号、［1997］48 号《批复》和有线网络中心 1996 年 5 月 7 日的《通知》，均证明了这个事实。收视维护费和网络改造费是两种不同的费用，前者用于建成后的管理和维修，后者用于建设，属于建设费。《〈有线电视管理暂行办法〉实施细则》第十二条[6]在确定收费项目时对此作了明确规定，并非巧立名目。原告把收视维护费和网络改造的费用混为一谈，以收视维护费的标准（暂且不论这个标准是否合法）来衡量钳制网络改造费的收取，显然是不妥当的。

其次，网络改造费是《〈有线电视管理暂行办法〉实施细则》规定的收费项目，答辩人依据这个非管价的收费项目，按《价格管理条例》第十七、十八、十九条[7]的规定，报当地物价部门批准，取得收费权，以批准的收费标准进行收费，符合法律规定。侵权行为的基本条件是行为人违反了法律的规定，具有过错。在本案中，广播电视局依法取得收费许可，以许可收费，既无违法行为，也无过错，侵权一说无从谈起，当然也就不应承担清退责任。

若如原告在诉状中所述，常德市物价局［1996］49 号、［1997］48 号《批复》违反了国家有关法律，那么，违法行为发生在常德市物价局，而非答辩人。原告没有理由要求被告对常德市物价局的违法行为承担法律责任。更主要的是，常德市物价局的违法行为，属执行行政职务中违反管理权限（按诉状认定），应当依《价格管理条例》第三十五条[8]和《行政复议条例》、《行政诉讼法》的规定进行处理，而不能用民事诉讼的办法来处理。

在本案被法院受理后的半年多时间里，原告诉讼代表人多次来往于有线电视用户、法院和市广播电视局之间进行沟通和交涉，以求尽快审结。在此期间，常德市物价局于 1997 年 12 月以常价费字［1997］174 号文件，向省物价局请示关于收取城区有线广播电视网络改造费等问题。省物价局于 1998 年 1 月批复："应立即停止收费，并将清理情况上报，待全省清理后规范。"常德市物价局于 1998 年 8 月以常价费字［1998］103 号文件通知被告广电局取消有线电视网络改造费的收取，但被告未将已收改造费退还原告。

直到 1998 年 11 月中旬，市广播电视局的态度方有所改变。这一年 12 月初，在武陵区人民法院的主持下，本案原、被告达成调解协议：被告向诉讼代表及其他原告表示歉意，当地有线电视用户持被告收取网络改造费的收费依据，可于 2000 年底前减免缴纳当年应交的同等数额收视费，并由广播电视局公告通知其有线电视用户。案件诉讼费 120000 元，由被告承担。

释解与评点

本案的讼事，发生在 1997 年至 1998 年之间，最初由 8 人联名起诉，属普通的共同诉讼，后因 2370 位有线电视用户加入原告的行列，遂转为代表人诉讼；这也是国内媒体迄今披露的惟一一例有线电视收费纠纷的代表人诉讼，颇有收录和释读价值。

📎 代表人诉讼之法理

代表人诉讼，简言之，就是指参加诉讼的当事人（原告及被告）一方或双方人数众多，为便于诉讼，从众多当事人中推选出若干代表人，由其代表己方当事人实施诉讼行为的一种群体性诉讼。我国 1982 年颁行的《民事诉讼法（试行）》，并无代表人诉讼的规定。1991 年出台新的《民事诉讼法》，在总结国内司法实践的基础上，借鉴了日本的选定当事人制度和美国的集团诉讼等立法经验，增设了代表人诉讼制度。[9]

目前，援用和受理代表人诉讼的民事法律依据，主要有《民事诉讼法》第五十四[10]、五十五条[11]的规定和最高法院《关于适用〈民事诉讼法〉若干问题的意见》第 59 - 64 条[12]的司法解释。此外，最高人民法院发布的《关于审理证券市场因虚假陈述引发的民事赔偿案件的若干规定》第 12 - 16 条[13]，也对民诉法的代表人诉讼制度做出了若干变通性的规定。

值得一提的是，代表人诉讼的方式并非仅限于民事诉讼。我国现行的《行政诉讼法》虽未直接提及代表人诉讼，但其第二十六条规定：当事人一方或双方二人以上，因同一或同样的具体行政行为所发生的行政案件，法院认为可以合并审理的，为共同诉讼。最高人民法院《关于执行〈中华人民共和国行政诉讼法〉若干问题的解释》第十四条第三款则进一步明确："同案原告为 5 人以上，应当推选 1 至 5 名诉讼代表人参加诉讼；在指定期限内未选定的，人民法院可以依职权指定。"依上述规定，实际行政诉讼中也可适用类似代表人诉讼（有时也被称为集团诉讼或群体性诉讼）的诉讼形式。

关于代表人诉讼制度的价值和作用，法学界已多有论述，概括起来，至少有3个方面：

一、有利于对人数众多的受害群体尤其是小额多数侵权损害的救济。现代生活中，由环境污染、证券欺诈、劳资矛盾、城乡改造等问题产生的群体性纠纷时有发生，总额巨大而个体微小的各种消费侵权现象更是屡禁不止。比如，购买某种劣质产品的消费者，单个人的损失也许是可以忍受的，不甘忍受者又可能因诉讼成本的考虑和力微势薄的无奈而作出放弃兴讼维权的选择。但该劣质产品整个消费者群体的受害总额往往是巨大的，如果受害者都"弃权"不用，同时又缺乏其他有效的替代性救济渠道，则侵权者就有更多的机会逃避应有的惩戒，进而"鼓励"了更多的不法行为和消费侵权。

代表人诉讼的制度设置，为群体性的受害者特别是弱势的小额多数受害者提供了一种新型有效的司法救济手段，使其得以根据活动能力、应诉知识和维权积极性等条件，优选出自己的诉讼代表，其他人则无需直接参加诉讼，少付甚至免付诉讼费用，无讼累之忧。而原本分散的受害者通过代表人诉讼聚合成人数众多、诉求指向一致的维权群体，可以不同程度地弥补单个原告面对大型、强势被告的先天不足，增加弱势方"诉的利益"之权重，扩大司法衡平的深度与广度。

二、有利于提高诉讼效益，统一法律的适用。如果诉讼难以避免，那么单就办案的整体效益来看，代表人诉讼对司法资源的调用也具有明显的经济性。它可以将众多同类的纠纷聚散为整，在既定的时间、空间和人力资源条件下，以集约的方式处理原本需要一一分别应对的讼案。这样，既节约了司法成本，也可以避免在处理多起同类案件时，因多人数、多重复、多地点理讼而出现的适用法律有别，裁判结果各异，确保同类案情、同样权利得到同等的保护与救济。

三、强化司法裁判的公益效应。民事司法的主要作用，在于定纷止争，维护合法权益，制裁民事违法行为。但法院对讼案的审理和裁判，在客观效果上，不可避免地具有各种示范效果和社会影响。《民事诉讼法》第二条所阐明的立法目的和任务中，就包括"教育公民自觉遵守法律"这一项，这当然不是要法院全力扮演普法宣传机关的角色，而是对民事审判必要的公开性及其用法、释法的示范作用予以明确的规定和充分的强调。

代表人诉讼人数众多、权益诉求面广的特点，使其在客观上较之普通的讼争更具以案示法的普法效应，更容易引起社会的重视和关注，同时也更有可能使其凝聚的正当利益主张成为调整和制定社会政策的重要考量因素，进而发挥司法在确立规则、参与利益分配协调方面的"公益代言"功能。

当然，代表人诉讼的上述诸般好处，只是就其完美功能的一种理论预期，其具体应用的成效如何，还取决于当时、当地的社会政治环境、司法政策以及法官的专业素养，它也并非在任何时候都是群体性纠纷的最佳讼解程式。

根据《民事诉讼法》的规定和有关的司法解释，代表人诉讼并非一种当事人可以任意启动的程序，而是一种在法院职权化管理下进行的诉讼制度，是否接受当事人启用代表人诉讼的要求，还需由法院依据案件的具体情况、案件审理和执行的难易程度等来决定。在有些情况下，也不排除法院因外部干预等各种非法律因素和自身利益的考虑而拒绝代表人诉讼的立案，或采取分别立案、合并开庭审理、分别判决等方式来"消化"代表人诉讼的请求和纠纷。总体而言，国内法院尤其是中心城市和发达地区的法院，对待代表人诉讼多持十分慎重、保守的姿态。

具体到媒介消费领域，至今罕有法院受理的代表人诉讼案例，除了极个别的媒体广告侵权讼争之外，本案是迄今国内公开报道中仅见的一例媒介消费纠纷代表人诉讼。

✎ 《民事诉讼法》第五十五条："睡眠条款"

根据《民事诉讼法》第五十四、五十五条的规定，代表人诉讼可以分为两类，一类是人数确定的代表人诉讼，另一类是人数不确定的代表人诉讼。人数不确定的代表人诉讼，人民法院在受理时，可以发出公告，说明案件情况和诉讼请求，通知其他具有同类利益关系的权利人，在规定期间内来法院登记。登记者只要能证明自己与对方当事人的法律关系和所受损害的发生，即可作为当事人参与诉讼。法院有关该案的判决或裁定，将对参加登记的全体权利人发生效力。

本案原告曾要求法院根据《民事诉讼法》第五十五条[14]的规定，在当地电视台和《常德日报》上发出公告，通知其他愿意参加诉讼的有线电视用户向法院登记，但未被法院采纳。因为《民事诉讼法》第五十五条的规定是"法院可以发出公告"，而非必须发出公告，发与不发，由法院根据具体情况决定。实际上，《民事诉讼法》第五十五条规定的人数不确定的代表人诉讼方式，在国内的司法实践中一直鲜有应用的案例，以致该规定被法学界称为"睡眠条款"。究其原因，据研究集团诉讼问题的学者分析，主要是因为社会和市场经济的发展程度和基本需求并不具备这一诉讼方式运行的社会条件，也不足以承受其带来的巨大风险和成本，是以司法资源和社会资源的分配尚无充分的支撑以向此类小额多数权利救济和群体利益保护的价值取向倾斜。不当扩大代表人诉讼的应用，可能会对社会稳定和法院审理带来一定的压力和干扰。[15]另一种顾虑，则来自对法院公告之社会效果的考虑，担心法院由此在民事诉讼中成为过分"热心"的兴讼者。通常认为，民事诉讼法的原则之一是"不告不理"，由当事人自由、自主地处分和支配其民事权利和诉讼权利，法院不应也不宜进行干预，否则，便有违民事司法居中裁判的理讼立场。虽然法院的公告并非是对当事人的诉讼催告，当事人在法院公告后是否向法院登记参加诉讼，完全由其自主决定，但法院公告的传播，确实不能排除其诉讼动员的客观效果。

此外，也有人认为，《民事诉讼法》第五十五条规定的诉讼程序之所以被"冷冻"，也可能与法院在效绩统计方面的利益有关，因为很多法院是按办案数量计发奖金的，将人数众多的案件拆开审理，可以增加法官的收入，也会直接减轻法院审判的难度和压力。有学者曾针对这种看法向法官和律师进行过调研，其结论称：尽管将代表人诉讼改为分案处理"不排除法官在绩效统计方面的利益，也会直接减轻法院审判的难度和压力；但是，从各方面的情况看，受理与否与法官和法院的经济收益关系不大，基本可以排除出于奖金等原因分案处理的利益动机。"[16]

不论出于何种原因，可以肯定的是，审理本案的法院未满足原告提出的公告请求，是一种"常态"的司法反应。类似的情况在其他民事诉讼中也多次出现，尽管公众、媒体和法学界对此不无微辞和质疑。以此考评，武陵区法院能够接受本案原告的请求，启用人数确定的代表人诉讼程序受理本案，实属不易，称其为"超前"之举亦不为过。自该案审结至今的10年中，尚未见有其他法院启用代表人诉讼的方式裁决媒介消费纠纷的公开记录。

✎ 人大代表的"聚讼"能力

还有一点值得指出的是，本案最早起诉的8位原告，有好几位来自常德市棉纺厂、电机总厂、七一机械厂等职工在千人以上的大厂，其中7人是武陵区人大代表，1 人是常德市人大代表，有 2 人还获得了律师资格证书。他们在请求法院公告未果后，凭借其身为人大代表的有利条件，通过居委会、家委会的联系，征集到当地 2000 多位有线电视用户的诉讼登记。武陵区法院最后以人数确定的代表人诉讼形式审结本案，与上述 8 位原告的特定身份和"聚讼"能力不无关系，这也使得本案具有了某种难以复制的特殊性。

注释：

〔1〕《地方各级人民代表大会和地方各级人民政府组织法》于 1979 年 7 月 1 日第五届全国人民代表大会第二次会议通过后，又在 1982 年、1986 年、1995 年、2004 年 4 次修正。本案原告起诉状写于 1997 年，起诉状援引的该法第五十九条，应当出自该法律第 3 次修正后的文本。该法律第 4 次修改时，对其第五十九条的内容未作删改。

《地方各级人民代表大会和地方各级人民政府组织法》第五十九条 县级以上的地方各级人民政府行使下列职权：

（一）执行本级人民代表大会及其常务委员会的决议，以及上级国家行政机关的决定和命令，规定行政措施，发布决定和命令；

（二）领导所属各工作部门和下级人民政府的工作；

（三）改变或者撤销所属各工作部门的不适当的命令、指示和下级人民政府的不适当的决定、命令；

（四）依照法律的规定任免、培训、考核和奖惩国家行政机关工作人员；

（五）执行国民经济和社会发展计划、预算，管理本行政区域内的经济、教育、科学、文化、卫生、体育事业、环境和资源保护、城乡建设事业和财政、民政、公安、民族事务、司法行政、监察、计划生育等行政工作；

（六）保护社会主义的全民所有的财产和劳动群众集体所有的财产，保护公民私人所有的合法财产，维护社会秩序，保障公民的人身权利、民主权利和其他权利；

（七）保护各种经济组织的合法权益；

（八）保障少数民族的权利和尊重少数民族的风俗习惯，帮助本行政区域内各少数民族聚居的地方依照宪法和法律实行区域自治，帮助各少数民族发展政治、经济和文化的建设事业；

（九）保障宪法和法律赋予妇女的男女平等、同工同酬和婚姻自由等各项权利；

（十）办理上级国家行政机关交办的其他事项。

〔2〕《价格管理条例》（1987 年 9 月 11 日起施行）第八条 国家定价是指由县级以上（含县级，以下同）各级人民政府物价部门、业务主管部门按照国家规定权限制定的商品价格和收费标准。国家指导价是指由县级以上各级人民政府物价部门、业务主管部门按照国家规定权限，通过规定基准价和浮动幅度、差率、利润率、最高限价和最低保护价等，指导企业制定的商品价

格和收费标准。

市场调节价是指由生产者、经营者制定的商品价格和收费标准。

〔3〕《价格管理条例》第二十九条 下列行为属于价格违法行为：

（一）不执行国家定价收购、销售商品或者收取费用的；

（二）违反国家指导价的定价原则，制定、调整商品价格或者收费标准的；

（三）抬级抬价、压级压价的；

（四）违反规定将计划内生产资料转为计划外高价出售的；

（五）将定量内供应城镇居民的商品按议价销售的；

（六）违反规定层层加价销售商品的；

（七）自立名目滥收费用的；

（八）采取以次充好、短尺少秤、降低质量等手段，变相提高商品价格或者收费标准的；

（九）企业之间或者行业组织商定垄断价格的；

（十）不执行提价申报制度的；

（十一）不按规定明码标价的；

（十二）泄露国家价格机密的；

（十三）其他违反价格法规、政策的行为。

〔4〕《关于价格违法行为的处罚规定》（1988 年 5 月 14 日起施行）第四条 有非法所得的价格违法行为，按其非法所得金额分为以下三类：

（一）非法所得金额在一千元以下的，为一般价格违法行为；

（二）非法所得金额在一千元以上、一万元以下的，为一般价格违法案件；

（三）非法所得金额在一万元以上的，为重大价格违法案件。

〔5〕《民事诉讼法》（1991 年 4 月 9 日起施行）第五十五条 诉讼标的是同一种类、当事人一方人数众多在起诉时人数尚未确定的，人民法院可以发出公告，说明案件情况和诉讼请求，通知权利人在一定期间向人民法院登记。

向人民法院登记的权利人可以推选代表人进行诉讼；推选不出代表人的，人民法院可以与参加登记的权利人商定代表人。

代表人的诉讼行为对其所代表的当事人发生效力，但代表人变更、放弃诉讼请求或者承认对方当事人的诉讼请求，进行和解，必须经被代表的当事人同意。

人民法院作出的判决、裁定，对参加登记的全体权利人发生效力。未参加登记的权利人在诉讼时效期间提起诉讼的，适用该判决、裁定。

〔6〕《〈有线电视管理暂行办法〉实施细则》（1991 年 4 月 20 日起施行，）第十二条 有线电视台、有线电视站，可向有线电视系统的终端户收取适当的有线电视建设费、维护费。

收取的建设费、维护费，应本着"取之于民、用之于民"的原则，主要用于购置、安装、维护有线电视设施、设备和购买、租赁、制作有线电视节目、录像制品以及业务管理等。

〔7〕《价格管理条例》第十七条 企业在价格方面享有下列权利：

（一）对实行国家指导价的商品和收费项目，按照有关规定制定商品价格和收费标准；

（二）制定实行市场调节价的商品价格和收费标准；

（三）对经有关部门鉴定确认、物价部门批准实行优质加价的产品，在规定的加价幅度内制定商品价格，按照规定权限确定残损废次商品的处理价格；

（四）在国家规定期限内制定新产品的试销价格；

（五）对实行国家定价、国家指导价的商品价格和收费标准的制定、调整提出建议。

第十八条　企业在价格方面应当履行下列义务：

（一）遵照执行国家的价格方针、政策和法规，执行国家定价、国家指导价；

（二）如实上报实行国家定价、国家指导价的商品和收费项目的有关定价资料；

（三）服从物价部门的价格管理，接受价格监督检查，如实提供价格检查必需的成本、帐簿等有关资料；

（四）执行物价部门规定的商品价格和收费标准的申报、备案制度；

（五）零售商业、饮食行业、服务行业等，必须按照规定明码标价。

第十九条　事业单位、个体工商户在价格方面的权利和义务，参照本条例第十七条、第十八条的规定执行。

〔8〕《价格管理条例》第三十五条 各级人民政府物价部门、业务主管部门及其工作人员违反价格管理权限、程序，制定、调整商品价格或者收费标准的，由上级物价部门或者同级物价部门负责纠正，并按干部管理权限追究有关人员的责任。

对泄露国家价格机密的，依法追究责任。

〔9〕参见江伟/主编：《民事诉讼法学原理》，中国人民大学出版社1999年版，第443页；张卫平/著：《诉讼架构与程式——民事诉讼的法理分析》，清华大学出版社2000年版，第362－363页。

〔10〕《民事诉讼法》第五十四条 当事人一方人数众多的共同诉讼，可以由当事人推选代表人进行诉讼。代表人的诉讼行为对其所代表的当事人发生效力，但代表人变更、放弃诉讼请求或者承认对方当事人的诉讼请求，进行和解，必须经被代表的当事人同意。

〔11〕见注5

〔12〕《关于适用〈中华人民共和国民事诉讼法〉若干问题的意见》（1992年7月14日最高人民法院审判委员会第528次会议讨论通过）

59. 民事诉讼法第五十四条和第五十五条规定的当事人一方人数众多，一般指十人以上。

60. 依照民事诉讼法第五十四条规定，当事人一方人数众多在起诉时确定的，可以由全体当事人推选共同的代表人，也可以由部分当事人推选自己的代表人；推选不出代表人的当事人，在必要的共同诉讼中可由自己参加诉讼，在普通的共同诉讼中可以另行起诉。

61. 依照民事诉讼法第五十五条规定，当事人一方人数众多在起诉时不确定的，由当事人推选代表人，当事人推选不出的，可以由人民法院提出人选与当事人协商，协商不成的，也可以由人民法院在起诉的当事人中指定代表人。

62. 民事诉讼法第五十四条和第五十五条规定的代表人为二至五人，每位代表人可以委托一至二人作为诉讼代理人。

63. 依照民事诉讼法第五十五条规定受理的案件，人民法院可以发出公告，通知权利人向人民法院登记。公告期根据具体案件的情况确定，最少不得少于三十日。

64. 依照民事诉讼法第五十五条规定向人民法院登记的当事人，应证明其与对方当事人的法律关系和所受到的损害。证明不了的，不予登记，当事人可以另行起诉。人民法院的裁判在登记的范围内执行。未参加登记的权利人在诉讼时效期间内提起诉讼，人民法院认定其请求成立的，裁定适用人民法院已作出的判决、裁定。

〔13〕最高人民法院《关于审理证券市场因虚假陈述引发的民事赔偿案件的若干规定》（2003 年 2 月 1 日起施行）第十二条 本规定所涉证券民事赔偿案件的原告可以选择单独诉讼或者共同诉讼方式提起诉讼。

第十三条 多个原告因同一虚假陈述事实对相同被告提起的诉讼，既有单独诉讼也有共同诉讼的，人民法院可以通知提起单独诉讼的原告参加共同诉讼。

多个原告因同一虚假陈述事实对相同被告同时提起两个以上共同诉讼的，人民法院可以将其合并为一个共同诉讼。

第十四条 共同诉讼的原告人数应当在开庭审理前确定。原告人数众多的可以推选二至五名诉讼代表人，每名诉讼代表人可以委托一至二名诉讼代理人。

第十五条 诉讼代表人应当经过其所代表的原告特别授权，代表原告参加开庭审理，变更或者放弃诉讼请求、与被告进行和解或者达成调解协议。

第十六条 人民法院判决被告对人数众多的原告承担民事赔偿责任时，可以在判决主文中对赔偿总额作出判决，并将每个原告的姓名、应获得赔偿金额等列表附于民事判决书后。

〔14〕见注 5。

〔15〕范愉/编著：《集团诉讼问题研究》，北京大学出版社 2005 年版，第 411 页。

〔16〕同上，第 330－331 页。

附：

湖南省常德市武陵区人民法院民事调解书

[1997] 武民初字第 1888 号

原告常德市城区内及德山片有线电视收视户宋惠明、王心一、杨松、邓占业、汤伟立、符义龙、蔡隆杰、李光中等户（花名册附后）。

诉讼代表人宋惠明，常德电机总厂退休职工。

诉讼代表人王心一，常德七一机械厂退休职工。

诉讼代表人杨松，常德第二纺织机械厂干部。

诉讼代表人蔡隆杰，常德棉纺厂职工。

诉讼代表人李光中，常德市供销社离休干部。

被告常德市广播电视局（以下简称广电局），地址常德市武陵大道。

法定代表人龙佑云，广电局局长。

委托代理人王林章，常德市有线电视台台长。

委托代理人贺中辛，常德市政府法制办干部。

案由：返还有线电视网络改造费纠纷

1997 年 10 月 28 日，原告宋惠明等有线电视收视户就返还有线电视网络改造费纠纷一案，向本院建起诉讼。诉称，被告广电局违反规定向有线电视收视户收取有线电视网络改造费，广电局应停止此侵权行为，向广大有线电视收视户赔礼道歉，如数退还收取的网络改造费，并承担本案的诉讼费用。被告广电局辩称，收取网络改造费，系经常德市物价局批准，该收费已用于网络改造。原告起诉后，我局已按省物价局的批复，德山片于 1997 年 11 月、城区内于同年 12 月底已停止收取该费，并拟对已收费用进行清理，省物价局如有新的规定则按新规定办理，没有新规定则将已收取的网络改造费在 2000 年底前以折抵当年应交收视费的方式退还给用户。

经审理查明，被告广电局以常德市物价局常价费字 [1996] 49 号、[1997] 48 号《关于核定有线电视网络改造费的批复》为依据，从 1996 年 1 月起，城区内至 1997 年底、德山片至同年 10 月止收取原告每户每月 4 元有线电视网络改造费。1997 年 12 月常德市物价局以常价费字 [1997] 174 号文件向省物价局请示关于收取城区有线广播电视网络改造费等问题。省物价局于 1998 年 1 月批复："应立即停止收费，并将清理情况上报，待全省清理后规范。"常德市物价局于 1998 年 8 月 17 日以常价费字〔1998〕103 号文件通知被告广电局取消有线电视网络改造费收取，但被告未将已收改造费退还原告。原告认为被告的行为与省物价局〔1996〕湘价费字第 98 号文件精神不符，故诉至本院，提出上列要求。

本案在审理过程中，经本院主持调解，被告广电局已向原告诉讼代表人表示歉意，双方当事人自愿达成如下协议：

原告持被告广电局收取网络改造费的收费依据，于 2000 年底前冲减当年应交的同等数额有线电视收视费，并由广电局告知有线电视收视户。

本案诉讼费 120000 元，由广电局负担。

上述协议，符合有关法律规定，本院予以确认。

本调解书经双方当事人签收后，即具有法律效力。

审判人员署名（略）
一九九八年十二月二日

注：以上裁判文书仅供参考，如需引用请以原件为准。

李书明诉新乡有线电视台

本案之讼，关乎有线电视初装赏之是非。

司法部主管的《法制日报》曾在头版刊登报道，称本案为国内"首例收视权诉讼"。被告新乡有线电视台也随即接到各地上百家有线电视台打来的电话，询问案情。受理案件的法院亦被不少受众追问，以至该法院一位副院长对记者"诉苦"说：头一回遇到此类案件，压力较大。

导读：有线电视早期讼案的媒体赋权及初装费之是非

纠纷：有线电视用户李某认为，当地的有线电视台是有线电视用户们通过缴纳初装费"集资"兴建的。用户使用自己"投资"的设备终端接收电视节目，不应再支付费用。据此，李某拒绝缴纳每月10元的"收视费"，有线电视台遂切断了其住所的电视信号。李某以有线电视台侵犯其财产权为由，向法院提起民事诉讼。

审级：二审

裁判：河南省新乡市郊区人民法院民事判决书〔1998〕郊民初字第520号
河南省新乡市中级人民法院民事判决书〔1999〕新民终字第710号

原告：李书明

被告：河南省新乡市新乡有线电视台

河南省新乡市的市民李书明，在向新乡有线电视台交纳了270元的初装费之后，于1996年2月在其住所开通了一个有线电视终端。

使用该有线电视终端后，李书明只在1997年9月向新乡有线电视台交纳过90元的收视费用，此后未再交过有线电视网络维护费和收视费。1998年6月8日，新乡有线电视台在对李书明催交费用无果后，根据《河南省广播电视管理条例》的有关规定，切断了其住所处的有线电视终端线路，停止向其传送信号。

1998年7月21日，李书明以新乡有线电视台侵权为由，向法院提起民事诉讼，请求法院判令被告新乡有线电视台接通其住所的有线电视信号传输线路，并承担全部诉讼费用。

李书明诉称：新乡市区有线电视用户约12万户，有线电视台至少已收取了3千多万元的初装费。可以说，有线电视台的设备是有线电视用户们共同出资购买的，有线电视用户应当是有线电视台的财产所有人。作为这份财产的共有人之一，其本人也当然享有一份使用的权利，有线电视台切断其有线电视线路，是对其财产使用权和收益权的侵害。《民法通则》第七十一条明确规定："财产所有人依法对自己的财产享有占有、使用、收益和处分的权利。"但现在有线电视用户对自己的财产不但没有占有处分权，就连使用的权力也没有，要想使用还得交使用费，这是不公平的。有线电视台每年收取数百万元的广告费，拿着用户们交纳的费用做生意，利润不给大家分红也就罢了，每年却还要收取1千多万元的视听维护费（按每户每月10元计算）。《民法通则》第四条明确规定："民事活动应当遵循自愿平等，等价有偿，诚实信用的原则。"有线电视台的这种做法有违民法平等和等价有偿的原则。

李书明认为，无线电视是通过发射台和天上飞的卫星把信号传到千家万户，有线电视台是通过有线的方式把信号传到千家万户，最终目的都是让人收看他们的节目，只不过传播的方式不同而已。无线电视那么多发射设备和卫星同样需要维护费用，他们的节目却并不需要交费。电视台当然要收取费用来进行设备维护和发展，他收取费用的方式，是通过提高节目的收视率进而获得广告费的方式来实现的。作广告的企业把产品卖给用户收取利润，然后再把利润中的某部分交到电视台作广告，转来转去最终还是每个用户的钱。同样的道理，有线电视台也应通过收广告费的方式来收取维护费。可现实是，有线电视台拿着用户们出资购买的设备，每年收取几百万元的广告费，这些费用足以去支付有线电视台的各项费用，却同时还要向用户收取上千万元的收视费，这是不合理的。

针对李书明的诉呈，被告新乡有线电视台辩称：李书明认为，应让其无偿收视有线电视信号而不向其收取视听维护费，是没有任何道理的。

首先，《河南省广播电视管理条例》规定，有线电视台可以向其用户收取收视维护费，各用户也应当及时向有线电视台交纳该项费用。有线电视台向其用户收取收视维护费，是具有法律依据的。

其次，根据新乡市物价局新价费字［1995］第118号《关于核定新乡有线电视台几项收费的通知》的规定，有线电视台可以对一个有线电视终端用户每月收取网络维护费和节目收视费各6元。新乡有线电视台的收费标准，未超出财政部门和物价部门核定的标准。

第三，新乡有线电视台虽然不是商业机构，但按目前的政策和法律规定，它又并非无偿服务，各终端用户必须依规定按时交纳收视维护费。这不是有线电视台是否营利的问题，而是取之于民、用之于民，以保证和促进有线电视事业的健康发展。

新乡市郊区人民法院审理此案后查明，1995 年 12 月 7 日，经河南省物价局批准，新乡市物价局给新乡有线电视台颁发了河南省行政事业性收费许可证，核准新乡有线电视台以一个输出口为单位收取初装费 270 元，全市范围内每户以一个输出口为单位收取网络维护费 6 元，节目收视费 6 元，两项合计每月实际只收取 10 元。

庭审中，新乡有线电视台向李书明提出反诉，要求其支付 1997 - 1998 年度的网络维护费和节目收视费共计 240 元。李书明辩称其使用有线电视信号共计 25 个月，按每月 10 元计算为 250 元，扣除已交纳的 90 元，余额应为 160 元，有线电视台的请求错误。

法院认为：新乡有线电视台向用户提供有偿的电视节目服务，按照规定收取经物价部门核准的费用，应属合理。李书明无故拒绝交纳收视维护费用，新乡有线电视台按照《河南省广播电视管理条例》第五十四条[1]的规定，切断李书明住所的有线电视信号，所实施的行为并未违反法律的规定，不属于侵权行为。李书明诉称新乡有线电视台切断其有线电视信号是对其财产使用权和收益权的侵害之理由不能成立，对其主张的权益不予保护。

法院还认为，新乡有线电视台要求李书明补交 1997 - 1998 年度的网络维护费和节目收视费 240 元，高出全市实际收费，欠妥，应按实际收费标准补缴。李书明应向新乡有线电视台支付其欠交的费用。法院依照《民法通则》第一百零六条[2]、第一百零八条[3]，《河南省广播电视管理条例》第五十四条[4]的规定，判决：一、驳回原告李书明的诉讼请求。二、本判决生效后十日内，李书明应向新乡有线电视台支付欠交的收视维护费用共计 170 元。

李书明不服一审法院的判决，向新乡市中级人民法院提出上诉。他在上诉状中提出了 3 点上诉理由：

一、一审判决认定事实不清。有线电视台切断用户的有线电视信号是否构成财产侵权的关键问题，是有线电视台财产的来源即其财产投资所有人的问题。新乡广播电视局与香港一公司在 1992 年签订过《关于引进资金建设新乡广播电视系统工程的合同书》，本案一审时原告和被告都曾向法庭提供此证据。有线台提供此证据的目的是想证明，建设有线电视台的钱是香港公司出的，也就是广电局引进的资金，并非用户出钱建设的。从合同的标题表面看好像真的如此。但该合同第六条明确约定"乙方（香港公司）投资的偿还。乙方投入的资金以向用户收取一次性初装费（200 元/

户）偿还，初装费的 90% 归乙方，10% 归甲方，按上述比例每 200 户结算一次，从开通之日起两年内用户维护费按每户 1 元提供给乙方，其余归甲方，完成 5 万户后本合同停止生效"。由此可以看出，建设有线电视台的资金最终来源还是初装费。就是说，有线台是用集资建设也即用户集资购买的，广电局在有线电视台的筹建过程中充当的是筹备募股集资人的角色。该事实是判定被告有否构成侵权的关键，但一审判决对此未做任何说明和认定。

二、一审对案件的性质定位不当。从原告起诉被告侵权，到一审判决认定，都是以民事案件的性质来审理和认定的。然而纵观被告的答辩和一审的认定，都以被告有河南省行政事业性收费许可证和《河南省广播电视管理条例》为依据，认定被告的收费有据合法。既然被告持有行政事业收费许可证，那它当然履行行政职责，本案由起诉时的民事侵权就变成了有线电视台行政收费行为是否合法的行政诉讼，本案的民事判决形式也就成了行政判决结果。这就使本案的性质产生了错位。

三、一审判决适用法律有误。一审判决引用《民法通则》第一百零六条的规定：公民、法人违反合同或者不履行其他义务的，应当承担民事责任。公民、法人由于过错侵害国家的、集体的财产，侵害他人财产、人身的，应当承担民事责任。没有过错，但法律规定应当承担民事责任的，应当承担民事责任。同时还引用了第一百零八条的规定：债务应当清偿，暂时无力偿还的，经债权人同意或人民法院裁决，可以由债务人分期偿还；有能力偿还拒不偿还的，由人民法院判决强制偿还。由此可以看出，一审判决将原告与被告之间的关系认定为民事合同关系，原告拒绝交费的行为变成了拒不履行合同之债的行为。原告与有线电视台之间既没有口头的更没有书面的合同约定，被告更没有什么东西能证明原告对其收费行为的认可即合同关系的存在。一审判决还同时引用了《河南省广播电视管理条例》第五十四条的规定："违反本条例规定，拖延或拒绝交纳收视维护费用的，由县以上广播电视行政部门责令其限期补交。逾期不交的，可停止向其传送信号，并按照规定追缴收视维护费。"该条例属地方行政法规。如果有线电视台按条例规定履行职责的话，那他就是在履行行政职责，他的收费行为也就成了行政事业收费行为，原告与有线电视台之间的关系，也就不再是民事合同关系。由于一审法官对双方的关系认定不清，所以导致适用法律上的错误。另外，《河南省广播电视管理条例》明确规定自 1997 年 7 月 1 日起施行，那么有线电视台 1997 年 7 月 1 日以前的收费行为更是无据可依。

二审法院认为：李书明在新乡有线电视台为其安装有线电视终端后，接受了新乡有线电视台的电视节目服务，新乡有线电视台依据新乡市物价局新价费用［1995］第 118 号文，收取其收视维护费用的做法并无不妥，李书明在交纳了 9 个月的收视维护费用后，拒绝交纳 1997 年元月至 1998 年 5 月共计 170 元的收视维护费用，该做法是错误的。李书明应当将所欠费用付给新乡有线电视台，新乡有线电视台要求李书明支付所欠费用的诉讼请求，应予以支持；因李书明长期未交纳收视维护费用，新乡有线电视台依照《河南省广播电视管理条例》的有关规定，切断了李书明住所的有线电视信号，该行为不属于侵权行为。因此，对李书明要求新乡有线电视台立即接通其住宅有线电视信号的诉讼请求不能予以支持；原审对该案主要事实认定清楚，适用法律正确，所作判决并无不当，上诉人的上诉理由与请求均不能成立。法院依据《民事诉讼法》第一百五十三条[5]第一款（一）项的规定，终审驳回李书明的上诉，维持原判。

释解与评点

本案诉至法院后，司法部主管的《法制日报》曾在头版刊登报道，称其为国内"首例收视权诉讼"。[6]被告新乡有线电视台也随即接到各地上百家有线电视台打来的电话，询问案情。受理案件的法院亦被不少受众追问，以至该法院一位副院长对记者"诉苦"说：头一回遇到此类案件，压力较大。

✎ 收视权之表述

从规范的法言法语角度衡量，《法制日报》将本案标称为"收视权诉讼"，并不确当，也不"合法"。

本案原告的实际指诉是："有线电视台切断我的有线电视天线，是对我财产使用和收益权的侵害。"[7]起诉状中既未提到"收视权"，也未提出收视权益方面的侵害救济主张。所以，本案的兴讼，应属财产所有权的侵权之诉。

退而言之，即便原告明确提出了"收视权"的主张及其究责诉求，也找不到相应的法律依据，因为，我国的民事立法当时并且至今都未设置"收视权"或类似性质的公民权利类称，没有相应的授权性规范，法院据何支持原告的诉请？设若原告要求救济的利益诉求确实是合法、正当的，法院也只能以现行法律确认的公民权益保护规范作为下判的依据，而不能以所谓的"收视权"受到侵害为由，判令被告承担责任。

不过，新闻报道毕竟不是法律文书或法学论文，在忠于事实、忠于法治的前提下，记者可以用生活化的词语和概念来解释和"翻译"法律事实，也可以对新近发生的司法事件进行非法律专业的记述。以此而论，则不必苛求"收视权"之表达是否确当与"合法"。相反，从媒介消费权益观念的角度考察，《法制日报》对"收视权"的报道，还是一次值得圈点的"标志性表达"，它以虽然尚不精准但却积极关切的意态，公开提示了有线电视经营方与其用户之间可能存在的权益冲突，为当代中国媒介消费的知行进取展示了一个重要的、不容回避的认识主题。

✐ 我国媒介消费诉讼的演进历程

我国自 20 世纪初引入现代新闻学研究之后，曾有学者论及读者（当时的媒介消费者）的权益问题。但总体上看，我国的新闻学与后来兴起的传播学研究，对媒介消费者权益的关注十分罕见，这一方向上的理性思考，主要是沿着传媒应当关心和满足受众之需要这种思路展开的。所谓受众需要，强调的是社会成员对传媒服务所持有的正面的要求，而媒介消费者权益则不单意味着人们对传播资源有所需求，亦隐含着这种需求不得被传媒或其他组织、个人非法剥夺和侵害。在现实生活中，倘若某种受众需要可以顺利地得到自我满足，则这种需要往往不被称作权益。只有那些依靠法律或行政手段的调整和保障，方能顺利实现的需要，才会进入权益的范畴。因此，媒介消费者权益意识较之受众需要意识更强调传媒与其服务对象之间、受众与其他组织或个人之间，在传媒资源的分配、获取和享用方面可能存在的冲突和矛盾，也更突出了传媒的服务义务和违反义务所必须承担的道德、法律责任。如果从法治或职业道德建设的视角考察大众传播资源的供给与消费，那么，媒介消费者权益不论是作为一个概念抑或一类研究主题，都是受众需要概念所无法替代的。

实际上，对于大众传播的任何一种较为完整的理性认识，都将涉及两类主体的权益问题：一类主体为大众传播的提供（生产）者，另一类主体为大众传播的获享（消费）者。早期的大众传播学研究对前一类主体的权益给予了较多的关注与思考。然而，作为现代社会的一个举足轻重的文化、信息服务产业，大众传媒业也有着自身的利益，有的媒体在追求经济效益最大化的过程中，可能会降低自律水准；某些素质低下，缺乏职业道德的媒体从业人员，也会滥用其手中的职业优遇侵害受众的利益。换言之，大众传播从业者的权益并不完全等同于大众传播消费者的权益。正是基于这种认识，联合国教科文组织在 1989 年通过的决议《交流为人类服务》中提出：国家应当发展有关传播媒介的教育，强调批评精神，使传媒消费者得以维护其权益[8]。

我国内地学界名副其实地关注媒介消费者（受众）权益问题，始于上世纪 90 年代初。[9]1993 年 10 月，第八届全国人民代表大会常务委员会第四次会议通过了《消费者权益保护法》，这在规范层面上初步照应了物质消费领域的公民权益保护问题。接下来，依循着从物质到精神的上升逻辑，由此及彼地，精神消费领域的权益理念冉冉升起，传播理论界开始有零星的文论在这一方向上展开研讨。因为此时国内还罕见媒介消费者与媒体的真实讼争，见诸报端的，只有极个别的媒体虚假广告损害赔偿案，[10]余者多为行业服务态度和"垄断病"的问题揭载。所以，这一时期的有关媒介消费者权益的学理论说，多为务虚性质的抽象推演和意见宣示。

最早为媒介消费者权益的本土理念提供有力支撑的讼事，主要来自有线电视领域。我国内地自 80 年代初开始发展有线电视。90 年代，广播电视网络建设进入高速发展期。尤其是 1992 年以后，有线电视入户每年新增 1000 万。至 1998 年，全国的有线电视用户已达 7000 多万，列世界第一位。[11]这一领域不断扩张的有偿消费关系和实际存在的侵权事实，逐步"培训"了用户的契约意识和对自身利益的斤斤计较。

1998 年元月 6 日，上海市闸北区人民法院开庭审理了"丁亮诉上海有线电视台违约赔偿案"，原告对被告的有线电视台突然中断足球赛的直播信号致其无法收看完整赛况而又不理会其投诉的行为不满，遂诉诸法院，要求被告当面及在报纸上公开赔礼道歉，保证不再有不履行约定义务侵害用户权益的行为发生；此外，还要求被告赔偿精神损失费 1000 元及参加诉讼的车费 135.40 元。[12]1998 年 1 月 16 日，《南方周末》以《足球迷叫板电视台》的标题，对此案原告的讼事进行了报道，此为国内大型综合性报纸关于有线电视服务消费争讼的首次报道。[13]半年之后，河南新乡讼事（即本案的诉讼）又起，并被覆盖全国的中央级法制日报在"首例收视权诉讼"的题示下予以报道，这一标称虽然不甚切合所指的具体个案，却在更大的范围上叩应了民众与学理对于媒介消费者权益的呼求，从而为这一方向逐渐浮现的公共语境提供了一个新鲜醒目的主题词。同时，《法制日报》

对本案从起诉至判决的三次报道，也首开国内主流新闻媒体连续报道媒介消费诉讼个案之先河。[14]

此后，在不到一年的时间里，国内媒体又接连披露了"丘建东诉龙岩市广播电视网络中心"、"张懿诉深圳有线电视台"、"贾广恩诉河南新乡有线电视台"、"王忠勤诉陕西省西安有线电视台"、"金正明诉湖南经济电视台"等讼案[15]。至 2000 年 10 月 30 日，最高人民法院下发了《民事案件案由规定（试行）》[16]，这一规定将民事案件案由划分为 4 部分 54 类 300 种。在第一部分合同纠纷案由中，将有线电视的收视纠纷列为服务合同纠纷的案由之一。依照民事诉讼法的规定和最高法院的司法解释，法院立案时要确定案件的案由，民事诉讼的判决书必须写明的第一项内容就是案由。[17]案由是案件的内容提要，也是案件性质的集中体现。定准案由不仅仅是为案件选定一个名称，而且关系到如何正确适用法律和公正保护当事人的合法权益。《民事案件案由规定（试行）》在服务合同纠纷的案由里单列出有线电视收视纠纷一项，表明这类争端已经成为常态的民事争诉，且司法介入的条件亦已成熟。

在我国媒介消费诉讼的上述演进历程中，本书收入的"李书明诉新乡有线电视台"一案，以《法制日报》为其延引的"赋权命名"而殊值绎味，堪予标记。

✐ 初装费讼争之是非

本案的审理，就其判决的法律适用而言，是中规中矩的。原告两千余字的起诉状，绝大部分用以论证被告收取初装费的不合理，认为："有线电视台的所有设备是新乡市 12 万用户出资购买的，我作为这份财产的共有人之一，当然享有一份使用的权利，有线电视台切断我的有线电视天线，是对我财产使用和收益权的侵害。"原告既然提起的是侵权之诉，按照《民法通则》第一百零六条第二款[18]的规定，法院考察的重点，就是被告"切断原告住宅处的有线电视线路"这一行为是否构成过错。

在本案中，被告向原告提供的服务是按物价部门核准的规定收取费用，在原告拒绝交纳费用的情况下，也是根据本省人大常委会通过的条例之规定停止向其传送信号，其所作所为，皆依法而为，并不构成法定究责之过错。法院因此而驳回原告的诉讼请求，当为意料中事。

原告（上诉人）在上诉状中提出的"本案性质和法律适用"问题，之所以被二审法院认定为"不能成立"[19]，主要是因为：

一、《河南省广播电视管理条例》并非如上诉状所称"属地方行政法规"。该条例由河南省人大常委会制定，是地方法规而非省政府制定的地方行政法规，其第五十四条第一款的规定，在责任设定和表述上虽有瑕疵，[20]但无碍于本案的适用。该条款规定："拖延或者拒绝交纳收视维护费用的，由县（市）以上广播电视行政部门责令其限期补交。逾期不交的，可停止向其传送信号，并按照规定追缴收视维护费"，其中并未限定"停止传送信号"的执行主体只能是县（市）以上广播电视行政部门，或只能通过行政执法的手段停止欠费用户的有线电视信号。

二、新乡有线电视台向用户的收费，确属行政事业性收费，然而，并非所有的行政事业性收费都属于行政行为。所谓"行政事业性收费"，是我国地方价格主管部门于 1982 年提出并沿用至今的概念，主要指国家机关、事业单位、代行政府职能的社会团体等依法并按照规定程序批准，在实施公共管理，以及在向公民、法人提供特定公共服务过程中，向特定对象收取的费用。在行政事业单位的收费中，特别是在有线电视台这类事业单位的收费中，有一些并不是由于行使政府职能而产生的收费，这些收费虽然属于事业单位收费，但就其性质来讲，不属于履行行政职能的行为。[21]

明了以上两点，便可理解，上诉人有关"民事判决形式成了行政判决结果"的诘究，势难得到法院的支持。略有遗憾的是，二审法院未能在判决书中明示其理，诉者欲辨而审者无语，多少弱化了该判决的说服力。同样的缺憾，亦见于本案的一审判决书：审理者只就被告的"掐线"是否侵权径行下判，避开了原告有关初装费的权属争讼，这虽是一种简捷、保险的理讼方案，但其释法明理、定纷息讼的效果也难免有所流失和减损。

毋庸讳言，有线电视初装费的收缴，是在国家财力支持不足而电视收视需求强烈的情势下，快速发展有线电视的一种并非最合理但却很见效的政策选择。随着传输网络的完善和规模效应的增加，有线电视的建设成本逐渐向运营成本转化，基础设施的实际投入需求会日益递减，初装费的交纳数额也应遵循运营规律自然降低以至消除。例如，广东地区自 2006 年 7 月之后，就不再向报装有线电视的用户收取初装费[22]。

本案兴讼之际，关于有线电视初装费的质疑和非议已具一定的舆情势能。法院在下判时，案件以外的一些敏感因素，比如国家物价和收费政策的调整时机、社会情绪的稳定与否、广电产业的改革承受力、司法独立的实际空间等等，都可能对法官的论证取舍产生影响并外显于判词的构思和表述。此外，有关初装费的合法性审查，其可诉部分也应主要由行政诉讼而非民事诉讼来解决。在本案审理时，国内的大部分有线电视初装费作为一项重要的服务价格一直实行政府定价管理，属于行政事业性收费，由各级价格主管部门按照规定具体制定收费标准并报上一级价格主管部门备案。所以，针对初装费立项和收费标准的争诉案件，多属行政法的调整范围，而且法院只能受理用户对有线电视台（局）的具体收费行为提起的诉讼，并无权就国家价格、财政、广播电视主管部门的相关抽象行政行为进行司法审查。需要说明的是，初装费的批准、立项和收费标准的确定，属行政职权的范畴。但是，向用户收取初装费，除非广播电视局作为收费的主体，否则的话，都应视之为民事行为。

综合以上因素的考量，本案判决书对初装费问题的"无语"，虽于理有亏，但形格势禁，却也于情可谅。

但，也还是有就事论理的表达空间。

例如，原告主张，缴纳初装费的用户，就是有线电视台设施的出资人，对其信号传输线路享有一份使用的权利，被告的"掐线"行为是对原告财产使用和收益权的侵害。其实，原告在自愿向被告交纳了 270 元的初装费之后，就与被告建立了民事合同关系，即便当时双方并未形成较为规范的书面合同文本，也不影响事实上的合同关系的成立。被告向原告制发的有线电视用户证，便是这种合同关系成立的证明。而在原、被告订立合同之时，双方并不存在投资之合意，因此，尽管可以对初装费的合理性提出质疑，但合同生效后又将原告的初装费追认为投资，除非得到有线电视台的认可，否则实在是与法无据，有违民法的公正、诚实信用之原则。

倘若一审判决书能够就此阐述一二，当可增强其判词的说服力，以理服人，则胜败皆明。

注释：

〔1〕《河南省广播电视管理条例》（1997 年 7 月 1 日起施行）第五十四条 违反本条例规定，拖延或者拒绝交纳收视维护费用的，由县（市）以上广播电视行政部门责令其限期补交。逾期不交的，可停止向其传送信号，并按照规定追缴收视维护费。

有线电视台、有线广播电视站违反本条例规定给用户造成损失的，应当依法赔偿损失。

阅读提示：《河南省广播电视管理条例》于 1997 年 5 月 23 日河南省第八届人民代表大会常务委员会第二十六次会议通过，2005 年 1 月 14 日河南省第十届人民代表大会常务委员会第十三次会议又通过了关于该条例的修改决定。本案判决时间为 1999 年，判决书援引的该条例规定

（第五十四条），应当出自该条例修改前的文本。但该条例于 2005 年修改时，对其第五十四条的内容未作删改。

〔2〕《民法通则》（1987 年 1 月 1 日起施行）第一百零六条 公民、法人违反合同或者不履行其他义务的，应当承担民事责任。

公民、法人由于过错侵害国家的、集体的财产，侵害他人财产、人身的，应当承担民事责任。没有过错，但法律规定应当承担民事责任的，应当承担民事责任。

〔3〕《民法通则》第一百零八条 债务应当清偿。暂时无力偿还的，经债权人同意或者人民法院裁决，可以由债务人分期偿还。有能力偿还拒不偿还的，由人民法院判决强制偿还。

〔4〕见注 1

〔5〕《民事诉讼法》（1991 年 4 月 9 日起施行）第一百五十三条 第二审人民法院对上诉案件，经过审理，按照下列情形，分别处理：

（一）原判决认定事实清楚，适用法律正确的，判决驳回上诉，维持原判决；

（二）原判决适用法律错误的，依法改判；

（三）原判决认定事实错误，或者原判决认定事实不清，证据不足，裁定撤销原判决，发回原审人民法院重审，或者查清事实后改判；

（四）原判决违反法定程序，可能影响案件正确判决的，裁定撤销原判决，发回原审人民法院重审。

当事人对重审案件的判决、裁定，可以上诉。

〔6〕周万辋/著：《用户状告电视台，新乡"击鼓"首例收视权诉讼，法院"升堂"》，1998 年 11 月 17 日《法制日报》，第 1 版。

〔7〕引自李书明的起诉状。

〔8〕参见《交流为人类服务（1990－1995 年中期规划）》（教科文组织大会第二十五届会议［1989 年］通过的决议），该决议中有以下内容的表述："提倡对创造者和使用者进行有关传播媒介的教育，以促进发展每个人和每个民族对接收的各种信息的批判意识和反应能力，同时也将促使人们更好了解使用者为熟悉和维护自己的权利所拥有的手段"；"发展有关传播媒介的教育，同时强调批评精神，对收到各种形式信息的反应能力和对用户进行教育使其能维护其权益。"

〔9〕参见宋小卫/著：《关护受众——改革开放以来中国大陆的受众权益研究》，《新闻与传播研究》1998 年第 4 期，第 15－23 页；《关注阅听人之权益——中国内地（1999－2001）的受众权益研究》，《解读受众：观点、方法与市场》，河北大学出版社 2001 年版，第 46－62 页。

〔10〕如 1993 年的"刘陆江诉重庆晚报社刊登虚假广告侵权赔偿案"，参见中国高级法官培训中心、中国人民大学法学院/编：《中国审判案例要览（1995 年综合本）》，中国人民大学出版社 1996 年版，第 747－751 页；1997 年的"邱金友等诉长江日报社刊登虚假广告侵权赔偿案"，参见最高人民法院中国应用法学研究所/编：《人民法院案例选（民事卷）》（1992－1999 年合订本），中国法制出版社 2000 年版，第 984 页。

〔11〕参见《国务院办公厅转发信息产业部、国家广播电影电视总局关于加强广播电视有线网络建设管理意见的通知》（国办发［1999］82 号）

〔12〕本案的审理结果是原告败诉。详情见上海市闸北区人民法院民事判决书〔1997〕闸民初字第3318号

〔13〕1998年1月16日《南方周末》，第14版。另见成山：《十强赛中沙之战直播中断 申城一球迷状告有线电视台》，1998年1月19日《民主与法制画报》（404期），第3版。

阅读提示：《南方周末》是较早关注和报道有线电视消费争端的国内大型综合性新闻媒体。除前述诉讼案报道外，该报曾于1997年10月10日刊出专题文章《摸摸"电视老虎"的屁股》；1998年6月26日，该报又刊出系列报道《有线电视的垄断病》。

〔14〕《法制日报》对本案的三次报道分别为：《用户状告电视台，新乡"击鼓"首例收视权诉讼，法院"升堂"》，1998年11月17日《法制日报》，第1版；《案小事大 众口说曲直》，1999年1月3日《法制日报》，第3版；《有线电视收费有规可循 李书明状告电视台败诉》，1999年5月18日《法制日报》，第2版。上述报道的采写者均为周万锟。

〔15〕"丘建东诉龙岩市广播电视网络中心案"、"贾广恩诉河南新乡有线电视台案"、"王忠勤诉陕西省西安有线电视台案"本书均有专门的介绍和评点。

"张懿诉深圳有线电视台案"的原告为深圳市民，因深圳有线广播电视台在某收视率较高的外地电视台广告时段内插播自己的广告，并且经常影响到剧情和新闻的正常播放，影响其收视选择，遂诉诸深圳市福田区法院，但被判败诉。

"金正明诉湖南经济电视台案"的原告为杭州市民，于1999年9月向当地法院起诉《还珠格格》的作者台湾作家琼瑶、湖南经济电视台、湖南电广实业股份有限公司和浙江有线娱乐台，理由是他5岁的外孙女模仿剧中情节上吊，幸亏及时获救，才避免了不幸的发生。金正明还认为，《还珠格格》刻画的人物对未成年人带来不利影响，剧中情节有多处不合法的地方，故据此向当地法院起诉，向被告索要8000万赔偿。但该起诉被法院裁定不予受理。

〔16〕**阅读提示**：最高人民法院2008年2月4日下发了《民事案件案由规定》（法发〔2008〕11号），自2008年4月1日起施行，《民事案件案由规定（试行）》（法发〔2000〕26号）同时废止。

〔17〕《民事诉讼法》第一百三十八条规定："判决书应当写明：（一）案由、诉讼请求、争议的事实和理由；（二）判决认定的事实、理由和适用的法律依据；（三）判决结果和诉讼费用的负担；（四）上诉期间和上诉的法院。……"

《最高人民法院关于在经济审判工作中贯彻执行〈民事诉讼法（试行）〉若干问题的意见》（1984年）指出："案由是案件的内容提要，也是案件性质的集中体现。定准案由是正确处理案件的重要环节，案由要简单明了，做到划分类别明确，反映争议确切，判断性质准确。"

〔18〕见注2

〔19〕原文为"原审对该案认定的主要事实清楚，适用法律正确，所作判决并无不当，上诉人的上诉理由与请求均不能成立。"引自河南省新乡市中级人民法院民事判决书〔1999〕新民终字第710号。

〔20〕一般而言，有线电视网络经营者与其用户之间的服务与消费关系具有民事合同的性质，用户欠费当属违约，其违约责任应按合同双方事前的约定履行和担当。例如，用户欠费之后，有线电视传输网络公司可通过寄送催费通知单（短信）、停送有线电视信号，发出律师函，收

取滞纳金直至进入诉讼程序等方式向用户追缴，而当地的广播电视行政管理部门无需也不应作为追缴欠费的主体直接介入。只有在某种特定的情况下，广播电视行政管理部门的干预才是必要与合法的。如，有线电视传输网络公司的工作人员按规定中断欠费者住所的传输线路，遭到后者的暴力阻挠，在这种情况下，就可以由广播电视行政执法人员或有行政委托授权的有线电视网络稽查人员对其进行行政处罚，对抗拒、阻碍管理部门依法执行公务的违法行为，还可以请求公安部门查处。但这种情况当属追缴有线电视欠费的"个别"和"特殊"。现在，越来越多的有线电视网络采用可寻址管理模式，当需要中断用户的有线电视信号时，已不用派人到用户住所"上门掐线"，这方面的现场冲突也随之减少。

阅读提示：从法理上推敲，在规范广播电视管理的地方法规中，为追缴用户欠费而专门设定行政授权性的规范，似欠妥帖。目前，除河南省之外，吉林、广西、江西、山西、贵州、浙江、湖北、四川、云南、甘肃等省，均由其人大常委会制定了本省的广播电视管理条例，这些条例中，都没有类似《河南省广播电视管理条例》第五十四条第一款的规定。

〔21〕2000 年以后，根据国务院办公厅《转发信息产业部、国家广播电影电视总局关于加强广播电视有线网络建设管理意见的通知》（国办发〔1999〕82 号）、国家广播电影电视总局《关于有线广播电视台和无线电视台合并的有关事项的通知》（广发社字〔2000〕第 954 号）等文件的规定，许多省开始组建广电网络公司，原来属于行政事业性收费的"有线电视初装费"和"有线电视收视维护费"，也随之转为经营服务性收费管理，同时将收费主体由有线电视台变更为广电网络公司。这两项收费转为经营服务性收费后，其收费收入一般不再作为预算外资金管理，也不再上缴财政专户实行"收支两条线"管理。各地执收单位按照国家企业财务制度的规定，将上述收费收入作为经营业务收入，统一纳入单位财务核算与管理，并按国家有关规定依法纳税，使用税务发票。

〔22〕详见《广东省物价局、广东省广播电影电视局关于我省有线数字电视基本收视维护费收费标准的通知》（粤价〔2006〕85 号）；《关于明确我省有线数字电视收费政策执行时间的通知》（粤价函〔2006〕210 号）。

附：

新乡市郊区人民法院民事判决书

[1998] 郊民初字第 520 号

原告李书明，男，1970 年 × 月 × 日出生，汉族，新乡市平原机器厂职工，住 × × × 厂家属院 × 号楼。

被告新乡有线电视台

法定代表人李宝琴，台长。

委托代理人魏民，电视台职员。

委托代理人王锐，新乡方正律师事务所律师（特别授权）。

原告李书明诉被告新乡有线电视台侵权纠纷一案，本院受理后，依法由审判员组成合议庭，公开开庭进行了审理。原告李书明，被告新乡有线电视台的委托代理人魏民、王锐到庭参加诉讼。本案现已审理终结。原告诉称：1996 年我向被告交费 270 元，由被告为我安装有线电视天线。1996 年 2 月份，被告向我制发有线电视用户证一个，并要求我交纳视听维护费，被拒绝后被告于 1998 年 6 月切断了有线电视。被告系事业法人，其从事社会公益活动是不得以营利为目的的。有线电视台的所有设备是新乡市 12 万用户出资购买的，我作为这份财产的共有人之一，当然享有一分使用的权利，被告切断我的有线电视天线，是对我财产使用和收益权的侵害。请求判令被告立即接通我的有线电视。

被告辩称：我们向各有线电视用户收取收视维护费，是根据《河南省广播电视管理条例》的规定办理的，是有法律依据的，收费的标准未超出财政部门和物价部门所核定的标准，原告使用我们提供的有线电视信号收看节目，应当按规定交纳有关费用。我们认为，原告的诉讼请求及理由均不能成立，请求依法驳回其诉讼请求。诉讼中，新乡有线电视台提出反诉称：李书明于 1996 年要求为其安装一部有线电视天线，向我方交纳了 270 元的初装费。有线电视安装完毕后李书明一直未交纳视听维护费，在我单位多次催促下于 1997 年 9 月向我台补交了 1996 年度的视听维护费 90 元，但 1997 - 1998 两年的费用拒绝交纳。请求判令李书明支付 1997 - 1998 年度的网络维护费和节目收视费共计 240 元。

经审理查明：1996 年 2 月，李书明向新乡有线电视台申请为其住所安装有线电视终端一个，并交纳 270 元初装费。2 月 5 日，新乡有线电视台为李书明制发新乡有线电视台用户证一个，编号为 85082。李书明在使用有线电视终端后，于 1997 年 9 月 7 日向新乡有线电视台交纳 90 元的费用，此后李书明一直未向新乡有线电视台交纳维护费和收视费。新乡有线电视台向李书明催交，被拒绝。1998 年 6 月 8 日，新乡有线电视台根据《河南省广播电视管理条例》的有关规定切断了李书明住所的有线电视终端线路，停止向其传送信号。1998 年 7 月 21 日，李书明以新乡有线侵权为由向本院提起诉讼。另查：1995 年 12 月 7 日，经河南省物价局批准，新乡市物价局给新乡有线电视台颁发了河南省行政事业性收费许可证，核准新乡有线电视台以一个输出口为单位收取初装费 270 元，每户以一个输出口为单位收取网络维护费 6 元，节目收视费 6 元，全市范围内，两项月实际收费 10 元。庭审中，新乡有线电视台向李书明提出反诉，要求其支付 1997 - 1998 年度的网络维护费和节目收视费共计 240 元。李书明辩称：我使用有线电视信号共计 25 个月，按每月 10 元计算为 250 元，扣除已交纳的 90 元，余额应为 160 元，有线电视台的请求错误。我现在已不再是有线电视用户，有线电视台收取的初装费理应退还，与其要收取的 160 元收视费相抵，有线电视台还应退还我初装费 110 元。

本院认为：新乡有线电视台向用户提供有偿的电视节目服务，按照规定收取经物价部门核准的费用，应属合理。李书明无故拒绝交纳收视维护费用，新乡有线电视台按照《河南省广播电视管理条例》第五十四条"违反本条例规定，拖延或者拒绝交纳收视维护费用的，由县（市）以上广播电视行政部门责令其限期补交。逾期不交的，可停止向其传送信号，并按照规定追缴收视维护费"的规定，切断李书明住所的有线电视信号，所实施的行为并未违反法律的规定，不属于侵权行为。故李书明所诉称新乡有线电视台切断有线电视信号是对其财产使用和收益权的侵害的理由不能成立，其主张的权益不予保护。新乡有线电视台要求李书明补交 1997 - 1998 年度的网络维护费和节目收视费 240 元，高出全市实际收费欠妥，应按实际收费标准补缴。李书明应当向新乡有线电视台支付其欠交的费用。依照《中华人民共和国民法通则》第一百零六条、第一百零八条，《河南省广播电视管理条例》第五十四条之规定，判决如下：

一、驳回李书明的诉讼请求。

二、李书明应于本判决生效后 10 日内向新乡有线电视台支付欠交的收视维护费用共计 170 元。

诉讼费 50 元，反诉费 50 元，合计 100 元由李书明负担。

如不服本判决，可自收到判决书之日起 15 日内向本院递交上诉状及副本，上诉于新乡市中级人民法院。

审判人员署名（略）

一九九九年四月二日

河南省新乡市中级人民法院民事判决书

［1999］新民终字第 710 号

上诉人（原审原告）李书明，男，汉族，1970 年×月×日出生，大专文化，新乡市×××厂法律顾问，住新乡市新华区×××街×号院×号楼×单元×号。

被上诉人（原审被告）新乡有线电视台（以下简称"新乡有线台"）。

法定代表人李宝琴，系该台台长。

委托代理人魏民，系该台收费部主任。

委托代理人王锐，系新乡方正律师事务所律师。

上诉人李书明因侵权纠纷一案，不服新乡市郊区人民法院［1998］郊民初字第 520 号民事判决，向本院提起上诉。本院依法组成合议庭审理了本案，现已审理终结。

原审认定：1996 年 2 月，李书明向新乡有线台电视台申请为其住所安装有线电视终端一个，并交纳 270 元初装费。2 月 5 日，新乡有线台为李书明制发新乡有线台用户证一个，编号为 85082。李书明在使用有线电视终端后，于 1997 年 9 月 7 日向新乡有线台交纳 90 元的费用，此后李书明一直未向新乡有线电视台交纳维护费和收视费。新乡有线电视台向李书明催交，被拒绝。1998 年 6 月 8 日，新乡有线电视台根据《河南省广播电视管理条例》的有关规定切断了李书明住所的有线电视终端线路，停止向其传送信号。1998 年 7 月 21 日，李书明以新乡有线台侵权为由向本院提起诉讼。另查：1995 年 12 月 7 日，经河南省物价局批准，新乡市物价局给新乡有线台颁发了河南省行政事业性收费许可证，核准新乡有线台以一个输出口为单位收取初装费 270 元，每户以一个输出口为单位收取网络维护费 6 元，节目收视费 6 元，全市范围内，两项目实际收费 10 元。庭审中，新乡有线台向李书明提出反诉，要求其支付 97－98 年度的网络维护费和节目收视费共计 240 元，李书明辩称：我使用有线电视信号共计 25 个月，按每月 10 元计算为 250 元，扣除已交纳的 90 元，余额应为 160 元，有线电视台的请求错误。我现在已不再是有线电视用户，有线电视台收取的初装费 270 元理应退还，与其要收取的 160 元收视费相抵，有线电视台还应退还我初装费 110 元。原审判决：一、驳回李书明的诉讼请求；二、李书明应于本判决生效后十日内向新乡有线电视台支付欠交的收视维护费用共计 170 元。宣判后，李书明不服，以原审认定事实不清，适用法律错误，该案应作为行政案件审理等为由提起上诉，请求二审查明事实，依法定案。新乡有线台认为原判正确，要求维持原判。

经审理查明：二审查明的事实与一审认定的事实一致。

本院认为：李书明在新乡有线台为其安装有线电视终端后，接受了新乡有线台的电视节目服务，新乡有线台依据新乡市物价局新价费用 [1995] 第 118 号文收取其收视维护费用的做法并无不妥，李书明在交纳了 9 个月的收视维护费用后，拒绝交纳 1997 年元月至 1998 年 5 月共计 170 元的收视维护费用，该做法是错误的，李书明应当将所欠费用付给新乡有线台，新乡有线台要求李书明支付所欠费用的诉讼请求，应予以支持；因李书明长期未交纳收视维护费用，新乡有线台依照《河南省广播电视管理条例》的有关规定，切断了李书明住所的有线电视信号，该行为不属于侵权行为，故对李书明要求新乡有线台立即接通有线电视信号的诉讼请求不能予以支持；原审对该案认定的主要事实清楚，适用法律正确，所作判决并无不当，上诉人的上诉理由与请求均不能成立。故依据《中华人民共和国民事诉讼法》第一百五十三条第一款（一）项之规定，判决如下：

驳回上诉，维持原判。

二审诉讼费 100 元，由上诉人李书明负担。

本判决为终审判决。

审判人员署名（略）

一九九九年八月三日

注：以上裁判文书仅供参考，如需引用请以原件为准。

丘建东诉龙岩市广播电视网络中心

本案的"看点"，是法规文件的溯及力问题。

由于诉讼策略、政策和法制环境的原因，本案原告虽然在诉讼中一审败诉，二审再输，但其争执中所揭橥的问题、所表达的合理诉求，对促进有线电视经营制度的改进和完善不无裨益。事实上，有线电视服务行业中存在的只看重主管部门的批文，不在意收费程序公平、公正的"垄断病"，在当时确已招致不少非议。

导读： 广播电视网络中心缴费通知的溯及力、起诉策略和虽败犹荣之讼／有线电视服务收费纠纷

纠纷： 福建省龙岩市广播电视网络中心根据物价委核定的提价标准，将有线电视收视费从每月 10 元调整为每月 13 元，并要求有线电视用户按照新的收费标准补交上年度最后 3 个月共计 9 元的收视费。有线电视用户丘某认为，法律、规章、规范性文件在生效时间上不应具有溯及力，遂诉至法院，要求判令广播电视网络中心退还其补交的费用。

审级： 二审

裁判： 福建省龙岩市新罗区人民法院民事判决书〔1999〕龙新民初字第 341 号
福建省龙岩市中级人民法院民事判决书〔1999〕岩民终字第 301 号

原告： 丘建东

被告： 龙岩市广播电视网络中心、龙岩市有线电视台

　　1998 年 7 月 15 日，福建省龙岩市有线电视台和中央卫星电视传播中心就央视卫星电视节目在龙岩市区的有偿传收达成协议，从当年 10 月 1 日起，龙岩市有线电视台正式向龙岩城区的有线电视用户传送央视的电影、体育、文艺等卫星（有线）电视节目。福建省物价委员会随后于 10 月 8 日发出闽价〔1998〕公字第 382 号批复，核定龙岩市有线电视台有偿传送央视卫星节目的收视费标准为每月每户 3 元，加上每月每户原来应缴的 10 元收视维护费，新的有线电视收费标准为每月每户 13 元。龙岩市物价委在收到省物价委批复 15 天后，以〔1998〕龙价〔房〕字 230 号予以转发，并在 230 号文件中标明新收视费标准自 1998 年 10 月 1 日起执行。

　　在此之前，经龙岩市委机构编制委员会办公室批复同意，龙岩市有线电视台于 1998 年 8 月加挂"龙岩市广播电视网络中心"的牌子。有线电视台负责节目制作、播出，广播电视网络中心负责有线电视网络的运行

管理。

1998 年 12 月 24 日，龙岩市广播电视网络中心发出《关于交纳 1999 年度有线电视收视费的通知》，告知当地有线电视用户收视费标准从每户每月 10 元调整为 13 元，1999 年度全年收视费合计 156 元；已交 1998 年度收视费的用户，从 1998 年 10 月起补交每月 3 元的增收部分。该通知自 12 月 30 日起在闽西广播电视报连续数期刊载。

龙岩市新罗城区的有线电视用户丘建东，在 1999 年 1 月 26 日缴纳当年收视费的时候，一并向广播电视网络中心补交了 1998 年 10 月至 12 月共计 9 元的新增收费，但他认为要求用户补交去年 3 个月的新增收费不尽合理。

1999 年 2 月 5 日，丘建东以法律、规章、规范性文件在生效时间上不应具有溯及力为由，向龙岩市新罗区人民法院提起民事诉讼，要求龙岩市广播电视网络中心退回其补交的 1998 年 10 月至 12 月的有线电视收视费每月 3 元，共计 9 元。

丘建东诉称：多年来有关公用企业（事业）单位对公众收取费用都是单方说了算，这种收费关系虽不采取签订合同的形式进行，但实际上付费方也是在购买一种服务，也属于民事法律关系的权利义务范畴，因此，顾客、用户或消费者对此种收费应享有提出质疑的权利。本人并不认为广播电视网络中心将 1999 年的收视费涨至 13 元不合理，而是起诉文件溯及既往补收过去 3 个月的钱不合理。

丘建东还在其诉状中表示：公用企事业尽管是依物委的批复收费，其收费政策也应受到民法基本原则的约束，其效力不应该溯及既往。依法治国不仅仅是用法律来治国这么一种简单含义，而是法的本身要受到法的原理、原则的约束。本案表面上是诉一个公用企事业，实际上是向批准这个企业收费政策的政府机关提出质疑。政府立法、立规章以至立规范性文件，要不要受一种民法精神、民法基本原则的约束？作为消费者，一方面应遵守规范按时缴费，另一方面也有权督促制定政策的一方合理制定政策，合理确立文件生效的时间。希望通过本案的诉讼，能够引导大家都来遵守法制，依照法律的原理、原则来指导自己的工作。

对丘建东的诉讼主张，被告龙岩市广播电视网络中心在答辩状中提出了 4 点辩驳意见：

一、《价格法》第二十四条规定："政府指导价、政府定价制定后，由制定价格的部门向消费者、经营者公布。"电视节目的收费标准是由福建省物价委员会规定，由福建省物价委员会公布的。龙岩市加密电视节目的收费标准已在 1998 年第 12 期《中华人民共和国物价公报》上公告，程序合法。广播电视网络中心在收文即日将文件张贴在收费窗口，收费员人手一份文件复印件，挨家挨户宣传新收费标准，后来又将物委的文件及公告通过媒体刊布，告知用户。但龙岩市广播电视网络中心不是物价标准公告的主体，不具有物价标准公告的义务。

二、法律、规章、规范性文件的溯及力应由立法规定。龙岩市广播电视网络中心不具有制定法律、规章、规范性文件的权利，只有执行法律、规章、规范性文件的义务。根据法理上的规定，法律、规章、规范性文件的生效时间，若法律、规章、规范性文件本身有规定，自规定的时间起生效；如无规定，则自公布之日起生效。1998 年 10 月 8 日闽价〔1998〕公字 382 号批复规定："龙岩市有线电视台传送中央电视台电影、体育、文艺等卫星（有线）电视节目的收费标准，为每月每户 3 元，加上现行有线电视收视维护费合计每月每户为 13 元，上述收费标准为试行收费标准，试行期为一年，自传送中央电视台（有线）电视节目起收费。"1998 年 10 月的〔1998〕龙价〔房〕字 230 号文件规定："龙岩城区新收视费标准自 1998 年 10 月 1 日执行。"答辩人自 1998 年 10 月正式开始传送中央电视台（有线）电视节目，故依据规范性文件的收费标准、收费时间进行收费并无不妥，不存在违背法律溯及力的问题。

三、龙岩市广播电视网络中心 1998 年 12 月 24 日发出的通知不具有任何强制性。原告自觉交费，应认为是承认了答辩人提出的服务意向，并已实际履行。况且答辩人要求收视用户补交上年度 3 个月的新增费用，是完全合法、合理的。原告既然已接受答辩人服务，就理应支付 1998 年 10 月至 12 月的收视费。

四、多年以来，龙岩有线电视一直负债经营，目前有线电视网控手段十分薄弱，收费手段比较落后，主要依靠收费员挨家挨户收费，滞纳、拒缴收视费的现象普遍存在。现又经丘建东提起诉讼，并经部分媒体的炒作，许多以往如期缴费的用户也开始拒缴收视费，不明真相的用户还对上门服务的收费员恶语相斥，导致收费进度趋向停滞。原告仅仅因为争诉"溯及力"问题而把一个致力为民的公益性事业单位告上法庭，给有线电视事业有序、健康的发展带来一定负面影响。

本案另一被告龙岩市有线电视台未向法院递交答辩状。

新罗区人民法院审理认为，被告的收费依据，经有权机关审批合法有效，向用户补收收视费正确。原告接受服务后，已按通知自愿交纳了此费用，双方的民事行为体现了自愿、公平、等价有偿的原则，且不违反法律和社会公共利益，故属合法有效的民事行为。因该合法的民事行为自原告交费后即已成立并具有法律约束力，故原告要求被告退回其已补交的1998年10月至12月的收视费共计9元的诉讼请求，法院不予支持。原告主张法律、规章、规范性文件在生效时间上不具有溯及力，因无法律依据，故该主张法院亦不予支持。依照《民法通则》第五十七条[1]之规定，法院判决驳回了原告丘建东的诉讼请求。

丘建东不服一审的判决，于1999年7月初向龙岩市中级人民法院提起上诉，其上诉理由主要是：

一、一审法院审非所诉。原告诉的是"今年发文能否补收去年的费"，而一审却认定"原告主张法律、规章、规范性文件在生效时间上不具有溯及力，无法律依据。"这是在回避问题。

二、原告是以程序法的原理起诉被告收费不合理，这是对政策的合理性提出程序上、法理上的质疑。本案的原告并没有以实体上的理由诉收费9元的不合理。请求二审法院对"今年发文能否收去年的费这一诉请作一个合理与否的认定与评判。"

被上诉人龙岩市广播电视网络中心、龙岩市有线电视台则表示同意原审法院的判决。

二审法院认为，上诉人丘建东与被上诉人龙岩市有线电视台、龙岩市广播电视网络中心之间，是消费者与经营者的关系，是平等的合同主体。被上诉人于1998年10月1日起向龙岩城区的有线电视用户传送中央电视台的电影、体育、文艺等卫星（有线）电视节目，是向消费者提供了服务。此后，经省、市物价委员会的合法审批，从被上诉人传送中央电视台卫星（有线）节目起，向当地有线电视用户每月每户增收3元。为此，龙岩市广播电视网络中心于1998年12月30日发布通知，向不特定的消费者主张该民事权利。上诉人丘建东虽没有用语言或文字明确表示其意见，但于1999年1月26日补交1998年10月至12月的增收收视费计9元，应视其默示了被上诉人有偿服务的行为。现上诉人要求被上诉人返还该9元，法院不予支持。上诉人主张龙岩市广播电视网络中心于1998年12月24日发出的《关于交纳1999年度有线电视收视费的通知》不具有溯及力，该"文件"不能收去年的费，由于上诉人已默示了该行为（即实际交纳了增收的费用9元），该"文件"是否有溯及力与本案无关。原审认定事实清楚，适用法律正确，上诉理由不予采纳。二审法院依照《民事诉讼法》第一百五十三条^[2]第一款（一）项的规定，判决驳回了丘建东的上诉，维持原判。

释解与评点

本案是一例虽败犹荣的媒介消费之讼。原告虽输了官司，但其诉求的合理性，却在经年之后的法制进步中得以印证和彰显，其东隅桑榆之得失，耐人寻味。

🖉 法规文件的溯及力

本案的"看点"，是法规文件的溯及力问题。

原告主张法律不应具有溯及力。仅就其语义层面的正确性而言，在大的原则上是对的，该主张的另一种表述是"法不溯及既往"。我国《立法法》第八十四条规定："法律、行政法规、地方性法规、自治条例和单行条例、规章不溯及既往，但为了更好地保护公民、法人和其他组织的权利和利益而作的特别规定除外。"它表明，在我国的法制体系中，不溯及既往是常规，溯及既往是特例。^[3]因为法律是要求人们必须遵守或者不得违反的社会行为规范，否则就要承担相应的法律后果。所以，只能对法律实施生效后的行为进行规范，不能要求人们遵守和不违反没有制定出来的法律规定。如果法律动辄溯及既往，则当下合法的行为可能在将来受到制裁，这样一来，法律难免被滥用为人治的工具。法不溯及既往，实际上是对国家立法、司法和行政机关的约束，是现代法治的基本原则之一。

应交待的是，本案发生于1999年，当时《立法法》尚未出台，原告的起诉状不可能援引《立法法》第八十四条的规定。但"不溯及既往"早就是我国立法和司法公认的一项通则。^[4]所以一审判决书笼统地称"原告主张法律、规章、规范性文件在生效时间上不具有溯及力，因无法律依据，故该主张本院不予支持"，是有欠妥当的。

另一方面，如果细究原告的表述，即"法律、规章、规范性文件在生效时间上不应具有溯及力"，也有值得分辨之处。

从广义上界定，规范性文件可以指"为人们的行为提供标准、指明方向的，以书面形式或成文形式所必须的，以一定社会主体的强制力保证实行的，一定行为规范的结合体。"^[5]广义的规范性文件概念既包括了法律、规章等规范性立法文件，也包括其他规范性文件。后者又可以根据不同的制定主体，分为没有立法权的国家机关制定的规范性文件、有立法权的国家机关制定的不属于法的范畴的规范性文件等。[6]

在原告的表述中，规范性文件不是作为广义概念使用的，而是指法律、规章之外的其他规范性文件，并且主要指行政规范性文件。尽管我国有学者主张行政规范也是法的渊源，[7]但多数意见认为，规范性文件不具有行政立法的法定标准，因而它不是法的具体表现形式，不属于法的渊源。

一般而言，对规范性文件溯及既往效力的限制，较之法律、法规、规章要宽松的多。在很多情况下，规范性文件是可以溯及既往的。例如，许多制止和查办违法、违规问题的行政规范，本身就是针对已经发生的违法、违规现象而制定的，这些禁令性规范文件的时间效力不仅适用生效后发生的事实，而且往往适用于生效前发生的事实，对既往也有溯及力。举例来说，2004 年 8 月，广电总局向各省、自治区、直辖市广播影视局（厅）下发了《关于进一步加强广播电视广告内容管理的通知》，该行政规范要求："各播出机构要继续严格控制广告播放比例，重视非黄金时段的广告播放平衡，避免在非黄金时段某一单位时间内广告过长、过于集中的问题。坚决制止在黄金时间播放的电视剧中间插播广告、就餐时间播放容易引起受众反感的广告、在转播节目中飞播字幕广告等问题。对有令不行、有禁不止，至今仍我行我素的播出、传输、转播机构，有关管理部门要依规对其认真查处。"这些要求不仅对该通知发布以后的广告播放有效，对此前已经签订了制作合同、安排了播出计划的广告活动也同样有效。正因如此，该通知中才要求"各播出机构接到本通知后，要妥善处理好原有合同修改、终止等问题，尽可能减少震动"。最典型的是解释性规范文件，[8]一般都具有溯及力。因为解释性规范文件仅仅是对法律、法规、规章等内容的具体化或明确化，其生效时间是按被解释的对象文件来确定的，而非按照解释规范的生成时间确定或另行规定。

当然，如果忽略规范性文件与法律、规章在溯及既往上的效力差异，那么原告主张的"法律、规章、规范性文件在生效时间上不应具有溯及力"，从语义上判断，是没错的。

但是，当原告以"法律、规章、规范性文件在生效时间上不应具有溯及力"作为支持其诉请的理由时，问题就凸现出来了。

原告诉指的对象，是广播电视网络中心缴费通知的溯及力。起诉状中称：广播电视网络中心在去年底收到市物价委调价文件后，没有及时向公众告知文件内容，是一个过错。所以"本案一不诉行政机关方面，二不诉收费 13 元是否必要，而只是就民事法律关系何时建立和生效这一个问题上做文章"，广播电视网络中心"想当然地准备在 1999 年 1 月来补收或者说'搭车'补收 9 元钱，不料就在这儿不自觉地触犯了一个法律程序上的禁区，它应当承担一定的民事责任。"

问题在于，广播电视网络中心的缴费通知，并不属于规范性文件的范畴。规范性文件的制定一般是行政权力作用的结果，而广播电视网络中心并非行政部门，广播电视网络中心与有线电视用户不存在行政上的隶属或管理关系。其次，规范性文件一般具有行政约束的法律效果，强制行政相对人接受其规范性调整，而缴费通知只是面向社会的业务通告，类似于民事性质的要约邀请，对拒绝提出要约的人没有强制执行的效力。因此，以"规范性文件在生效时间上不应具有溯及力"为由，诉指广播电视网络中心缴费通知的"无效"，在归责的合理性上，是欠妥当的。[9]

🖊 原告可以选择的另一种诉讼策略

从法理上看，广播电视网络中心与原告之间的关系，是提供与接受有线电视传播服务的平等民事关系。本案二审判决书就此也有明确的认定，即：丘建东与广播电视网络中心之间是消费者与经营者的关系，是平等的合同主体。

按照有线电视提供服务的规则，本案原告在交纳上一年度收视维护费的时候，是按照每月 10 元的标准，一次性交足了全年 12 个月的费用。有线电视台（后来从中分立出了本案被告广播电视网络中心）收费后，就与原告形成了有线电视传输服务的合同关系，这种合同关系具有法律约束力，未经协商一致，任何一方当事人都不能擅自变更或者解除合同。

广播电视网络中心在向原告提供了 9 个月的服务之后，将原来每月 10 元的收视维护费增至 13 元，这就变更了当初双方一致认可的收费标准。基于合同的诚实信用原则，前者有义务在其收费标准变更后以适当的方式通知原告，原告无异议，才可以向其收取追加的费用。因为费用上调的幅度不大，又可多看 3 个频道的节目，所以大部分用户都认可了收费标准的变更。但是，大部分人对费用上调的接受，并没有改变或者取消原告所享有的不接受的权利。对不同意收费上调的用户来说，广播电视网络中心无权在原合同有效期内强制其接受"增值、加价"的服务，除非双方事先就服务费用的变更有所约定。否则的话，只能待合同期满后，才能对拒绝涨价的用户适用新的收费标准，后者可以自由选择是否续订新的收视合同。

值得提示的是，合同法出台前，我国大部分有线电视用户在入网交费后只拿到发票和用户使用证，收费者与付费者之间并不订立规范的服务合同，更不可能就合同有效期间的费用变更有所约定。在这种情况下，除非经合同当事人双方协商一致，否则即便有物价主管部门的批准，有线电视网络经营者也不应在合同有效期间单方上调收费标准。随着有线电视收费纠纷的增加，特别是合同法生效后，许多地方的物价和有线电视行政管理部门开始要求有线电视网络经营者与用户签订相关的服务合同，一些有线电视网络经营者出于自身利益的考虑，亦主动定制了自己的格式化服务合同。笔者注意到，目前各地使用的有线电视服务合同中，有的包含了服务价格与资费的变更约定，比如湖南省物价局拟制的有线电视服务合同示范文本，在乙方权利和义务部分，就规定：乙方有权"按照省价格主管部门规定的有线电视资费标准收取各项费用，如遇调整收费标准，按调整后的标准收取"[10]。而有些地方的合同文本则未对此作出规定。这样的话，乙方在合同有效期内如与用户发生资费变更的讼争，将因无事先约定而失掉一个有效的抗辩理由。

广播电视网络中心在本案一审答辩状中提出：收视维护费的调整有省、市物价主管部门的批文，自己依据规范性文件的收费标准、收费时间进行收费并无不妥。这种辩解有一定道理，但不能证明其单方变更收费标准的行为具有充分的民事合法性。物价主管部门的同意只说明该收费调整获得了行政上的"准入"、"准做"资格，它虽然可以增加被告当事人"涨价"的合理性权重，但并不能使其必然获得民事责任的豁免。因为一者不能排除物价部门本身"出错"的可能，而作为一种具体的行政行为，物价部门的批复是否合法同样是可诉的；二者即便物价部门的批复没有问题，也不能以其行政的合法性而取消对被告行为民事合法性的裁判。民事责任的有无及免除，必须依靠民事法律关系本身要求的内在要件来认定。

综上所析，若站在原告的立场上考虑，其更可行的诉讼策略，是在办理本年度收视维护费续交手续的时候，按照新的收费标准交纳本年度的费用，但不补交上年度最后 3 个月的追加收费。如果广播电视网络中心对此无异议（出现这种情况的可能性不大），原告就没有诉讼的必要；如对方因此而拒绝为原告办理本年度的交费申请，则原告可以"广播电视网络中心单方变更合同，未履行事先通知和协商义务"为由，诉请法院判令被告当事人要求用户补交上年度增收费用的行为无效，同时判令被告不得以未补交上年度的追加收费为理由，拒绝为原告办理本年度收视维护费的支付手续。

不过，采取上述诉讼策略，可能需要原告付出更多的兴讼成本。为了"考验"广播电视网络中心能否信守合同的约定而拒交上一年度的加价收费，其结果，很可能导致对方不再为原告办理本年度的缴费手续，从而使原告至少一段时间内无法在家中看到有线电视节目。

顺带提一句，本案的起诉时间是 1999 年 2 月，一个月后，《合同法》在第九届全国人民代表大会第二次会议上获得通过并向社会公布。该法第六条、第六十条、第七十七条、第一百零七条、第一百零八条等条款的规定[11]，均有利于本案原告的诉请。该法虽然于 1999 年 10 月 1 日起施行，在此之前，法院不能将其作为裁判的直接依据，但这不妨碍原告在其当年 7 月提交的上诉状中，适当援引《合同法》的规定来支持其上诉的说理和申辩。此举即便很难实质性地改变上诉的结果，但至少可以增加己方讼请的法理正当性。

✐ 虽败犹荣之讼

本案原告与广播电视网络中心的讼争，并不纯为索回 9 元之利，而是不满于后者"不打招呼就涨价"的收费方式，想在法理上争个是非，要个说法。事实上，有线电视服务行业中存在的只看重主管部门的批文，不在意收费程序公平、公正的"垄断病"，在当时确已招致不少非议。

由于诉讼策略、政策和法制环境的原因，原告虽然在诉讼中一审败诉，二审再输，但其争执中所揭橥的问题、所表达的合理诉求，对促进有线电视经营制度的改进和完善不无裨益。

本案审结 5 年之后，国家发展改革委、国家广电总局联合出台了《有线电视基本收视维护费管理暂行办法》（2005 年 1 月 1 日起执行），其中第十五条明确规定："有线电视网络经营者应当在有线电视基本收视维护费新的收费标准执行十个工作日前，通过新闻媒体等多种形式将有线电视基本收视维护费调整的理由和收费标准告知有线电视用户，并做好宣传服务工作。"

本案原告虽然不是上述规定的起草人和发布者，却以自己的方式加入了规制有线电视收费秩序的历史进程。正如原告在一次接受记者采访时所言："至少要提出问题。虽然这些官司的结局基本上都是一样的，都是输了，但是它会推动我们国家法律的进程。"[12]

从这一角度品读本案，将其称之为虽败犹荣之讼，当不为过。

注释：

〔1〕《民法通则》（1987 年 1 月 1 日起施行）第五十七条 民事法律行为从成立时起具有法律约束力。行为人非依法律规定或者取得对方同意，不得擅自变更或者解除。

〔2〕《民事诉讼法》（1991 年 4 月 9 日起施行）第一百五十三条 第二审人民法院对上诉案件，经过审理，按照下列情形，分别处理：

（一）原判决认定事实清楚，适用法律正确的，判决驳回上诉，维持原判决；

（二）原判决适用法律错误的，依法改判；

（三）原判决认定事实错误，或者原判决认定事实不清，证据不足，裁定撤销原判决，发回原审人民法院重审，或者查清事实后改判；

（四）原判决违反法定程序，可能影响案件正确判决的，裁定撤销原判决，发回原审人民法院重审。

当事人对重审案件的判决、裁定，可以上诉。

〔3〕本条规定的不溯及既往的"除外"，目的是为了更好地保护公民、法人的合法权益。例如，刑法第十二条规定了不溯及既往原则，但同时又规定，新中国成立后刑法施行前，如当时的法律认为是犯罪应当追诉的，按照当时的法律追究责任，但如刑法不认为是犯罪或者处罚较轻的，适用刑法。在这种情况下，刑法就有了溯及力，它对当事人是有利的。再如，最高人民法院《关于适用〈中华人民共和国合同法〉若干问题的解释（一）》第一条规定，合同法实施以前成立的合同发生纠纷起诉到人民法院的，除本解释另有规定的以外，适用当时的法律规定。也就是说，该《解释》有规定的就不适用当时的法律规定。第二条规定：合同成立于合同法施行之前，但合同约定的履行期限跨越合同法实施之日或者履行期限在合同法实施之后，因履行合同发生的纠纷适用合同法第四章的有关规定。第三条规定：人民法院确认合同效力时，对合同法施行以前成立的合同，适用当时的法律合同无效而适用《合同法》合同有效的，则适用《合同法》。上述条文表明，《合同法》施行前成立的合同如发生讼争，有的就可以适用《合同法》关于合同履行、合同效力的规定，即《合同法》对这些合同是有溯及力的。

〔4〕例如，《民法通则》第一百五十六条规定，本法自 1987 年 1 月 1 日起施行。最高人民法院《关于贯彻执行〈中华人民共和国民法通则〉若干问题的意见（试行）》第 196 条、197 条规定，1987 年 1 月 1 日以后受理的案件，如果民事行为发生在 1987 年以前，适用民事行为发生时的法律、政策；当时的法律、政策没有具体规定的，可以比照《民法通则》处理。处理申诉案件和按审判监督程序再审的案件，适用原审审结时应当适用的法律和政策。即明确主张民法通则没有溯及力。

〔5〕周旺生/著：《规范性文件的起草》，中国民主法制出版社 1998 年版，第 1 页。

〔6〕最广义的规范性文件还包括社会团体或企事业组织制定的内部规范性文件、政党制定的规范性文件等。但本案原告使用的规范性文件概念，主要指行政性规范性文件。原告在起诉状中

明确提出："本案表面上是诉一个公用企事业，实际上是向批准这个企业收费政策的政府机关提出质疑。政府立法、立规章以至立规范性文件，要不要受一种民法精神、民法基本原则的约束？在文件的适用范围上（在本案中专指文件的适用时间上有无溯及既往的效力），这是对政府依法治国新的考验，真正的'叶公好龙'式的考验。"由此可见，原告起诉状中所说的规范性文件，主要着眼于政府行政部门制定的规范性文件。

〔7〕参见张尚鷟/著：《行政法教程》，中央广播电视大学出版社 1988 年版，第 39－40 页；皮纯协/主编：《中国行政法教程》，中国政法大学出版社 1988 年版，第 12 页；姜明安/主编：《行政法与行政诉讼法》，高等教育出版社 1997 年版，第 20 页。

〔8〕所谓解释性行政规范，是指行政主体为了实施法律、法规和规章，统一各个行政主体及其公务员对法律、法规和规章的理解及执行活动，对法律、法规和规章进行解释而形成的规范性文件。参见叶必丰、周佑勇/著：《行政规范研究》，法律出版社 2002 年版，第 96 页。

〔9〕本案被法院受理后，广东某大报曾以《今年发文能否收去年的费？》（1999 年 3 月 5 日《南方周末》，第 20 版）为题进行了报道，该报道标题中使用的"发文"一词，通常用于表述行政机关的文件发布行为。报道者将广播电视网络中心的缴费通知称为"发文"，从法理上说，是不甚精准的。这种表述本身在客观上就蕴含了一种倾向性，难免对人们的阅读思路有所导向和引领。

〔10〕参见《湖南省物价局关于调整和规范有线电视收费有关问题的通知》，湘价服〔2002〕217 号。

〔11〕《合同法》（1999 年 10 月 1 日起施行）第六条 当事人行使权利、履行义务应当遵循诚实信用原则。

第六十条 当事人应当按照约定全面履行自己的义务。

当事人应当遵循诚实信用原则，根据合同的性质、目的和交易习惯履行通知、协助、保密等义务。

第七十七条 当事人协商一致，可以变更合同。

法律、行政法规规定变更合同应当办理批准、登记等手续的，依照其规定。

第一百零七条 当事人一方不履行合同义务或者履行合同义务不符合约定的，应当承担继续履行、采取补救措施或者赔偿损失等违约责任。

第一百零八条 当事人一方明确表示或者以自己的行为表明不履行合同义务的，对方可以在履行期限届满之前要求其承担违约责任。

〔12〕姜英爽：《官司制造者丘建东》，2005 年 3 月 18 日《南方都市报》，A17 版。

附：

福建省龙岩市新罗区人民法院民事判决书

[1999] 龙新民初字第 341 号

原告丘建东，男，1957 年 × 月 × 日出生，汉族，龙岩海平面法律事务所负责人，住龙岩市新罗区×××街道×××路×××宿舍。

委托代理人陈亮辉，龙岩为民律师事务所律师。

委托代理人郑金火，厦门市群贤律师事务所律师。

被告龙岩市广播电视网络中心，住所地龙岩市新罗区南城街道溪畔路 11 号，负责人张荣辉，主任。

委托代理人黄小敏，男，龙岩市网威广播电视传输有限公司总经理，住龙岩市新罗区×××街道×××号。

委托代理人邹平，龙岩正平律师事务所律师。

被告龙岩市有线电视台，住所地龙岩市新罗区东城街道和平路，负责人杨杰，台长。

委托代理人戴木林，男，龙岩市有线电视台办公室主任。

原告丘建东与被告龙岩市广播电视网络中心、龙岩市有线电视台有线电视收视费纠纷一案，本院受理后，依法组成合议庭，公开开庭进行了审理。原告丘建东及其委托代理人陈亮辉、郑金火，被告龙岩市广播电视网络中心的委托代理人黄小敏、邹平，被告龙岩市有线电视台的委托代理人戴木林到庭参加诉讼，本案现已审理终结。

原告丘建东诉称，被告龙岩市广播电视网络中心于 1999 年 1 月 13 日发布通知称：龙岩市新罗区有线电视收视费标准由 10 元调整为 13 元，1999 年度全年收视费为 156 元，已交 1998 年度收视费的用户，从 1998 年 10 月起应补交每月 3 元的增收部分。原告属龙岩市有线电视的用户，于 1999 年 1 月 26 日交了 1999 年全年的收视费 156 元，并补交了 1998 年 10 月至 12 月 3 个月的收视费每月 3 元，共计 9 元，两项合计交款 165 元。因被告接到龙岩市物委调价的批文后，未及时向公众告知文件内容，且因法律、规章、规范性文件在生效时间上不应具有溯及力，故要求法院判令被告退还向原告补收的 1998 年 10 月至 12 月的有线电视收视费每月 3 元，共计9元。

被告龙岩市广播电视网络中心辩称，被告于1998年10月1日起传送中央电视台有线电视节目，因增加了服务，故根据省物委和市物委的文件规定向各收视用户补收1998年10月至12月的收视费每月3元，共计9元。该行为并无不妥，且原告已自愿履行了交款的义务，根据民法等价有偿的基本原则，原告要求退还该款无理，请求法院驳回原告的诉讼请求。被告不是物价标准公告的主体，不具有物价标准公告的权利义务，至于法律、规章、规范性文件是否具有溯及力应由立法规定。

被告龙岩市有线电视台未向本院递交答辩状。

经审理查明，被告龙岩市有线电视台于1998年7月15日，与中央卫星电视传播中心就中央卫星电视节目在龙岩市区有偿传送和收视事宜达成协议，并签订了一份协议书。协议书的主要内容为：甲方（中央卫星电视传播中心，下同），负责通过卫星提供电视节目，并提供卫星接收解码设备和技术服务；乙方（龙岩市有线电视台，下同）负责中央卫星电视频道节目在龙岩市区地面接收、解扰、通过有线网络进入终端用户并做好收视服务和收取收视费；协议期内乙方向用户收取收视费并按每户每月1.70元向甲方交纳收视费，收视费每半年结算一次，协议有效期为11个月，自1998年8月1日至1999年6月30日协议期满，双方如愿继续合作，可于协议终止前3个月内签订下一年度协议。同月23日，被告龙岩市有线电视台的主管单位龙岩市广播电视局发出〔98〕岩广字第043号《关于申请核定我市传送中央电视台电影、体育、文艺等加密电视节目收视费标准的报告》给龙岩市物委，报告载明："我局拟在10月1日起对有线电视用户每月增收3元的中央台加密电视入网收视费，加上现行有线电视收视维护费每月每户10元后合计每月每户为13元。报告妥否，请转报省物委批准。"同年10月1日起，龙岩城区有线电视光缆网络正式开通并向龙岩城区各收视用户传送中央电视台电影、体育、文艺等卫星（有线）电视节目。同年10月8日，福建省物价委员会发出闽价〔1998〕公字第382号《关予核定龙岩市有线电视台传送中央电视台电影、体育、文艺等卫星（有线）电视节目收视费标准的批复》，批准龙岩市有线电视台传送中央电视台电影、体育、文艺等卫星（有线）电视节目的收费标准为每月每户3元，加上现行有线电视收视维护费每月每户10元后，合计每月每户为13元，自传送中央电视台卫星（有线）电视节目起收费。同月23日，龙岩市物价委员会发出［1998］龙价［房］字230号《转发福建省物价委员会〈关于核定龙岩市有线电视台传送中央电视台电影、体育、文艺等卫星（有线）电视节目收视费标准的批复〉的通知》，通知中写明"龙岩城区新收视费标准（即每户每月13元），自1998年10月1日起执行"。1998年12月24日，被告龙岩市广播电视网络中心发出《关于交纳1999年度有线电视收视费的通知》，通知中写明："根据市（省）物委闽价［1998］公字382号文件，新罗城区有线电视收视费从1998年10月1日起，在原有每户每月10元的基础上增收3元，即每户每月收费标准由10元调整为13元。1999年度全年收视费为156元。已交1998年度收视费的用户，从1998年10月起应补交每月3元的增收部分。"该通知自1998年12月30日起在闽西广播电视报中曾连续刊登数期。原告丘建东属龙岩市新罗城区电视用户，其于1998年初已交了当年的收视费共计120元，看到上述通知后，于1999年1月26日又向被告龙岩市广播电视网络中心补交了1998年10月至12月每月3元共计9元的增收部分的收视费，并交了1999年全年的收视费156元，两项合计共交165元。被告龙岩市广播电视网络中心出具给原告的收费收据中盖有龙岩有线电视台收费专用章。1999年2月5日，原告诉至本院要求被告退回其补交的1998年10月至12月的有线电视收视费每月3元，共计9元。

另查明，中共龙岩市委机构编制委员会办公室于1998年8月4日发出岩编办［1998］58号《关于市有线电视台加挂市广播电视网络中心牌子的批复》，该批复中写明"同意在龙岩市有线电视台加挂'龙岩市广播电视网络中心'牌子，与有线电视台一套人马，两块牌子。"但实际上龙岩市有线电视台与龙岩市广播电视网络中心自1998年8月起已分成两部分人员各司其职，各自运作，其中龙岩市有线电视台负责节目制作、播出，龙岩市广播电视网络中心负责有线电视网络的运行管理。

以上事实，有原告丘建东交有线电视收视费的凭据、刊登有龙岩市广播电视网络中心发出的《关于交纳九九年度有线电视收视费的通知》的闽西广播电视报、闽价［1998］公字第382号《关于核定龙岩市有线电视台传送中央电视台电影、体育、文艺等卫星（有线）电视节目收视费标准的批复》、［1998］龙价［房］字230号《转发福建省物价委员会〈关于核定龙岩市有线电视台传送中央电视台电影、体育、文艺等卫星（有线）电视节目收视费标准的批复〉的通知》、岩编办［1998］58号《关于市有线电视台加挂市广播电视网络中心牌子的批复》、龙岩市广播电视局的函复及当事人的陈述等证据在案为证。

本院认为，被告的收费依据，经有权机关审批合法有效。被告龙岩市有线电视台和被告龙岩市广播电视网络中心，于 1998 年 10 月 1 日起在龙岩市城区正式传送中央电视台卫星（有线）电视节目后，经省、市物价委员会的批准，于 1998 年 12 月底发出通知，要求按福建省物价委员会闽价〔1998〕公字第 382 号批文规定的收费区域和时间（即新罗城区的电视用户补交 1998 年 10 月至 12 月每户每月 3 元），补收取收视费正确，且原告丘建东属新罗城区的电视用户，其接受服务后，已按通知自愿交纳了此费用，双方的民事行为体现了自愿、公平、等价有偿的原则，且不违反法律和社会公共利益，故属合法有效的民事行为，因该合法的民事行为自原告丘建东交费后即已成立并具有法律约束力，故原告丘建东要求被告退回其已补交的 1998 年 10 月至 12 月的收视费每月 3 元，共计 9 元的诉讼请求本院不予支持。原告主张法律、规章、规范性文件在生效时间上不具有溯及力，因无法律依据，故该主张本院不予支持。依照《中华人民共和国民法通则》第五十七条之规定，判决如下：

驳回原告丘建东的诉讼请求。

本案案件受理费 50 元，由原告负担。

如不服本判决，可在判决书送达之日起 15 日内，向本院递交上诉状，并按对方当事人的人数提出副本，上诉于龙岩市中级人民法院。

审判人员署名（略）

一九九九年六月十八日

福建省龙岩市中级人民法院民事判决书

〔1999〕岩民终字第 301 号

上诉人（原审原告）丘建东，男，1957 年 × 月 × 日出生，汉族，龙岩海平面法律事务所负责人，住龙岩市新罗区×××街道×××路×××宿舍。

委托代理人陈亮辉，龙岩为民律师事务所律师。

委托代理人陈水源，龙岩市中城办事处法律服务所法律工作者。

被上诉人（原审被告）龙岩市广播电视网络中心，所在地址龙岩市新罗区南城街道溪畔路 11 号。

负责人张荣辉，该中心主任。

委托代理人黄小敏，男，1959 年×月×日出生，龙岩市网威广播电视传输有限公司总经理，住龙岩市新罗区东城街道和平路 25 号。

委托代理人邹平，龙岩正平律师事务所律师。

被上诉人（原审被告）龙岩市有线电视台，所在地址龙岩市新罗区东城街道和平路 62 号市府大院内。

法定代表人杨杰，该台台长。

委托代理人戴木林，男，1946 年×月×日出生，龙岩市有线电视台办公室主任，住龙岩市新罗区南城街道溪南路广电宣传中心 8 楼。

上诉人丘建东因电视收视费纠纷一案，不服龙岩市新罗区人民法院［1999］龙新民初字第 341 号民事判决，向本院提起上诉。本院依法组成合议庭审理了本案，现已审理终结。

原审认定，1998 年 12 月 24 日，被告龙岩市广播电视网络中心发出通知，根据市（省）物委闽价［1998］公字 382 号文件，新罗城区有线电视收视费从 1998 年 10 月 1 日起，在原有每户每月 10 元的基础上增加 3 元，即每户每月收费标准由 10 元调整为 13 元，已交 1998 年度收视费的用户，从 1998 年 10 月起应补交每月 3 元的增收部分。原告看到通知后，于 1999 年 1 月 26 日补交了 1998 年 10 月至 12 月每月 3 元共计 9 元的增收部分的收视费，被告龙岩市广播电视网络中心出具给原告的收费收据中盖有龙岩有线电视台收费专用章，1999 年 2 月 5 日原告诉至法院要求被告退回补交的 1998 年 10 月至 12 月的收视费 9 元。另查，经批准，1998 年 8 月龙岩市有线电视台加挂龙岩市广播电视网络中心的牌子。原审判决：驳回原告丘建东的诉讼请求。

宣判后，上诉人丘建东不服上诉称：一、一审法院审非所诉，原告诉的是"今年发文能否补收去年的费"，而一审却认定"原告主张法律、规章、规范性文件在生效时间上不具有溯及力，无法律依据。"这是在回避问题。二、原告是以程序法的原理起诉被告收费不合理，这是对政策的合理性提出程序上、法理上的质疑，本案的原告并没有以实体上的理由诉收费9元的不合理，要求二审对"今年发文能否收去年的费这一诉请作一个合理性上的认定与评判。"被上诉人龙岩市广播电视网络中心、龙岩市有线电视台则表示同意原审法院的判决。

经审理查明，1998年7月15日，被上诉人龙岩市有线电视台与中央卫星电视传播中心就中央卫星电视节目在龙岩市区有偿传送和收视事宜签订协议书一份，协议有效期为11个月。协议签订后，同月23日，被上诉人龙岩市有线电视台的主管单位龙岩市广播电视局向龙岩市物价委员会递交了《关于申请核定我市传送中央电视台电影、体育、文艺等加密电视节目收视费标准的报告》，同年9月中旬，龙岩城区有线电视光缆网络开通，同年10月1日，龙岩有线电视台正式向龙岩城区的有线电视用户传送中央电视台的电影、体育、文艺等卫星（有线）电视节目。同年10月8日，福建省物价委员会发出闽价〔1998〕公字第382号《关于核定龙岩市有线电视台传送中央电视台电影、体育、文艺等卫星（有线）电视节目收视费标准的批复》，内容如下：一、龙岩市有线电视台传送中央电视台电影、体育、文艺等卫星（有线）电视节目的收视费标准为每月每户3元，加上现行有线电视收视维护费每月每户10元之后，合计每月每户13元；二、对未传送中央电视台电影、体育、文艺等频道节目的用户不得收取上述费用，否则按违价查处；三、上述收费标准为试行收费，试行期为一年。同月23日，龙岩市物价委员会以〔1998〕龙价〔房〕字230号转发了该批复，内容为：龙岩城区新收视费标准（每户每月13元）自1998年10月1日起执行。1998年12月24日，被上诉人龙岩市广播电视网络中心发出《关于交纳1999年度有线电视收视费的通知》，内容为：根据市（省）物委闽价〔1998〕公字382文件，新罗城区有线电视收视费于1998年10月1日起在原有每户每月10元的基础上增加3元，即每户每月收费标准由10元调整为13元，1999年度全年收视费为156元，已交1998年度收视费的用户，从1998年10月起应补交每月3元的增收部分。该通知自1998年12月30日起在闽西广播电视报中连续刊登数期，上诉人丘建东属龙岩市新罗城区电视用户，其已交了1998年度收视费共计120元，看到上述通知后，于1999年1月26日又向被上诉人广播电视网络中心补交了1998年10月至12月每月3元共计9元的增收部分的收视费，并交纳了1999年全年的收视费156元，合计165元，被上诉人龙岩市广播电视网络中心出具一份收费收据给上诉人，该收据上盖的是被上诉人龙岩市有线电视台收费专用章。1999 年 2 月 5 日，上诉人以法律、规章、规范性的文件在生效时间上不应具有溯及力为由诉到法院，要求被上诉人退回其补交的 1998 年 10 月至 12 月的有线电视收视费每月 3 元，共计 9 元。另查明，中共龙岩市委机构编制委员会办公室于 1998 年 8 月 4 日发出《关于有线电视台加挂广播电视网络中心牌子的批复》，内容为：同意在龙岩市有线电视台加挂"龙岩市广播电视网络中心"牌子，与有线电视台一套人马，两块牌子。而实际上龙岩市有线电视台与龙岩市广播电视网络中心自 1998 年 8 月起已分成两部分人员各司其职，各自运作，其中龙岩市有线电视台负责节目制作、播出，龙岩市广播电视网络中心负责有线电视网络的运行管理。

以上事实，有上诉人提交的电视收视费收据，被上诉人提交的卫星网络合作协议书一份、龙岩市广播电视局［98］岩广字第 043 号报告一份、省物价委员会闽价［1998］公字 382 号批复一份、龙岩市物价委员会［1998］龙价［房］字 230 号通知一份、有线电视 25 套节目频道安排的报告二份、中共龙岩市委机构编制委员会办公室岩编办［1998］58 号批复一份，双方提供的闽西广播电视报的通知以及双方当事人的陈述为证。

本院认为，上诉人丘建东、被上诉人龙岩市有线电视台、龙岩市广播电视网络中心之间是消费者与经营者的关系，是平等的合同主体，被上诉人于 1998 年 10 月 1 日起向龙岩城区的有线电视用户传送中央电视台的电影、体育、文艺等卫星（有线）电视节目，是向消费者提供了服务，此后经省、市物价委员会的合法审批，从传送中央电视台卫星（有线）节目起每月每户增收 3 元，为此被上诉人龙岩市广播电视网络中心于 1998 年 12 月 30 日发布通知向不特定的消费者主张该民事权利，上诉人丘建东虽没有用语言或文字明确表示其意见，但于 1999 年 1 月 26 日补交 1998 年 10 月至 12 月的增收收视费计 9 元，应视为其默认了被上诉人有偿服务的行为，现上诉人要求被上诉人返还该 9 元，本院不予支持。上诉人主张龙岩市广播电视网络中心于 1998 年 12 月 24 日发出的《关于交纳 1999 年度有线电视收视费的通知》不具有溯及力，故该"文件"不能收去年的费。由于上诉人已默认了该行为（即实际交纳了增收的费用 9 元），该"文件"是否有溯及力与本案无关。原审认定事实清楚，适用法律正确，上诉理由不予采纳。依照《中华人民共和国民事诉讼法》第一百五十三条第一款（一）项的规定，判决如下：

驳回上诉，维持原判。

收二审案件受理费 50 元，由上诉人丘建东负担。

本判决为终审判决。

审判人员署名（略）

一九九九年十月十一日

注：以上裁判文书仅供参考，引用请以原件为准。

刘宏志诉醴陵市
广达广播电视宽带网络有限公司

本案之解读尤需甄辨的，是有线电视网络经营者的缔约责任与合同义务。

从法理上评判，在本案中，法院应该根据合同关系的具体情况，衡平当事人之间的利益，适当限制被告的缔约自由，使其承担必要的承诺义务，支持弱者即原告一方的合理诉求，以维护并实现合同法所追求的实质正义。

导读：从有线电视服务的涉讼收费纠纷透析有线电视网络传输经营者的缔约责任与合同义务

纠纷：湖南省醴陵市有线电视用户刘某拒绝交纳 100 元的有线电视传输网络升级改造费，有线电视台（该台的信号传输业务后来由新组建的广播电视网络有限公司接管）遂拒收其预交下年度的有线电视收视维护费，不久又停止了刘某住处的有线电视信号。刘某为此向法院提起诉讼。

审级：二审

裁判：湖南省醴陵市人民法院民事判决书［2001］醴民初字第 1219 号
湖南省株洲市中级人民法院民事裁定书［2001］株民终字第 423 号

原告：刘宏志

被告：湖南省醴陵市广达广播电视宽带网络有限公司

湖南省醴陵市居民刘宏志，于 1993 年 9 月办领了醴陵市有线电视台的用户证，成为该有线电视台的合法用户。

1999 年初，醴陵市广播电视局为了将当地有线电视网络从电缆传输信号改造升级为以光缆为主干的用户分配网，报请市物价局审批并经市政府同意，对原有线电视网络用户一次性收取光纤网工料建设费（以下简称光缆建设费）每户 100 元。

2000 年 9 月，刘宏志在预交下年度有线电视收视维护费（以下简称视维费）的时候，被对方告知须同时缴纳 100 元的光缆建设费，否则将不受理其下年度视维费的缴纳。刘宏志认为，有线电视台为更新设备进行投资，不能要求用户承担其费用，因此拒绝交付光缆建设费，收费方因此拒不收纳刘宏志的视维费。

2001 年 3 月，醴陵市广播电视局将有线电视传输网络经营分离，与湖南电广传媒股份有限公司合资组建成立了具有独立法人资格的醴陵市广达广播电视宽带网络有限公司（以下简称广达网络公司）。在此期间，刘宏志先后数次向醴陵市有线电视台及后来成立的广达网络公司交纳视维费，均因其拒交 100 元的光缆建设费而被回绝。

2001 年 6 月 5 日，刘宏志家中的有线电视信号被停止。在与广达网络公司有关负责人交涉未果后，刘宏志于当月 27 日诉至醴陵市人民法院，请求法院判令广达网络公司为其办理视维费的交纳手续，恢复开通他家的有线电视信号；对违约中断有线电视信号给其造成的损害，从中断之日起至恢复之日止按每天 10 元的标准支付赔偿金；向其赔礼道歉并承担本案的诉讼费用。

刘宏志诉称：我与被告广达网络公司之间形成的有偿服务合同关系只约定我负有支付视维费的义务，且根据收视节目的变化，视维费已从当年的 35 元/年，逐步调整为 130 元/年，足以体现了"优质优价"的原则。被告要求原告承担合同约定内容之外的义务，承担被告的投资责任，并以此为前提，否则中断履行原有的服务合同，这种做法有悖于《民法通则》第五十七条[1]、第八十八条[2]第一款和《合同法》第八条[3]、第六十条[4]的相关规定，是严重的违约行为，同时也使原告及其家人的精神和文化生活受到不应有的损害。

被告广达网络公司辩称：本公司是由醴陵市广播电视局与湖南电广传媒股份有限责任公司合资组成的新公司，具有独立的法人资格。原告签订的有线电视服务合同是 1993 年与醴陵市广播电视局有线电视台签订的，而不是与广达公司签订的。收取电视用户 100 元的光缆建设费是醴陵市广播电视局的行政行为，不属于本公司的经营行为。原告所称"被告于 2001 年 6 月 5 日以未交视维费为由停止了我家的有线电视信号"与事实不符，停止有线电视信号的是醴陵市广播电视局而不是广达网络公司。原告与广达网络公司之间没有建立法律上的权利和义务关系，请求法院依法驳回原告的起诉。

法院认为：被告广达网络公司从成立之日起就接收和承担了原有线电视台的权利和义务，故其辩称不属本案诉讼主体的理由不能成立。醴陵市广播电视局根据醴陵市物价局 1999 年 3 月 22 日醴价字第 13 号文件的规定，决定向原有线电视用户收取 100 元光缆建设费。此费不是由新成立的被告广达网络公司直接收取，而是由醴陵市广播电视局收取后作为更新改造光缆工程所用，故此 100 元收费行为不是被告赢利性的经营行为，而是被告成立之前醴陵市广播电视局的行政行为。原、被告所争执的光缆建设费不属于本案审理范围。原告虽与原醴陵市有线电视台形成了有线电视服务合同，但该合同没有起止期限的明确约定。原告交纳费用，有线电视台提供服务；有线电视台拒收费用，双方的有线电视有偿服务合同关系即终止。双方属平等民事主体之间的关系，一方要求履行合同，另一方不同意，双方须在协商一致的情况下，合同才能成立。故此，原告要求被告恢复有线电视服务，赔偿损失的理由不能成立。而且，自有线电视改造升级为光缆网络电视以后，原有线电视的服务项目已不复存在，原告要求被告单独为其提供有线电视服务的主张与客观事实不符。据此，法院依照《合同法》第三条[5]、第四十五条[6]的规定，判决驳回原告刘宏志要求被告广达网络公司恢复有线电视服务，赔偿损失，赔礼道歉的诉讼请求。

一审判决后，刘宏志不服，向株洲市中级人民法院提起上诉。他在上诉状中提出：原审法院对认定事实有明显错误。上诉人要求的是恢复履行原订立的合法有效的收视服务合同，并非要求按原传输网络接收电视信号。原收视服务合同的标的为有线电视信号，而非传输方式，将现有网络传输与原有网络传输随意曲解为不同的民事法律行为是个明显的错误。《合同法》第八条、第三条、第六十条分别明文规定："依法成立的合同，对当事人具有法律约束力。当事人应当按照约定履行自己的义务，不得擅自变更或者解除合同。依法成立的合同，受法律保护。""合同当事人的法律地位平等，一方不得将自己的意志强加给另一方。""当事人应当按照约定全面履行自己的义务。"被上诉人的行为严重违反了上述法律规定。原审法院认定因原收视服务合同无明确终止期限，推定被上诉人如拒收费用，合同关系即告终止的定性是逻辑混乱。事实是原收视服务合同并无变更约定，亦未约定终止期限，更未出现解除条件的成就，至今依然合法有效。依照《合同法》第三条[7]、第四十五条[8]及第八条[9]、第六十条[10]、第一百零七条[11]的规定和客观事实，法院应支持上诉人的合法诉讼请求。

二审法院受理后认为，被上诉人广达网络公司系醴陵市广播电视局与湖南电广传媒股份有限公司合资组建的股份有限公司，该公司与上诉人刘宏志没有形成有偿服务的法律关系。上诉人刘宏志家的电视传输信号中断，与被上诉人没有法律上的权利义务关系。原审判决部分事实不清，适用法律不当，依据《民事诉讼法》第一百零八条[12]及《最高人民法院关于适用〈民事诉讼法〉若干问题的意见》第一百八十六条[13]的规定，裁定撤销原判，驳回起诉。

释解与评点

本案终审后，原告继又提起了行政诉讼，在笔者收录的媒介消费讼案中，因同一纠纷事项而兼涉民事诉讼与行政诉讼的，唯此一例。

本案民事讼争的解读，特别需要甄辨的，是被告拒收原告视维费之曲直。

原告兴讼的首要诉请，就是要求被告广达网络公司为其办理视维费的交纳手续，以恢复双方的服务合同关系。对此，被告的答辩是：一、原告签订的有线电视服务合同是以前与市广电局有线电视台签订的，不是和被告签订的；二、停止原告家中有线电视信号的，不是被告而是市广电局。被告与原告之间没有任何法律上的权利义务关系，所以，法院应驳回原告的起诉。

被告的上述辩解，并未说明其拒绝原告交纳视维费的正当理由。即便原告与被告之间没有任何法律上的权利义务关系，仍然可以合情合理地向被告提出交纳视维费的要求。不单是原告，绝大部分居民在交费成为有线电视用户之前，都不会与有线电视网络经营者形成法律上的权利义务关系。换句话说，用户与有线电视网络经营者之间是否存在法律权利义务关系，并不是前者交纳视维费的必要条件，这应该是一个浅显的法律常识。

✐ 有线电视网络经营者的强制缔约义务

关于被告拒绝为原告办理视维费的续交手续，一审法院的下判思路由不足以否的视维费，营者之间的是："原告交纳费用，有线电视台提供服务；有线电视台拒收费用，双方的有线电视有偿服务合同关系终止。双方属平等民事主体之间的关系，一方要求履行合同，另一方不同意，双方须在协商一致的情况下，合同才能成立。故此，原告要求被告恢复有线电视，赔偿损失的理由不能成立。"在法院看来，原告与被告既然是彼此平等的民事主体，就不能将己方的意志强加给对方，双方当事人都享有自愿订立合同的权利，可以根据自己的意愿自主地决定签订或不签订某个合同，任何单位和个人都不得干涉这种合同自由。故此，被告拒不受理用户交纳视维费的行为是合法的，不应承担责任。

一审法院如此裁断，只是机械地套用了合同的平等、自由原则，而忽略或者回避了两个重要的问题：

一、本案被告广达网络公司不属于竞争性的经营主体。尽管我国的有线电视传输网络采取各地分散经营的体制，但从一个地区、地方来看，有线电视的传输网络是垄断经营的，是经广播电视行政部门特许设立、通过有线方式向有线电视系统终端户提供有偿服务的机构，属于依法具有独占地位的行政性垄断行业。在这种情况下，本案原告与被告的合同主体地位实际是不平等的，前者虽然享有缔结合同的自由，但却没有选择合同相对人的自由。本案原告要想在其住所接通有线电视信号，就只能向被告申请报装而没有其他选择。在具有垄断地位的被告面前，原告为明显的弱势方。被告作为具有公益服务使命且以行政垄断为支撑的受要约人，理应对其用户负有更多的承诺义务。

二、按照我国《合同法》的规定，合同当事人依法享有自愿订立合同的权利，任何单位和个人不得非法干预。[14]此即通常所说的合同自由原则，有学者将其称之为"私法自治原则的核心"[15]和"合同法的核心和精髓"[16]。但是，法律不仅保障合同自由，同时也限制合同自由。20世纪以来，特别是第二次世界大战之后，许多国家都通过立法追加了对合同自由的限制，比如制定了某些限制垄断和维护竞争秩序的法律规定，规制合同当事人必须依从而不得排斥其适用，民法中也增加了一些对利息、利率等合同自由内容的限制性规范，禁止当事人通过协议自行改变等等。

在对合同自由的这些限制中，最突出同时也与本案最有关联性的，是对受要约人强制承诺义务的规定，即立法者出于社会公平和契约正义的考虑，通过特别法或行政法规的规定，要求特定类型的当事人承担必须缔结某种合同的义务。如电力、邮政、煤气、自来水、公共运输等公用服务事业单位，对顾客和用户提出的缔结合同的要约，无正当理由不得拒绝，这就是现代合同法理论中的"强制缔约"。

现实生活中，普通民众由于生存需要，总得向各类公用服务事业的经营者提出缔约要求。以垄断经营方式运作的公用服务事业，如果利用其独占的市场优势，以契约自由为凭，拒绝消费者正常、合理的缔约要求，势必影响民众的日常生计，扰乱社会秩序的正常运行，不利于社会的稳定发展。故此，有必要通过立法规定特定类型的市场主体，尤其是垄断性的公用事业经营者承担必须接受对方当事人通常、合理要约的义务，以维护民生需要和消费者利益，保障良好的生活秩序，实现社会公平。

我国内地法制中的强制缔约规则，最早见于《最高人民法院关于贯彻执行〈中华人民共和国民法通则〉若干问题的意见（试行）》[17]。1999年开始施行的两部重要的民商事法律——《合同法》和《证券法》[18]都规定有强制缔约义务。如《合同法》第二百八十九条规定:"从事公共运输的承运人不得拒绝旅客、托运人的通常、合理的运输要求。"该法条限制了公共运输承运人的订约自由,为其设定了强制性承诺义务,因为此类承运人往往具有独占地位,除了这些承运人之外,旅客和托运人往往很难找到其他合适的合同当事人,这种承诺义务不仅是对要约人的义务,也是此类承运人作为公用事业经营者服务于社会的一种法定义务。[19]

当然,到目前为止,我国强制缔约法律制度的适用对象和范围还极为有限,仅在《电力法》[20]、《邮政法》[21]、《执业医师法》[22]、《合同法》等法律和《汽车旅客运输规则》[23]、《出租汽车旅游汽车客运管理规定》[24]等规章中,对供电营业机构、邮政企业、医疗机构和公共交通运输部门的若干强制缔约义务有所规定。然而,除了上述主体外,还有不少公共服务部门同样对民众的日常生活有着重要的影响,如自来水供应部门、煤气供应部门、电信服务部门等,其中也包括本案被告所属的有线电视网络经营者,有关这些部门应当承担的强制缔约义务,尚未见诸国内现行的立法。对此,一些有识之士已提出意见和建议,呼求进一步加强和完善有关强制缔约的法律制度建设。由国内民法学者拟定的两部民法典建议稿,也都在合同法部分增设了强制缔约尤其是公用事业单位承诺义务的一般性条款。[25]

不言而喻,强制缔约的施行也是有限度、有条件的,它主要适用于提供公共服务的垄断性市场主体,是对合同自由原则的醇化,旨在弥补和矫正合同自由之不足,而非否认和取消合同自由。同时,它也允许受要约人以"正当理由"作为拒绝承诺的抗辩事由,使其可以对抗当事人不合理的缔约要求。

一般而论,负有承诺义务的受要约人可以"规避"强制缔约的正当理由,主要包括:一、消费者具有选择不同订约对象的可能性。例如同一地区存在两家以上的有线电视网络经营者,消费者因其中一家拒绝缔约而遭受不利益时,还可以通过选择另一家契约相对人实现其缔约目的。二、消费者要求订立的合同内容,超出了受要约人的经营范围、业务能力、营业时间或服务区域。三、消费者的缔约要求违反法律规定或公序良俗。

考虑了以上两个问题之后,再反观本案,便很难苟同一审法院对被告广达网络公司的合同自由不加任何限制的"放纵"。

本案中,被告并未给出任何一项正当理由证明其拒收行为的合理性。

事实上，原告交费被拒的真正原因，是因为没有交纳光缆建设费，被告在答辩中之所以对此避而不提，是因为该项收费本身就不尽合理，难以将其作为法庭自辩的有效理据。

一审法院的判词认为：有线电视改造升级为光缆网络电视以后，原来的有线电视服务项目已不复存在，所以被告无法单独为原告提供网络改造前的有线电视服务。这显然曲解了原告的诉讼请求。起诉者并未要求法院判令被告必须使用网络改造前的线路向其提供有线电视信号，而是要求被告继续履行有线电视服务合同，其合同标的为被告有偿向原告提供有线电视信号的接入服务。退一步讲，即使原合同中包括了传输方式的条款，也不可能就传输方式的变更有所约定，否则的话，被告完全可以依据当初的约定主张自己的权益。法院将原告的诉请，从"恢复履行有线电视服务合同"更改为"按原传输网络接收电视信号"，进而得出了"原有线电视的服务项目已不复存在，被告无法满足原告要求"的结论，是欠妥当的。

此外，一审法院的判词援引了《合同法》第三条[26]的规定作为判据，意在说明原告不能强迫被告收受其视维费。其实，合同主体在法律地位上的平等，并不意味着在具体的合同法律关系中每个合同主体享有的权利和承担的义务都是一样的。就本案而言，被告是非竞争性行业的市场主体，属于行政性垄断行业的经营者，它在享有独占市场之优遇和特权的同时，理应承担必要的缔约义务，满足用户正常的服务请求。如果被告既独占垄断之利，又尽享拒绝承诺之自由，势将侵蚀乃至剥夺有线电视用户的正当权益，有损媒介消费的社会公平与公正。

所以，从法理上评判，在本案中，法院应该根据合同关系的具体情况，衡平当事人之间的利益，适当限制被告的缔约自由，使其承担必要的承诺义务，支持弱者即原告一方的合理诉求，以维护并实现合同法所追求的实质正义。

✎ 缺乏书面协议的情况下如何确认有线电视收视服务的合同关系

但是，要求法院直接判令被告履行缔约义务，也有相当的难度，因为哪些市场主体必须担负承诺义务，需有特别法的规定，而我国的法律、法规中尚无设定有线电视网络经营者强制缔约义务的条款，法官很难在适用法条阙如的情况下，径行下判，要求被告履行缔约义务。

即便如此，原告要求被告收受其视维费的诉讼请求，也还是有法可依，理当胜诉的，其理如下：

本案原告在 1993 年 9 月与醴陵市有线电视台办理了有线电视传输服务的开户手续。所谓"开户"，就是按照有线电视台的要求，交纳一定的费用，从而获得有线电视台认可的用户资格与条件。原告办理开户手续的过程，也正是与有线电视台彼此合意，达成服务协议从而建立合同关系的过程，后者一旦收取了原告交纳的开户费，双方的合同关系即告成立并生效。这一合同关系具有以下特征：

一、缺乏固定合同内容的文字凭据。缔约双方没有就彼此的权利义务形成条款周全的书面合同，原告只持有对方开具的交费凭证和用户证，一旦发生纠纷，不易分清责任，也不利于日常的合同管理。这也是上世纪 90 年代我国有线电视办台建网时的一种普遍性欠缺。

二、原告仅在申请缔约时可为主动的意思表示，而在决定合同主要内容比如标的、收费标准等条款时没有发言权，只能按照有线电视台预先拟定的条件和标准与其订立合同。也就是说，原告与有线电视台订立的合同，采用了格式条款，属于格式合同。

三、该合同标的有两项内容。一是有线电视台为原告的住宅有偿架设电视信号传输线路，二是有线电视台在原告交纳开户费之后，便接纳其为合法的用户，有线电视台发给原告的用户证，就是一种资格凭证。该资格凭证的主要作用，不是费用支付证明——收费方给原告开具的发票或收据足以满足这方面的需要，而是一种承诺，即原告有权通过交纳视维费的方式获得颁证方提供的电视信号传输服务，而颁证方则有义务在原告按时交纳视维费之后为其提供相应的服务。这是一种持续的而非一次性的承诺，原告成为有线电视台的合法用户之后，只要其按照有线电视台的收费标准履行了交纳视维费的义务，有线电视台即应为其提供相应的服务，双方当事人的给付义务，随着履行时间的推移不断地更新和维续。这种可预期的、持续性的合同关系，纵然没有以书面文字的方式明示，也仍然是以行业惯例和媒介消费常理的方式客观存在的。

确认上述合同标的所包含的第二项内容十分重要。因为依照媒介消费的通常情理，原告办理开户手续的真正目的，是为了能在家中收看到有线电视节目。如果原告在领取了用户证之后，有线电视台只承担为其住宅架设线路的义务，而不承担为其有偿提供电视信号的义务，不能保证原告可以通过交纳视维费的方式收看到有线电视节目，那么，根据《合同法》第三十九条[27]的规定，作为格式合同提供者的有线电视台，就应采取合理的方式提请对方注意免除或者限制其责任的条款，但有线电视台并未明示这样的条款——如果真要这样做的话，包括原告在内的消费者是否愿意交纳这笔费用，就大有疑问了。既然原告在办理开户手续时并未与有线电视台签订书面合同，那么，按照《合同法》第六十一条[28]的规定，合同生效后，当事人就合同内容没有约定或者约定不明确的，可以协议补充；不能达成补充协议的，按照合同有关条款或者交易习惯确定。所谓交易习惯，就是当事人在长期的交易过程中所形成的习惯性做法。具体到本案，有线电视台收受合法用户交纳的视维费是习惯性的做法，而拒绝收受合法用户的视维费则是反常的、非习惯性做法。

如果对什么是"有线电视消费的交易习惯"也不能达成共识的话，还可以适用《合同法》第六十二条[29]的规定：当事人就有关合同履行方式不明确的，按照有利于实现合同目的的方式履行。如前文所言，本案原告与有线电视台办理开户手续的目的之一，是为了获得有线电视台的用户资格，具备了这一资格之后，原告就可以通过支付视维费来收看有线电视节目。至于有线电视台是否也认可这一合同目的，并不具有决定性的作用。依照《合同法》第四十一条[30]的规定，对格式条款的理解发生争议的，应当按照通常理解予以解释；对格式条款有两种以上解释的，应当作出不利于提供格式条款一方的解释。依此规定，对上述合同目的的裁断，自然应当从有利于原告的角度予以解释和认定。

综合以上的分析，不难认定：原告在交纳视维费之前，就已经通过办妥开户手续与有线电视台建立了合同关系，在这一合同关系中，交纳视维费既是原告获取有线电视信号所应履行的义务，同时也是其通过合同约定而依法享有的一种资格和权利。

再后来，醴陵市广电局与湖南电广传媒合资组建了具有独立法人资格的广达网络公司，该公司（本案被告、被上诉人）也就理所当然地接收和承担了原有线电视台与原告之间的合同关系，对此，本案的一审判决书已有正确的认定。不正确的是，一审法院仅仅确认了原告与被告通过交纳视维费建立的合同关系，而"严重"地忽略了原告以支付"开户费"的方式获得的合法用户资格及其权利。正是原告所持有的"用户证"，使其要求被告收受视维费的诉请具有充分的正当性和有效性。而二审法院所认定的"被上诉人广达网络公司与上诉人没有形成有偿服务的法律关系"，当然也是欠妥的。法院只将双方当事人可能发生的法律关系局限于视维费的支付与收缴，认为既然被上诉人从未收受上诉人的视维费，所以两者之间就不存在有偿服务的法律关系。这一裁断，同样遗漏了上诉人与被上诉人（其前身为有线电视台）之间因"开户"而建立起来的更初始的合同关系。

有必要说明的是，原告与有线电视台和广达网络公司因"开户"而建立的合同内容与权利义务关系，不是不可以变更和终止的。但其变更和终止，只有在符合有关合同变更、撤销与合同权利义务终止的法定条件时，才是合法有效的。比如，依据《合同法》第七十七条[31]、第九十三条[32]的规定，经当事人协商一致，可以变更或解除合同。再如，《合同法》第六十三条[33]规定：执行政府定价或者政府指导价的，在合同约定的交付期限内政府价格调整时，按照交付时的价格计价。但本案中，被告单方终止原告用户资格的行为，未经原告同意认可；其向原告征收 100 元光缆建设费的规定，也非政府的定价行为，而且未能向法院就此收费出示任何合法有效的许可或委托证书，在这种情况下，以原告未交光缆建设费而单方终止其合法的用户资格，显然是不妥当的。

本案中，被告（被上诉人）并未证明其单方终止原告用户资格的行为具有充分的合法性。依据《合同法》第八条[34]、第四十一条[35]、第六十条[36]、第六十一条[37]、第六十二条[38]、第一百零七条[39]、第一百二十四条[40]的规定，原告要求被告为其办理视维费交纳手续，恢复开通其住宅有线电视信号的诉请，应该得到法院的支持。

违约的非财产性精神损害赔偿

至于原告诉状中要求被告"支付赔偿金、赔礼道歉"等诉请，则缺乏现行法律的依据。本案系违约之诉，根据我国《合同法》的规定，当事人一方不履行合同义务或者履行合同义务不符合约定的，应当承担继续履行、采取补救措施、赔偿损失、交付违约金等违约责任。其中赔偿损失主要指违约方以资金弥补其违约给对方造成的财产性损失。原告要求被告支付的赔偿金，是基于"欣赏电视节目的权利被强行中止，精神生活和文化生活均受到很大的不应有的损害"[41]而主张的，属于非财产性的精神损害范畴。尽管目前一些国家，如法国、德国、瑞士、日本以及英国、美国等对于在特定情形下的违约非财产损害赔偿持肯定态度，但我国现行法律原则上是不允许在违约之诉中请求非财产损害赔偿的。近年来，国内也有越来越多的法律界人士提出，某些合同关系中有重要的精神利益存在，因此，对于以获得精神享受为目的、标的物负载重大感情价值或是为了摆脱痛苦与烦恼等内容的合同，对其违约者的责任追究，应赋予受害人精神损害赔偿的请求权，但目前这种主张还只限于学理上的探讨，尚未见诸立法。纵使将来国内立法将精神损害赔偿纳入违约责任，也还要考虑"妨碍收看电视节目"是否属于民法的精神损害赔偿范畴。一般来说，精神损害赔偿的目的在于保护民事主体的人格权，所以，法律确认的人格权范围，也就是精神损害赔偿的基本范围。我国现行法律明文规定加以保护的人格权为 11 种，即公民的生命权、身体权、健康权、人格权、自由权、姓名权、名誉权、肖像权、荣誉权、隐私权及婚姻自主权。[42] 本案原告所主张的精神利益，能否为国内的人格权后续立法或司法所吸收，尚未可知。

注释：

〔1〕《民法通则》（1987 年 1 月 1 日起施行）第五十七条 民事法律行为从成立时起具有法律约束力。行为人非依法律规定或者取得对方同意，不得擅自变更或者解除。

〔2〕《民法通则》第八十八条 合同的当事人应当按照合同的约定，全部履行自己的义务。

合同中有关质量、期限、地点或者价款约定不明确，按照合同有关条款内容不能确定，当事人又不能通过协商达成协议的，适用下列规定：

（一）质量要求不明确的，按照国家质量标准履行；没有国家质量标准的，按照通常标准履行。

（二）履行期限不明确的，债务人可以随时向债权人履行义务，债权人也可以随时要求债务人履行义务，但应当给对方必要的准备时间。

（三）履行地点不明确，给付货币的，在接受给付一方的所在地履行，其它标的在履行义务一方的所在地履行。

（四）价款约定不明确的，按照国家规定的价格履行；没有国家规定价格的，参照市场价格或者同类物品的价格或者同类劳务的报酬标准履行。

合同对专利申请权没有约定的，完成发明创造的当事人享有申请权。

合同对科技成果的使用权没有约定的，当事人都有使用的权利。

〔3〕《合同法》（1999 年 10 月 1 日起施行）第八条 依法成立的合同，对当事人具有法律约束力。

当事人应当按照约定履行自己的义务，不得擅自变更或者解除合同。

依法成立的合同，受法律保护。

〔4〕《合同法》第六十条 当事人应当按照约定全面履行自己的义务。

当事人应当遵循诚实信用原则，根据合同的性质、目的和交易习惯履行通知、协助、保密等义务。

〔5〕《合同法》第三条 合同当事人的法律地位平等，一方不得将自己的意志强加给另一方。

〔6〕《合同法》第四十五条 当事人对合同的效力可以约定附条件。附生效条件的合同，自条件成就时生效。附解除条件的合同，自条件成就时失效。

当事人为自己的利益不正当地阻止条件成就的，视为条件已成就；不正当地促成条件成就的，视为条件不成就。

〔7〕见注5

〔8〕见注6

〔9〕见注3

〔10〕见注4

〔11〕《合同法》第一百零七条 当事人一方不履行合同义务或者履行合同义务不符合约定的，应当承担继续履行、采取补救措施或者赔偿损失等违约责任。

〔12〕《民事诉讼法》（1991年4月9日起施行）第一百零八条 起诉必须符合下列条件：

(一) 原告是与本案有直接利害关系的公民、法人和其他组织；

(二) 有明确的被告；

(三) 有具体的诉讼请求和事实、理由；

(四) 属于人民法院受理民事诉讼的范围和受诉人民法院管辖。

〔13〕《最高人民法院关于适用〈中华人民共和国民事诉讼法〉若干问题的意见》（法发〔92〕22号公布）第一百八十六条、人民法院依照第二审程序审理的案件，认为依法不应由人民法院受理的，可以由第二审人民法院直接裁定撤销原判，驳回起诉。

〔14〕《合同法》第四条 当事人依法享有自愿订立合同的权利，任何单位和个人不得非法干预。

〔15〕参见王利明/主编：《中国民法典学者建议稿及立法理由·债法总则编、合同编》，法律出版社2005年版，第197页。

〔16〕王利明、崔建远：《合同法新论·总则》，中国政法大学出版社2000年版，第103页。

〔17〕《最高人民法院关于贯彻执行〈中华人民共和国民法通则〉若干问题的意见（试行）》（1988年1月26日最高人民法院审判委员会讨论通过）第一百一十八条规定："出租人出卖出租房屋，应提前三个月通知承租人，承租人在同等条件下，享有优先购买权；出租人未按此规定出卖房屋的，承租人可以请求人民法院宣告该房屋买卖无效。"根据该规定，承租人享有在同等条件下要求出租人与之订立房屋买卖合同的权利，而出租人则负有在同等条件下与承租人订约的义务，否则承租人可以请求法院宣告未按此程序出卖房屋的合同无效。该规定中确认的出租人义务，即具有强制承诺的性质。

〔18〕《证券法》（1999年7月1日起施行）第八十七条 收购要约的期限届满，收购人持有的被收购公司的股份数达到该公司已发行的股份总数的百分之九十以上的，其余仍持有被收购公司股票的股东，有权向收购人以收购要约的同等条件出售其股票，收购人应当收购。

阅读提示：本法已根据2004年8月28日第十届全国人民代表大会常务委员会第十一次会议《关于修改〈中华人民共和国证券法〉的决定》修正。

〔19〕在由我国部分民法学者于1993－1994年讨论起草的《合同法立法方案》中，曾建议在合同法"总则·第二章'合同的成立'"中，专门规定公用服务事业经营者的承诺义务。后来出台的《合同法》未采纳学者的建议，只在该法分则的"运输合同"一章中规定了公共运输

承运人的承诺义务。

〔20〕《电力法》（1996 年 4 月 1 日起实施）第二十六条第一款 供电营业区内的供电营业机构，对本营业区内的用户有按照国家规定供电的义务；不得违反国家规定对其营业区内申请用电的单位和个人拒绝供电。

第六十四条 违反本法第二十六条、第二十九条规定，拒绝供电或者中断供电的，由电力管理部门责令改正，给予警告；情节严重的，对有关主管人员和直接责任人员给予行政处分。

〔21〕《邮政法》（1987 年 1 月 1 日起施行）第三十九条 邮政工作人员拒不办理依法应当办理的邮政业务的，故意延误投递邮件的，给予行政处分。邮政工作人员玩忽职守，致使公共财产、国家和人民利益遭受重大损失的，依照《中华人民共和国刑法》第一百八十七条的规定追究刑事责任。

〔22〕《执业医师法》（1999 年 5 月 1 日起施行）第二十四条 对急危患者，医师应当采取紧急措施进行诊治；不得拒绝急救处置。

第三十七条 医师在执业活动中，违反本法规定，有下列行为之一的，由县级以上人民政府卫生行政部门给予警告或者责令暂停六个月以上一年以下执业活动；情节严重的，吊销其执业证书；构成犯罪的，依法追究刑事责任：……（二）由于不负责任延误急危患者的抢救和诊治，造成严重后果的；……。

〔23〕《汽车旅客运输规则》（1988 年 8 月 1 日起施行）第五十条 空驶出租车受乘客招拦停车后，一般不得拒绝乘客租用；在租用过程中应按乘客指定到达地点，选择最佳路线行驶，严禁故意兜圈绕道多收费用。

出租车受雇期间，未经租用人同意，驾驶员不得再招揽他人同乘。

〔24〕《出租汽车旅游汽车客运管理规定》（1990 年 1 月 1 日起施行）第十三条 出租汽车受租期间，应按乘客指定的到达地点，选择最佳路线行驶；未经租用人同意，不得再招揽他人同乘；车内无乘客，且无其它任务时，应显示空车待租标志，遇到招拦停车后，一般不得拒载乘客。

〔25〕梁慧星主持起草的民法典立法建议稿第八百五十二条（位于合同法总则"合同的订立"部分）规定："承诺是受要约人的权利，但邮政、电信、电业、煤气、天然气、自来水、铁路、公共汽车等公用事业单位负有缔约义务，非有正当理由，不得拒绝消费者的缔约请求。医院及医生非有正当理由不得拒绝诊疗、检验或调剂处方。餐饮业经营者非有正当理由，不得拒绝消费者的就餐请求。旅店业经营者非有正当理由，不得拒绝消费者的住宿请求。出租车司机非有正当理由，不得拒载。"中国民法典立法研究课题组/著：《中国民法典草案建议稿附理由·债权总则编、合同编、侵权行为编》，法律出版社 2004 年版，转引自天涯虚拟社区（http://www.tianya.cn/new/TechForum/Content.asp? idItem = 83&idArticle = 264486），2008 年 1 月 6 日查阅。

王利明主持起草的民法典立法建议稿第一千三百零七条（位于合同法总则"合同的订立"部分）规定："依据法律、行政法规的规定负有承诺义务的当事人不得拒绝对方当事人通常、合理的缔约要求。"王利明/主编：《中国民法典学者建议稿及立法理由。债法总则编、合同编》，法律出版社 2005 年版，第 231 页。

〔26〕见注5

〔27〕《合同法》第三十九条 采用格式条款订立合同的，提供格式条款的一方应当遵循公平原则确定当事人之间的权利和义务，并采取合理的方式提请对方注意免除或者限制其责任的条款，按照对方的要求，对该条款予以说明。

格式条款是当事人为了重复使用而预先拟定，并在订立合同时未与对方协商的条款。

〔28〕《合同法》第六十一条 合同生效后，当事人就质量、价款或者报酬、履行地点等内容没有约定或者约定不明确的，可以协议补充；不能达成补充协议的，按照合同有关条款或者交易习惯确定。

〔29〕《合同法》第六十二条 当事人就有关合同内容约定不明确，依照本法第六十一条的规定仍不能确定的，适用下列规定：

（一）质量要求不明确的，按照国家标准、行业标准履行；没有国家标准、行业标准的，按照通常标准或者符合合同目的的特定标准履行。

（二）价款或者报酬不明确的，按照订立合同时履行地的市场价格履行；依法应当执行政府定价或者政府指导价的，按照规定履行。

（三）履行地点不明确，给付货币的，在接受货币一方所在地履行；交付不动产的，在不动产所在地履行；其他标的，在履行义务一方所在地履行。

（四）履行期限不明确的，债务人可以随时履行，债权人也可以随时要求履行，但应当给对方必要的准备时间。

（五）履行方式不明确的，按照有利于实现合同目的的方式履行。

（六）履行费用的负担不明确的，由履行义务一方负担。

〔30〕《合同法》第四十一条 对格式条款的理解发生争议的，应当按照通常理解予以解释。对格式条款有两种以上解释的，应当作出不利于提供格式条款一方的解释。格式条款和非格式条款不一致的，应当采用非格式条款。

〔31〕《合同法》第七十七条 当事人协商一致，可以变更合同。

法律、行政法规规定变更合同应当办理批准、登记等手续的，依照其规定。

〔32〕《合同法》第九十三条 当事人协商一致，可以解除合同。

当事人可以约定一方解除合同的条件。解除合同的条件成就时，解除权人可以解除合同。

〔33〕《合同法》第六十三条 执行政府定价或者政府指导价的，在合同约定的交付期限内政府价格调整时，按照交付时的价格计价。逾期交付标的物的，遇价格上涨时，按照原价格执行；价格下降时，按照新价格执行。逾期提取标的物或者逾期付款的，遇价格上涨时，按照新价格执行；价格下降时，按照原价格执行。

〔34〕见注3。

〔35〕见注30。

〔36〕见注4。

〔37〕见注28。

〔38〕见注29。

〔39〕见注11。

〔40〕《合同法》第一百二十四条 本法分则或者其他法律没有明文规定的合同,适用本法总则的规定,并可以参照本法分则或者其他法律最相类似的规定。

〔41〕引自本案原告的民事起诉状。

〔42〕胡平/著:《精神损害赔偿制度研究》,中国法制出版社 2004 年版,第 103 – 142 页。

附：

湖南省醴陵市人民法院民事判决书

〔2001〕醴民初字第 1219 号

原告刘宏志，男，1954 年×月×日出生，汉族，醴陵市人，住醴陵市×××村×××组。

被告醴陵市广达广播电视宽带网络有限公司。

法定代表人董鹏飞，公司董事长。

委托代理人黄立仁，该公司职员。（代理权限：特别授权）。

委托代理人陈玲，湖南醴源律师事务所律师。（代理权限：一般代理）。

原告刘宏志与被告醴陵市广达广播电视宽带网络有限公司有线电视服务纠纷一案，本院 2001 年 6 月 8 日受理后，于 2001 年 7 月 20 日依法组成合议庭，公开开庭进行了审理，原告刘宏志，被告醴陵市广达广播电视宽带网络有限公司委托代理人黄立仁、陈玲到庭参加诉讼。本案现已审理终结。

原告刘宏志诉称：因我不同意交纳 100 元的光缆网工料建设费，被告拒收我应当缴纳的有线电视收视维护费（以下简称视维费），并于 2001 年 6 月 5 日起停止了我家的有线电视接受信号，致使我和我的家人不能从电视媒体上了解国内外新闻及党和国家的方针政策，精神生活与文化生活均受到损害，要求被告恢复开通我家的电视信号，并赔偿原告一家从停机之日起至今的不能收看电视的精神损失费每天 10 元。

被告醴陵市广达广播电视宽带网络有限公司辩称：本公司是由醴陵市广播电视局与湖南电广传媒股份有限责任公司合资组成的新公司，具有独立的法人资格，而收取电视用户 100 元的光缆网工料建设费是醴陵市广播电视局报请市广播电视局的行政行为，不属于我公司的经营行为。本公司不是本案的被告。

经审理查明：醴陵市有线电视台是醴陵市广播电视局下属机构。原告刘宏志于 1993 年 9 月安装有线电视，从此原告刘宏志与醴陵市有线电视台之间确立了一种有线电视有偿服务合同关系，即电视台向原告提供有线电视接收信号，原告刘宏志每年按期向电视台交纳收看电视节目的视维费。双方在有线电视服务合同的履行过程中，均履行了各自应承担的义务。

2001 年 3 月 21 日，醴陵市广播电视局与湖南电广传媒股份有限公司合资组建成立了醴陵市广达广播电视宽带网络有限公司，该公司具有独立法人资格。1999 年 2 月 2 日，为将醴陵市城区的有线电视光缆工程升级成现在的光缆网络电视，醴陵市政府成立了专门的领导小组，1999 年 3 月 17 日，该领导小组委托物价部门召开了价格听证会，1999 年 3 月 22 日，醴陵市物价局以醴价字第［1999］13 号文件给醴陵市广播电视局下发的批复称："本着谁受益，谁出钱"的原则和省物价局［1998］湘价综字第 272 号文件规定，并根据 1999 年 3 月 17 日大多数价格听证会代表的意见，报请市人民政府同意，就城区有线电视光纤网收费作如下批复：同意对原网络用户一次性收取光纤网工料建设费每户 100 元。原告拒不同意缴纳此 100 元工料建设费，认为被告为更新设备进行投资，不能要求用户承担，有线电视升迁为光缆网络电视，虽然服务范围更广，接收频道更多，但原告本人只要求维持原有线电视服务项目。2001 年 6 月 5 日，因原告一直未交纳光缆网工料建设费，被告即中断了原告家的电视传输信号，且拒收原告每年应交的 130 元有线电视视维费。

上述事实，有双方当事人的当庭陈述、举证，并经过庭审质证予以证实，事实清楚，足以认定。

本院认为：被告醴陵市广达广播电视宽带网络有限公司从成立之日起就接收和承担了原有线电视台的权利和义务，故被告辩称不属本案诉讼主体的理由不能成立。醴陵市广播电视局根据醴陵市物价局 1999 年 3 月 22 日醴价字第 13 号文件的规定，决定向原有线电视用户收取 100 元光缆网工料建设费，此费不是由新成立的被告醴陵市广达广播电视宽带网络有限公司直收取，而是由醴陵市广播电视局收取后作为更新改造光缆工程用，故此 100 元收费行为不是被告赢利性的经营行为，而是被告成立之前醴陵市广播电视局的行政行为。故此，原、被告所争执的光缆网工料建设费不属于本案审理范围。原告虽与原醴陵市有线电视台形成了有线电视服务合同，原告每年向有线电视台交纳 130 元的视维费，有线电视台向原告发送一年的传输信号。该合同没有起止期限的明确约定。原告交纳费用，有线电视台提供服务；有线电视台拒收费用，双方的有线电视有偿服务合同关系终止。双方属平等民事主体之间的关系。一方要求履行合同，另一方不同意，双方须在协商一致的情况下，合同才能成立。故此，原告要求被告恢复有线电视，赔偿损失的理由不能成立。而且，自有线电视改造升级为光缆网络电视以后，原有线电视的服务项目已不复存在，原告要求被告单独为其提供有线电视服务的主张与客观事实不符。据此，本院依照《中华人民共和国合同法》第三条、第四十五条之规定，判决如下：

驳回原告刘宏志要求被告醴陵市广达广播电视宽带网络有限公司恢复有线电视，赔偿损失，赔礼道歉的诉讼请求。

案件受理费 100 元，由原告刘宏志承担，诉讼费用 200 元，由被告承担。

如不服本判决，可在判决书送达之日起向本院递交上诉状，并根据对方当事人的人数提出副本，上诉于湖南省株洲市中级人民法院。

审判人员署名 （略）

二〇〇一年八月二十日

湖南省株洲市中级人民法院民事裁定书

[2001] 株民终字第 423 号

上诉人（原审原告）刘宏志，男，1954 年 × 月 × 日出生，汉族，醴陵市人，住醴陵市×××村×××组。

委托代理人刘宏岳，男，1942 年 × 月 × 日出生，汉族，醴陵市人，住株洲×××厂×××生活区×××号。

被上诉人（原审被告）醴陵市广达广播电视宽带网络有限公司。

法定代表人董鹏飞，公司董事长。

委托代理人黄立仁，该公司职员。

委托代理人陈玲，湖南醴源律师事务所律师。

上诉人刘宏志因有线电视服务纠纷一案，不服湖南省醴陵市人民法院 2001 年 8 月 20 日 [2001] 醴民初字第 1219 号民事判决，向本院提起上诉。本院依法组成合议庭，公开开庭审理了本案。上诉人及其委托代理人、被上诉人的委托代理人到庭参加了诉讼，本案现已审理终结。

经审理查明，上诉人刘宏志于 1993 年 9 月 24 日安装有线电视，与醴陵市有线电视台之间确立了有线电视有偿服务合同关系，醴陵市有线电视台向刘宏志颁发了"19268 号用户证"。

2001 年 3 月 21 日，醴陵市广播电视局与湖南电广传媒股份有限公司合资组建成立了醴陵市广达广播电视宽带网络有限公司，该公司具有独立法人资格。1999 年 2 月 2 日，为将醴陵市城区的有线电视光缆工程升级成现在的光缆网络电视，醴陵市政府成立了专门的领导小组，经过价格听证及醴陵市政府批准，决定对原网络用户一次性收取光缆网工料建设费每户100 元。因刘宏志拒交该项费用，其家的电视传输信号被中断，其自 2000年 10 月开始的电视视维费也被拒收。

本院认为，被上诉人醴陵市广达广播电视宽带网络有限公司系醴陵市广播电视局与湖南电广传媒股份有限公司合资组建的股份有限公司，该公司与上诉人刘宏志没有形成有偿服务法律关系。上诉人刘宏志家的电视传输信号中断，与被上诉人没有法律上的权利义务关系。原审判决部分事实不清，适用法律不当，依据《中华人民共和国民事诉讼法》第一百零八条及《最高人民法院关于适用〈中华人民共和国民事诉讼法〉若干问题的意见》第一百八十六条之规定，裁定如下：

1. 撤销湖南省醴陵市人民法院 [2001] 醴民初字第 1219 号民事判决。
2. 驳回刘宏志的起诉。

本案一、二审案件受理费各 50 元，由刘宏志承担。

本裁定为终审裁定。

审判人员署名（略）
二〇〇一年十二月六日

注：以上裁判文书仅供参考，引用请以原件为准。

周泽波诉开封县广播电视局

本案的讼事，涉及有线电视"加解扰"的合理、合法性问题。

有问题总会有不满，有不满就会筹计解决之道。本案原告的解决之道，是径行兴讼，直接寻求法律的救济。除此之外，为一般的有线电视用户计，可倚借的"问题解决者"至少还包括：上级广播电视行政管理机关；工商局、物价局；消费者协会；当地人大、政协和新闻媒体。

导读： 加解扰纠纷、媒介消费的诉告之道与合同的撤销

纠纷： 周某家中的有线电视信号因县广播电视局进行有线电视加解扰升级改造而被中断。根据县广播电视局的规定，用户只有交纳押金后，领取安装一台解扰器，方能恢复家中有线电视信号的正常接收。周某认为这一做法损害了有线电视用户的利益，遂向法院提起民事诉讼。

审级： 二审

裁判： 河南省开封县人民法院民事判决书〔2004〕开民初字第804号
河南省开封市中级人民法院民事调解书〔2004〕汴民终字第767号

原告： 周泽波

被告： 开封县广播电视局

2004年5月21日，河南省开封县城关镇居民周泽波家中的有线电视信号突然中断，无法收看电视节目。经了解，周泽波得知，县广播电视局正在进行有线电视全频道加解扰升级改造，所以中断了原有电视信号的输送。用户要想恢复家中有线电视信号的正常接收，须交纳150元的押金，领取安装一台有线电视解扰器（以下简称解扰器）。

为能继续收看电视节目，周泽波于2004年5月23日向县广播电视局下属的有线电视台交纳了150元押金，领回一台解扰器；在办理领取解扰器的手续时，县广播电视局还要求用户在其准备的一份格式合同上签名，否则将不予办理。

周泽波认为，县广播电视局的做法损害了包括自己在内的有线电视用户的合法权益，遂于2004年5月31日向开封县人民法院起诉，请求法院判令县广播电视局退还其交纳的解扰器押金，继续履行此前的收视合同义务。6月21日，他又向法院提出变更诉讼请求，增加了一项"撤销本人与开封县广播电视局所签解扰器合同"的诉讼请求。

周泽波在起诉状中称：首先，开封县广播电视局不与包括原告在内的

有线电视用户协商，不举行公开的听证会，在没有得到有线电视用户任何意思表示的情况下，单方面提出有线电视加解扰改造条款，并突然人为中断有线电视信号的输送，属合同违约行为，损害了包括原告在内的广大有线电视用户的利益。

其次，开封县广播电视局要求包括原告在内的有线电视用户交纳解扰器押金，而该项费用本应由广播电视局自身无条件承担，其行为属于公用企事业单位强制搭售不必要产品的强迫交易行为。

再者，开封县广播电视局称，发给用户的解扰器其价值分 300 元和 500 元两种，用户交 150 元押金便可领取使用，但使用中如有人为损坏，则须照价赔偿。是机器总有坏的时候，是否系人为原因所致可能难以说清，若将来该设备真有损坏，消费者就可能不得不承担高于收视费的 300 元和 500 元赔偿金。

此外，押金只在出租或出借等合同中才会出现。开封县广播电视局提供的解扰器费用，本应包括在有线电视用户所交的初装费、维护费、收视费等费用中。因此，解扰器的所有权应属于有线电视用户，所有权人使用自己的财物是不需要交纳"押金"的。

被告开封县广播电视局辩称，原告的请求没有法律依据。广播电视局履行的是政府职能和职责，有线电视加解扰升级改造是政府作出的决定。原、被告所签合同是双方自愿的。被告在收到法院的应诉通知后，就通知原告到被告处办理退还押金事宜，但原告并未前往办理，被告又以汇票的方式将 150 元押金汇至原告单位。所以，原告要求的 150 元押金问题，法院不应再进行审理。原告要求撤销所签合同的请求则应予以驳回。

法院审理认为，从周泽波与广播电视局所签的解扰管理合同书中可以证明，未签合同之前，广播电视局将原告的有线电视进行了加扰，使其不安装解扰器就无法收看电视节目，而要安装解扰器，就须在被告制定的格式合同上签字，否则不给解扰器，用户想看电视节目，只有与广播电视局签订解扰器管理合同。所以，双方所签的格式合同不是原告的真实意思表示，周泽波提出撤销该合同的请求，法院应予支持。因原告已交付了 2004 年的收视费，原、被告双方已形成了服务合同关系，被告应尽服务义务，保证原告的有线电视收视信号质量，不应无故中断信号。

法院依据《合同法》第五十四条[1]、第六十条[2]和《民事诉讼法》第一百二十八条[3]的规定，判决撤销周泽波与开封县广播电视局签的"开封县城有线电视信号传收可寻址解扰管理合同"，开封县广播电视局应为周泽波提供 2004 年度的有线电视正常信号，保证节目图像的观赏性。

开封县广播电视局不服一审法院的判决，向开封市中级人民法院提出上诉，其上诉状辩称：广播电视局以及开封县政府之所以花费巨资进行加解扰升级改造，是为了有效地防止"法轮功"等不法分子利用有线电视网搞反动宣传活动，且加解扰升级改造并没有增加收视费用，因部分群众对收取·150 元解扰器押金不理解，有意见，我单位也及时予以纠正并退还了解扰器押金。我单位与被上诉人所签合同依法应得到保护，县法院无视上述事实判决撤销合同，于法无据。

另外，法院判令上诉人为被上诉人"提供 2004 年度正常的有线电视信号，保证节目图像的观赏性"，也同样缺乏事实和法律依据。被上诉人的诉讼请求是要求上诉人继续履行收视合同义务，保质保量、持续不断地输送有线电视信号，基于上述诉讼请求，被上诉人在一审时就应提供上诉人没有履行收视合同义务、没有保质保量和持续不断地输送有线电视信号的相关证据。但一审中被上诉人并未向法庭提供任何证据支持上述诉讼请求。一审法院在被上诉人未提供证据的情况下，就判决支持被上诉人的诉讼请求，应属错判。县广播电视局请求二审法院撤销一审判决，对本案重新裁判。

开封市中级人民法院受理广播电视局的上诉后，于审理过程中对争讼双方进行了调解，在法院主持下，双方当事人最后自愿达成了调解协议：一、周泽波放弃一审判决主文中涉及的诉讼请求；二、领取调解书时开封县广播电视局补偿周泽波实支诉讼费用 200 元；三、一审案件受理费 50 元由周泽波负担，二审案件受理费 50 元由开封县广播电视局负担；四、双方别无任何纠纷。

释解与评点

本案的讼因，源于有线电视的"加解扰"，原告对此不满，是有道理的。

法院查明的事实之一，是原告于 2003 年 12 月 30 日向被告交纳了下年度的收视维护费，有被告方为原告开据的收费票据为证，被告对此无异议。

从法理上评断，原告的交费为要约，被告收受原告的钱款是承诺，钱款交－收的手续一俟完成，双方即形成了有线电视信号传输服务的合同关系，被告为原告开据的收费票据虽非合同本身，但足以构成确认原告与被告双方权利义务的一种载体，即合同凭据。该合同关系形成后，对双方当事人均产生法律约束力[4]。被告在用户交费时，并未就其后的追加收视支出有所约定或提示。因此，在合同履行期间，广电局又要求用户交纳150元的解扰器押金，不交，便令其无法正常收看，实属履行合同义务不符合约定。如同观众掏钱买票看电影，看到一半，电影院又播放通知说：因为电影院刚招聘了几名保安，运营成本增加了，所以各位还得再交点钱，否则就看不了下半场。这显然是不合理的。

电视信号加解扰纠纷

"加解扰"不一定就错，关键是要合法合理。

首先，在程序上不能违反相关部门规章的规定。比如，采用加解扰技术进行电视节目服务，必须向省级以上的广播电视行政主管部门申报批准。

其次，使用的加解扰设备应具有《入网认定证书》，未经入网认定的产品不得使用，以保证"加解扰"之后的节目信号质量符合国家认定的行业标准[5]。

第三，不应在原收视合同有效期间因"加解扰"向用户追加收费，除非与用户有事先的约定，或用户自愿交费。在此期间，有线电视网络经营者如实施加解扰，应向用户免费提供正常收视所需的解扰设备。

第四，原服务合同履行期满之后，有线电视网络经营者如因实施"加解扰"而调整原收费标准，应按法定权限和程序办理。

本案被告在收到应诉通知后，便赶在法院开庭审理之前向原告退还了押金，等于自认了原来的做法欠妥，实际也满足了原告提出的一项诉请，其补过之举，不失为一种明智的应诉选择。

但，更好的表现是守规矩，不出错。然而经验一再证明，某些媒介经营的不当举措总有可能僭越政策乃至法律的约束，侵害电视用户之权益，本案的"押金之赋"即为一例，不妨再择举各地的若干个案：

2005年5月，福建省寿宁县广播电视台在城关地区分批实施安装加解扰系统。在安装过程中，采取在规定的时间内停止电视信号输送，并强制要求用户缴清收视费至9月底，方可领取一台解扰器，否则就无法正常收看电视节目。5至6月，广播电视台共发放4180台解扰器，向用户预收收视费5265元。据此，宁德市工商局依法作出责令广播电视台停止违法行为并处罚款 5 万元的决定。[6]

2006 年 3 月，山西省古交市有线电视网络公司在推广数字电视时，向居民收取终端费 100 元，并表示不交终端费不给机顶盒。古交市工商局调查后认为，根据《反不正当竞争法》，该有线电视网络公司利用有线电视数字化整体平移实施工程收取每户居民 100 元的终端费，损害了消费者的合法权益，已构成了滥收费用的行为。当年 4 月 27 日，古交市工商局依据《行政处罚法》下达了行政处罚决定书，责令当事人改正违法行为，向消费者退还多收取的 100 元终端费，同时处罚款 15 万元。[7]

2007 年 1 月 15 日，江苏省南京市工商联向南京市政协十一届五次会议提交了一份《关于南京数字电视机顶盒应打破垄断状况的建议》的提案，这份提案反映，南京广电部门在模拟电视向数字电视整体转换的工作过程中，不经告知和协商，就对全市居民家庭的模拟电视实行强行转换数字电视信号，严重侵犯了南京近百万用户对数字电视机顶盒的知情权和选择权。《市场报》就此连续刊发了两篇相关的批评报道，引起社会和南京广大用户的强烈反响。[8]

类似的个案，所在多有，不能一一胪列。

媒介消费的诉告之道

有问题总会有不满，有不满就会筹计解决之道。本案原告的解决之道，是径行兴讼，直接寻求法律的救济。除此之外，为一般的有线电视用户计，可倚借的"问题解决者"至少还包括：

——上级广播电视行政管理机关；

——工商局、物价局；

——消费者协会；

——当地人大、政协；

——新闻媒体。

一、电视台或电视网络传输公司行为不当，可以向其行政主管部门反映和举报，县广播电视局出了问题，还可向其上级——市广播电视局[9]反映和举报，对处理结果不满的，再可求诸省广播电视局乃至国家广电总局。按照我国广播电视管理体制的安排，上级广电行政管理部门对其下级部门的工作，负有监管之权责，如果下级部门的作为违反国家广播电视管理的法律、法规、规章而致侵害用户或观众的权益，监管者应依法对其处以通报批评、警告、责令停止违法活动或限期改正、罚款、责令赔偿等行政处罚。

例如，为了保证广播电视节目信号安全、优质、高效的播出与传输，同时也是为了维护广播电视用户的合法权益，国家广播电影电视总局制定有《广播电视设备器材入网认定管理办法》，对拟进入广播电台、电视台、广播电视传输覆盖网和监测、监控网的有关设备器材实行入网认定准入制度。根据该办法的规定，广播电视传输覆盖网所使用的广播电视信号加解扰、加解密设备器材应当进行入网认定。已获得入网认定证书的产品，如果质量严重下降，用户反映较大，发生严重质量事故或造成严重后果的，由县级以上广播电视行政部门对其生产单位予以警告，可处 1 万元以上 3 万元以下罚款，并由广电总局向社会公告；造成经济损失的，责令其赔偿；构成犯罪的，依法追究刑事责任。擅自使用未获得入网认定证书的设备器材的，由县级以上广播电视行政部门依法查处；对由此造成播出安全事故或经济损失的，应追究有关责任人的责任；对由此导致重大播出安全事故、严重影响广播电视用户权益的，同时追究单位负责人的责任；构成犯罪的，依法追究刑事责任。[10]

但像本案原告所讼争的收费问题，则不属广电行政管理部门的监管对象[11]，而需由价格主管部门、工商局来解决。

二、有线电视的传播服务是有偿的，其收费无论是经营性的还是补偿性的，均属于价格行为的范畴，必须接受各级价格主管部门的管理和监督。我国的价格立法明确要求：政府价格主管部门应当建立对价格违法行为的举报制度。任何单位和个人均有权拒绝缴纳和举报违反法律法规的收费，政府价格主管部门对举报者给予鼓励，并负责为举报者保密。[12]具体到有线电视服务领域，无论是对有线电视网络传输公司等经营者的价格违法行为，还是对广播电视局、物价局等政府部门及其工作人员的价格违法行为，有线电视用户都有权向政府价格主管部门反映和举报，后者则有责任对确实存在的问题采取查办和纠错的行政措施。

例如，2000 年 3 月，云南省物价局先后收到群众来信反映，该省少数地区违反规定，擅自制定有线电视收费项目和收费标准。如，西双版纳州物价局越权批准收取有线电视网络光缆升级改制费，在网用户每户 300 元，新入网用户每户 500 元；有线电视在网户搬迁费每户 200 元；其收视维护费标准超过省物价局规定的每月每户最高 10 元，擅增至每月每户 20 元。其它个别地区也不同程度地存在着类似问题，造成了不良影响。云南省物价局经调查了解后，专门下发了《云南省物价局关于纠正部分地州违反规定制定有线电视收费问题的通知》[13]，对一些地区违反规定擅自制定有线电视收费项目和收费标准的问题作出决定：

1. 西双版纳州物价局必须立即停止执行违反规定制定的上述收费项目和超过最高限价制定的收视维护费标准，并下文予以纠正，对违反规定多收的费用，由执收单位认真造册登记，张榜公布，将多收费用如数退还用户；逾期不退还的，由上级价格主管部门依法收缴财政；退款后，西双版纳州物价局要认真写出书面报告材料并附退款登记册报省物价局。

2. 各地、州、市价格主管部门必须严格执行省物价局的政策规定，严禁违反规定擅自制定有线电视收费项目和收费标准。各地要对照省物价局相关文件规定，认真开展一次自查，对不符合政策规定的，必须立即自行纠正。通过自查，进一步提高贯彻执行国家价格政策的自觉性和依法行政的水平，切实加强对有线电视收费的管理。各地、州、市价格主管部门应将自查报告以书面形式报省物价局，并按规定要求将已制定的现行有线电视收费文件报省物价局备案。对自查不认真，存在问题不作立即纠正以及整改措施不力的地区，将由上级价格主管部门严肃查处。

除价格主管部门外，各级人民政府的其他有关部门，如工商、公安、审计、财务、税务、标准、计量等部门，在各自的职责范围内对价格工作也有一定的管理权限，对价格违法行为中的某一种行政处罚具有决定权或者执行权。其中工商行政管理局对包括收费在内的媒介经营行为的市场监管，尤有责任。前述宁德市工商局和古交市工商局的行政执法，便是例证。值得一提的是，国家工商行政管理的最高职能机关曾以"答复"的形式两次发文[14]，支持和指导其下级机关查办有线电视服务业中的不当经营行为。这两次"答复"均认定：有线电视台是经广播电视行政部门特许设立、通过有线方式向有线电视系统终端户提供有偿电视节目服务的机构，属于《反不正当竞争法》第六条[15]规定的依法具有独占地位的经营者。有线电视台在提供电视节目服务中滥用其独占地位，强制用户购买其指定的商品，损害了消费者的合法权益，扰乱了正常的竞争秩序，构成《反不正当竞争法》第六条以及国家工商行政管理局《关于禁止公用企业限制竞争行为的若干规定》第四条[16]规定的限制竞争行为，应当依照《反不正当竞争法》第二十三条[17]的规定予以处罚。

三、有权受理媒介消费投诉的另一类主体，是各地的消费者协会（有的已改称"消费者权益保护委员会"）[18]，其对媒介经营活动的监督，是社会性质的监督，而非行政或司法权力性质的监督。按照法律的规定，各地消费者协会的职能之一，就是受理消费者的投诉，对投诉事项进行调查、调解，并就有关消费者合法权益的问题，向有关行政部门反映、查询，提出建议。[19]有偿享用媒介服务，是一种广为普及的生活消费，尤其是有线电视的网络传输服务，更是被一些省市的地方立法明示为消费者权益保护的重要内容[20]。在实际生活中，也确实可以看到经由消费者协会实施的针对有线电视服务纠纷的维权活动。

比如，银川市消费者协会经过不懈努力，促使银川广播电视网络有限公司不再收取中断信号期间的收视维护费，便是一个很好的例证。

银川有线电视自 2002 年开始对有线网络实行全面改造升级，到 2004 年底已基本完成，并建立起了用户管理系统，可以根据用户的缴费情况通过网络中心的电脑自动控制其住宅接收终端的电视信号传输。然而，在实现网络全面升级后，有线电视方面还沿用过去的收费规定，在中断用户有线电视信号期间，仍要求用户补交此期间的收视维护费，不少用户对此很有意见。仅 2005 年，银川市工商局 12315 申诉举报中心、银川市消费者协会就接到此类投诉 282 起，成为公用企业消费领域的投诉热点。

银川市消费者协会就消费者反映有线电视在中断信号期间仍然收取收视维护费一事，多次与银川广播电视网络公司进行交涉，但问题一直未得到解决。2006 年 3·15 期间，银川市消费者协会就消费者反映强烈的有线电视收费不合理问题展开调查，并根据《宁夏回族自治区保护消费者合法权益条例》第二十五条的规定[21]正式向银川广播电视网络公司发出查询函，要求提供收费依据，从调查情况看，各类收费依据的规定中并未反映出中断有线电视信号后仍可收费。

经过多次调查协商，银川广播电视网络公司最终认识到存在的问题，并纠正错误，停止了在中断电视信号期间收取收视维护费的行为，维护了有线电视用户的合法权益。[22]

银川市的另一个实例是，该市兴庆北区消费者协会曾妥善处理了多位用户对宁夏广播电视网络有限公司强行预收维护费的投诉。

2007 年初，该市区一些有线电视用户反映，自己的电视在使用机顶盒一段时间后，想办理暂停业务，宁夏广播电视网络有限公司提出须签订《有线数字电视停机协议》，并让用户预交一年的维护费 306 元。接到用户投诉，兴庆北区消费者协会经过认真调查取证，发现不但宁夏广播电视网络有限公司格式合同《有线数字电视停机协议》的内容有问题，且《宁夏有线数字电视服务协议》的第二项第七条也有不妥之处。通过对该公司几位负责人多次询问，召开3次调查调解会，宁夏广播电视网络有限公司终于认同该公司在安装机顶盒时，与用户签订的格式合同《宁夏有线数字电视服务协议》和在用户办理暂停或停机时所签订的格式合同《有线数字电视停机协议》，均违反了《消费者权益保护法》第九条"消费者享有自由选择商品或服务的权利"及第十条"消费者享有公平交易的权利"之规定，存在强制交易的不公平行为。

经过该公司领导层研究后，接受了消协作出的调解处理，并承诺：一、停止执行《宁夏有线数字电视服务协议》中第二项第七条"自甲方为乙方开通有线电视服务后，乙方需连续收看数字电视节目满三年"的条款。二、停止执行《有线数字电视停机协议》所有内容，在办理停机时不再预收有线数字电视收视维护费，不再签订所谓《停机协议》。三、已预交过有线数字电视收视维护费的用户可以根据自己经济情况，到收费大厅办理退款手续。四、以上决定内容在收费大厅或媒体向用户公告。[23]

目前我国各级消费者协会大多挂靠在同级工商行政管理部门，多少具有"半官方"的性质。这种体制的有利特点，是便于获得政府部门的支持[24]，但即便如此，它也不可能具有行政部门的那种自上而下的监管权和处罚权，而主要靠沟通、协商、调解、警示和社会舆论的影响力发挥作用。其社会影响力，有时可以直接作用于被监督、干预的对象，使其主动调整和修正不当行为，有时则通过引起有关主管部门和人大、政协组织的关注和过问间接地起到纠正错误、定纷止争的作用。

四、各级人大是我国的权力机关，根据宪法和《全国人民代表大会和地方各级人民代表大会代表法》的规定，地方各级人民代表大会除了行使制定地方法规（不包括市级以下人大）和任免地方行政、司法领导人等权力外，还具有监督政府和司法部门工作的责任和权力。人大及其常委会监督的目的在于确保宪法和法律得到正确实施，确保行政权和司法权得到正确行使，确保公民、法人和其他组织的合法权益得到尊重和维护。[25]

人大监督，表现为依照一定形式和程序进行的各项监督制度，包括受理申诉、控告、检举的制度，询问和质询制度，特定问题的调查制度等。从工作性质和范围上看，尽管各级人大的主要职能不是介入具体的民事矛盾和纠纷的解决，但在某些特定的情况和条件下，利益受到侵扰的有线电视用户（或有线电视网络经营者），可以向当地人大常委会或人大代表反映，人大的常务工作部门也可以将代表提出的议案、建议、批评和意见等转交承办单位，然后通过督办、检查、质询等监督方式，使有线电视用户

（或有线电视网络经营者）的权益得到维护，尤其是当行政部门执法不严、查办不力的时候，人大的监督往往可以起到其他组织无法替代的矫正、督促作用。

例如，2003 年初，不少群众向湖南省临澧县人大反映有线电视收费不合理、不规范。常委会主任会议针对这一问题，进行了专题审议，提出了规范收费，提高服务质量等审议意见，要求全部清退违规超收的费用。两个月过后，广电部门整改不力，审议意见没有落实。主任会议对此提出了严肃批评，要求继续整改。县人民政府及其广电部门随之进行专题研究，制订整改方案，共清退超收的有线电视费 18 万元，免收已参加网改的 600多户付费电视机顶盒成本费[26]。

又如，2005 年初，四川平昌县县城群众反映广播电视局和广播电视网络公司安装的电视解扰器影响了群众对中央及省、市公共频道的收看，群众反映强烈，联名信件送到人大机关，部分群众多次到人大上访。县人大常委会立即组织相关委室成立调查组进行实地调查，并将调查结果及时通报给广播电视局和广播电视网络公司，但未能引起该部门领导的重视和有效改进。年初人代会上，县人大常委会十二名委员联名提出质询案，对广播电视局局长和网络公司经理进行质询。质询会上，邀请了 15 名群众旁听。质询会议结束后，大会主席团责成县人大常委会对此项工作实施监督，促其尽快改进。县人大常委会向广播电视局和网络公司提出了六条改进意见。县政府高度重视，指派专人落实人大常委会的意见，有关单位立即作出决定，停止对居民解扰器的安装和使用，对已安装的解扰器拆除后收回，电视节目恢复到安装解扰器前的效果。[27]

各级政协是共产党领导的多党合作与政治协商的重要机构，政治协商制度是我国的一项基本政治制度，是我国政治生活中发扬社会主义民主的重要形式。根据《中国人民政治协商会议章程》（2004 年）的规定，我国政协各地方委员会的主要职能包括政治协商、民主监督、参政议政。所谓民主监督，就是对国家宪法、法律和法规的实施，重大方针政策的贯彻执行，国家机关及其工作人员的工作等通过建议和批评进行监督。而参政议政则是对政治、经济、文化和社会生活中的重要问题以及人民群众普遍关心的问题，开展调查研究，反映社情民意，进行协商讨论；通过调研报告、提案、建议案或其他形式，向中国共产党和国家机关提出意见和建议。由此可见，当有线电视服务消费领域的纠纷成为"人民群众普遍关心的问题"的时候，当行政管理部门查办、处理有线电视服务消费领域的重点、难点问题出现违法、渎职行为时，各级政协也可以发挥其民主监督、参政议政的职能，督促问题的解决。例如，2000 年，四川省泸州市广播电视局主办的《泸州广播电视报》向泸州市居民推行"免费赠报"，实际是将订阅费列入有线电视光纤铺设费搭车发行。该市的部分政协委员就曾与人大代表一起，对此分别提出了提案和议案，要求立即停止这种侵害消费者权益、加重群众负担的行为。[28]

总的来说，人大和政协主要是以利益表达与事后监督的方式，介入用户与有线电视网络经营者的具体争议。不言而喻，具有立法权的地方人民代表大会还可以在更高的层次上——即通过制定地方法规或执法检查等方式维护和保障包括有线电视用户在内的广大媒介消费者的正当权益。

五、至于新闻媒体的作用，则是显而易见的。它是促成有线电视服务领域消费纠纷得以妥当解决的一种十分重要的舆论干预手段。我国新闻媒体的国有党管背景及其诉诸社会公意的影响力，往往使一些难以化解的矛盾和纠纷在"曝光"之后得以解决，是谓"不怕通报，就怕见报"。也正因如此，我国立法明确要求："大众传播媒介应当做好维护消费者合法权益的宣传，对损害消费者合法权益的行为进行舆论监督。"[29]顺带一笔，对有线电视"扰民"问题的揭橥，多见诸报纸和杂志等印刷媒体，电子媒体尤其是电视台对此则普遍失语；而揭批报刊摊派的报道，则多是电视台（广播间或与之）所为，此种现象或可名之为"同行护短"。

当然，对本案原告而言，上述种种非讼解纷之道，仅仅是"可能"意义上的选项。实际的情况是，原告径行选择了司法裁判而放弃了其他"可能"的选择。之所以如此，是因为原则上的"可能"不等于特定情境中的"可行"，不同地区、不同时期、不同社会情势中的非讼解纷主体，对待媒介消费投诉的态度和反应是有差异的，并非皆有求必应，有错必究；即便是有意关问者，也往往要到同类问题的投诉达至相当数量后，才会给予重视和回应。这种情况下，司法受讼的规范化与可控性，势必对力讨公道的兴诉者更具吸引力。每位符合起诉条件的公民，都可凭一己之力，触发法院的解纷和维权程序，即便其不能预知可否赢得"实质性正义"的结果，但至少可以通过一种郑重而确有应答（不论胜败与否）的方式，与强势的机构、部门、行规、政策乃至体制和制度相抗衡，即便因此而付出更多的代价与成本。

✎ 胁迫与显失公平

本案一审，原告胜诉。法院依据《合同法》第五十四条[30]、第六十条[31]，《民事诉讼法》第一百二十八条[32]的规定，判决撤销原告与被告签订的"有线电视信号传收可寻址解扰管理合同"，并判令被告为原告提供2004年度正常的有线电视信号，保证节目图像的观赏性。

如此判决，可以理解，但值得商榷。

先谈"可以理解"。如前文所言，原告对被告实施"加解扰"不满，是有道理的。被告的失当之处在于：

一、未能全面履行其合同义务，有悖诚实信用的原则。尤其是要求用户交纳150元的机顶盒押金，等于单方追加了收费，增加了用户的支出；且该项收费主要用于改善被告的管理手段和条件[33]，将其直接"摊派"给用户，于理不公。

二、以居高临下的"行政强势"推行不尽合理的经营举措，有违民事活动的平等原则。例如，广电局在其上诉状中辩称："上诉人以及县政府之所以花费巨资进行加解扰升级改造，是为了有效地防止'法轮功'等不法分子利用有线电视网搞反动宣传活动"，同时还称："因部分群众对收取150元解扰器押金不理解，有意见，我单位也及时予以了纠正并退还了解扰器押金。"前者意在以"政治正确"为己方所为添加正当性的理由；后者虽承认收取押金的行为应予"纠正"，但仍表露了对"部分群众不理解"、不配合的责怨。再如，被告拟制的"有线电视信号传收可寻址解扰管理合同书"规定的乙方（用户）责任，包括："按时交费，积极支持、配合甲方对有线电视设施及终端用户的管理工作，发现破坏广播电视设施或有害信号节目内容，及时报告甲方。"其措词用语，更像是上级布置任务的指令，而非平等主体之间的合意。这就难免使人心有不平：被告是否在利用行政权力维护其经营利益？

本案的一审判决，以司法的方式支持了原告（弱势方）"有道理的不满"，否定了被告（有不良表现的强势方）的自辩。如此结果，合于抑强助弱、扶正匡过的公众期冀，因此是"可以理解"的。

不过，合于情常者，并不必然合于法理。事实上，一审法院的判决，是值得商榷的。

一审法院援引了《合同法》第五十四条，作为其撤销原告与被告所签合同的依据。根据该法条的规定，在三种情况下订立的合同，可以请求法院变更或撤销：一、因重大误解订立的合同；二、显失公平的合同；三、一方以欺诈、胁迫的手段或者乘人之危，使对方在违背真实意思的情况下订立的合同。[34]

本案原告与被告签订的合同，显然不是"因重大误解订立的合同"，也不属于"一方以欺诈、胁迫的手段或者乘人之危订立的合同"，因为被告无欺诈行为，也未以胁迫的手段或乘原告之危与其订立合同。这里有必要对"胁迫"和"乘人之危"略作释解。

一审判词中称："在没有签合同之前，被告已将原告的有线电视进行了加扰，合同书上也写明了当时加扰后无观赏性，解扰后图像无明显损伤，也就是说，不安解扰器，就无法看节目，安装解扰器就得在被告制定的格式合同上签字……。迫使原告只好与被告签订解扰管理合同。所以，双方所签的格式合同不是原告的真实意思表示，原告请求撤销此合同，本院应予支持。"其中"迫使原告只好与被告签订解扰管理合同"的表述，不应被理解为被告对原告有"胁迫"之举。因为民法中的"胁迫"，特指"以给公民及其亲友的生命健康、荣誉、名誉、财产等造成损害或者以给法人的荣誉、名誉、财产等造成损害为要挟，迫使对方作出违背真实的意思表示[35]。"

司法实践中，认定"胁迫"所考察的要件，一般包括：一、存在胁迫的行为；二、相对人产生了恐惧；三、相对人因恐惧作出了不真实的表示；四、行为人具有故意[36]。也就是说，只有在不正当地预告危害，达至令人恐惧的程度，才构成"胁迫"。由于恐惧是一种心理状态，面对同一行为，可能甲产生恐惧，而乙则不惧，所以，确定是否构成胁迫行为，首先应以特定的受迫者是否感到恐惧为标准加以判断，但是需要受迫者举证证明当时实际的恐惧状态，其实不易做到，受迫者往往难以在事后举证证明是否在事发时感到恐惧。如果受迫者不能证明当时的实际心理状态，法院便以一般人面对该危害事实时会否产生恐惧，进行认定。

就本案而言，不能认定被告的行为足以使原告产生恐惧，进而作出了不真实的意思表示。首先，原告本人没有就此举证证明；其次，根据日常经验判断，一般人在被要求签订类似合同时，可能会感到不满、气愤、无奈、有所顾忌，但还不至于心生恐惧，故不能认定被告的行为构成了《合同法》第五十四条所指称的胁迫。

再看"乘人之危"。其在民法文本中的基本含义是："一方当事人乘对方处于危难之机，为牟取不正当利益，迫使对方作出不真实的意思表示，严重损害对方利益的，可以认定为乘人之危。"[37]在乘人之危的情况下，当事人所承受的危难紧迫状态，并非由乘人之危者直接造成，而是因第三人的行为或天灾人祸、意外事故等导致，如果当事人的紧迫压力直接源自乘人之危者，则构成胁迫而非乘人之危。本案中，原告之"危"直接源自被告的"加解扰"，所以，被告的行为不是"乘人之危"而是"强加于人"。如前所析，这种"强加于人"亦不足以构成"胁迫"。

在排除了《合同法》第五十四条中的"重大误解"、"欺诈"、"胁迫"、"乘人之危"之后，最有可能适用于本案的，是其第二款有关"显失公平"的规定，即：在订立合同时显失公平的，当事人一方有权请求人民法院或者仲裁机构变更或者撤销。

根据最高法院的司法解释，"显失公平"是指：一方当事人利用优势或者利用对方没有经验，致使双方的权利与义务明显违反公平、等价有偿的原则[38]。但该解释仍较为抽象，给审判者预留了较多的自由裁量空间。

一般来说，作为一种民事合同行为，显失公平的法律特征是：一、该合同中的权利义务关系明显不符合权利义务对等的原则，对其中一方当事人造成重大不利或损失。二、该重大不利或损失，源自一方当事人利用其优越地位，而使对方当事人难以拒绝对其明显不利的条件；也可能是利用了对方当事人的无经验或轻率。三、不公平所导致的不对等条件为法律所不允；优势方获得的利益超过了法律许可的限度。

在本案中，被告在原告未签合同之前，便对有线电视信号进行了加扰，导致原告不安装解扰器就无法收看电视节目，而要安装解扰器，就须在被告制定的格式合同上签字，否则不给解扰器，用户想看电视节目，就只有与被告签订解扰器管理合同。广播电视局的此种行为，确有利用优势地位迫使用户被动接受之嫌。问题在于，被告要求原告签订的"解扰管理合同"，是否真正造成了原告的重大不利或损失？

原告的第一项诉讼请求，是要被告退还150元的解扰器押金，如果被告拒绝退还，则原告确实会有150元的利益损失，姑且不论150元对原告而言是否构成重大负担，在这种情况下，被告的行为既违反了当初的约定，又使原告增加了不应有的支出，这显然是对原告的不公。

但是，被告在收到法院的应诉通知后，即通知原告到被告处取回押金，原告未予回应，被告又以汇票的方式将押金汇到了原告单位。这就退偿了原告主要的经济损失（诉讼费用除外），撤减了认定被告显失公平的要件。实际上，收取机顶盒押金的要求，并未见诸原告与被告签订的"解扰管理合同"，而是在被告的"有线电视加解扰改造宣传材料"中提出的。

"解扰管理合同"约定的乙方（用户）责任，主要包括：一、主动缴纳开户（初装）费和半年以上的收视费。二、保证做到一台解扰器仅为乙方一户一个电视（终端）的解扰之用，不私自在户内户外采取有线方式偷接、转接、转发有线电视信号给其他用户。三、有线电视网络设施产权属甲方所有，乙方不得损坏有线电视设施。四、乙方交清全部所欠费款后，方可申请办理有线电视解扰器发放领取手续。五、自觉爱护解扰器。擅自拆封或故意损坏，甲方不予维修或更换，由乙方以旧换新重新购置解扰器，费用自理。六、不擅自将解扰器转让他人，需报停、销户、转户时应将解扰器完好地交给甲方，并办理报停、销户、转户手续。七、乙方室内自行安装的有线电视线路出现故障由乙方负责，甲方不负责维修。八、按时交费，积极支持、配合甲方对有线电视设施及终端用户的管理工作，发现破坏广播电视设施或有害信号节目内容，及时报告甲方。其中并没有向用户收取押金的约定。

该合同约定的甲方（县广播电视局）责任，包括"负责对可寻址加解扰系统设备的选购、安装、调试和网络的改造，确保信号优质传输。""负责对用户解扰器的安装指导，从本合同生效之日起，甲方负责对乙方解扰器进行维修或更换（乙方擅自开封或损坏除外）。现有节日套数加扰后图像无观赏性，解扰后图像无明显损伤。"

尽管被告所拟制的"解扰管理合同"有不尽合理之处，如"一台解扰器仅为乙方一户一个电视（终端）的解扰之用"[39]，但这并非本案原告的讼争之所在，本案中，原告的主要利益在于，能够接收到正常的有线电视信号，至于以何种方式（加扰或不加扰）传送信号，则属被告的自主业务选择。虽然被告的加解扰给原告增添了某种不便和义务，但收回机顶盒押金之后，原告正常收看有线电视的利益未受到严重损害。

所以，一审法院适用《合同法》第五十四条的规定，下判撤销原告与被告签订的解扰管理合同，是欠妥当的。

本案二审的调解结果，实际也表明了上级法院对一审判决的否定倾向。当然，亦不能完全排除非法律因素对参诉者和裁判者的影响。

注释：

[1]《合同法》（1999年10月1日起施行）第五十四条 下列合同，当事人一方有权请求人民法院

或者仲裁机构变更或者撤销：

（一）因重大误解订立的；

（二）在订立合同时显失公平的。

一方以欺诈、胁迫的手段或者乘人之危，使对方在违背真实意思的情况下订立的合同，受损害方有权请求人民法院或者仲裁机构变更或者撤销。

〔2〕《合同法》第六十条 当事人应当按照约定全面履行自己的义务。

当事人应当遵循诚实信用原则，根据合同的性质、目的和交易习惯履行通知、协助、保密等义务。

〔3〕《民事诉讼法》（1991 年 4 月 9 日起施行）第一百二十八条 法庭辩论终结，应当依法作出判决。判决前能够调解的，还可以进行调解，调解不成的，应当及时判决。

〔4〕《合同法》第二十五条 承诺生效时合同成立。

阅读提示： 一般来说，合同成立与生效的时间是一致的，但也有的附期限或条件的合同，合同成立后并不立即生效，须待条件成就后才得生效。关于合同成立与生效的联系与区别，可参见唐德华、孙秀君／主编：《合同法及司法解释条文释义（上）》，人民法院出版社 2004 年版，第 146 - 151 页。

〔5〕参见《有线电视网络采用加解扰技术的暂行规定》（广发技字〔1994〕374 号）

〔6〕参见林乃栋：《宁德狠刹公用企业垄断歪风》，2005 年 8 月 18 日《海峡消费报》，A2 版。

〔7〕参见冯铁飞：《山西省古交市 100 元的终端费收得不合法》，2006 年 5 月 22 日《中国消费者报》，第 2 版。阅读提示：截至该报记者发稿时，古交市工商局未接到太原有线古交分公司对于行政处罚决定书的回应。古交市工商局相关负责人向记者表示，如果在发出行政处罚决定书 60 天后，太原有线古交分公司没有做出回应，工商局将依据相关规定采取措施，切实维护消费者的合法权益。至于工商局的处罚最后是否落实，《中国消费者》未作后续报道，也未见其他新闻媒体刊发相关消息。

〔8〕罗盘、史钧：《利民工程变成坑民买卖》，2007 年 1 月 22 日《市场报》，第 6 版；刘益广：《利民变成坑人？南京数字电视事件报道反响强烈》，2007 年 2 月 5 日《市场报》，第 3 版。

〔9〕**阅读提示：** 目前，许多市、县无单独设立的广播电视局，原来行使广播电视行政管理职能的机构与同级的新闻出版管理机构或文化管理机构合并，名之为"新闻出版和广播电视局"、"文化广播影视管理局"、"文化广电新闻出版局"、"文化局"等等。

〔10〕参见《广播电视设备器材入网认定管理办法》（2004 年 8 月 1 日起施行）第一条、第二条、第八条、第二十条、第二十二条的规定。

〔11〕有线电视服务费用项目、标准的许可和监管主体，为价格主管部门而非广电管理部门。但后者在贯彻、执行前者之规定、政策时，在不僭越本职权限的情况下，可就收费问题下发建议性、指导性的意见。例如，国家广播电影电视总局于 2007 年 2 月下发的《全国有线电视数字化进展的情况通报》中提出要求：推进有线电视数字化，要严格按照程序举行听证会。各地调整有线数字电视的基本收视维护费，必须严格遵照国家发改委和总局联合下发的《有线电视基本收视维护费管理暂行办法》的规定，充分听取群众意见，严格按照程序举行价格听证会。要从我国的国情和实际出发，特别是中西部地区城市，必须充分考虑到当地经济社会总体发展水平，充分考虑到社会各阶层的经济承受能力和心理承受能力，充分考虑到少数低

收入家庭的收视权益，对于包括低保户在内的低收入家庭，要给予相应的资费减免优惠政策，不能因为调价过高而影响有线数字电视的平稳推进，更不能因为价格问题而使社会低保人群无法看到数字电视。

〔12〕参见《价格法》（1998 年 5 月 1 日起施行）第三十八条；《行政事业性收费标准管理暂行办法》（2006 年 7 月 1 日起执行）第七条；《价格违法行为举报规定》（2002 年 1 月 1 日起施行）。

〔13〕参见《云南省物价局关于纠正部分地州违反规定制定有线电视收费问题的通知》（2000 年 3 月 9 日云价经发〔2000〕64 号发布）

〔14〕参见《国家工商行政管理局关于有线电视台实施强制交易行为定性处理问题的答复》（1997 年 12 月 30 日工商公字〔1997〕第 320 号）；《国家工商行政管理总局对有线电视台强行向用户收取解扰器押金行为定性处理问题的答复》（2001 年 10 月 12 日，工商公字〔2001〕第 285 号）。

阅读提示：上述两个《答复》是针对下级机关在个案适用具体法律时的问题解答，对其具有参照执行的效力，行政执法者可将《答复》的内容作为证明其行政行为合法性的理由，但不能直接援引《答复》的规定作出行政行为，因为《答复》并非具有普遍效力的行政解释，不具有对外效力，故不能直接援引《答复》作出行政处罚，而只能依据《反不正当竞争法》等法律、法规所规定的处罚种类和幅度进行处罚。

〔15〕《反不正当竞争法》（1993 年 12 月 1 日起施行）第六条 公用企业或者其他依法具有独占地位的经营者，不得限定他人购买其指定的经营者的商品，以排挤其他经营者的公平竞争。

〔16〕《关于禁止公用企业限制竞争行为的若干规定》（1993 年 12 月 24 日起施行）第四条 公用企业在市场交易中，不得实施下列限制竞争的行为：

（一）限定用户、消费者只能购买和使用其附带提供的相关商品，而不得购买和使用其他经营者提供的符合技术标准要求的同类商品；

（二）限定用户、消费者只能购买和使用其指定的经营者生产或者经销的商品，而不得购买和使用其他经营者提供的符合技术标准要求的同类商品；

（三）强制用户、消费者购买其提供的不必要的商品及配件；

（四）强制用户、消费者购买其指定的经营者提供的不必要的商品；

（五）以检验商品质量、性能等为借口，阻碍用户、消费者购买、使用其他经营者提供的符合技术标准要求的其他商品；

（六）对不接受其不合理条件的用户、消费者拒绝、中断或者削减供应相关商品，或者滥收费用；

（七）其他限制竞争的行为。

〔17〕《反不正当竞争法》第二十三条 公用企业或者其他具有独占地位的经营者，限定他人购买其指定的经营者的商品，以排挤其他经营者的公平竞争的，省级或者设区的市的监督检查部门应当责令停止违法行为，可以根据情节处以五万元以上二十万元以下的罚款。被指定的经营者借此销售质次价高商品或者滥收费用的，监督检查部门应当没收违法所得，可以根据情节处以违法所得一倍以上三倍以下的罚款。

〔18〕目前我国的四川、湖北、湖南、福建、广东、云南、重庆、上海等省、直辖市及深圳、珠海、厦门等地已将消费者协会改名为消费者权益保护委员会。

〔19〕参见《消费者权益保护法》（1994年1月1日起施行）第三十二条 消费者协会履行下列职能：

（一）向消费者提供消费信息和咨询服务；

（二）参与有关行政部门对商品和服务的监督、检查；

（三）就有关消费者合法权益的问题，向有关行政部门反映、查询，提出建议；

（四）受理消费者的投诉，并对投诉事项进行调查、调解；

（五）投诉事项涉及商品和服务质量问题的，可以提请鉴定部门鉴定，鉴定部门应当告知鉴定结论；

（六）就损害消费者合法权益的行为，支持受损害的消费者提起诉讼；

（七）对损害消费者合法权益的行为，通过大众传播媒介予以揭露、批评。

各级人民政府对消费者协会履行职能应当予以支持。

〔20〕参见《吉林省实施〈中华人民共和国消费者权益保护法〉办法》（2000年3月31日起施行）第十条："供水、供电、供热、邮政、电信、有线电视、保险等公用企业，应当按照本办法或者有关法律、法规的规定提供服务。"

《云南省消费者权益保护条例》（2003年2月1日起施行）第三十五条："从事供电、供水、供气、有线电视、邮政、电信及网络等公用事业的经营者和其他依法具有独占地位的经营者，应当按照价格行政主管部门核定的收费标准收费，保证商品和服务的质量；不得限定消费者向其指定的经营者购买商品，不得强制收取预付款，不得擅自增加收费项目（包括押金、保证金等）或者提高收费标准。""经营者违反国家和省的规定收取的费用，应当退还消费者，退还金额为收取费用的一倍。"

《广东省实施〈中华人民共和国消费者权益保护法〉办法》（1999年8月30日起施行）第十九条："从事有线电视、邮政、电信业、医疗卫生服务业的经营者，应当按照物价部门核定的标准收费，详列计价单位的明细项目并以清单的形式告知消费者。违反规定所收的费用，应当加倍退还消费者。因经营不善造成消费者损失的，应当赔偿消费者的实际损失。"

《广西壮族自治区消费者权益保护条例》（2007年10月1日起施行）第二十四条："供水、供电、供气、电视、邮政、电信、公共交通运输、互联网等公用服务行业和其他具有独占地位行业的经营者，应当按照国家规定或者与消费者的约定提供商品和服务，并遵守下列规定：（一）不得限定消费者向其指定的经营者购买商品；不得违背消费者意愿搭售商品或者提供有偿服务。（二）不得擅自提高收费标准或者增加收费项目；未提供材料的，不得收取材料费；铺设管道、管线等公用设施的费用由经营者负担，法律、法规另有规定的除外。（三）因消费者要求暂停服务的，不得收取暂停手续费，但占用资源或者需要另外提供服务的除外。（四）收取费用时出具项目收费清单。（五）不得规定最低使用限额。（六）不得因部分用户不按时交纳费用而停止向其他用户提供商品或者服务。（七）对设备进行维护、检修的，不得影响公用服务正常进行；公用服务确实无法正常进行的，至少提前三日告知消费者。（八）因消费者未及时支付费用等原因停止提供商品或者服务的，应当事先告知消费者，并给予消费者必要的准备时间。（九）对消费者有关质量、计量等问题的投诉，应当自接到投诉之日起七日内查明原因，并告知消费者；非因消费者责任造成的计量增加的，不得要求消费者承担由此产生的费用。"

《贵州省消费者权益保护条例》（2007 年 2 月 1 日起施行）第二十六条："从事供电、供水、供气、通信、邮政、有线电视、城市公共客运、殡葬等公用事业和其他依法具有独占地位的经营者，提供的商品和服务应当符合强制性标准。没有强制性标准的，应当符合双方约定。" "经营者应当在经营场所公示依法核定的收费项目和标准，并按照公示的项目和标准收费，不得强制收取预付款，不得擅自增加收费项目或者提高收费标准。经营者提供有偿服务时，应当事先征得消费者同意，不得强制收费。"

〔21〕《宁夏回族自治区保护消费者合法权益条例》（2001 年 1 月 1 日起施行）第二十五条："县级以上人民政府及有关部门应当支持消费者协会和其他消费者组织开展工作。为消费者协会提供必要的经费和工作条件，保障其职责的正常履行。" "对消费者协会提出的查询，有关部门应当在 15 日内作出答复；拒不答复的，消费者协会可向有关部门的本级人民政府或者上级机关报告；也可向社会披露。"

〔22〕参见刘伟：《宁夏银川市督促有线电视网络公司停止不合理收费》，2006 年 6 月 26 日《中国消费者报》；《银川市消费者协会切实履行法定职能，督促公用企业纠正不合理收费行为》，宁夏红盾信息网（http：//www. ngsh. gov. cn/1001/1003/20060809/1003＠1853. html），2006 年 11 月 6 日查阅。

〔23〕参见《兴庆北区消费者协会妥善处理"机顶盒消费纠纷"》，宁夏红盾信息网（http：//www. ngsh. gov. cn/xfwq/Print. asp？ArticleID＝3192），2008 年 2 月 17 日查阅；齐大江：《宁夏广电网络公司停止执行违法协议》，2007 年 4 月 26 日《宁夏日报》。

〔24〕这种体制的不利方面是容易将行政监督和社会监督相混淆，致使消费者协会缺乏其法定社会组织应有的非政府机构之独立性。所以有一些论者认为，消费者协会只有走专业化和职业化的道路，才能真正公允、公正和真正具有公众权威性。例如，上海市消协就已改革为由政府、社会共同参与组建的消费者权益保护委员会，该消费者权益保护委员会从工商部门中彻底分离出来，直接受市政府指导，是一个经由法律及政府授权，享有一定公权力的社会组织。

〔25〕陈家刚：《人大监督的制度与实践——"人大监督权的有效实现"国际学术研讨会综述》，《人大研究》2005 年第 4 期，第 22 页。

〔26〕张方才/著：《临澧县人大常委会工作报告》，临澧网（http：//www. linli. cn/lh/info_Show. asp？ArticleID＝270），2005 年 7 月 12 日查阅。

〔27〕蒲星：《肩负历史重任，强化人大监督》，《民主法制建设》2005 年第 3 期。

〔28〕本报记者：《搭车发行惹出"麻烦"》，2000 年 6 月 16 日《华西都市报》网络版（http：//www. wccdaily. com. cn/0006/16/xbs01. html），2007 年 1 月 18 日查阅；田富友：《泸州广电局为何厚此薄彼》，2000 年 7 月 25 日《华西都市报》网络版（http：//www. wccdaily. com. cn/0007/25/xbs02. html），2008 年 2 月 18 日查阅。

〔29〕见《消费者权益保护法》第六条。

〔30〕同注 1。

〔31〕同注2。

〔32〕同注3。

〔33〕该县广电局编制的《有线电视加解扰改造宣传材料》称，此次有线电视加解扰升级改造的目的有三："一、有效地防治'法轮功'等不法分子利用有线电视网络进行插播，搞反动宣传；二、彻底解决非法用户偷接、私接有线电视信号，确保网络优质高效传输；三、彻底解决收费难的问题，有线电视加解扰后采取计算机收费，手续简便。"

〔34〕值得注意的是，在前两种情况下，当事人双方都享有合同撤销或变更的请求权，而在第三种情况下，只是受损害方享有合同撤销或变更的请求权。

〔35〕见《最高人民法院关于贯彻执行〈中华人民共和国民法通则〉若干问题的意见（试行）》（1988年1月26日最高人民法院审判委员会讨论通过）第69条。

〔36〕唐德华、高圣平/主编：《民法通则及配套规定新释新解（上）》，人民法院出版社2003年版，第903－906页。

〔37〕见《最高人民法院关于贯彻执行〈中华人民共和国民法通则〉若干问题的意见（试行）》第70条。

〔38〕见《最高人民法院关于贯彻执行〈中华人民共和国民法通则〉若干问题的意见（试行）》第72条。

〔39〕对此，国家广播电影电视总局也有所反应，在其2007年初下发的《全国有线电视数字化进展的情况通报》中称："随着有线电视数字化在全国范围的推广，一些服务方面的问题已逐步暴露出来，在个别地区还表现得比较突出，主要包括：一是收费价格调整超出了群众的承受能力，比如对按终端收费有意见；二是保留的模拟节目过少；三是单方面关断模拟信号，不尊重群众的选择权；四是服务不到位，工作方法简单；五是信号质量不稳定，操作复杂，用户感觉使用不方便等。"但广播电影电视总局至今未下发文件禁止或否定各地有线电视数字化转换后的"按终端收费"。

附：

河南省开封县人民法院民事判决书

[2004] 开民初字第 804 号

原告周泽波，男，汉族，1973 年 × 月 × 日出生，大专文化，住开封县城 × × × 街 × 号。

委托代理人陶文森，河南祥符律师事务所律师。

被告开封县广播电视局。

法定代表人张华，开封县广电局局长。

委托代理人朱世杰，开封地依律师事务所律师。

原告周泽波诉开封县广播电视局合同纠纷一案，原告于 2004 年 5 月 31 日向本院起诉。本院当天做出受理决定，依法组成合议庭，于 2004 年 6 月 2 日向被告送达了诉状副本、应诉通知书及开庭传票，2004 年 6 月 21 日原告变更诉讼请求，2004 年 6 月 22 日向被告送达了变更诉讼申请及第二次开庭传票。2004 年 6 月 23 日向原告送达了开庭传票，于 2004 年 7 月 12 日公开开庭进行了审理。原告周泽波及其代理人陶文森，被告代理人朱世杰到庭参加诉讼，现本案已审理终结。

原告诉称，2004 年 5 月 21 日，原告家的有线电视信号突然中断，造成我无法正常收看电视节目。为此，原告同日到开封县电视台了解情况，有线电视台的工作人员称系开封县有线电视台中断输送有线电视信号，要求有线电视用户必须交 150 元押金，领取一台机顶盒即解扰器后方能正常收看有线电视节目。无奈中，我于 2004 年 5 月 23 日即中断信号两天后，被迫向开封县有线电视台交纳了 150 元押金，安装了一台根本不知道是什么的机器后，方才收看到信号质量不怎么样的有线电视节目。开封县广播电视局在没有与用户协商，不举行任何公开听证会，没有征求用户任何意思表示的情况下，单方抛出所谓的有线电视加解扰改造条款后，中断有线电视信号。在领取解扰器时还要求用户在他单方制定的电视解扰格式合同上签名。不交 150 元押金，不在被告制好的合同上签名，就不发给解扰器，也就不能看有线电视，被告这种行为是违反原告意愿的，对所签的格式合同应予以撤销，并要求被告保证有线电视信号的质量。

被告辩称，原告的请求没有法律依据。被告履行的是政府职能和职责，是县政府批准的，是政府做出的决定，原、被告所签合同是双方自愿的，并且被告是职能行为。被告在收到法院的应诉通知后，就通知原告到被告处退押金，而原告未去退押金，被告就以汇票的方式把原告所交的150元押金汇到了原告单位。原告要求的150元押金法院不应再进行审理。原告要求撤销所签合同请求应予驳回。

经审理查明，原告于2003年12月30日向被告交纳了2004年全年的有线电视费。有被告方开据的收费票据为证，被告对此也无异议。而被告于2004年5月21日将原告的有线电视加了干扰，造成原告电视看不到任何节目，原告当天找被告方问情况后，才知是被告方人为的中断信号，原因是要求用户到被告方交押金150元，领解扰器，才能提供有线电视节目。2004年5月23日，原告到被告方领解扰器时，被告又要求在预先制定好的解扰管理合同书上签字。合同书第3条也写明了，现有节目加扰后图像无观赏性，解扰后图像无明显损伤，双方所签的合同没有履行日期。被告接到应诉通知后，已将原告的押金150元退还。

本院认为，从原告提供的原、被告所签的解扰管理合同书中，可以证明，在没有签合同之前，被告已将原告的有线电视进行了加扰，合同书上也写明了当时加扰后无观赏性，解扰后图像无明显损伤，也就是说，不安解扰器，就无法看节目，安装解扰器就得在被告制定的格式合同上签字，不签字就不给解扰器，就无法看电视，迫使原告只好与被告签解扰管理合同。所以，双方所签的格式合同不是原告的真实意思表示。原告请求撤销此合同，本院应予支持。对于合同撤销后所引起的法律后果，双方当事人均未涉及，可另案处理。因原告于2003年12月30日已交付了2004年的收视费，原、被告双方已形成了服务合同关系，被告就应该尽服务义务，就应该保证原告的有线电视节目的收视质量，不应无故中断信号。对原告要求被告应保证有线电视信号的节目质量问题，本院应予支持，依据《中华人民共和国合同法》第五十四条、第六十条，《中华人民共和国民事诉讼法》第一百二十八条之规定，判决如下：

1. 撤销周泽波与开封县广播电视局签的"开封县城有线电视信号传收可寻址解扰管理合同"。

2. 开封县广播电视局为周泽波提供2004年度正常的有线电视信号，保证节目图像的观赏性。本案收取诉讼50元，由被告开封县广播电视局承担（原告周泽波已垫付，待判决生效后一并执行）。

如不服本判决，可在收到判决书之日起15日内向本院递交上诉状，并按对方当事人的人数提出副本，上诉于开封市中级人民法院。

审判人员署名（略）

二〇〇四年七月十九日

河南省开封市中级人民法院民事调解书

［2004］汴民终字第 767 号

上诉人（原审被告）开封县广播电视局。

法定代表人张华，局长。

委托代理人尹四海，开封县广播电视局副局长。

委托代理人朱世杰，河南地依律师事务所律师。

被上诉人（原审原告）周泽波，男，汉族，1973 年×月×日生，开封县公安局民警，住开封县城×××街×号，身份证号×××。

开封县广播电视局因与周泽波有线电视服务合同纠纷一案，不服开封县人民法院［2004］开民初字第 804 号民事判决，向本院提起上诉。本院于 2004 年 8 月 26 日受理后依法组成合议庭，对本案进行了书面审理。在审理过程中，经本院主持调解，双方当事人自愿达成如下协议：

一、周泽波放弃［2004］开民初字第 804 号民事判决主文中涉及的诉讼请求；

二、领取调解书时开封县广播电视局补偿周泽波诉讼实支费用 200 元；

三、一审案件受理费 50 元由周泽波负担，二审案件受理费 50 元由开封县广播电视局负担；

四、双方别无任何纠纷。

上述协议，符合有关法律规定，本院予以确认。

本调解书自双方当事人签收后即具有法律效力。

审判人员署名（略）

二〇〇四年十一月二十五日

注：以上裁判文书仅供参考，如需引用请以原件为准。

杨仕虞诉新晃侗族自治县广播电视局

1. 案情记述
2. 原告虽然胜诉，但其欠费后"私接有线电视线路"的行为亦属不当
3. 广电局行政强制措施的"于法无凭"与"证据不足"

　　本案的纠纷，始为有线电视站与其用户之间的民事争端，县广电局介入后，逾权执法，遂致行政之讼。

　　广电局的行政执法必须要有法定的依据，遵循法定的程序，不能行使法律、法规没有赋予它的职权，也不应对其法定职权范围之外的人和事滥施权力，否则便违反了依法行政的基本原则，失却了行政行为的合法性。

导读：县广播电视局逾权介入有线电视用户的欠费纠纷，其行政强制措施被判违法。

纠纷：有线电视用户杨某因电视信号质量不好，拒交收视维护费，有线电视站随后拆掉了杨家的有线电视线路，杨某又将线路重新接上。当地广播电视局认定，杨某的行为属于违法私自截传有线电视讯号，遂扣押其电视机一台。为了取回电视机，杨某不得已向县广电局交纳了400元的费用（包括欠交的收视费和自接有线电视信号损失赔偿费）。杨某认为，县广电局损害了自己的合法权益，向法院提起行政诉讼，请求判令县广电局返还现金400元，并判定其具体行政行为违法。

审级：一审

裁判：湖南省新晃侗族自治县人民法院行政判决书［2000］晃行初字第04号

原告：杨仕虞

被告：新晃侗族自治县广播电视局

　　湖南省新晃侗族自治县洞坪信用社的职工杨仕虞，因有线电视信号质量不好，与洞坪有线电视站（简称有线电视站）发生纠纷，洞坪乡政府有关领导曾召集双方调解未果，杨仕虞遂拒交有线电视收视维护费。1998年7月，洞坪有线电视站拆掉了杨仕虞住所处的有线电视线路，杨仕虞对此十分不满，自己又将被拆掉的线路重新接上。

　　2000年3月7日，洞坪有线电视站向新晃县广播电视局（以下简称县广电局）递交了《关于杨仕虞偷窃有线电视信号处理的申请报告》，3天之后，县广电局的工作人员到杨仕虞家中进行调查，认定其自接有线电视的行为违法，并将其家中的一台三洋牌21英寸彩色电视机扣押至洞坪有线电视站。当天，县广电局在有线电视站内对杨仕虞与有线电视站的纠纷进行处理，准备按照《广播电视管理条例》第五十一条[1]第七项的规定对杨仕虞进行处罚，杨称自己家庭经济有困难，不愿被罚，但同意支付适当的赔偿。在杨仕虞交给有线电视站400元现金后，后者将其扣押的彩色电视机退还，并给杨仕虞开出两张收据：一张是"自接有线电视处理损失费"300元，收款单位是新晃侗族自治县广播电视局；另一张是"1998－1999年有线电视收视费"100元，收款单位是洞坪有线电视站。

杨仕虞事后不服县广电局的查处，于2000年3月23日向新晃侗族自治县人民法院提起行政诉讼，请求判令被告返还扣押的财物并认定被告的具体行政行为违法。

法院审理认为，原告杨仕虞所在单位于1994年向有线电视站交纳了有线电视安装费，安装了有线电视设施。自此，洞坪信用社与有线电视站形成了合同关系，作为洞坪信用社职工的杨仕虞也就成了有线电视站的终端用户，与之建立了平等主体之间的民事法律关系。有线电视站与杨仕虞发生纠纷，应通过协商或民事诉讼途径解决。在涉案纠纷期间，有线电视站擅自将杨仕虞的有线电视线拆掉，违反了《合同法》的有关规定，侵害了杨仕虞的合法权益，是一种违约行为。被告县广电局在处理纠纷的过程中，不是居中调解，而是以行政执法主体的名义对纠纷进行查处，先强行扣押杨仕虞的电视机，再对此纠纷进行处理，这就将原告置于了不平等的法律地位。被告虽然未对原告作出行政处罚，但收取原告400元现金，仍然属于县广电局实施的一种具体行政行为。《广播电视管理条例》第五十一条第七项所指的擅自截传广播电视信号的行为，是指未办理合法手续而私自截传广播电视信号的行为。对照本案，原告之所以可以使用电视信号，是因为原告已与洞坪有线电视站形成了有偿使用、优质服务的平等法律关系，并于1994年以来从未终止这种平等的合同关系，这种在法定基础上双方约定而形成的法律关系不存在《广播电视管理条例》中规定的"未经批准"的行为，就是洞坪站的"申请报告"也未涉及"未经批准"的事项，被告的收据也未明示类似"未经批准擅自……"的说明。因此，原告不是《广播电视管理条例》第五十一条第七项处理的对象。原告有权要求洞坪站提供优质服务，同时负有偿使用义务；洞坪站有权要求原告有偿使用，同时负有优质服务的义务。对双方发生的有偿使用与优质服务的纠纷，被告可以居间调解而不得以行政手段处理。原告与洞坪站的纠纷是平等的民事法律关系，这一纠纷与被告没有隶属的行政法律关系，所以被告的被诉具体行政行为于法无据。庭审中，被告县广电局未能提供其认定原告自接被有线电视站拆掉的有线电视线是违法行为的规范性文件，也未能提供其有权扣押原告电视机的规范性文件，原告指控被告扣押其电视机的具体行政行为违法，法院予以支持；因被告已将暂扣的电视机退还给原告，故原告要求判令被告返还扣押的电视机，法院不予支持。被告虽向法庭提供了因原告自接有线电视线而导致放大器等损坏的"材料明细表"，但未能提供有关专家或鉴定部门对这些材料的损坏原因、损坏程度的鉴定结论，因此，法庭对有线电视站的损失情况无法认定，被告向原告收取的"自接有线电视处理损失费"证据不足；有线电视站于1998年7月拆掉了原告的有线电视线，即自行取消了向原告提供输送有线电视信号的服务，被告仍代替洞坪有线电视站向原告收取"1998－1999年的有线电视收视费"没有约定依据或法律依据。

法院依据《行政诉讼法》第五十四条[2]第二款第一项和最高人民法院《关于贯彻执行〈中华人民共和国行政诉讼法〉若干问题解释》第五十七条[3]第二款第二项的规定，判决被告县广电局实施的扣押原告电视机的具体行政行为违法，并要求县广电局将其向原告收取的"有线电视收视费"、"自接有线电视处理损失费"合计400元返还原告。

释解与评点

本案的纠纷，始为有线电视站与其用户之间的民事争端，县广电局介入后，逾权执法，用户不服，遂起行政之讼。

✐ 原告虽然胜诉，但其欠费后"私接有线电视线路"的行为亦属不当

平心而论，以民事规范作是非的衡量，原告杨仕虞的涉案行为，是欠妥的。

原告与有线电视站是平等的民事主体，两者之间为服务合同关系，前者有权要求有线电视站提供合格的电视信号传输服务，同时承担付费的义务，后者则有权要求原告按时付费，同时负有提供合格电视信号的义务。原告家中的电视信号质量下降，有线电视站几次派人上门检修，均未解决问题，原告遂拒交收视费（更完整地表述应为"收视维护费"）。法院判决书称："在纠纷期间，洞坪有线电视站擅自将原告杨仕虞的有线电视线拆掉，侵害了原告杨仕虞的合法权益，违反了《合同法》的有关规定，是一种违约行为。"这一认定是不合法理的。根据《合同法》第九十四条[4]的规定：当事人一方以自己的行为表明不履行主要债务的，另一方应当有权解除合同以确保自己合法权益的实现。原告拒绝向有线电视站交纳本年度的收视费，亦即以该行为表明了自己不履行主要债务的故意，有线电视站也就有权解除与原告的收视服务合同，不应将有线电视站行使合同单方解除权的行为，认定为"擅自拆线"的违约行为。

当然，原告可提出"电视信号质量下降"作为其拒绝交费的自辩理由，根据《合同法》第九十四条[5]的规定：当事人一方迟延履行债务或者

有其他违约行为致使不能实现合同目的，另一方可以解除合同。如果原告与有线电视站在当初订立收视服务合同时，对电视信号的传输质量及其违约责任有所约定和承诺，则原告就有权要求有线电视站承担违约责任或行使其法定解除权，直接解除合同。但实际情况是，双方并未就上述问题有所约定，而且，从原告线路被拆之后的"自接"行为判断，原告接收的有线电视信号尚未"糟糕"到完全无法收看。退而言之，即便有线电视站的传输信号不能使原告实现合同目的，原告还可以在单方解除合同和要求对方继续履行之间作出选择。原告的拒绝缴费，实际上就是以其行为作出了单方解除原有收视合同的意思表示。

所以，不论从哪个角度分析，原告的有线电视信号传输因未交费而被有线电视站终止之后，双方的收视服务合同关系即告解除[6]。在这种情况下，原告私自重接线路收取电视信号的行为，实有悖于公平和等价有偿的民事活动原则。虽然本案被告广电局无权责令原告补交"1998–1999 年的收视费"，但有线电视站自己是可以起诉原告的，只要能够提供原告"私接线路"的证据，有线电视站即可通过民事诉讼的方式要求其承担停止侵害和赔偿损失的民事责任。至于这种"小额索赔"的诉讼成本和效益如何，对有线电视站来说是否值得，则另当别论。本案为行政诉讼，审理者自然不必也不应过分执著于案情中的民事是非，但其判词中既然指认了有线电视站的"违约行为"，就应同时点明原告"擅自重接"的行为之不当，以公正持论，周全评断。

✐ 县广电局行政强制措施的"于法无凭"与"证据不足"

本案被告县广电局的败诉，直接的原因，一是"于法无据"，二是"证据不足"，其内隐的误区，在于管办不分，越权执法，不当地介入了民事纷争。

县广电局的行政权是一种由国家强制力保证其行使的支配能力，它的行使直接关系到公民、法人或者其他组织的合法权益和义务，如应用不当，将会造成各种不良的乃至破坏性的后果。所以，县广电局的行政执法必须要有法定的依据，遵循法定的程序，不能行使法律、法规没有赋予它的职权，也不应对其法定职权范围之外的人和事滥施权力，否则便违反了依法行政的基本原则，失却了行政行为的合法性。

本案中，县广电局以违反《广播电视管理条例》规定，擅自截传有线电视信号、损坏有线电视设施为由，对原告实施了扣押电视机、收取损失赔偿费和收视费等具体行政行为。但原告是交纳了初装费的合法用户，具有接入有线电视传输网的法定资格，其私自重新接通电视信号的行为，实质上属于"欠费收视"的民事侵权（或违约[7]）行为，而非《广播电视管理条例》所指的"擅自截传广播电视信号"的行政违法行为，不能适用《广播电视管理条例》的规定对其实施行政查处。

在我国，行政机关下属的事业单位向公民提供了有偿服务，而公民拒交服务费时，只有少数的行政机关享有直接向欠费公民征收罚款的权力。例如，《城市生活垃圾管理办法》（2007 年 7 月 1 日起施行）规定："单位和个人未按规定缴纳城市生活垃圾处理费的，由直辖市、市、县人民政府建设（环境卫生）主管部门责令限期改正，逾期不改正的，对单位可处以应交城市生活垃圾处理费三倍以下且不超过 3 万元的罚款，对个人可处以应交城市生活垃圾处理费三倍以下且不超过 1000 元的罚款。"[8] 但对有线电视用户的欠费问题，不论是行政法规还是部门规章，均未授予广播电视行政管理部门相应的处罚权。在处理此类问题时，各地的作法不尽一致。"有些地方认为广电局属于法律、法规授权的组织，享有行政职能，广电局可直接作出征收决定，有线电视用户逾期不起诉、不申请复议的，广电局可申请人民法院强制执行；而另外一些地方则认为，有线电视用户拒交有线电视收视费的，广电局只能向人民法院提起诉讼，其理由是，广电局虽经法规授权取得了行政执法主体资格，但其只能在法规授权的职责范围内行使其有限的行政权，对于法规没有明确授权的则不能行使，用户安装有线电视后，与广电局形成了一种合同关系，用户拒交收视费的，属合同违约行为，应按民事诉讼程序进行处理。"[9] 显然，后一种认识才符合依法行政的基本要求。

正如水、电、燃气等公用企事业的行政监管部门，无权扣押欠费用户家中的洗衣机、电冰箱和燃气灶一样，县广电局也无权扣押本案原告家中的电视机，它介入原告与有线电视站纠纷的唯一合法方式，就是在两者自愿的条件下居中调解。除此之外，对原告"重接"、"白看"问题的解决，只能由有线电视站通过与原告的协商、民事诉讼或向法院申请支付令等方式来解决。

当然，在那些安装了可寻址收费系统或开通了数字电视的地区，可以在中心机房关闭欠费户的电视信号而无需上门"掐线"，从而能够更有效、及时地制止"欠费收视"，明显地减少相关的矛盾与纠纷。前些年国内一些地区对有线电视传输线路进行加解扰可寻址管理系统改造，实行用户管理微机化，其目的之一，就是消除过去上门收费时收费人员与用户之间的矛盾，解决有线电视"收费难"和"用户管理难"的问题。

本案被告县广电局的另一项执法不当，是以原告"自接有线电视线导致放大器损坏"为由，向其收取了 300 元的"自接有线电视处理损失费"。根据《行政诉讼法》第三十二条的规定："被告对作出的具体行政行为负有举证责任，应当提供作出该具体行政行为的证据和所依据的规范性文件。"为证明该项收费的合理性，县广电局向法庭提供了因原告自接有线电视线而受损的放大器"材料明细表"。该"材料明细表"属于行政诉讼证据种类中的"当事人陈述"[10]，它既是当事人向法庭展示案件事实性的一种方法，也是法官借以确定案件真实情况，获得裁判依据的手段。由于当事人与案件的审判结果有直接的利害关系，为了获得胜诉，可能只作向己方利益引导的事实陈述。"对有利于自己的事实情况就说得多，并往往加以夸大，对不利于自己的事实在陈述中就加以掩盖、缩小，甚至有的还有可能故意弄虚作假，歪曲事实，虚构情节"[11]，所以，在行政诉讼中，当事人所作的有利于己的陈述，如果未得到其他证据证实，除对方当事人认可外，均无证据效力，法院不能将其作为认定案件事实的根据[12]。本案中，县广电局虽然向法庭提供了放大器损坏的"材料明细表"，但未提出其他相关证据——即必要的鉴定结论——来支持自己的主张，所以理当由其承担举证不足的不利后果。

注释：

[1]《广播电视管理条例》（1997 年 9 月 1 日起施行）第五十一条 违反本条例规定，有下列行为之一的，由县级以上人民政府广播电视行政部门责令停止违法活动，给予警告，没收违法所得和从事违法活动的专用工具、设备，可以并处 2 万元以下的罚款；情节严重的，由原批准机关吊销许可证：

（一）出租、转让频率、频段，擅自变更广播电视发射台、转播台技术参数的；

（二）广播电视发射台、转播台擅自播放自办节目、插播广告的；

（三）未经批准，擅自利用卫星方式传输广播电视节目的；

（四）未经批准，擅自以卫星等传输方式进口、转播境外广播电视节目的；

（五）未经批准，擅自利用有线广播电视传输覆盖网播放节目的；

（六）未经批准，擅自进行广播电视传输覆盖网的工程选址、设计、施工、安装的；

（七）侵占、干扰广播电视专用频率，擅自截传、干扰、解扰广播电视信号的。

[2]《行政诉讼法》（1990 年 10 月 1 日起施行）第五十四条 人民法院经过审理，根据不同情况，分别作出以下判决：

（一）具体行政行为证据确凿，适用法律、法规正确，符合法定程序的，判决维持。

（二）具体行政行为有下列情形之一的，判决撤销或者部分撤销，并可以判决被告重新作出具体行政行为：

    1. 主要证据不足的；

    2. 适用法律、法规错误的；

    3. 违反法定程序的；

    4. 超越职权的；

5. 滥用职权的。

（三）被告不履行或者拖延履行法定职责的，判决其在一定期限内履行。

（四）行政处罚显失公正的，可以判决变更。

〔3〕《最高人民法院关于执行〈中华人民共和国行政诉讼法〉若干问题的解释》（2000 年 3 月 10 日起施行）第五十七条 人民法院认为被诉具体行政行为合法，但不适宜判决维持或者驳回诉讼请求的，可以作出确认其合法或者有效的判决。

有下列情形之一的，人民法院应当作出确认被诉具体行政行为违法或者无效的判决：

（一）被告不履行法定职责，但判决责令其履行法定职责已无实际意义的；

（二）被诉具体行政行为违法，但不具有可撤销内容的；

（三）被诉具体行政行为依法不成立或者无效的。

〔4〕《合同法》（1999 年 10 月 1 日起施行）第九十四条 有下列情形之一的，当事人可以解除合同：

（一）因不可抗力致使不能实现合同目的；

（二）在履行期限届满之前，当事人一方明确表示或者以自己的行为表明不履行主要债务；

（三）当事人一方迟延履行主要债务，经催告后在合理期限内仍未履行；

（四）当事人一方迟延履行债务或者有其他违约行为致使不能实现合同目的；

（五）法律规定的其他情形。

〔5〕同注 4。

〔6〕**阅读提示**：有必要强调的是，被解除的只是原告与有线电视站之间的年度收视服务合同关系，而非原告因交纳初装费而获得的合法用户资格。

〔7〕如果将原告单位当初向有线电视站交纳初装费的行为视为要约，则有线电视站收受了前者的初装费之后，双方即建立了一种合同关系。在这一合同关系中，实际隐含着双方以下的承诺：作为有线电视站的合法用户，只要按时交纳收视费，有线电视站就应向其提供合格的电视信号传输服务，否则便不能享受相应的服务，也就是说，按时交费是原告获取有线电视信号所应履行的义务。就此而言，原告重新接通有线电视站传输的信号，收看电视节目而不付费用，也可视为一种违约行为。

〔8〕《城市生活垃圾管理办法》（2007 年 7 月 1 日起施行）第三十八条。

〔9〕梁小高/著：《行政诉讼与民事诉讼交叉问题研究》，焦作市广播电视大学开放教育试点法学专业本科毕业论文，2005 年 5 月完成，第 2 - 3 页。

〔10〕《行政诉讼法》第三十一条 证据有以下几种：

（一）书证；

（二）物证；

（三）视听资料；

（四）证人证言；

（五）当事人的陈述；

（六）鉴定结论；

（七）勘验笔录、现场笔录。

以上证据经法庭审查属实，才能作为定案的根据。

〔11〕马原/主编：《行政诉讼法条文精释》，人民法院出版社 2003 年版，第 196 页。

〔12〕**阅读提示**：需补充说明的是，在行政诉讼中，当事人如以承认对方当事人所主张的事实的方式作出了不利于自己的陈述，则该陈述一般具有免除对方当事人证明的效力。

附：

湖南省新晃侗族自治县人民法院行政判决书

[2000] 晃行初字第 04 号

原告杨仕虞，男，侗族，63 岁，洞坪信用社退休职工，住洞坪信用社宿舍。

委托代理人彭建军，男，32 岁，新晃侗族自治县交通局干部。

被告新晃侗族自治县广播电视局。

被告法定代表人杨祖荣，职务：局长。

委托代理人徐明清，男，40 岁，新晃侗族自治县广播局干部。

原告杨仕虞不服被告新晃侗族自治县广播电视局强制措施一案，本院受理后，依法组成合议庭公开开庭进行了审理。原告杨仕虞及其诉讼代理人彭建军，被告委托代理人徐明清到庭参加诉讼，被告法定代表人杨祖荣因出差在外未到庭诉讼。本案现已审理终结。

新晃侗族自治县广播电视局认为杨仕虞有私自截传有线电视讯号的违法行为，于 2000 年 3 月 10 日扣押杨仕虞三洋牌 21 英寸彩色电视机一台。在原告向被告交了人民币 400 元后，被告给原告开据了两张收据：一是"1998 – 1999 年收视费一百元"的发票；二是"自接有线电视信号处理损失费三百元"的收据。被告将扣押的电视机退给了原告。

原告诉称，原告是洞坪有线电视站的合法用户，因电视信号质量不好，原告与洞坪有线电视站发生纠纷，一直未得到解决。2000 年 3 月 10 日，被告派人到原告家中对此纠纷作调查，未出示有关证件，也没有证据，就说原告偷窃有线电视信号，将原告的三洋牌 21 英寸彩色电视机一台非法扣押至洞坪有线电视站，原告被迫向被告交了现金 400 元。第二天，被告给原告开了一张"有线电视收视费一百元"的发票和一张"自接有线电视处理损失费三百元"的收据。被告违法行政，损害了原告的合法权益，特向人民法院提起行政诉讼，请求判令被告返还扣押的财物和认定被告的具体行政行为违法。

被告辩称，我局于 2000 年 3 月 7 日接到洞坪有线电视站送来的"关于杨仕虞偷窃有线电视信号处理的申请报告"后，3 月 10 日，我局派出稽查职员徐××等四人来到原告家中进行调查取证，同时邀请洞坪有线电视管理站的工作人员吴××、杨××在场。稽查队员向原告出示行政执法证件后，才开始调查取证和进行现场勘验，认定原告有擅自截传、干扰有线电视信号、损坏有线电视设施的行为，为停止原告的违法行为，暂扣原告三洋牌21寸彩色电视机一台。当天，召集双方到洞坪有线电视站内对此纠纷进行处理。我们原准备按《广播电视管理条例》第五十一条第七项的规定对原告进行处罚。但原告说自己家庭经济有困难，可适当给予赔偿。我们根据原告的经济实际和从以教育为目的观点出发，只收取原告400元现金，其中100元作为往年所欠的收视费并开了发票，300元作为损失赔偿费也开了收据，即把暂扣的三洋牌21英寸彩色电视机退给原告，并派人帮原告搬回去，我们对此案的处理程序合法，实体处理正确，适用法律得当，请求法庭根据我们提供的证据材料作出公正判决，且诉讼费由原告自己承担。

经审理查明：1994年4月原告杨仕虞所在单位洞坪信用社向洞坪有线电视站交纳有线电视初装费1000千元后，洞坪有线电视站为洞坪信用社职工安装有线电视收视装置，杨仕虞成为其用户之一。1997年以来，原告杨仕虞因有线电视信号质量不好，与洞坪有线电视站发生纠纷，洞坪乡政府有关领导曾召集双方调解未果，杨仕虞遂拒交有线电视收视费。洞坪有线电视站于1998年7月拆掉原告杨仕虞的有线电视线路，原告杨仕虞自己将拆掉的线重新接上。洞坪有线电视站于2000年3月7日向被告新晃县广播电视局递交《关于杨仕虞偷窃有线电视信号处理的申请报告》，2000年3月10日，被告新晃侗族自治县广播电视局的工作人员到原告家中进行调查，认定原告有自接有线电视的违法行为，遂将原告的一台三洋牌21英寸彩色电视机扣押至洞坪有线电视站，并告知杨仕虞将对其进行行政处罚。当天，召集双方在洞坪有线电视站内对纠纷进行处理，在原告杨仕虞向被告交了400元现金后，被告将扣押的三洋牌21英寸彩色电视机一台退还给原告，并交给原告两张收据：其一是"自接有线电视处理损失费三百元"，收款单位是新晃侗族自治县广播电视局；其二是"1998-1999年有线电视收视费一百元"，收款单位是洞坪有线电视站。原告杨仕虞认为被告的行为违法，遂于2000年3月23日向本院提起行政诉讼，要求退还现金400元，认定被告行为违法。

上述事实有庭审笔录和经过双方当庭举证、质证、法庭认证的证据：有线电视安装费收据复印件、洞坪有线电视站递交的报告、询问笔录、自接有线电视处理损失费收据、暂扣单、1998-1999年收视费发票、杨××

的证词在卷佐证，足以认定。

本院认为，原告杨仕虞所在单位在1994年向洞坪有线电视站交纳有线电视安装费，并安装了有线电视设施后，就与洞坪有线电视站形成了合同关系，作为洞坪信用社职工的原告杨仕虞就成为洞坪有线电视站的终端用户，即原告杨仕虞与洞坪有线电视站之间的关系是平等主体之间的民事法律关系，双方发生纠纷应通过协商或民事诉讼途径解决。在纠纷期间，洞坪有线电视站擅自将原告杨仕虞的有线电视线拆掉，侵害了原告杨仕虞的合法权益，违反了《合同法》的有关规定，是一种违约行为。被告新晃侗族自治县广播电视局在处理此纠纷的过程中，不是居中调解，而是以行政执法主体的名义对此纠纷进行处理，先强行扣押原告杨仕虞的三洋牌彩色电视一台，再对此纠纷进行处理，这就将原告置于不平等的法律地位中。虽未对原告作出行政处罚，但收取原告400现金，这仍属被告新晃侗族自治县广播电视局实施的具体行政行为。《广播电视管理条例》第五十一条第七项所指的擅自截传广播电视信号的行为，是指未办理合法手续而私自截传广播电视信号的行为。对照本案，原告之所以可以使用电视信号，是因为原告已与洞坪有线电视站形成了有偿使用、优质服务的平等的法律关系，并于1994年以来从未终止这种平等的合同关系，这种在法定基础上与双方约定的法律关系不存在《条例》中规定的"未经批准"的行为，就是洞坪站的"申请报告"也未涉及"未经批准"的事项，被告的收据也未明示"未经批准擅自"的语句。因此，原告不是条例第五十一条第七项处理的对象。原告有权要求洞坪站提供优质服务，同时负有偿使用义务，洞坪站有权要求原告使用有偿，同时负有优质服务的义务。对双方发生的有偿使用与优质服务的纠纷，被告可以居间调解而不得以行政手段处理。原告与洞坪站的纠纷是平等的民事法律关系，这一纠纷与被告没有隶属的行政法律关系，所以被告处理的具体行政行为于法无据。在庭审中，被告新晃侗族自治县广播局未能向法庭提供其认定原告杨仕虞自接被洞坪有线电视站拆掉的有线电视线是违法行为的规范性文件，本院不予确认；被告也未能向法庭提供其有权扣押原告扬仕虞电视机的规范性文件，原告指控被告扣押其三洋牌21英寸彩色电视机1台的具体行政行为违法，本院予以支持。但被告已将暂扣的电视机退还给原告，原告要求判令被告返还扣押的电视机，本院不予支持；被告虽然向法庭提供了认为是原告自接有线电视线损坏的放大器等"材料明细表"，但未能向法庭提供有关专家或鉴定部门对这些受损坏材料的损坏原因、损坏程度的鉴定结论，对损失的情况法

庭无法认定，被告收取的"自接有线电视处理损失费"的证据不足；原告
与洞坪有线电视站发生纠纷后，洞坪有线电视站于 1998 年 7 月拆掉了原告
的有线电视线，即自行取消了向原告提供输送有线电视信号的服务，被告
仍代替洞坪有线电视站向原告收取"1998 - 1999 年的有线电视收视费"没
有约定依据或法律依据。据此，依据《中华人民共和国行政诉讼法》第五
十四条第二款第一项和最高人民法院《关于贯彻执行〈中华人民共和国行
政诉讼法〉若干问题的解释》第五十七条第二款第二项之规定，判决
如下：

一、被告新晃侗族自治县广播电视局实施的扣押原告三洋牌彩色电视
机一台的具体行政行为违法。

二、被告新晃侗族自治县广播电视局在本判决生效之日起 10 日内，将
收取原告杨仕虞的人民币 400 元返还给原告。

三、诉讼费 70 元，由被告负担。

如不服本判决，可于判决书送达之日起 15 日内，向本院递交上诉状，
并按对方当事人人数提出副本，上诉于湖南省怀化市中级人民法院，或直
接上诉于湖南省怀化市中级人民法院。

审判人员署名（略）
二〇〇〇年五月十八日

注：以上裁判文书仅供参考，引用请以原件为准。

廖良兴诉
南平市延平区广播电视事业局

本案之讼，触及当代中国表达自由的一个边界，即公民利用电视媒体言之于众的法定限制。

在新的传播条件下，面对新的表达诉求，政府部门如何体现其传播法制及其行政执法理念的与时俱进，保证行政立法权与执法权的正确行使，切实保障而不是越权限制宪法确认的公民权利，值得各方高度关注与不懈地监督。

导读： 自制、播放竞选演说录像与公民利用电视媒体言之于众的法定限制。《广播电视管理条例》第四十八条的有关表述，与我国公民权利立法的上位规定有所抵牾，以其作为处罚公民"擅自制播讲演录像"的依据，值得商榷。

纠纷： 村委会主任廖某为参加新一届村委班子竞选，录制了一盘"竞选演说录像"并将其在本村闭路电视室向全村播放，当地的区广播电视局以廖某擅自制作电视节目为由，将其录像带没收并处罚款。廖某不服，诉至法院。

审级： 二审

裁判： 福建省南平市延平区人民法院行政判决书［2001］延行初字第 3 号
福建省南平市中级人民法院行政判决书［2001］南行终字第 29 号
福建省南平市中级人民法院驳回申诉通知书［2002］南行监字第 24 号

原告： 廖良兴

被告： 南平市延平区广播电视事业局

2000 年 10 月 26 日上午，福建省南平市延平区樟湖镇溪口村的村主任廖良兴为参加新一届村委班子竞选，前往当地照相馆拍摄了一段"竞选演说录像"。录像中，廖良兴坐在一张桌子后面，用溪口当地话不停地讲了 45 分钟，内容包括其工作总结、对村中一些"不利"传言的澄清以及拟在竞选胜出后为村民办事的若干打算。当晚 6 时多，廖良兴让本村有线电视站的管理员在闭路电视室播放了自制的录像，部分村民看到了该节目。

有人立即将此事反映至樟湖镇有关领导，镇里非常重视。10 月 27 日，樟湖镇党委、纪委领导、广播电视站、包村工作队员等到溪口调查情况，对廖良兴未经村民选举委员会同意擅自播放录像的行为提出批评，并将其制作的录像带没收。当晚 7 时左右，廖良兴在其亲戚家的厅堂门口放置了一台录像机，用未上缴的另一盒同样内容的复制带，又播放了一遍"竞选演说录像"，数十个村民聚在录像机前观看。樟湖镇领导于是再次接到村民举报，延平区广播电视事业局（以下简称延平区广电局）也接到了镇广播站的汇报。

10 月 30 日，延平区广电局成立了一个调查组，再次到溪口村对事件进一步调查核实，于 11 月 4 日基本查清了整个事实。由于类似案例的处理在福建省广播电视系统尚无先例，在作出处罚决定前，延平区广电局局长两次到省广电局进行咨询和请示。11 月 17 日，延平区广电局向廖良兴发出行政案件处理意见书。同月 21 日，延平区广电局对樟湖镇溪口村作出〔2000〕闽延广行政罚字〔01〕号行政处罚决定书，以该村擅自播放"竞选演说录像"为由，决定没收该村闭路电视室的录像机一台并罚款 2000元。对廖良兴作出〔2000〕闽延广行政罚字〔02〕号行政处罚决定书，以廖良兴擅自制作电视节目为由，决定没收其"个人竞选演说节目带"，并处罚款 1 万元。

廖良兴不服延平区广电局对其作出的行政处罚，于 11 月 27 日向延平区人民法院提起行政诉讼。

廖良兴诉称，自己为参加竞选村委会主任一职，制作一盒讲话录像带，未构成行政违法，延平区广电局认定其擅自制作广播电视节目，对之进行处罚是错误的；且被告在作出处罚决定前，未对较大数额的罚款告知听证权利，属程序违法，故请求法院撤销被告作出的行政处罚决定。

被告延平区广电局辩称，原告擅自制作并在村闭路电视网上播放个人竞选演说录像节目，其行为违反了《广播电视管理条例》第三十一条[1]的规定，属于擅自制作广播电视节目。广电局根据《广播电视管理条例》第四十八条[2]的规定对原告处罚 1 万元，不属于应当听证的范围。对原告的行政处罚决定事实清楚，程序合法，适用法律正确。

法院审理认为：公民的行为是否违法，是否应受行政处罚，应有法律、法规、规章的明文规定。原告在竞选村委会主任期间，制作本人竞选演说录像带一盒，并拿到村共用天线闭路电视室私自播放。根据国务院批准广播电影电视部发布的《有线电视管理暂行办法》的规定，禁止利用共用天线系统播放自制电视节目和录像片，对私自利用共用天线系统播放自制电视节目和录像片的，可处以警告、2 万元以下的罚款，并可以同时没收播映设备[3]。原告的行为违反了上述规定，但被告未适用上述规定，而适用了《广播电视管理条例》的规定以原告擅自制作广播电视节目予以处罚，适用法规错误。《广播电视管理条例》未对村共用天线闭路电视系统的管理作出规定。被告将利用村闭路电视播放的自制节目，认定为该条例所称的"广播电视节目"，认定原告的行为属于该条例规定的"擅自制作广播电视节目"的行为，没有法定依据。

法院同时认为，在执法程序上，被告在作出处罚决定前向原告送达了《行政案件处理意见书》，并告知原告可就此处理意见书提出书面意见，故原告称被告未履行告知程序，与事实不符。对原告处罚数额 1 万元，是否属于《行政处罚法》第四十二条[4]规定的"较大数额的罚款应告知当事人有要求举行听证的权利"的范围，因福建省尚未对该类行政处罚适用听证程序的"较大数额"作出规定，故不认定被告未告知听证权利违反了《行政处罚法》第四十二条的规定。

综上理由，法院认定被告对原告的处罚，定性不当，适用法规错误。依照《行政诉讼法》第五十四条[5]（二）项第 2 目的规定，判决撤销被告延平区广播电视事业局对原告廖良兴作出的［2000］闽延广行政罚字［02］号行政处罚决定。

一审判决后，延平区广电局向南平市中级法院提起上诉。2001 年 4 月 29 日，二审法院作出终审判决，判决书称：被上诉人廖良兴为竞选村民委员会主任，制作竞选演说录像带，并通过该村共用天线系统向全村播放的"竞选演说节目"为广播电视节目。被上诉人的行为违反了国务院颁布的《广播电视管理条例》第三十一条[6]的规定，上诉人依据该条例第四十八条[7]的规定，作出闽延广行政罚字［02］号行政处罚决定，对其罚款 10000 元，认定事实清楚，适用法规正确，程序合法，应予维持。原审判决以适用法规错误为由予以撤销是错误的，据此，依照《行政诉讼法》第五十四条[8]（一）项、第六十一条[9]（二）项的规定，判决撤销南平市延平区人民法院［2001］延初字第 3 号行政判决，维持延平区广电局［2000］闽延广行政罚字［02］号行政处罚决定书的处罚决定。

廖良兴对二审判决不服，于 2001 年 5 月 26 日向南平市中级法院提出申诉，以其行为符合民政部拟定的有关候选人自我介绍的方式和行政处罚程序违法等为由，要求撤销二审判决，予以再审。

南平市中级法院审查认为，本案申诉的焦点是，廖良兴个人为竞选村主任一职而制作并通过村共用天线系统向全村播放的竞选演说录像带，是否属于"广播电视节目"。《著作权法实施条例》第六条[10]（四）项规定：广播、电视节目，是指广播电台、电视台通过载有声音、图像的信号传播的节目。国家广电总局法规司作出的广法字［2001］1 号《关于对福建局有关电视节目定义请示的复函》指出：广播电视节目只能由广播电台、电视台及经批准设立的广播电视节目制作经营单位制作；广播电台、电视台可以播放由上述单位制作的广播电视节目，乡、镇广播电视站（包括村共用天线闭路电视系统）只能按规定传播广播电视节目，不得播放自制电视节目。故原审作出的行政处罚合法有据，原判并无不当，廖良兴的申诉理由不能成立，不符合《行政诉讼法》第六十二条[11]规定的再审条件。2002年11月18日，南平市中级法院通知廖良兴，驳回其申诉。

释解与评点

本案之讼，触及当代中国表达自由的一个边界，即公民利用电视媒体言之于众的法定限制。

✎ 村委会选举法规与竞选演说

关于村民委员会的选举程序，国家尚未制定全国统一的《村民委员会选举法》，仅在《村民委员会组织法》中，对村民委员会的选举工作做了原则性的规定，其中并未涉及村民委员会的竞选方式。该法第十四条[12]第四款规定，村民委员会的"具体选举办法由省、自治区、直辖市的人民代表大会常务委员会规定。"

根据2000年7月第3次修订的《福建省村民委员会选举办法》[13]规定："村民选举委员会应当向选民介绍候选人的情况，也可组织候选人发表治村演说并回答村民询问；选民和候选人可以在村民小组会议、村民代表会议或者村民会议上介绍候选人的情况，但选举日必须停止对候选人的介绍。"[14]该选举办法中没有关于候选人"竞选演说"的禁止性规定，其中有关候选人的法律责任条款仅规定："对用暴力、威胁、贿赂、伪造选票、虚报选举票数等手段，扰乱、破坏选举工作，违反治安管理处罚条例的，由公安机关依法给予处罚；构成犯罪的，由司法机关依法追究刑事责任。"[15]可见，就选举法的规范而言，廖良兴的涉案行为不构成违法责任，只是在程序上有不当之处。

根据《村民委员会组织法》的规定："村民委员会的选举，由村民选举委员会主持。"[16]《福建省村民委员会选举办法》也规定："村民委员会选举工作由村民选举委员会主持"[17]；"村民选举委员会应当向选民介绍候选人的情况，也可组织候选人发表治村演说并回答村民询问。"所以，廖良兴的竞选演说，应当在村民选举委员会的主持与监督下进行，不宜凭借其为现任村委会主任的便利，私自利用闭路电视室对全村播放其竞选演说，这对参与选举的其他候选人显然有失公平与公正。对此，当地的村民选举委员会或者区、乡的村委会选举指导办公室可予以批评和制止，但无权没收其录像带并处以罚款，因为《福建省村民委员会选举办法》并未制定相关的究责规范。事实上，为便于选民了解候选人的情况，提高选举工作质量，使选民选举出自己满意的村委会成员，候选人面向选民的自我表态和交流，只要程序正当，是应该肯定和鼓励的。廖良兴案发生时，我国已有20多个省制定了《村民委员会选举办法》，其中不乏有关支持候选人"竞选演说"的规定[18]。

廖良兴的被罚，不是源于其竞选演说的程序失当，而在于法院认定其违反了广播电视管理的行政法规。受理本案的一、二审法院均认为，制作个人演说录像带并在村电视室播放，为我国的广播电视法规所不允。

✎ 区广电局对《广播电视管理条例》第三十一条、第四十八条的不当适用

延平区广电局之所以一审败诉，是因为其行政处罚"适用法规错误"，即应适用《有线电视管理暂行办法》而非《广播电视管理条例》的规定对原告实施行政处罚。

按常规，延平区广电局可以依据《有线电视管理暂行办法》的规定，对"私自利用共用天线系统播放自制电视节目和录像片"的行为人进行查办，但具体到本案，会遇到两个问题：第一，廖良兴只是将"竞选演说录像带"交给了有线电视站的管理员，他本人并未实施"播放自制电视节目和录像片"的行为，在这种情况下，如何确认其"私自播放"的违规责任？第二，镇广电站、镇党委、纪委领导、包村工作队员一起到原告家收缴了录像节目带，20多天后，延平区广电局给樟湖镇广电站开具了一张《登记保存物品通知书》，保存物品名称为"廖良兴个人竞选演讲录像节目带"。[19]根据《有线电视管理暂行办法》的规定，对"私自利用有线电视站或共用天线系统播映自制电视节目或者录像片"的行为人，可处以警告、2万元以下罚款并可同时没收其播映设备，其中并无"收缴或没收涉案节目载体"的规定。换言之，《有线电视管理暂行办法》无法为收缴原告"竞选演讲录像带"的行为提供足够的执法依据。

应对上述问题的可能选择，就是援之于《广播电视管理条例》的规

定。该条例第三十一条明示了制作广播电视节目的主体资格，第四十八条设定了擅自制作广播电视节目的罚则，其中就包括"没收节目载体"。从效力层级上看，《广播电视管理条例》是国务院制定并公布的行政法规，《有线电视管理暂行办法》虽由广播电影电视部制定，但属于"立法法施行以前，按照当时有效的行政法规制定程序，经国务院批准、由国务院部门公布的行政法规"[20]，其效力层级同于《广播电视管理条例》，两者都属于广播电视领域的行政法规，前者是专门规范有线电视管理的特别法，后者则是全面调整广播电视活动的一般法。由于《有线电视管理暂行办法》没有规定"擅自制作电视节目"的禁止性规范和罚则，所以，延平区广电局适用《广播电视管理条例》的上述禁止性规范对原告实施行政处罚，不必考虑"调整同一对象的法律规范之间因规定不同的法律后果产生冲突，应以特别法优于一般法的适用规则来判断和选择法律规范。"也就是说，被告在本案中适用了规范广播电视管理的一般法而非特别法，并未违反法律冲突的适用规则。

尽管如此，延平区广电局援引《广播电视管理条例》第三十一条、第四十八条的规定作为其行政处罚的依据，也还是值得商榷的。

该条例第三十一条规定："广播电视节目由广播电台、电视台和省级以上人民政府广播电视行政部门批准设立的广播电视节目制作经营单位制作。广播电台、电视台不得播放未取得广播电视节目制作经营许可的单位制作的广播电视节目。"按照通常的语义解读，该规定第一句系对"广播电台、电视台和广播电视节目制作经营单位"制作广播电视节目的资格说明，但并未规定广播电视节目"只能"由上述主体制作，即没有明确规定其他主体不能制作广播电视节目。广电总局法规司作出的广法字〔2001〕1号《关于对福建局有关电视节目定义请示的复函》中称：广播电视节目只能由广播电台、电视台及经批准设立的广播电视节目制作经营单位制作[21]。其中的限定词"只能"，系国家广电总局法规司自拟，并未见诸于《广播电视管理条例》的规定，该法规司是否有资格对国务院制定的行政法规进行扩充解释，是颇有疑碍的。

为了更清晰地体认第三十一条第一句的含义，不妨比照一下该条例第十条对开办广播电台、电视台的主体资格的规定，其表述为："广播电台、电视台由县、不设区的市以上人民政府广播电视行政部门设立，其中教育电视台可以由设区的市、自治州以上人民政府教育行政部门设立。其他任何单位和个人不得设立广播电台、电视台。"

可见，同样是指定主体资格的条款，第三十一条并没有像第十条那样明确限定"其他任何单位和个人不得制作广播电视节目。"按照法无禁止即自由的原则，该条例第三十一条的规定不能被用来作为处罚本案原告的依据。

既然该条例没有设定"其他任何单位和个人不得制作广播电视节目"的禁止性规范，则其第四十八条有关"擅自制作广播电视节目"的处罚条款，便不尽合理。退一步说，原告为竞选村主任一职而制作的竞选演说录像带，是否属于该条文所称的"广播电视节目"，也有待确证。

对行政法规的条文理解，首先应按照其通常语义进行解释；如果有法律上特殊含义的，则该含义优先；无法律上特殊含义，但有该法规对位专业特殊含义的，该专业含义优先。所谓"法律上特殊含义"，首先指该行政法规对其使用的概念有专门的定义，其次指该行政法规虽无定义，但同部类的其他法规对同一概念有所界定。

在大多数阅读语境中，"电视节目"通常被理解为"电视台播放的节目"、"电视台或电视节目制作机构制作的节目"。类似本案原告个人自摄的讲话录像，既无编导，亦未剪辑，一般不会被指认为电视节目。

关于何为"广播电视节目"，《广播电视管理条例》未给出明确的定义[22]。南平市中级法院在其驳回本案申诉的通知书中，曾援引《著作权法实施条例》（1991 年 6 月 1 日起施行）中有关广播、电视节目的定义，论证本案原告制作的录像带属于广播电视节目。该实施条例第六条[23]中规定：广播、电视节目，指广播电台、电视台通过载有声音、图像的信号传播的节目。姑且不论该实施条例当时已被新的《著作权法实施条例》（2002 年 9 月 15 日起施行）所取代，新条例未再对广播、电视节目的含义作出解释和说明，即便依上述定义考量，也不能得出本案原告的竞选演说录像带属于电视节目的结论。因为，按照《广播电视管理条例》的规定，"广播电台、电视台"是指采编、制作并通过有线或者无线的方式播放广播电视节目的机构[24]。有线电视站或村闭路电视室都不是采编和制作电视节目的机构，不能称之为电视台。本案原告的录像带只在村闭路电视室播放，以原《著作权法实施条例》的规定来说明其属于电视节目，显然不当。

除了原《著作权法实施条例》之外，广播电影电视部 1992 年 2 月 19 日发布的《关于有线电视台、站电视节目管理的暂行规定》，也对电视节目的含义有所释明，该暂行规定第二条的内容是："本规定所称'电视节目＇，是指有线电视台、站转播节目和自办节目。转播节目是指有线电视台、站收转无线电视台的节目和电视教学节目。自办节目是指有线电视台自制的供本台播出的新闻、专题性节目或有线电视台、站通过合法供片渠道购买、交换、租赁的专题、文艺、教育、科技、服务等各类电视节目和录像制品。有线电视站不得播放自制节目。"据此衡量，本案原告自制的竞选演说录像，并非来自无线电视台或有线电视台，因此也不能称之为电视节目。

鉴于《广播电视管理条例》没有明确"广播电视节目"的含义，其他法规和规章中的电视节目定义也不能满足本案行政处罚"有法可依"的需要，福建省广电局曾请求国家广电总局对"电视节目"的含义予以解释，后者内设的法规司在其《关于对福建局有关电视节目定义请示的复函》（广法字［2001］1号）中称：广播电视节目只能由广播电台、电视台及经批准设立的广播电视节目制作经营单位制作；广播电台、电视台可以播放由上述单位制作的广播电视节目，乡、镇广播电视站（包括村共用天线闭路电视系统）只能按规定传播广播电视节目，不得播放自制电视节目[25]。该解释只是强调电视节目只能由电视台及经批准设立的电视节目制作经营单位制作，从中仍无法判定本案涉罚的录像是否属于电视节目。

至于电视行业对"电视节目"的专业界定，也未见有将个人自制的讲话录像带纳入"电视节目"范畴的。例如，赵玉明、王福顺主编的《广播电视辞典》对"电视节目"的解释是：电视台各种播出内容的最终组织形式和播出形式。作为传播内容的基本单位，电视节目涵盖了电视台和其他电视制作机构制作的、供播出或交流的具有特定内容和形式的电视作品[26]。值得注意的是，本案被告延平区广电局的负责人对电视节目所作的"行业解释"，该负责人表示：目前法律文书上还没规定什么是"电视节目"。按广电系统不成文的看法，如果录像带没有在公众网上播出，就仅是音像资料，但一经公众网上播出，就属电视节目了。而国家对广播电视节目是有管制的，对什么人、什么单位有权制作，如何播放都有严格的规定。目前还不允许村一级制作节目在公众网上播出，包括村干部的训话、通知等[27]。

以这种业内不成文看法来判断，如果本案原告自制的录像带未在公众网上播出，就只是音像资料；一经公众网播出，即属电视节目。这就意味着，本案原告是否当罚，主要看其自制的录像带是否在公众网上"擅自播出"。未播出，就不是电视节目，可免于被罚；播出了，就属于电视节目，应该受到处罚。依此说法，则构成处罚之理由的，实际是"擅自播出"而非"擅自制作"。以生活常识判断，利用录像设备自制视频节目，如果不公开播放，就不会对社会和广播电视的传播秩序产生任何影响，不应成为行政处罚的对象。另外，所谓"公众网"，也是一个相当含混的用语，具有很大的随意性。除了广播电视传输网之外，日渐普及的互联网是否属于"公众网"的范畴？各类博客中上载的视频是否也属于"电视节目"？这些都值得认真考虑与界定。

✍ 宪法确认的公民自由与行政法规的媒介表达之规制

综上所述，延平区广电局援引《广播电视管理条例》的规定作为其行政处罚的依据，是欠妥当的，更合理的做法是，启动行政法规的解释程序，由国家广电总局向国务院提出行政法规的立法性解释请求，由国务院法制机构研究拟定出相应的解释草案，报国务院同意并公布后施行。

此外，不能也不应忽略的一点是，所有的行政立法和行政法规解释，都应信守法制统一的原则，该原则首先要求行政立法和行政法规的解释必须统一于宪法，以宪法为最高准则，不得与宪法相违背；其次要求行政立法和行政法规的解释不得与上位法——法律相抵触[28]。我国宪法第三十五条规定："中华人民共和国公民有言论、出版、集会、结社、游行、示威的自由。"第四十七条规定："中华人民共和国公民有进行科学研究、文学艺术创作和其他文化活动的自由。国家对于从事教育、科学、技术、文学、艺术和其他文化事业的公民的有益于人民的创造性工作，给以鼓励和帮助。"随着家用视听录制设备的普及，越来越多的人可以或已经通过制作、播放录像的方式进行意见表达或从事艺术、文化创作。互联网的发展亦为各类"民间视频"提供了更加开放的公共平台。在新的传播条件下，面对新的表达诉求，政府部门如何体现其传播法制及其行政执法理念的与时俱进，保证行政立法权与执法权的正确行使，切实保障而不是越权限制宪法确认的公民权利，值得各方高度关注与不懈地监督。

有学者论及本案的法律适用问题时指出：如果执法者和法官能够对立法作出多种合理解释，而其中一种解释是符合宪法的规定、原则或精神的，就必须对其作出该种合宪性的解释，以避免解释适用法律法规的结果造成违宪情形。区广播电视局不应以《广播电视管理条例》第四十八条的规定为依据对廖某进行处罚，相反必须按照宪法和选举法保障选举权的规定和精神对《广播电视管理条例》第四十八条的规定作出限制性解释，确认廖某的行为不违法[29]。这种看法是有道理的。

现行《广播电视管理条例》第四十八条有关"擅自制作电视剧及其他广播电视节目"的处罚规定，将"擅自制作广播电视节目"列为行政处罚的对象，起码在表述上是有欠缺的，与我国宪法第三十五条、第四十七条规定的精神有所抵牾，建议相关的立法机关按照宪法和选举法保障选举权的规定和精神，对该法条的规定作出限制性解释，并在将来出台新的《广播电视管理条例》时，对其原法条（第四十八条）的规定予以修正并重新表述。

注释：

〔1〕《广播电视管理条例》（1997 年 9 月 1 日起施行）第三十一条 广播电视节目由广播电台、电视台和省级以上人民政府广播电视行政部门批准设立的广播电视节目制作经营单位制作。广播电台、电视台不得播放未取得广播电视节目制作经营许可的单位制作的广播电视节目。

〔2〕《广播电视管理条例》第四十八条 违反本条例规定，擅自设立广播电视节目制作经营单位或者擅自制作电视剧及其他广播电视节目的，由县级以上人民政府广播电视行政部门予以取缔，没收其从事违法活动的专用工具、设备和节目载体，并处 1 万元以上 5 万元以下的罚款。

〔3〕《有线电视管理暂行办法》（1990 年 11 月 16 日起实施）第五条 单位或者个人设置共用天线系统，必须健全管理措施或者配备管理人员，必须使用省级以上广播电视行政管理部门根据国家有关技术标准认定合格的传输设备。禁止利用共用天线系统播放自制电视节目和录像片。

第十五条 县级以上地方各级广播电视行政管理部门负责对当地有线电视设施和有线电视播映活动进行监督检查，对违反本办法的行为，视情节轻重，给予相应的行政处罚：

（一）对违反本办法第八条、第九条、第十条或者第十一条的规定的有线电视台、有线电视站，可以处以警告、二万元以下的罚款或者吊销许可证，并可以建议直接责任人所在单位对其给予行政处分；

（二）对违反本办法第六条的规定未获得许可证私自开办有线电视台、有线电视站，违反本办法第四条的规定私自利用有线电视站播映自制电视节目以及违反本办法第五条的规定私自利用共用天线系统播映自制电视节目或者录像片的，可以处以警告、二万元以下罚款，并可以同时没收其播映设备；

（三）对违反本办法第七条的规定未获有线电视台或者有线电视站、共用天线系统设计（安装）许可证，私自承揽有线电视台、有线电视站或者共用天线系统设计、安装任务的，除责令其停止非法业务活动外，还可处以一万元以下的罚款。

〔4〕《行政处罚法》（1996 年 10 月 1 日起施行）第四十二条 行政机关作出责令停产停业、吊销许可证或者执照、较大数额罚款等行政处罚决定之前，应当告知当事人有要求举行听证的权利；当事人要求听证的，行政机关应当组织听证。当事人不承担行政机关组织听证的费用。听证依照以下程序组织：

（一）当事人要求听证的，应当在行政机关告知后三日内提出；

（二）行政机关应当在听证的七日前，通知当事人举行听证的时间、地点；

（三）除涉及国家秘密、商业秘密或者个人隐私外，听证公开举行；

（四）听证由行政机关指定的非本案调查人员主持；当事人认为主持人与本案有直接利害关
系的，有权申请回避；

（五）当事人可以亲自参加听证，也可以委托一至二人代理；

（六）举行听证时，调查人员提出当事人违法的事实、证据和行政处罚建议；当事人进行申
辩和质证；

（七）听证应当制作笔录；笔录应当交当事人审核无误后签字或者盖章。

当事人对限制人身自由的行政处罚有异议，依照治安管理处罚条例有关规定执行。

〔5〕《行政诉讼法》（1990年10月1日起施行）第五十四条 人民法院经过审理，根据不同情况，
分别作出以下判决：

（一）具体行政行为证据确凿，适用法律、法规正确，符合法定程序的，判决维持。

（二）具体行政行为有下列情形之一的，判决撤销或者部分撤销，并可以判决被告重新作出
具体行政行为：

1. 主要证据不足的；

2. 适用法律、法规错误的；

3. 违反法定程序的；

4. 超越职权的；

5. 滥用职权的。

（三）被告不履行或者拖延履行法定职责的，判决其在一定期限内履行。

（四）行政处罚显失公正的，可以判决变更。

〔6〕《广播电视管理条例》第三十一条 广播电视节目由广播电台、电视台和省级以上人民政府广
播电视行政部门批准设立的广播电视节目制作经营单位制作。广播电台、电视台不得播放未
取得广播电视节目制作经营许可的单位制作的广播电视节目。

〔7〕《广播电视管理条例》第四十八条 违反本条例规定，擅自设立广播电视节目制作经营单位或
者擅自制作电视剧及其他广播电视节目的，由县级以上人民政府广播电视行政部门予以取缔，
没收其从事违法活动的专用工具、设备和节目载体，并处1万元以上5万元以下的罚款。

〔8〕见注5。

〔9〕《行政诉讼法》第六十一条 人民法院审理上诉案件，按照下列情形，分别处理：

（一）原判决认定事实清楚，适用法律、法规正确的，判决驳回上诉，维持原判；

（二）原判决认定事实清楚，但是适用法律、法规错误的，依法改判；

（三）原判决认定事实不清，证据不足，或者由于违反法定程序可能影响案件正确判决的，
裁定撤销原判，发回原审人民法院重审，也可以查清事实后改判。当事人对重审案件
的判决、裁定，可以上诉。

〔10〕《著作权法实施条例》（1991年6月1日起施行）第六条 著作权法和本实施条例中下列用语
的含义是：

（一）时事新闻，指通过报纸、期刊、电台、电视台等传播媒介报道的单纯事实消息；

（二）录音制品，指任何声音的原始录制品；

（三）录像制品，指电影、电视、录像作品以外的任何有伴音或者无伴音的连续相关形象的原始录制品；

（四）广播、电视节目，指广播电台、电视台通过载有声音、图像的信号传播的节目；

（五）录音制作者，指制作录音制品的人；

（六）录像制作者，指制作录像制品的人；

（七）表演者，指演员或者其他表演文学、艺术作品的人。

阅读提示：《著作权法实施条例》于 1991 年 5 月 24 日经国务院批准，1991 年 5 月 30 日由国家版权局发布，自 1991 年 6 月 1 日起施行。2002 年 8 月 2 日，中华人民共和国国务院令第 359 号又公布了修改后的《著作权法实施条例》，自 2002 年 9 月 15 日起施行，1991 年国家版权局发布的《著作权法实施条例》同时废止。本申诉通知书制作于 2002 年 11 月 18 日，但其所引《著作权法实施条例》第六条，系 1991 旧条例的内容，2002 年的《著作权法实施条例》中，并没有关于"电视节目"含义的说明。

〔11〕《行政诉讼法》第六十二条 当事人对已经发生法律效力的判决、裁定，认为确有错误的，可以向原审人民法院或者上一级人民法院提出申诉，但判决、裁定不停止执行。

〔12〕《村民委员会组织法》（1998 年 11 月 4 日起施行）第十四条 选举村民委员会，由本村有选举权的村民直接提名候选人。候选人的名额应当多于应选名额。

选举村民委员会，有选举权的村民的过半数投票，选举有效；候选人获得参加投票的村民的过半数的选票，始得当选。

选举实行无记名投票、公开计票的方法，选举结果应当当场公布。选举时，设立秘密写票处。

具体选举办法由省、自治区、直辖市的人民代表大会常务委员会规定。

〔13〕《福建省村民委员会选举办法》于 1990 年 12 月 26 日福建省第七届人民代表大会常务委员会第十九次会议通过，根据 1993 年 9 月 24 日福建省第八届人民代表大会常务委员会第五次会议《关于修改〈福建省村民委员会选举办法〉的决定》第一次修订，根据 1996 年 11 月 29 日福建省第八届人民代表大会常务委员会第二十七次会议《关于修改〈福建省村民委员会选举办法〉的决定》第二次修订，根据 2000 年 7 月 28 日福建省第九届人民代表大会常务委员会第二十次会议《关于修改〈福建省村民委员会选举办法〉的决定》第三次修订，根据 2005 年 11 月 19 日福建省第十届人民代表大会常务委员会第二十次会议《福建省人民代表大会常务委员会关于修改〈福建省村民委员会选举办法〉的决定》第四次修正。

阅读提示：本案发生于 2000 年 10 月，判断原告涉案行为是否符合该省选举法的规定，应适用第三次修订的《福建省村民委员会选举办法》。

〔14〕见《福建省村民委员会选举办法》第十九条。

〔15〕见《福建省村民委员会选举办法》第三十四条。

阅读提示：该条款中提到的"治安管理处罚条例"，已于 2006 年 3 月 1 日起废止。2005 年 8 月 28 日第十届全国人民代表大会常务委员会第十七次会议通过的《治安管理处罚法》于 2006 年 3 月 1 日起施行。

〔16〕《村民委员会组织法》第十三条 村民委员会的选举，由村民选举委员会主持。村民选举委员会成员由村民会议或者各村民小组推选产生。

〔17〕《福建省村民委员会选举办法》第五条第一款 村民委员会选举工作由村民选举委员会主持。村民选举委员会成员由五至七人组成，在成员中推选产生主任一人，副主任一人。

〔18〕例如：《上海市村民委员会选举办法》（1999 年 6 月 15 日起施行）第十一条规定："村民选举委员会应当帮助村民了解村民委员会成员候选人，可以组织村民委员会成员正式候选人与村民见面，回答村民提出的问题。但是在选举日应当停止对候选人的介绍。"

阅读提示：该法规已被 2004 年 8 月 19 日通过的《上海市人大常委会关于修改〈上海市村民委员会选举办法〉的决定》修正，修正后的第十一条规定："村民选举委员会应当根据公开、公平、公正的原则帮助村民了解村民委员会成员候选人，可以组织村民委员会成员正式候选人与村民见面，介绍治村设想，回答村民提出的问题，但是在选举日应当停止对候选人的介绍。"

又如：《吉林省村民委员会选举办法》（2000 年 11 月 24 日起施行）第二十六条规定："选举前，候选人可以向选民作竞选演讲，并回答选民提出的问题。竞选演讲可以在选举大会上进行，也可以在选举大会之前进行。在选举大会上作竞选演讲的，竞选同一职务的演讲顺序，按照姓氏笔画顺序排列。"

〔19〕本案原告的律师在其一审代理词中就收缴原告的"竞选演讲录像带"问题发表以下意见：

"1. 镇广电站、镇党委、纪委领导、包村工作队员于 10 月 27 日一起到原告家收缴了录像节目带，属于执法主体不明确的没有依法办事的行为。如果违反党纪，镇党委纪检处理便可；如果违反福建省村民委员会选举办法的有关规定，有延平区村（居）委员会选举办公室等相关部门处理；如果属于广电系统的行政案件，那广电部门独立行政执法就可以了。这种混合执法主体和当前党中央强调的依法治国是严重相悖的。

2. 10 月 27 日混合执法主体强行收缴原告制作的讲话录像节目带时，没有哪个执法主体开出收缴收据给原告，也没有哪个主体告知原告到底触犯了哪条法律、法规或党纪，今天官司都打到法院，原告仍然没有收到应该收到的收缴收据。

3. 被告于 2000 年 11 月 16 日开出一张'登记保存物品通知书'给延平区樟湖镇广播电视站，保存物品名称为'廖良兴个人竞选演讲录像节目带'。而此时距离原告的讲话录像节目带被强行非法收缴时间已经过去 20 多天。录像节目带并不是樟湖广播电视站的，难道仅仅是因为广播电视站的工作人员参与了非法收缴活动或保存录像带 20 多天，录像节目带的所有权就转移到广播站？为何被告的'登记保存物品通知书'只发给广电站而没有发给那天收缴行动的其他执法主体？庭审时被告也承认和广电站没有隶属关系。"

〔20〕见《最高人民法院关于行政案件适用法律规范问题的座谈会纪要》（法〔2004〕96 号）。根据该纪要的说明，在立法法施行以后，经国务院批准、由国务院部门公布的规范性文件，不再属于行政法规。

〔21〕转引自《福建省南平市中级人民法院驳回申诉通知书》〔2002〕南行监字第 24 号。

阅读提示：以行政信息公开的原则考察，国家广电总局法规司对"电视节目定义"的解释，应以适当的方式公示于众，便于查询。因为该解释事关行政法规、规章的概念界定，涉及众多行政相对人的利益。遗憾的是，此类行政规范的解释往往不予公开。国家广电总局法规司所作的《关于对福建局有关电视节目定义请示的复函》（广法字〔2001〕1号）至今没有见诸公开的出版物或政府网站，本书只能转引于〔2002〕南行监字第24号《福建省南平市中级人民法院驳回申诉通知书》，是否完全合于广电总局上述复函的原文，无法核对。

〔22〕《广播电视管理条例》的主要内容，就是规范广播电台、电视台的设立和广播电视节目的管理，但其只在第八条对广播电台、电视台有所界定，而没有广播电视节目的定义，这是该条例的一个缺憾。

〔23〕见注10。

〔24〕《广播电视管理条例》第八条 国务院广播电视行政部门负责制定全国广播电台、电视台的设立规划，确定广播电台、电视台的总量、布局和结构。

本条例所称广播电台、电视台是指采编、制作并通过有线或者无线的方式播放广播电视节目的机构。

〔25〕同注21。

〔26〕赵玉明、王福顺/主编：《广播电视辞典》，北京广播学院出版社1999年版，第220页。

〔27〕参见范瑜/编述：《福建省溪口村廖良兴电视竞选村主任起争议》，刊载于张明亮/主编：《2002年中国农村基层民主政治建设年鉴》，中国社会出版社2003年版，第386-389页。

〔28〕从理论上说，与《广播电视管理条例》直接对应的上位法应为《广播电视法》，但到目前为止，我国尚未制定法律层级的广播电视法。

阅读提示：自1986年开始，我国启动《广播电视法》的立法调研，到1995年初先后共草拟了九稿。但意识形态领域的立法不同于一般的经济领域的立法，它与我国政治体制改革的进程是密切相关的。同时，随着我国社会主义市场经济体制的建立和高新技术的发展，也给广播电视行业带来了许多新的情况与问题，需要一些时间进行研究。这使有关部门在制定《广播电视法》的时候，对不少问题一时难以搞得很准确。另外，还考虑到立法要通过人大，所经历的过程更为复杂、漫长，出台后又难以修改。经过慎重研究，决定先起草国务院行政法规形式的《广播电视管理条例》，其等级仅次于法律，待施行一段时间总结经验后，再由人大制定法律。1997年8月11日，《广播电视管理条例》由国务院令第228号颁布，同年9月1日起施行。参见广播电影电视部法规司/编：《〈广播电视管理条例〉简释》，载国家广播电影电视总局社会管理司/编：《广播电视行业管理手册》（修订本），中国广播电视出版社2001年版，第117-129页。

〔29〕肖泽晟/著：《论宪法的"行政法化"》，《江苏行政学院学报》2008年第1期，第109页。

附：

福建省南平市延平区人民法院行政判决书

[2001] 延行初字第 3 号

原告廖良兴，男，1954 年 × 月 × 日生，汉族，农民，住南平市延平区樟湖镇溪口村。

委托代理人黄永乐，南平双剑律师事务所律师。

被告南平市延平区广播电视事业局，地址：南平市延平区府前路 45 号。

法定代表人黄开祥，该局局长。

委托代理人谢贤灼，该局借用干部。

委托代理人包乾风，福建名仕律师事务所律师。

原告廖良兴不服被告南平市延平区广播电视事业局 2000 年 11 月 21 日作出的 [2000] 闽延广行政罚字 [02] 号行政处罚决定一案，向本院提出了诉讼。本院受理后，依法组成合议庭，公开开庭审理了本案。原告的委托代理人黄永乐，被告的委托代理人谢贤灼、包乾风到庭参加诉讼。本案现已审理终结。

原告诉称，本人为参加竞选村委会主任一职，制作一盒讲话录像带，没有构成行政违法，被告认定原告擅自制作广播电视节目，对原告进行处罚是错误的；且被告在作出处罚决定前，未对较大数额的罚款告知听证权利，程序违法。请求撤销被告作出的行政处罚决定。

被告辩称，原告擅自制作并在溪口村闭路电视网上播放个人竞选演说录像节目，其行为违反了《广播电视条例》第三十一条、第四十八条的规定，属于擅自制作广播电视节目。对原告处罚 1 万元，不属于应当听证的范围。处罚决定事实清楚，程序合法，适用法律正确，请求判决维持。

经审理查明，被告提交的证据有：（1）对刘××、廖良兴的调查笔录；（2）对廖良兴、廖××、廖××的谈话笔录；（3）登记物品保存通知书及物品清单各一份；（4）行政案件处理意见书及当事人回执通知各一份；（5）对拟定的处罚异议申请书一份；（6）黄××、周××、吴××、谢××的执行证。

以上证据均经庭审质证，证明事实如下：

2000 年 10 月 26 日上午，原告为竞选连任延平区樟湖镇溪口村村主任，请他人拍摄一盒原告个人演讲录像带，于当晚在溪口村闭路电视室对全村进行播放，部分村民收看到了该节目。11 月 17 日被告向原告发出行政案件处理意见书，并于同月 21 日以原告擅自制作电视节目对原告作出行政处罚，没收原告个人竞选演说录像带一盒，并处罚款 1 万元。原告不服，诉至本院。

本院认为，公民的行为是否违法，是否应受行政处罚，应有法律、法规、规章的明文规定。原告在竞选村委会主任期间，制作本人竞选演说录像带一盒，并拿到村共用天线闭路电视室私自播放。根据国务院批准广播电影电视部发布的《有线电视管理暂行办法》的规定，禁止利用共用天线系统播放自制电视节目和录像片，对私自利用共用天线系统播放自制电视节目和录像片的，可处以警告、2 万元以下的罚款，并可以同时没收播映设备。原告的行为违反了上述规定。被告未适用上述规定，而适用《广播电视管理条例》的规定以原告擅自制作广播电视节目予以处罚，适用法规错误。《广播电视管理条例》没有对村共用天线闭路电视系统的管理作出规定。被告把利用村闭路电视播放的自制节目，认为是该条例所称的广播电视节目。认定原告的行为属于该条例规定的擅自制作广播电视节目的行为，没有法定依据。在执法程序上，被告在作出处罚决定前向原告送达了《行政案件处理意见书》，并告知原告可就此处理意见书提出书面意见，故原告称被告未履行告知程序，与事实不符。对原告处罚数额 1 万元，是否属于《行政处罚法》第四十二条规定的"较大数额的罚款应告知当事人有要求举行听证的权利"的范围，因福建省尚未对该类行政处罚适用听证程序的"较大数额"作出规定，故不认定被告未告知听证权利违反了《行政处罚法》第四十二条的规定。综上理由，被告对原告的处罚，定性不当，适用法规错误。依照《中华人民共和国行政诉讼法》第五十四条（二）项第 2 目的规定，判决如下：

撤销被告南平市延平区广播电视事业局对原告廖良兴作出的［2000］闽延广行政罚字［02］号行政处罚决定。

案件受理费 100 元由被告南平市延平区广播电视事业局负担。

如不服本判决，可在判决书送达之日起 15 日内，向本院递交上诉状，并按对方当事人的人数提出副本，上诉于福建省南平市中级人民法院。

审判人员署名（略）

二〇〇一年一月三十一日

福建省南平市中级人民法院行政判决书

[2001] 南行终字第 29 号

上诉人（原审被告）南平市延平区广播电视事业局，住所地南平市延平区府前路 45 号。

法定代表人黄开祥，该局局长。

委托代理人谢贤灼，延平区广播电视事业局借用干部，住延平区进步路 96 号。

被上诉人（原审原告）廖良兴，男，1954 年 × 月 × 日出生，汉族，农民，住南平市延平区樟湖镇溪口村。

委托代理人黄永乐，南平双剑律师事务所律师。

上诉人延平广播电视事业局因广播电视行政处罚一案，不服延平区人民法院 [2001] 延行初字第 3 号行政判决，向本院提起上诉，本院依法组成合议庭，公开开庭审理了本案。上诉人的法定代表人黄开祥、委托代理人谢贤灼、包乾风，被上诉人的委托代理人黄永乐到庭参加诉讼。本案现已审理终结。

原判认定，原告在竞选村委会主任期间，制作本人竞选演说录像带一盒，并拿到村共用天线系统私自播放。违反了《有线电视管理暂行办法》的规定。被告未适用该办法的规定进行处罚，而适用《广播电视管理条例》的规定，以原告擅自制作广播电视节目予以处罚，适用法规错误。《广播电视管理条例》没有对村共用天线闭路电视系统的管理作出规定。被告把利用村闭路电视播放的自制节目，认为是该条例规定的擅自制作广播电视节目的行为，没有法律依据。据此，原审判决：撤销被告南平市延平区广播电视事业局对原告廖良兴作出的 [2000] 闽延行政罚字 [02] 号行政处罚决定。

上诉人延平区广播电视事业局不服一审判决，向本院提起上诉。其上诉理由：上诉人对被上诉人违法擅自制作电视节目的行为，适用《广播电视管理条例》第三十一条、第四十八条的规定对其作出处罚是正确的，原审判决认为应适用《有线电视管理条例暂行办法》，不能适用《广播电视管理条例》，于法无据，判决不当。

被上诉人答辩称：被上诉人制作一盒讲话录像带不能定性为"擅自制作广播电视节目"。原审判决以适用法规错误，撤销上诉人作出的处罚决定是正确的。请求二审法院驳回上诉，维持原判。

经审理查明，被上诉人在一审庭审结束前，向原审法院提交的证据材料有：（1）对刘××、廖良兴的调查笔录；（2）对廖良兴、廖××、廖××的谈话笔录；（3）登记物品保存通知书及物品清单各一份；（4）行政案件处理意见书及当事人回执通知各一份；（5）对拟定的处罚异议申请书一份；（6）黄××、周××、吴××、谢××的执行证；（7）[2000] 闽延广行政罚字 [02] 号行政处罚决定书。

上述证据均经庭审质证，根据对上述证据的认证，本院认定如下事实：

2000 年 10 月 26 日上午，被上诉人廖良兴为竞选连任延平区樟湖镇溪口村村民委员会主任，拍摄一盒被上诉人个人演讲录像带，当晚在溪口村闭路电视室对全村进行播放。上诉人延平区广播电视事业局经调查，于 2000 年 11 月 21 日对樟湖镇溪口村作出 [2000] 闽延广行政罚字 [01] 号行政处罚决定书，以该村擅自播放"廖良兴个人竞选演说录像带"为由，决定没收该村闭路电视室的录像机一台并罚款 2000 元。对廖良兴作出 [2000] 闽延广行政罚字 [02] 号行政处罚决定书，以廖良兴擅自制作电视节目为由，决定没收"廖良兴个人竞选演说节目带"，并处罚款 10000 元。被上诉人廖良兴不服 [2000] 闽延广行政罚字 [02] 号行政处罚，向延平区人民法院提起行政诉讼。

本院认为，被上诉人廖良兴为竞选溪口村村民委员会主任，制作一盒竞选演说录像带，并通过该村共用天线系统向全村播放的竞选演说节目为广播电视节目。被上诉人擅自制作广播电视节目的行为违反了国务院颁布的《广播电视管理条例》第三十一条的规定，上诉人依据该条例第四十八条的规定，作出闽延广行政罚字 [02] 号行政处罚决定，对其罚款 10000 元，认定事实清楚，适用法规正确，程序合法，应予维持。原审判决以适用法规错误为由予以撤销是错误的，据此，依照《中华人民共和国行政诉讼法》第五十四条（一）项、第六十一条（二）项的规定，判决如下：

一、撤销南平市延平区人民法院 [2001] 延行初字第 3 号行政判决。

二、维持南平市延平区广播电视局 [2000] 闽延广行政罚字 [02] 号行政处罚决定书。

本案一、二审案件受理费各 100 元由被上述人廖良兴负担。

本判决为终审判决。

审判人员署名（略）
二○○一年四月二十九日

福建省南平市中级人民法院驳回申诉通知书

〔2002〕南行监字第 24 号

廖良兴:

你与南平市延平区广播电视事业局行政处罚一案,不服本院作出的〔2001〕南行终字第 29 号行政判决,以你的行为完全符合民政部拟定的有关候选人自我介绍的方式和行政处罚程序违法等为主要申诉理由,向本院提出申诉。

经审查,原判认定被上诉人廖良兴为竞选溪口村村民委员会主任,制作一盒竞选演说录像带,并通过该村共用天线系统向全村播放。共用天线系统是广播电视传输覆盖网的组成部分。因此,被上诉人通过共用天线系统向全村播放的竞选演说节目为广播电视节目。被上诉人擅自制作广播电视节目的行为违反了国务院颁布的《广播电视管理条例》第三十一条的规定,原审上诉人,依据该条例第四十八条的规定,作出闽延广行政罚字〔02〕号行政处罚决定,对其进行处罚,事实清楚,适用法律、法规正确,程序合法,大理适当。本案申诉的焦点是,廖良兴个人为竞选村主任一职而制作并通过村共用天线系统向全村播放的竞选演说录像带,是否属"广播电视节目"。《中华人民共和国著作权法实施条例》第六条(四)项规定:广播、电视节目,是指广播电台、电视台通过载有声音、图像的信号传播的节目。国家广电局法规司作出的广法字〔2001〕1 号《关于对福建局有关电视节目定义请示的复函》指出:广播电视节目只能由广播电台、电视台及经批准设立的广播电视节目制作经营单位制作;广播电台、电视台可以播放由上述单位制作的广播电视节目,乡、镇广播电视站(包括村共用天线闭路电视系统)只能按规定传播广播电视节目,不得播放自制电视节目。故原审对你作出的行政处罚合法有据,原判并无不当。

综上,本院认为,你的申诉理由不能成立,不符合《中华人民共和国行政诉讼法》第六十二条规定的再审条件,申诉应予驳回。

特此通知。

二○○二年十一月十八日

注:以上裁判文书仅供参考,如需引用请以原件为准。

刘明性诉崇州市广播电视局

本案中，市广电局滥用职权强搬用户电视机导致违法行政。

某种良好的制度和体制或许可以在文本上较快地完善起来，但变革的真正压力，来自普遍的维权自觉和公众对法治的信仰，这是难以速成的，它需要更多的时间、示范和力争。

导读： 市广电局曲解《广播电视设施保护条例》的规定，对用户的电视机实施异地保存的强制取证措施导致行政违法。

纠纷： 崇州市广播电视局的工作人员以"擅自在电视传输线路上插接收听、收视设备"为由，扣留了该市居民刘明性家中的两台电视机，作为证据进行登记保存，并对其处以 2000 元的罚款。刘明性不服广电局的"执法行为"，向法院提起行政诉讼，请求确认广电局工作人员剪断其家中有线电视天线和扣押电视机的行为违法。

审级： 一审

裁判： 四川省崇州市人民法院行政判决书［2003］崇州行初自第 22 号

原告： 刘明性

被告： 崇州市广播电视局

2003 年 9 月 15 日下午，崇州市广播电视局（以下简称市广电局）的行政执法人员进入该市居民刘明性家中，以检查光纤线路的名义查看了刘某住所中的有线电视设施。随后，行政执法者向刘某宣称，其家中安装了两个有线电视插座，违反了国务院发布的《广播电视设施保护条例》的规定，因此要对其客厅和卧室的两台电视机予以异地证据登记保存。在给刘某开具了《行政执法通知》和《行政执法扣押物品、证据登记保存单》之后，市广电局的来人抬走了刘某家中的两台电视机，并告知其次日到广电局接受处罚。来人走后，刘某又发现住所内有线电视用户盒与电视机之间的连接线已被剪断。经事后了解，市广电局当天共对 7 家有线电视用户进行了检查，其中 5 家用户被暂扣了电视机。执法检查结束后，临时代管行政执法工作的市广电局副局长在 5 份《行政处罚案件有关事项审批表》和《行政执法立案审批表》上补签了"请按规定办理"的批准意见。

当日下午，刘明性前往市广电局，但无人与之交涉。第二日，刘某再次到市广电局，在接受了该局工作人员的调查后，领回了一台被扣的电视机。第三天，市广电局向刘某送达了崇广行处告字［2003］第13号《行政处罚告知书》，其主要内容为："本局依法查处的你擅自在广播电视传输线路上插接收听、收视设备一事，已经本局调查终结。根据《中华人民共和国行政处罚法》第三十一条[1]、第三十二条[2]的规定，现将本局拟作出行政处罚的事实、理由及依据告知如下：你擅自在广播电视传输线路上插接收听、收视设备的行为违反了《广播电视设施保护条例》（国务院令第295号）第十五条[3]的规定，根据《广播电视设施保护条例》第二十三条[4]第二款第三项的规定，拟对你处以二千元人民币的罚款。"[5]刘某没有接受市广电局的罚款处罚。

9月17日，中央电视台、中央人民广播电台、21世纪经济报道以及当地的平面新闻媒体都采访了这一事件，当地群众对此反响强烈，成都市部分人大代表也介入了此事的调查，成都市政府派出的调查组随后进驻崇州。

成都市纪委、市监察局的调查表明，2002年5月，崇州广电局所属企业广网公司与铁通成都分公司合作开展固定电话业务，为此在局内确定了发展铁通固话的考核指标，并将其分解落实给了广电员工。截止到2003年8月底，该市的铁通电话用户增至约4000户，这一发展引起了另一家电信运营商——电信公司崇州分公司的重视，后者采取向职工下达任务量和奖励用户话费的措施，"挖走"了铁通公司用户600余户。为争夺市场，保住铁通公司电话用户量，市广电局采纳了"以检查私拉乱接光纤电视的名义对由铁通转网到电信的用户进行检查，以阻止铁通固话用户量下降"的建议，随即发生了5户居民家中电视机被扣事件。受到市广电局行政执法检查的居民，都曾使用铁通公司的固定电话服务，后因各种原因又转为电信公司的固定电话用户。

9月22日，市广电局退还了刘家的另一台电视机并向其作出了《解除证据登记保存措施通知书》。

9月27日，刘明性在其在外地工作的儿女的鼓励下，向崇州市法院提起行政诉讼，其诉状中称：

> 我今年六十有五，年老体弱，妻子生病多年，儿女在外地读书。自己数十年来为党为人民工作，不敢有丝毫懈怠，奉公守法不敢有半点逾越。公民在自己家中收看电视无论如何称不上违法；崇州市广播电视局强入民宅，强扣私有财产，无论如何不能

巧辩为有理。当日之来势汹汹使生病老妻惊惧，自己惶恐，左邻右舍哗然。在公民基本权利被随意践踏，平民百姓基本生活被无端侵害，国家法律秩序被个别执法者任意蹂躏的时候，我向人民法院提起行政诉讼，乞求社会的良心，人间的公道，国家司法的最后保障。

法院当即受理了该项起诉。

9月29日，成都市政府法制办公室作出了《行政执法监督检查决定书》（成府法行监决字［2003］第1号），该决定书知会崇州市政府法制办：

> 据我办初步调查，你市广播电视局行政执法人员，在开展广播电视设施保护专项执法活动中，对居民住户家中的电视机采取证据登记保存等执法行为，明显不符合相关法律、法规的规定，根据《四川省行政执法监督条例》和《成都市行政执法责任制条例》的规定，现作出行政执法监督决定：一、立即对参与行政执法的人员进行调查，并责成执法人员写出书面报告，报我办；二、责成广播电视局向被实施扣押物品的五户居民赔礼道歉，消除影响；三、立即暂扣参与本案执法人员的《行政执法证》，同时，加强对行政执法人员的教育管理，进一步提高依法行政的水平。

2003年11月4日和12月2日，崇州市人民法院两次开庭审理了刘明性诉崇州市广播电视局具体行政行为违法案，在为本案所作的［2003］崇州行初字第22号判决书中，法院判称：本案审理中，被告于2003年10月22日作出了撤销证据登记保存和《行政处罚告知书》的《纠正具体行政行为通知书》。本院在庭审中告知原告，被告已改变具体行政行为，原告表示不撤诉。本院依法对被告的原具体行政行为的合法性进行审理。另查明，该具体行政行为发生后，被告工作人员曾向原告作出过赔礼道歉。

法院认为，依照《最高人民法院关于执行〈中华人民共和国行政诉讼法〉若干问题的解释》第二十六条[6]之规定，被告崇州市广播电视局对原告刘明性作出具体行政行为时，没有证据、依据。原告要求被告就调查结果作出原告违法事实不成立的决定和公开赔礼道歉的诉讼请求，不符合法律规定，法院不予支持。由于被诉具体行政行为不具有可撤销内容，依照《最高人民法院关于执行〈中华人民共和国行政诉讼法〉若干问题的解释》第二十六条[7]、第五十七条[8]第二款（二）项之规定，法院判决确认被告崇州市广播电视局 2003 年 9 月 15 日剪断原告家中有线电视用户盒与电视机连接线、对原告家中两台电视机予以证据登记保存和 2003 年 9 月 17 日向原告作出的崇广行处告字［2003］第 13 号《行政处罚告知书》的具体行政行为违法。案件受理费人民币 100 元，其他诉讼费人民币 400 元，合计人民币 500 元，由被告崇州市广播电视局负担。

至此，历时二个多月的崇州市民状告该市广电局违法行政一案以市广电局败诉而结案。该案判决前，成都市纪委、市监察局、市广电局对上述"崇州事件"作出了处理通报，责成崇州市委、市政府向成都市委、市政府写出书面检讨，并同意崇州市政府、市纪委、市监察局对该事件相关责任人作出的行政处分。

释解与评点

本案的涉讼事件经媒体的曝光而广受关注，有的报道将被告的涉案行为斥作"野蛮执法"[9]，愤然之情，溢于言表。实际上，市广电局的错误，除了执法方式和态度的"不文明"之外，更为甚者，是其被诉执法行为本身的明显违法与侵权。

✎ 《广播电视设施保护条例》不关涉有线电视合法用户的"一户两机"

市广电局"入门检查"后认定，原告在其户内的有线电视终端口上接用两个插座，违反了《广播电视设施保护条例》的规定，该当受罚。这显然是对该条例的曲解。

《广播电视设施保护条例》系国务院制定的行政法规，于 1987 年 4 月 24 日发布并施行。2000 年 11 月 5 日，国务院又以第 295 号令公布了新的《广播电视设施保护条例》，旧的条例同时废止。值得注意的是，1987 年发布的《广播电视设施保护条例》第四条曾明确规定："广播电视设施是国家财产，受法律保护。禁止任何单位或者个人侵占、哄抢、私分、截留、破坏。任何单位和个人都有保护广播电视设施的义务，对危害广播电视设施的行为，有权制止并向有关部门报告。"这说明，该条例的保护对象，是广播电视的公有设施而非用户私宅中的电视线路及终端盒等附件，后者是用户支付初装费之后获取的私有财产，其正常的使用方式[10]不属于《广播电视设施保护条例》规范的对象。

1993年，国务院在其《批转国家计委关于全国第三产业发展规划基本思路的通知》（国发［1993］20号）中提出：动员社会各方面集资建设广播电视转播台（站）和其他文化、体育设施，并通过深化内部改革、放开经营，向社会提供更多适应群众需求的有偿服务，逐步增强自我发展能力。此后，一些地区的非公有资本在国家广电机构控股的前提下开始投资参股有线电视分配网。在这种情况下，从物权法的角度衡量，某些地区的广播电视设施之权属，已含非国家财产的成分。因是之故，2000年11月开始实施的新《广播电视设施保护条例》，删去了原条例中有关"广播电视设施是国家财产"的规定，新条例第四条的内容被调整为："任何单位和个人均有保护广播电视设施的义务。禁止任何单位和个人侵占、哄抢、私分、截留、破坏广播电视设施。任何单位和个人对危害广播电视设施的行为，均有权制止并向有关部门报告。"

即便有上述的调整，新的《广播电视设施保护条例》仍是旨在保护公用性质的或者公共场所的广播电视设施，绝不能用作对合法用户私宅之内自有设施正常使用的处罚依据。该条例在第四条中规定："任何单位和个人均有保护广播电视设施的义务。"且不论这一规定是否确当[11]，但其足以表明该条例指认的"广播电视设施"具有公共财产的性质，如果居民住宅中合法拥有的"有线电视设施"也被视为该条例所称的"广播电视设施"，那么按照上述规定的要求，则任何公民不仅有义务保护公有、公用的"广播电视设施"，还得对其他用户家中的"有线电视设施"承担保护的义务，这显然是不合情理的。

本案原告是合法的有线电视用户，其所在单位已经为之交纳了有线电视初装费[12]，该项费用中就包括了为原告家中接通电视信号所需的线缆、终端盒等材料费。质言之，原告住宅内的有线电视连接线和终端插座等设施，是由原告单位为其支付的采买和安装费用，属于单位向职工提供的福利性支出，原告依法对其享有[13]使用、收益、处分的权利[14]。除非法律有明确的禁止，或者原告作出过"不作为"承诺，否则的话，原告有权以"一户两机"的方式使用其户内的有线电视终端插座。

事实上，原告刘明性从未向当地的有线电视网络经营者或管理者作出过"不在家中的有线电视终端接口上连用两台以上电视机"的承诺。市广电局引为处罚依据的《广播电视设施保护条例》第十五条，也没有关于

"一户两机"的禁止性规范。该条款的内容是："在广播电视传输线路上接挂收听、收视设备，调整、安装有线广播电视的光分配器、分支放大器等设备，或者在有线广播电视设备上插接分支分配器、其他线路的，应当经广播电视设施管理单位同意，并由专业人员安装。"上述规定中所称的"广播电视传输线路"，如前文所析，当指具有"公有或者公用、公共场所"属性的广播电视传输线路，合法用户在私宅内自用的有线电视终端接口上接用两台电视机，不属于该法条指认的"在广播电视传输线路上接挂收听、收视设备"。

再退一步，即便原告的涉案行为属于上述法条指认的"在广播电视传输线路上接挂收听、收视设备"，也仍然不能被认定为违法之举。因为原告是合法的有线电视用户，且已交纳了当年的收视维护费，这就表明，有线电视网络经营者已同意原告在自家的"广播电视传输线路上接挂收视设备"，至于接挂收视设备的数量，并未见诸法律文件的规定或收视服务合同的约定，在这种情况下，就不能认定原告的"一户两机"违反了《广播电视设施保护条例》第十五条的规定，当然更不能根据《广播电视设施保护条例》第二十三条第二款第三项的规定，对原告实施行政处罚。

✎ 证据登记保存辨析与滥用职权

本案诉讼中，被告市广电局未能向法院出示其具体行政行为的合法依据，可见其自知《广播电视设施保护条例》的规定并不能成为其涉案行政行为的法定依据。诉讼法的举证责任分配，一般的原则是谁主张，谁举证，但在行政诉讼中，则采用被告承担举证责任的制度，这是因为"先取证后裁决的行政程序规则决定了被告在作出具体行政行为之前，应当已经取得充分的事实依据和法律依据，否则必然是违反法定程序或滥用职权。当原告因具体行政行为与被告发生争议而提起行政诉讼后，由被告提交其在作出具体行政行为时所依据的事实和法律依据，以证明其具体行政行为的合法性。如果被告没有证据证明被诉具体行政行为的合法性，则从法律上就可以推断该具体行政行为的不合法性。"[15] 市广电局的败诉，直接的原因，是未向法庭提供被诉行政行为的事实证据和法律依据，而内在的原因，则是其出于不当的动机而滥用职权，明知不可而为之。

法律、法规赋予广播电视管理部门行政权力的目的，是为了保证其维护广播电视活动的正常秩序，保障广播电视得以更好地服务公众，造福社会，促进国家的发展与进步。各级广播电视管理部门的权力行使，都应当符合这些目的，执法为公，而不能出于本部门或其工作人员的私利来行使权力。否则的话，必将导致滥用职权，违法行政，侵害相对人的合法权益。

本案被告的执法人员以"查看线路和电视信号效果"为由进入原告家中，进而指称其违反了国务院令第 295 号，对之进行调查取证。在未告知原告更没有征得其同意的情况下，被告的执法人员就强行剪断了原告家中电视接收插座与寝室内电视机之间的连接线，这已不是调查取证行为，而是越权实施了行政处罚行为。正如原告的代理律师所言：这项处罚没有任何事实、法律依据，侵害了公民的财产权益[16]。

不言而喻，被告的执法人员以证据保存为由，搬走原告两台电视机的具体行政行为，对原告造成了更大的侵扰，当然也属违法行政。但应说明的是，作为一种调查手段和方法，行政执法机关在职责范围内有权依法对涉案证据采取先行登记保存的强制措施。

根据《行政处罚法》第三十七条[17]的规定，行政机关在收集证据时，如存在证据可能灭失或者以后难以取得的情况，经行政机关负责人批准，可以先行登记保存，并应当在 7 日内及时作出处理决定。这一条款并未明确限定证据的保存地点，所以，在获得证据之后，有的行政执法者不是将其就地保存，而是把证据移至他处（如执法机关所在地）存放，此即所谓"证据的异地保存"。这种异地保存证据的方式尽管屡遭异议[18]，但仍被经常使用，有的国务院部委和地方政府部门还在其制定的规章和规范性文件中，对异地保存证据作了明确的规定[19]。本案诉至法院后，有论者提出，被告将原告的两台电视机强行搬走，实施的是"行政执法扣押"强制措施，而非"证据登记保存"[20]。这是将行政执法的证据异地保存认同于"扣押"了，两者的确有相似之处，但却是两类不同的具体行政行为。在实施方法上，"证据异地保存"和"扣押"都是行政执法人员按法定的程序（报批、填写相关执法文书等）强制性地将涉案物品暂移他处放置，限制当事人对其使用和处分，两者都不是最终的行政处罚决定，而是案件查处过程中的暂时性强制措施，此为其相似之处。两者的不同之处在于：其一，法律依据不同。证据保存以《行政处罚法》第三十七条的规定为依据，目的是保全证据，任何具有行政调查、检查权的执法机关都可以根据该项规定采用就地保存或异地保存的取证措施；扣押则以规范行政管理的各专门法律、法规为依据，哪些行政执法主体在哪些情况下可以采用扣押的强制措施，均由各专门法律、法规规定，没有规定，就无权扣押。其二，查存物品的数量不同。一般情况下，登记保存只需从涉案物品中抽取一定的样品就可满足保全证据的要求，而扣押的物品则是查获的全部违法物品。其三，期限不同。登记保存的物品必须在 7 日内作出处理；而扣押物品的扣押期限各专门法律、法规有不同的规定，有的还没有规定时限。[21]

一般来说，如果公民家中的电视机成为行政执法的取证对象，则执法人员将电视机移至他处异地保存，只要符合法定条件，并不一定构成行政违法。这些法定条件包括：一、对该证据的先行登记保存应在行政机关初步确定某一行为已经违反了行政法规之后；二、被先行登记保存的证据必须是与违法行为有直接的、必然的关系并且能证明案件事实的材料；三、该证据必须是易失灭、易被当事人销毁或转移的证据；四、采取先行登记保存措施前，必须得到行政机关负责人批准；五、对证据采取先行登记保存措施后，行政机关应在 7 日内对其做出处理决定。

市广电局执法人员"强搬"居民家中电视机的行为之所以违法，不是因为其无权以"先行登记保存"的方式取证，而是因为其调查取证违反了法定程序和滥用职权。按照法律规定，行政执法人员如需对涉案的证据物品进行登记保存，须经行政机关负责人的批准。这一规定的立法意图在于，采取此类获取证据的行政强制措施，不能凭借个人一时冲动，感情用事，必须履行批准手续，以强化此类行政行为的合法性、合理性与妥当性。而被告的执法人员则是在未经领导审批的情况下，擅自对原告家中的电视机实施了先行登记（异地）保存的强制措施，事后才由该局相关负责人补签了审批意见[22]，这就违反了法定程序[23]。

比程序不周更甚者，是被告对其调查取证权的滥用。证据先行登记保存是一种公权行为，具有限制当事人财产权益的性质，其行使当以必要为原则，即应有足够的理由认定当事人有违法嫌疑，不能随意而为，滥肆无辜。表面上看，市广电局对原告电视机的异地保存也是"因法而为"的，只是错在适用法律、法规错误，"误用"了《广播电视设施保护条例》的规定作为其行政执法的依据，导致对事实的定性错误，从而损害了当事人的合法权益。但媒体揭示的情况和被告事后的自我检讨均表明，市广电局涉案行为的真正目的和动机，主要是出于自身利益的驱使，以发展该局下属企业的方式来增加收入，这就使人有理由确认，被告的违法之举具有主观故意性，意在以权谋私，实属滥用职权而非适用法律上的"认识失误"或"好心办坏事"。

✎ 本案揭橥的体制之弊及维权自觉

滥用职权者，理当问其责。但深究一步，本案还可以释放出更多的解读空间。

例如，有关电视管理体制的问题。崇州市政府在对市广电局违法行政所作的检查报告中指出：我市广电局一直是政企合一，以向全局干部职工"借资"的形式来发展局属企业，在较大程度上影响了市场经济的有序发展。此次在行政执法中以检查光纤电视网络的名义，从自身利益出发，采用行政手段与电信公司争夺固定电话用户，充分暴露出我市还存在政企不分、权利寻租的严重问题。这个问题如果不能从根本上加以解决，我们的一些政府部门就会自觉或者不自觉地找事、争权，主要是在行政执法活动中争那些能给本部门、本系统带来"实惠"的各种权利，这将直接导致以权谋私，最终会侵害人民群众的正当权益，给党和政府的工作造成严重后果。

这种管办不分，事企混营，既是"裁判员"，又当"运动员"的体制性缺陷，不唯一地仅有，实为所在多见。本案审结之后的第四年，国家广电总局在其发布的《全国有线电视数字化进展的情况通报》（2007 年 2 月）中坦称：

> 随着有线电视数字化在全国范围的推广，一些服务方面的问题已逐步暴露出来，在个别地区还表现得比较突出，主要包括：一是收费价格调整超出了群众的承受能力，比如对按终端收费有意见；二是保留的模拟节目过少；三是单方面关断模拟信号，不尊重群众的选择权；四是服务不到位，工作方法简单；五是信号质量不稳定，操作复杂，用户感觉使用不方便等。

其中提到的"按终端收费"，就是改变过去的"按户收费"，实行"按电视机收费"。在此种收费制度下，类似本案原告这样的"一户两机"、"一户多机"用户，除非增缴费用，否则在"有线电视数字化"之后，就无法于家中同时使用两台或两台以上的电视机收看节目。耐人寻味的是，广电总局的通报虽然指出了"逐步暴露出来"而且"在个别地区还表现得比较突出"的"按终端收费"问题，但细读该通报全文，却并未明言如何解决有线电视的"按终端收费"问题，甚至没有对其是否合理直接表态。直至本书成稿之际，国内的广电法规和政策在"按户收费抑或按终端收费"的问题上，仍然不甚明朗，个中的权衡与博弈，值得关注。

再如，媒介消费者诉讼维权的积极性及其环境问题。本案被告的涉案行为明显违法，但受其侵扰的多户居民中只有原告选择了诉讼维权，而且，在原告决定起诉前后，"前来劝他放弃诉讼者络绎不绝"，以至于原告在自家门前贴出了"不再接待说客"的一纸告示[24]。这难免令人思忖，倘若没有诸多媒体的报道，没有原告的执著兴讼，结果将会如何？一种良好的制度和体制或许可以在文本上较快地完善起来，但变革的真正压力，来自普遍的维权自觉和公众对法治的信仰，这是难以速成的，它需要更多的时间、示范和力争。正因如此，本案原告的起诉和胜诉——纵然是为一家之私，也值得称道，值得记录。

注释：

〔1〕《行政处罚法》（1996 年 10 月 1 日起施行）第三十一条 行政机关在作出行政处罚决定之前，应当告知当事人作出行政处罚决定的事实、理由及依据，并告知当事人依法享有的权利。

〔2〕《行政处罚法》第三十二条 当事人有权进行陈述和申辩。行政机关必须充分听取当事人的意见，对当事人提出的事实、理由和证据，应当进行复核；当事人提出的事实、理由或者证据成立的，行政机关应当采纳。

行政机关不得因当事人申辩而加重处罚。

〔3〕《广播电视设施保护条例》（2000 年 11 月 5 日起施行）第十五条 在广播电视传输线路上接挂收听、收视设备，调整、安装有线广播电视的光分配器、分支放大器等设备，或者在有线广播电视设备上插接分支分配器、其他线路的，应当经广播电视设施管理单位同意，并由专业人员安装。

〔4〕《广播电视设施保护条例》第二十三条 违反本条例规定，未经同意，擅自实施下列行为之一的，由县级以上人民政府广播电视行政管理部门或者其授权的广播电视设施管理单位责令改正，对个人可处以 2000 元以下的罚款，对单位可处以 1 万元以下的罚款：

（一）在广播电视传输线路保护范围内堆放笨重物品、种植树木、平整土地的；

（二）在天线、馈线保护范围外进行烧荒等的；

（三）在广播电视传输线路上接挂、调整、安装、插接收听、收视设备的；

（四）在天线场地敷设或者在架空传输线路上附挂电力、通信线路的。

〔5〕参见刘传建、黄永建：《崇州野蛮执法事件真相点滴》，四川在线 2003 年 11 月 4 日报道（ht-tp：//www. scol. com. cn/nsichuan/bsxw/20031104/2003114153948. htm），2006 年 8 月 6 日查阅。

〔6〕《最高人民法院关于执行〈中华人民共和国行政诉讼法〉若干问题的解释》（2000 年 3 月 10 日起施行）第二十六条 在行政诉讼中，被告对其作出的具体行政行为承担举证责任。

被告应当在收到起诉状副本之日起 10 日内提交答辩状，并提供作出具体行政行为时的证据、依据；被告不提供或者无正当理由逾期提供的，应当认定该具体行政行为没有证据、依据。

〔7〕同注 6。

〔8〕《最高人民法院关于执行〈中华人民共和国行政诉讼法〉若干问题的解释》第五十七条 人民法院认为被诉具体行政行为合法，但不适宜判决维持或者驳回诉讼请求的，可以作出确认其合法或者有效的判决。

有下列情形之一的，人民法院应当作出确认被诉具体行政行为违法或者无效的判决：

（一）被告不履行法定职责，但判决责令其履行法定职责已无实际意义的；

（二）被诉具体行政行为违法，但不具有可撤销内容的；

（三）被诉具体行政行为依法不成立或者无效的。

〔9〕参见刘传建、黄永建：《崇州野蛮执法事件真相点滴》，四川在线 2003 年 11 月 4 日报道（ht-tp：//www. scol. com. cn/nsichuan/bsxw/20031104/2003114153948. htm），2006 年 8 月 6 日查阅；黄永建：《市民状告崇州广电野蛮执法庭审纪实》，四川在线 2003 年 11 月 4 日报道（ht-tp：//www. scol. com. cn/nsichuan/bsxw/20031104/2003114150622. htm），2006 年 8 月 6 日查阅；刘传建：《人大代表关注崇州野蛮执法事件》，四川在线 2003 年 9 月 19 日报道（http：//www. scol. com. cn/nsichuan/cdxw/20030919/2003919135144. htm），2008 年 8 月 3 日查阅。

〔10〕所谓正常的使用方式，当然是与非正常的使用方式相对而言的。非正常的使用方式主要有两种情况：一种情况是对广播电视网络设施的安全构成不良影响；另一种情况是在合法（非法）用户的住宅中安装分线盒，将电视线路接入其他住户室内，供他人"逃费"白看电视节目。

〔11〕从法理上分析，"保护"包含一种积极的作为状态，例如采取必要的预防措施，当侵害发生时履行报警、制止等义务。所以，《广播电视设施保护条例》中规定的"任何单位和个人均有保护广播电视设施的义务"并不确当。可以规定"任何单位和个人均负有不破坏广播电视设施的义务"，但不能要求"任何单位和个人均承担保护广播电视设施的义务"。我国宪法也只是要求公民必须"爱护公共财产"（第五十三条）而没有规定公民必须"保护公共财产"；"爱护"更多地强调了自律意义上的"不损坏"，而"保护"则更多地强调了一种分内的职责或责任。

〔12〕**阅读提示**：关于有线电视初装费的合理性问题，本书中"李书明诉新乡有线电视台"一案的释评略有涉及，可供参考。

〔13〕当然，本文"注 10"中所界定的"非正常使用方式"，不属于有线电视用户"依法享有"的权利范畴。

〔14〕关于合法用户住宅内的有线电视线路及其附件的权属，国内有些地方出台的相应规定是不合

法理的。例如以下两则规定：

☐ "为了加强有线电视的管理，确保有线电视正常有序发展，对我县有线电视用户管理特作如下规定：一、我县有线电视系统的一切设施、材料（包括用户终端盒）都属国家财产，受法律保护，任何单位和个人不得擅自搭接、拆除、调整和更换器材。……"

来源：《崇明县有线电视用户管理规定》，上海崇明政府网（http://cmx. sh. gov. cn/cm-webnew/node2/node49/node144/userobject7ai12439. html），2008 年 8 月 6 日查阅。

☐ "第十条 禁止下列危及有广播电视设施的安全或损害其工作效能的行为：……（五）擅自移动、调整、安装分支支配器和用户终端盒的；……"

来源：《广州市花都区有线广播电视设施保护规定》，花都广电在线（http://hdt. huadu. gov. cn/zcfg2. htm），2008 年 8 月 6 日查阅。

有线电视网络经营者与用户签订的某些服务协议（合同）也对有线电视终端接口的使用有所约定。如下例条款：

"甲方应遵守乙方用户管理规定，不得擅自拆装有线电视系统设备及终端，如因违反规定造成信号质量下降或接收不到信号由甲方承担。如擅自拆装造成系统设备、器材非自然损坏，甲方需缴纳设备、器材及安装调试费。"

来源：昆明新华丰网络有限公司与昆明市广播电视网络中心使用的《有线电视安装施工联网入户协议书》，爱问搜索（http://iask. sina. com. cn/b/5228983. html？SHID＝1194577733.474），2008 年 8 月 6 日查阅。

上述协议表面上是对甲方（有线电视用户）自由处分其户内"有线电视系统设备及终端"的限制，但其真正的目的，是对乙方维修义务的免责约定。实质上，甲方仍然享有对其室内有线电视终端的自由处分权，只是根据上述协议的约定，乙方不对甲方擅自拆装其户内"有线电视系统设备及终端"造成的不良后果承担免费维修的义务。

〔15〕此外，之所以由作出具体行政行为的被告行政机关承担行政诉讼的举证责任，还在于被告对其具体行政行为合法依据的了解、掌握程度远甚于原告；具体行政行为是被告单方面的职权行为，行政机关享有其他人所没有的单方调查、收集、保存和使用各种证据的职权，而作为被管理者和被支配者的原告则缺乏这些有利的条件。参见马原/主编：《行政诉讼法条文精释》，人民法院出版社 2003 年版，第 212－213 页。

〔16〕黄永建：《市民状告崇州广电野蛮执法庭审纪实》，四川在线 2003 年 11 月 4 日报道（http://www. scol. com. cn/nsichuan/bsxw/20031104/2003114150622. htm），2006 年 8 月 6 日查阅。

〔17〕《行政处罚法》（1996 年 10 月 1 日起施行）第三十七条 行政机关在调查或者进行检查时，执法人员不得少于两人，并应当向当事人或者有关人员出示证件。当事人或者有关人员应当如实回答询问，并协助调查或者检查，不得阻挠。询问或者检查应当制作笔录。

行政机关在收集证据时，可以采取抽样取证的方法；在证据可能灭失或者以后难以取得的情况下，经行政机关负责人批准，可以先行登记保存，并应当在七日内及时作出处理决定，在此期间，当事人或者有关人员不得销毁或者转移证据。

执法人员与当事人有直接利害关系的，应当回避。

〔18〕否定"异地保存"的意见认为：该法条中分别提到了执法人员、当事人、有关人员，可见

"有关人员"中不包括"执法人员"。法条中规定，"当事人或者有关人员不得销毁或者转移证据"，这表明，保存证据的，只能是当事人或者有关人员，而非执法机关。所以，保存方式只能是就地保存，不应包括异地保存。也有人持"准否定"的观点，认为"原则上不能异地保存。"参见赵文和：《最高人民法院行政审判庭江必新副庭长在全国法院〈行政处罚法〉座谈会上的发言》，《南京市交通法制报》2001 年 5 月 22 日报道，转摘自中国南京交通网（http：//wx. njjt. gov. cn/jtj/xxzx/homepage/jtsf/sf_ nr. stm？iid = 500000000000011），2008年 8 月 10 日查阅。

〔19〕例如：《文化部文化行政处罚程序规定》（1997 年 12 月 31 日起施行）第十八条规定："执法人员收集证据时，可以采取抽样取证的方法；在证据可能灭失或者以后难以取得的情况下，经文化行政部门负责人批准，可以先行登记保存。……登记保存物品时，在原地保存可能妨害公共秩序或者公共安全的，可以异地保存。"

《财政部门证据先行登记保存办法》（2005 年 12 月 1 日起施行）第十条规定："先行登记保存的证据应当加封财政部门证据先行登记保存封条，由被检查人就地保存。财政部门认为先行登记保存的证据确需移至他处保存的，可以决定异地保存，并指定专门机构或专人予以保管，发生的保管费用由财政部门负担。"

《农业行政处罚程序规定》（2006 年 7 月 1 日起施行）第三十四条规定："先行登记保存物品时，就地由当事人保存的，当事人或者有关人员不得使用、销售、转移、损毁或者隐匿。就地保存可能妨害公共秩序、公共安全，或者存在其他不适宜就地保存情况的，可以异地保存。对异地保存的物品，农业行政处罚机关应当妥善保管。"

《卫星电视广播地面接收设施、广播电视设施管理行政执法公示》（南通市广播电视局，2001 年 7 月）四、行政执法规范公示：……3. 在检查中暂扣违法物品、设施应当场清点，填写加盖本局管理部门印章的《非法物品、设施登记保存单》，并交付一份予当事人。对登记保管的物品，如在原地保存可能妨害公共秩序或公共安全的，可以采取异地保存。

〔20〕见注 16。

〔21〕参见张祖明：《登记保存与查封扣押有何区别》，《监督与选择》2003 年第 1 期，第 51 页；林长煌、傅丽珠：《本案是先行登记保存还是查封、扣押》，2008 年 4 月 26 日《中国工商报》，第 3 版；祝素文：《正确使用先行登记保存和查封扣押》，杭州市食品药品监督管理局网站（http：//www. hzda. gov. cn/yuandi/detail. jsp？id = 20070731154348），2008 年 8 月 9 日查阅。

〔22〕参见卢向前、王娟：《成都市纪委对崇州广电事件作出处理》，2003 年 11 月 26 日《人民邮电报》，转载于《人民邮电报》电子版（http://ermyd. cnii. com. cn/20030915/ca209699. htm），2008 年 10 月 26 日查阅。

〔23〕**阅读提示：**在行政管理活动中，执法人员难免会遇到某些突发、未料的取证需要而来不及报请批准。为了执法工作的方便快捷，在合法的前提下，有的行政机关采用在证据先行登记保存单上事先加盖负责人印章的做法，也有的执法人员现场（通过电话）口头向领导报请许可，事后及时补批。从本案公开的记录看，广电局涉讼的行政执法，事先未经机关负责人的批准，执法过程中也未向机关负责人请示。

〔24〕潘一丹：《崇州野蛮执法追踪：我只想听句"对不起"》，2003 年 11 月 5 日《天府早报》，转摘自天府热线 2003 年 11 月 5 日消息（http：//www.tyfo.com/news/sichuan/block/html/2003110500004.html），2006 年 8 月 7 日查阅。

附：

四川省崇州市人民法院行政判决书

[2003] 崇州行初字第 22 号

原告刘明性，男，1939 年×月×日生于四川省乐池县，汉族，四川省机电学校退休教师，住崇州市×××镇×××街×号。

委托代理人段兴诚，四川成都闻鸣律师事务所律师。

被告崇州市广播电视局，住所地崇州市重阳镇蜀州北路。

法定代表人毛向阳，系该局局长。

委托代理人宋永奎，四川成都世纪协和律师事务所律师。

原告刘明性以被告崇州市广播电视局的具体行政行为违法为由，于 2003 年 9 月 27 日向本院提起行政诉讼，本院于当日受理后，依法组成合议庭，原、被告未对合议庭组成人员及书记员提出回避申请。合议庭于 2003 年 9 月 28 日将起诉状副本送达被告。被告在收到起诉状副本之日起 10 日内未提交答辩状和提供作出具体行政行为时的证据、依据。本院于 2003 年 11 月 4 日公开开庭审理了本案。原告刘明性及其委托代理人段兴诚、被告委托代理人宋永奎到庭参加诉讼，现已审理终结。

被告崇州市广播电视局于 2003 年 9 月 15 日向原告刘明性出具一份《行政执法扣押物品、证据登记保存单》，对刘明性家的长虹牌、成都牌彩色电视机各一台予以证据登记保存；于 2003 年 9 月 17 日向原告送达了《行政处罚告知书（副本）》一份，认为原告擅自在广播电视传输线路上插接收听、收视设备的行为违反了国务院《广播电视设施保护条例》第十五条的规定，拟根据该条例第二十三条（三）项的规定，对原告处以 2000 元的罚款，告知原告在收到之日起 3 日内有陈述、申辩和依法要求举行听证的权利。

原告刘明性诉称，2003 年 9 月 15 日下午 2 时许，被告的工作人员进入其家，以其触犯了《广播电视设施保护条例》为由，剪断光纤电视用户盒与电视机的连接线，将两台电视机抱走。两台电视机分别于同月 16 日、22 日退还。原告认为自己没有违法行为，被告的行为侵犯其合法权益，请求判决确认被告剪断电视用户盒与电视机连接线、扣押电视机行为违法，要求被告就调查结果作出原告违法事实不成立的决定并公开赔礼道歉。

被告在庭审中辩称，收到起诉状副本后，经对被诉具体行政行为进行复查，认为确有不当，已于 2003 年 10 月 22 日作出了《纠正具体行政行为通知书》，撤销了 2003 年 9 月 15 日对原告两台电视机所采取的证据登记保存措施和 2003 年 9 月 17 日向原告作出的崇广行处告字〔2003〕第 13 号《行政处罚告知书》，该通知书已送达原告，并于 2003 年 10 月 31 日告知法院。

经审理查明，被告工作人员于 2003 年 9 月 15 日下午进入原告家中，以原告违反了《广播电视设施保护条例》为由，剪断了原告的光纤电视用户盒与电视机的连接线一根，对原告的两台电视机予以异地证据登记保存。后于同月 17 日向原告送达了崇广行处告字〔2003〕第 13 号《行政处罚告知书》。被告于同月 16 日退还一台电视机，同月 22 日作出了《解除证据登记保存措施通知书》并退还原告另一台电视机。审理中，被告于 2003 年 10 月 22 日作出了撤销证据登记保存和《行政处罚告知书》的《纠正具体行政行为通知书》。本院在庭审中告知原告，被告已改变具体行政行为，原告表示不撤诉。本院依法对被告的原具体行政行为的合法性进行审理。另查明，该具体行政行为发生后，被告工作人员曾向原告作出过赔礼道歉。

本院认为，依照《最高人民法院关于执行〈中华人民共和国行政诉讼法〉若干问题的解释》第二十六条之规定："在行政诉讼中，被告对其作出的具体行政行为承担举证责任。被告应当在收到起诉状副本之日起 10 日内提交答辩状，并提供作出具体行政行为时的证据、依据；被告不提供或无正当理由逾期提供的，应当认定该具体行政行为没有证据、依据。"据此，本院认为被告崇州市广播电视局对原告刘明性作出具体行政行为时，没有证据、依据。原告要求被告就调查结果作出原告违法事实不成立的决定和公开赔礼道歉的诉讼请求，不符合法律规定，本院不予支持。由于被诉具体行政行为不具有可撤销内容，依照《最高人民法院关于执行〈中华人民共和国行政诉讼法〉若干问题的解释》第二十六条、第五十七条第二款（二）项之规定，判决如下：

确认被告崇州市广播电视局 2003 年 9 月 15 日剪断原告刘明性家中有线电视用户盒与电视机连接线、对原告家中两台电视机予以证据登记保存和 2003 年 9 月 17 日向原告作出的崇广行处告字〔2003〕第 13 号《行政处罚告知书》的具体行政行为违法。

案件受理费人民币 100 元，其他诉讼费人民币 400 元，合计人民币

500 元，由被告崇州市广播电视局负担。

如不服本判决，可在判决书送达之日起 15 日内，向本院递交上诉状，并按对方当事人的人数提出副本，上诉于四川省成都市中级人民法院。

审判人员署名（略）
二〇〇三年十二月二日

注：以上裁判文书仅供参考，引用请以原件为准。

彭学纯诉上海市工商行政管理局

本案原告诉请工商局对媒体广告履行监管之职责。

从关切媒介消费的立场品读，本案的讼事亦可作为示范性的例证，用来说明适格的媒介消费者，有权启动行政诉讼，促使政府部门对特定的商业传播内容履行监管之职责。

导读：被《最高人民法院公报》收录的典例讼案。适格的媒介消费者，有权启动行政诉讼，促使政府部门对特定的商业传播内容履行监管之职责。

纠纷：上海有线电视台播放的一个专题节目，介绍了包括 411 医院章某在内的五位上海市新长征突击手的事迹。收看了该节目后，市民彭学纯的妻子住进 411 医院治疗，29 天后死亡。彭学纯认为该节目系违法医疗广告，要求市工商局查处，但后者口头答复该节目不属于广告，不予立案查处。彭学纯遂起诉要求市工商局履行法定职责，对有线电视台播出该违法医疗广告的行为予以查处。

审级：二审

裁判：上海市徐汇区人民法院行政判决书［2002］徐行初字第 91 号

上海市第一中级人民法院行政判决书［2003］沪一中行终字第 32 号

原告：彭学纯

被告：上海市工商行政管理局

2000 年 8 月 16 日晚，上海有线电视台戏剧频道播放了一个专题节目，介绍五位上海市新长征突击手的事迹，其中一位是 411 医院的院长章某，该专题节目同时还提到海军 411 医院擅长治疗骨科疾病，且"治疗骨科肿瘤的生存时间在 5 年以上"。

家住上海市沪太路的彭学纯收看了这个专题节目后，于 2000 年 8 月 21 日将身患骨肿瘤的妻子转至该院医治，29 天后，彭妻在医院去世。

彭学纯认为这是一起医疗事故，开始与医院打官司。诉讼过程中，他需要举证所看到的专题节目是一则违法广告。为此，彭学纯前往上海市工商行政管理局（以下简称市工商局）交涉，要求其履行法定职责，对上海有线电视台戏剧频道播放违法医疗广告误导其妻子就医时死亡一案进行查处。市工商局收到彭学纯的投诉后，向上海有线电视台调取 2000 年 8 月

16 日晚 8 点戏剧频道《闪亮时分》栏目播放的专题节目《共和国之歌——献给人民功臣》的录像带,对方称已无法找到。市工商局又向上海市广告监测中心调查,该中心提供了监测录像。市工商局将录像内容刻录成光盘交给彭学纯,并向其口头作出有关节目不属于广告,不予立案的回复,彭学纯于是向上海市徐汇区人民法院提起行政诉讼。

彭学纯诉称,收看了上海有线电视台戏剧频道播放的介绍 411 医院的广告后,我妻子即入住该医院治疗,29 天后竟在该医院死亡。市工商局在接到本人投诉后,没有对该违法医疗广告进行立案查处,属于不履行法定职责,故要求法院判令被告履行法定职责,查处上海有线电视台播出的违法医疗广告。

被告市工商局辩称,2000 年 12 月,彭学纯到被告广告处反映,称其看了上海有线电视台戏剧频道播出的海军 411 医院医疗广告后,带其妻前往治疗,但其妻的病不但未治好,反而加重并在医院去世。彭学纯认为电视台有关海军 411 医院的医疗广告虚假,要求被告进行处理。上海市工商行政管理局在听取了彭学纯反映的情况后,作了进一步的调查,有关工作人员查找了彭学纯反映时段的节目录像。该节目播出的是一个专题报道,介绍了包括海军 411 医院院长章某在内的五位上海市新长征突击手的事迹。节目虽然包括了关于骨病治疗的内容,但认定为广告依据不足,故上海市工商行政管理局口头答复原告不对该节目立案查处。彭学纯起诉要求被告履行法定职责与事实不符,请求法院驳回原告的诉讼请求。

法院审理后认为,被告市工商局作为上海市的广告监督管理机关,对违反法律规定的广告活动,有权也有责任依照法律的规定进行行政处罚。国家工商行政管理局、卫生部 1993 年 9 月 27 日发布的《医疗广告管理办法》明确规定,医疗广告是指医疗机构通过一定的媒介或者形式,向社会或者公众宣传其运用科学技术诊疗疾病的活动。国家工商行政管理局 2001年 3 月 1 日在工商广字〔2001〕第 57 号答复中进一步明确,大众传播媒介利用新闻报道形式介绍医疗机构及其服务,如出现医疗机构的地址、电话号码或其他联系方式等内容的,在发表有关医疗机构报道的同时,在同一媒体同一时间(时段)发布该医疗机构广告的,即使发布者声称未收取费用,也应认定为利用新闻报道形式发布医疗广告。从彭学纯提供的电视节目光盘录像可以看出,该专题报道在形式上具备了医疗广告的基本特征,市工商局对彭学纯的投诉应予调查处理。

法院依照《行政诉讼法》第五十四条第三项的规定,判决被告履行其法定职责，对上海有线电视台戏剧频道 2000 年 8 月 16 日 20 时播出的专题报道节目是否构成违法医疗广告进行调查处理，并将结果告知原告彭学纯。

一审宣判后，市工商局向上海市第一中级人民法院提出上诉，认为有关电视专题报道主要是介绍海军医院院长等医务人员的事迹，虽然其中包括了关于骨病治疗的内容，但认定为广告依据不足；接到被上诉人彭学纯的投诉后，已积极进行调查，将节目内容录制成了光盘交给彭学纯本人，并将处理结果告知了被上诉人，已履行了法定职责，请求驳回被上诉人彭学纯的诉讼请求。

彭学纯辩称：上海市有线电视台过去从未播放过类似的节目，据了解该节目是 411 医院自行制作后送电视台的，该节目中明确说明了医疗机构的名称、医师的姓名、医疗的内容，故应认定为医疗广告，请求维持原判。

二审法院认为：《广告法》第六条规定，县级以上人民政府工商行政管理部门是广告监督管理机关。根据广告法的规定，广告的管理和监督是工商行政管理部门的职责之一，因此，认定有关节目是否构成广告、是否构成违法广告以及如何依法进行行政处罚，均属于工商行政管理部门的职责范围。彭学纯认为上海市有线电视台播出节目属于违法广告，侵犯其合法权益，并向上海市工商局申请对该广告进行行政查处，符合《行政诉讼法》的有关规定。

1993 年公布的《医疗广告管理办法》第二条第二款规定：医疗广告是指医疗机构通过一定媒介或者形式，向社会或者公众宣传其运用科学技术诊疗疾病的活动。公众所理解的广告，就是以一定的方式通过媒体对商品或者服务及其提供商品或者服务单位的宣传和介绍。从庭审播放的上海市有线电视台专题节目《共和国之歌——献给人民功臣》来看，尽管录制的光盘声音不清晰，但画面反映出节目中不仅有对 411 医院院长章某的事迹介绍，还有相当一部分内容是介绍其诊疗方法和疗效，画面上还 3 次出现 411 医院名称的特写镜头。该节目反映的信息既有医务人员工作事迹的介绍，又有医务人员医术和医疗专长的介绍，其宣传医院和医院服务的用意十分明显，彭学纯有理由得出该节目属于医疗广告的结论。因此，原审认定该专题报道在形式上具备了认定为医疗广告的基本特征，并无不当，符合《医疗广告管理办法》的有关规定，市工商局以该节目不构成广告而不予查处的理由不成立。

市工商局虽然将不予立案查处的理由告诉了彭学纯本人，但其没有依法履行法定的行政职责，未能依法保护申请人的人身权和财产权，故原审判决认定市工商局应对该节目进行调查处理，亦无不当，可予维持。

据此，上海市第一中级人民法院依照《行政诉讼法》第六十一条第一款（一）项之规定，于2003年4月21日判决驳回市工商局的上诉，维持原判。

案件终审判决后，上海市工商局闸北分局对该节目作出处理，并函告彭学纯：他们已责令医院停止发布该医疗广告，公开更正；责令有关电视台改正并处以罚款。

释解与评点

本案二审终结后，即被《最高人民法院公报》收录[1]，继而又被辑入多种裁判文书或案例出版物[2]，可见其具相当的典例价值。

从关切媒介消费的立场品读，本案的讼事亦可作为示范性的例证，用来说明适格的媒介消费者，有权启动行政诉讼，促使政府部门对特定的商业传播内容履行监管之职责。

✎ 如何取得原告的法律地位

彭学纯之诉，源于对市工商局的处置不服。我国行政诉讼法规定，公民认为行政机关的具体行政行为侵犯其合法权益，有权提起行政诉讼，请求法院的司法保护[3]。为防止兴讼者滥用诉权，提高司法救济的可行性，行政诉讼法同时规定了起诉的条件[4]，只有符合其条件的起诉，才有可能被法院受理。这些条件包括：一、所诉纠纷或事项属于法院受案范围和受诉法院管辖；二、原告是与具体行政行为有法律上的利害关系并认为具体行政行为侵犯其合法权益的公民、法人或者其他组织；三、有明确的被告；四、有具体的诉讼请求和事实根据。

关于行政诉讼的受案范围，行政诉讼法共列出了九类可诉的行政行为，其中一类是"申请行政机关履行保护人身权、财产权的法定职责，行政机关拒绝履行或者不予答复。"[5]本案被告市工商局是我国法定的广告监督管理机关，其职责之一，就是监管广告发布与经营活动，查处广告违法行为。彭学纯指称，上海有线电视台戏剧频道播放的专题节目是医疗广告，被告未对其指诉的违法医疗广告立案查处，属于不履行法定职责，故请求法院对被告的"不查办"进行审查和裁判，其所诉事项，显然属于法院的受案范围。

彭学纯所以要求市工商局查办电视台播放的专题节目，盖因其认为，该节目提供了误导性的广告信息，致使其妻就医时死亡。彭学纯作为其妻的近亲属，自然与市工商局的被诉行政行为有法律上的利害关系，也有理由认为市工商局的"不立案"决定，足以影响其合法权益。依据《行政诉讼法》第二十四条[6]的规定，彭学纯具备提起诉讼的原告资格，有权向法院提起诉讼。至于其合法权益是否确实受到被诉行为侵犯，则非检验原告资格时必需查证的问题，而应由法院的实体性审判来解决。

有必要提醒的是，并非所有对工商局广告监管不满的人，都能取得原告的法律地位。曾有这样一个案例[7]：北京的一位中学教师甄某，认为某报大量刊登违法广告，遂于 2002 年 8 月 14 日向该报社所在地工商部门举报，要求对报社的违法行为进行查处。但工商部门其后既未对报社作出处罚，也未给出令甄某满意的解释和说明，于是甄某诉至法院，要求工商部门履行其法定职责。一审法院经审理裁定驳回了甄某的起诉，甄某不服，提出上诉，二审法院维持了一审的裁定。法院认为，根据《行政诉讼法》第四十一条[8]和《最高人民法院关于执行〈中华人民共和国行政诉讼法〉若干问题的解释》第十二条[9]的规定，公民、法人或者其他组织向法院提起行政诉讼，应当与被诉具体行政行为有法律上利害关系，否则不具有原告诉讼主体资格，人民法院应当裁定不予受理；已经受理的，裁定驳回起诉。在这一案件中，尽管甄某的举报对规范广告活动、维护广告受众的利益具有积极作用，但其本人与所举报的广告之间不存在直接的利害关系，而举报目的及其可能结果的正面效益，原则上不能成为决定原告适格的法定要件。尽管近二十年来，有关公益诉讼的讨论渐成热议，对"只有本人权益受到侵害者才有原告资格"的诉权限制亦多有诘疑[10]，提交全国人大审议的《行政诉讼法修改建议稿》中也增设了有关公益诉讼的制度设计[11]，但在新的《行政诉讼法》公布并实施之前，现行法律有关原告资格的规定，仍是公民行使行政诉讼实施权的必要条件。

✎ 起诉的"事实根据"与"有效证据"

本案有明确的被告，有具体的诉讼请求，这两点完全符合起诉条件，无需多言。值得释解的，是原告所持的"事实根据"。《行政诉讼法》第四十一条[12]要求的事实根据，其"事实"是"案情事实"而非"证据事实"，法院只要能够通过该事实确认所诉争议关涉行政法上的权利义务关系，即视原告具有提起诉讼的事实根据。换言之，行政诉讼的立案，不以原告承担举证责任为要件，不要求原告必须提供确切的证据证明具体行政行为违法。最高法院曾在 2000 年公布的《关于执行〈中华人民共和国行政诉讼法〉若干问题的解释》中规定，原告应对"证明起诉符合法定条件"承担"举证责任"[13]。但不少学者认为，该规定应该是对原告起诉时提交初步证据的要求，其目的在于使法院确认原告的起诉合法，以便启动诉讼程序，而"举证责任"则是围绕着原告实体诉讼请求是否合法展开的。在起诉阶段，由于案件尚未开始审理，因而也就无所谓举证责任的问题。不能将原告起诉时应当承担的举证行为混同于诉讼实施中的举证责任。[14]在 2001 年公布的《关于行政诉讼证据若干问题的规定》中，已不再采用上述"举证责任"的提法，而仅仅规定：公民、法人或者其他组织向法院起诉时，应当提供符合起诉条件的相应证据材料[15]。所谓"证据材料"，是比"证据"更宽泛的概念，一切可能与本案有关的事实材料，无论是否被调查收集、审查判断，是否具有合法性、相关性和客观性，均属证据材料的范畴。而"证据"仅指当事人举证或法院调取且经质证或者法院审查的可据以定案的有关事实材料，该事实材料必须同时具备合法性、相关性和客观性[16]。

本案审理中，原告出示的证据及依据包括：一、2000 年 8 月 16 日上海有线电视台戏剧频道播出的节目光盘一张，原告认为该节目实为医疗广告。二、中国人民解放军第 411 医院医疗机构执业许可证（复印件），其诊疗科目中无骨科一项。三、"12 家医疗机构受罚"报道（复印件），内容有上海市工商行政管理局广告管理处处长介绍医疗类违法违规广告的情况。四、刊登于 2001 年 4 月 27 日《购物导报》及 2001 年 4 月 20 日《市民周刊》的上海海军 411 医院的广告（复印件）。五、上海市卫生局、上海市工商行政管理局《关于加强医疗广告管理的通知》（复印件），原告认为被告应适用该通知对违法医疗广告进行查处。

原告所持的上述证据，如果是在起诉时提交，即属其提起诉讼的"事实根据"，亦可称之为"起诉证据材料"；如果是在立案后的审理中出示，则为支持其诉讼请求的证据。起诉证据材料与证据的区别，主要体现在法院对两者（实际上可能为同一份资料）的审查时间、范围和程序有所不同。对起诉证据材料的审查，在立案阶段进行，是法院根据起诉人的单方举证所作的形式审查，其审查程度，只要达到能够证明起诉人与案件有利害关系、有诉权，受案法院有管辖权即可；对证据的审查，则是在立案后的审理中进行，为实质性审查，须经原、被告双方的质证、辩论并经过法官的审核认定，从而确定其是否具备合法性、关联性和真实性，可否用作定案的根据。

在民事诉讼中，举证责任分配的一般原则是谁主张谁举证[17]；行政诉讼则采用被告负举证责任的制度，即《行政诉讼法》第三十二条规定的："被告对作出的具体行政行为负有举证责任，应当提供作出该具体行政行为的证据和所依据的规范性文件。"但被告承担举证责任，并不排除原告的举证权利[18]。在行政诉状中，原告可以提供证明被诉具体行政行为违法的证据。原告提供的证据不成立的，不免除被告对被诉具体行政行为合法性的举证责任[19]。

彭学纯在本案庭审中提交的五种证据，意在证明：上海有线电视台播放的涉案电视专题节目属于广告，且该广告违反了法律的禁止性规定。这些证据中，只有涉案的电视专题节目光盘对证明该节目是否属于广告具有证据能力，其他证据则与该待证事实无关联性，不能作为认定涉案节目是否属于广告的有效证据。

平心而论，市工商局对原告的投诉还是有积极作为的，向原告提供节目光盘便是明证。须知，在国家工商行政管理局印发的《关于受理违法广告举报工作的规定》（1997 年 1 月 1 日起执行）中，只是要求"对涉及侵害举报人民事权益的违法广告，工商行政管理机关在按照行政程序对违法广告当事人做出处理后，应举报人的要求，可以将处理结果告知举报人。"[20]并没有要求工商行政管理部门必须向违法广告的举报或投诉者提供相关的涉案证据和查办资料。也就是说，被告市工商局原本可以不向原告提供涉案节目光盘，果真如此，彭学纯的起诉就会缺少一项重要的"事实根据"。虽然原告可在立案后申请法院向被告或电视台调取证据，法院也有权依法[21]自行调取所需的证据，但毕竟要多费周折。而且，法院能否满足原告的取证要求，也存在一定的变数。所以，尽管市工商局后来的"不予立案"导致原告的不满，但其向原告提供了涉案节目的监测录像光盘，还是值得肯定的。正是该节目光盘，成了本案中确定涉案节目是否属于广告的唯一具有证据能力的视听资料。

当然，以证据规则衡量，本案原告提交的节目光盘，虽然具备证据能力，但其证明效力仍然是有瑕疵的。根据行政诉讼的证据要求[22]，当事人向人民法院提供视听资料，应当：一、提供有关资料的原始载体，提供原始载体确有困难的，可以提供复制件；二、注明制作方法、制作时间、制作人和证明对象等；三、声音资料应当附有该声音内容的文字记录。原告的节目光盘并未附有上述第二、三项要求的文字注明和记录，考虑到该视听资料是市工商局在行使行政职权时所调取，所以仍可作为当事人提供的证据加以运用。

另据《关于行政诉讼证据若干问题的规定》第七十一条（五）项的规定：无法与原件、原物核对的复制件或者复制品不能单独作为定案证据。此即行政诉讼补强证据规则的规定。所谓补强证据规则，是指"因某种类型的证据可能具有较大的瑕疵，因此，法律规定该证据不能单独作为认定案件事实的依据，只有在其他证据（补强证据）与其相互印证时，才能认定案情。"[23]本案中的节目光盘，已经无法与原件核对，因此需要其他证据的补强证明力才能作为定案的依据。本案的一、二审庭审中播放了原告提供的节目光盘，双方当事人对其内容均无异议，所以，法院认为这一证据已经当事人确认，其证明力得到了当事人自认证据的补强[24]，可将其作为定案证据使用。

✎ 法的效力等级与法律适用

确认了原告所持视听资料的证明效力，就有了审判的事实凭据，但同一件事实，适用的定性标准和评价标准不同，也会得出不同的结论。本案庭审中播放了光盘录制的 2000 年 8 月 16 日晚 8 时上海有线电视台戏剧频道《闪亮时分》栏目的专题节目《共和国之歌——献给人民功臣》，其中并无标示 411 医院地址、电话或其他联系方式的画面，其间也未插播该医院的广告。市工商局由此认为涉案专题节目属于介绍人物的报道，不构成广告，而原告则指称该节目最后曾有配音播报了医院的地址和电话，因举证光盘所录制的声音不清晰，无法证明原告的指称。在这种情况下，法院的任务就是为系争案情找到相应的法律规范，以该法律规范作为依据加以裁判，即在查清事实的基础上，以法律作为裁量是非、评断事理的标准和尺度。

根据行政诉讼法的规定[25]，法院审理行政案件，以法律和行政法规、地方性法规为依据，参照国务院部、委根据法律和国务院的行政法规发布的规章以及省（自治区、直辖市）和省（自治区）政府所在地的市制定、发布的规章。

具体到本案，一审法院首先援引了《医疗广告管理办法》[26]第二条[27]第二款的规定作为认定涉案节目是否属于广告的依据，该《办法》是工商行政管理局和卫生部联合发布的部门规章。审判者之所以没有适用法律层级的《广告法》和行政法规层级的《广告管理条例》，是因为相对医疗广告的管理而言，《广告法》和《广告管理条例》是一般性的广告规范，而《医疗广告管理办法》则是针对医疗广告的具体情况和专门需要而制定的特别规定，虽然其效力层级相对较低，但与现行的上位法并不冲突，因此，以《医疗广告管理办法》的规定作为本案认定医疗广告的下判依据，是妥当的，不存在下位法"僭越"上位法的问题，也不应简单地认为，效力等级低的法不如效力等级高的法"管用"。对涉案当事人来说，无论是法律、行政法规、地方性法规还是规章，凡是合法适用的，都必须遵守。一般而言，只有在两种情况下，法律适用者才须顾及法的效力等级：一是为了解决法律的冲突，高层级法律文件的规范应优于低层级法律文件的规范适用；二是对同一事项，上位法与下位法有一致的规定，如果同时援引其规定，应首先援引上位法的规定，如果只援引其中之一，则应援引上位法的规定。

除了《医疗广告管理办法》之外，本案一审判决还援引了工商广字〔2001〕第57号《关于认定利用新闻报道形式发布医疗广告问题的答复》（以下简称答复），其原文为：

> 江苏省工商行政管理局：你局《关于如何认定利用新闻报道形式发布医疗广告的请示》（苏工商广〔2001〕75号）收悉。经研究，答复如下：
>
> 大众传播媒介利用新闻报道形式介绍医疗机构及其服务，如出现医疗机构的地址、电话号码或其它联系方式等内容的；在发表有关医疗机构报道的同时，在同一媒体同一时间（时段）发布该医疗机构广告的，即使发布者声称未收取费用，也应认定为利用新闻报道形式发布医疗广告。

该答复的行文表达稍欠明晰，其本意似可更明确地表述为：

> 大众媒体以新闻报道的形式介绍医疗机构及其服务，其中含有该医疗机构的地址、电话号码或其他联系方式等内容；或者大众媒体在发表医疗机构的报道时，在同一媒体同一时间（时段）又发布了该医疗机构的广告，凡属上述两种情况，即使报道发布

者声称未收取费用，也应认定为大众媒体是在利用新闻报道形式发布医疗广告。

此外，二审法院在判令上诉人履行广告监督管理的行政职责时，引用了《广告法》第六条有关"县级以上人民政府工商行政管理部门是广告监督管理机关"的规定作为下判的依据，此为一审的判词所无。相比之下，前者的表述更为规范和严谨。

✎ 行政判决的有所不为：避免过度干涉被告的行政自由裁量权

本案原告的主要诉请，不只是为了认定涉案节目的广告属性，而是要求法院判令被告查处该"违法广告"。二审法院在审理时，对涉案节目符合广告基本特征的意见较为一致，但对应否在判决结果中完全支持被上诉人的诉请却有不同的意见。一种意见认为，彭学纯要求查处的是违法广告，所以应对该节目是否构成违法广告继续审查，以最终决定是否支持其诉讼请求，判决市工商局对违法广告进行查处。另一种意见认为，市工商局主张节目不构成医疗广告的理由不能成立，但节目是否构成违法医疗广告，应由市工商局进一步调查后作出认定，所以只需判决市工商局对节目是否构成违法广告进行查处。法院最终选择了后一种意见，认为一审法院判令市工商局应履行其法定职责，对上海有线电视台所播涉案节目是否构成违法广告进行调查处理，并将结果告知彭学纯，这一判决是妥当的。

二审法院后一种下判思路的合理性在于：广告管理是市工商局的行政职责之一，认定有关节目是否构成违法广告以及对违法广告是否进行行政处罚，均应由市工商局行政自由裁量后作出决定。本案中，市工商局始终认定专题报道节目不构成广告，自然对节目是否构成违法广告未进一步调查取证，本案现有证据也就无法对此作出认定。如果法院直接对涉案节目是否构成违法广告作出认定，难免有干涉行政自由裁量权之嫌。二审的判决既给市工商局履行广告管理职责留出了空间，也为其保留了根据行政管理的需要自主决定是否给予有关当事人行政处罚以及给予何种处罚的自由裁量权。[28]

注释：

---

〔1〕见《中华人民共和国最高人民法院公报》2003 年第 5 期，第 35 - 36 页。

〔2〕参见张吉人/著：《彭学纯诉上海市工商行政管理局不履行法定职责上诉案》，中华人民共和
国最高人民法院行政审判庭/编：《行政执法与行政审判》2003 年第 4 集，法律出版社 2004
年版，第 190 – 196 页；《彭学纯诉上海市工商局不履行法定职责纠纷案》，祝铭山/主编：
《工商行政诉讼》，中国法制出版社 2004 年版，第 12 – 16 页；《视听资料及其证明力——彭学
纯诉上海市工商行政管理局不履行法定职责案》，宋随军、梁凤云/主编：《行政诉讼证据案
例与评析》，人民法院出版社 2005 年版，第 306 – 314 页；《彭学纯诉上海市工商局不履行法
定职责纠纷案》，程荣斌、姜小川/主编：《行政法与行政诉讼法案例·法规·试题》，中国法
制出版社 2006 年版，第 130 – 132 页；张缨/著：《彭学纯诉上海市工商行政管理局要求履行
法定职责案》，殷勇磊/主编：《新类型案例实录与评析》，法律出版社 2006 年版，第 440 –
445 页。

〔3〕《行政诉讼法》（1990 年 10 月 1 日起施行）第二条　公民、法人或者其他组织认为行政机关和
行政机关工作人员的具体行政行为侵犯其合法权益，有权依照本法向人民法院提起诉讼。
《关于执行〈中华人民共和国行政诉讼法〉若干问题的解释》（2000 年 3 月 10 日起实施）第
十二条　与具体行政行为有法律上利害关系的公民、法人或者其他组织对该行为不服的，可以
依法提起行政诉讼。

〔4〕《行政诉讼法》第四十一条　提起诉讼应当符合下列条件：
（一）原告是认为具体行政行为侵犯其合法权益的公民、法人或者其他组织；
（二）有明确的被告；
（三）有具体的诉讼请求和事实根据；
（四）属于人民法院受案范围和受诉人民法院管辖。

〔5〕《行政诉讼法》第十一条　人民法院受理公民、法人和其他组织对下列具体行政行为不服提起
的诉讼：
（一）对拘留、罚款、吊销许可证和执照、责令停产停业、没收财物等行政处罚不服的；
（二）对限制人身自由或者对财产的查封、扣押、冻结等行政强制措施不服的；
（三）认为行政机关侵犯法律规定的经营自主权的；
（四）认为符合法定条件申请行政机关颁发许可证和执照，行政机关拒绝颁发或者不予答复的；
（五）申请行政机关履行保护人身权、财产权的法定职责，行政机关拒绝履行或者不予答复的；
（六）认为行政机关没有依法发给抚恤金的；
（七）认为行政机关违法要求履行义务的；
（八）认为行政机关侵犯其他人身权、财产权的。
除前款规定外，人民法院受理法律、法规规定可以提起诉讼的其他行政案件。

〔6〕《行政诉讼法》第二十四条　依照本法提起诉讼的公民、法人或者其他组织是原告。
有权提起诉讼的公民死亡，其近亲属可以提起诉讼。
有权提起诉讼的法人或者其他组织终止，承受其权利的法人或者其他组织可以提起诉讼。

〔7〕详见邓婷：《教师告工商不罚违法广告，法院因其不具原告资格驳回起诉》，2003 年 10 月 14 日
《京华时报》，A6 版；北京市第二中级人民法院通报：《要求工商尽责，资格不备被驳——北京
二中院对一因报纸刊登广告引发的行政案进行终审》，首都政法网（http：//www.bj148.org/ne-

wnews/pub/1066030776451. html)，2003 年 10 月 13 日查阅。

〔8〕见注4。

〔9〕见注3。

〔10〕参见颜运秋/著：《公益诉讼理念研究》，中国检察出版社 2002 年版，第四章"公益诉讼的原告资格"，第 155 - 208 页。

〔11〕唐俊：《访起草人马怀德教授——行政诉讼法修改尚需探索》，法制网 2005 年 11 月 9 日报道（http：//www. legaldaily. com. cn/2007rdlf/2005 - 11/09/content_ 600352. htm），2008 年 3 月 3 1 日查阅。

〔12〕见注4。

〔13〕《关于执行〈中华人民共和国行政诉讼法〉若干问题的解释》（2000 年 3 月 10 日起实施）第二十七条 原告对下列事项承担举证责任：

（一）证明起诉符合法定条件，但被告认为原告起诉超过起诉期限的除外；

（二）在起诉被告不作为的案件中，证明其提出申请的事实；

（三）在一并提起的行政赔偿诉讼中，证明因受被诉行为侵害而造成损失的事实；

（四）其他应当由原告承担举证责任的事项。

〔14〕参见张树义/主编：《寻求行政诉讼制度发展的良性循环——行政诉讼法司法解释释评》，中国政法大学出版社 2000 年版，第 150 页；马怀德、刘东亮/著：《行政诉讼证据问题研究》，何家弘/主编：《证据学论坛》（第 4 卷），中国检察出版社 2002 年版，第 215 页以下。

〔15〕《最高人民法院关于行政诉讼证据若干问题的规定》（2002 年 10 月 1 日起施行）第四条 公民、法人或者其他组织向人民法院起诉时，应当提供其符合起诉条件的相应的证据材料。

在起诉被告不作为的案件中，原告应当提供其在行政程序中曾经提出申请的证据材料。但有下列情形的除外：

（一）被告应当依职权主动履行法定职责的；

（二）原告因被告受理申请的登记制度不完备等正当事由不能提供相关证据材料并能够作出合理说明的。

被告认为原告起诉超过法定期限的，由被告承担举证责任。

〔16〕参见王宝发/编著：《最高人民法院关于行政诉讼证据若干问题的规定释义》，法律出版社 2002 年版，第 18 页。

〔17〕**阅读提示**：除了谁主张谁举证的举证责任一般分配原则外，民事诉讼的举证责任还有法定举证责任倒置和赋予法官一定举证责任自由分配裁量权的特殊情况。有关规定可参见《最高人民法院关于民事诉讼证据的若干规定》（2002 年 4 月 1 日起施行）第四条、第七条。

〔18〕**阅读提示**：行政诉讼法在赋予公民起诉权的同时，也规定了相应的举证义务，比如要求原告在起诉时应当"有事实根据"。但原告的举证义务不同于被告的举证责任，原告如果不履行上述举证义务，起诉将不被法院受理，而不是败诉，这不同于举证责任。另外，《最高人民法院关于行政诉讼证据若干问题的规定》第四条、第五条规定：在起诉被告不作为的案件中，原告应当提供其在行政程序中曾经提出申请的证据材料，但被告应当依职权主动履行法定职责的情形和原告因被告受理申请的登记制度不完备等正当事由，不能提供相关证据材料

并能够作出合理说明的除外；在行政赔偿诉讼中，原告应当对被诉具体行政行为造成损害的事实提供证据。

〔19〕《最高人民法院关于行政诉讼证据若干问题的规定》第六条 原告可以提供证明被诉具体行政行为违法的证据。原告提供的证据不成立的，不免除被告对被诉具体行政行为合法性的举证责任。

〔20〕见《国家工商行政管理局关于受理违法广告举报工作的规定》（1997年1月1日起执行）第十六条。

〔21〕《行政诉讼法》第三十四条 人民法院有权要求当事人提供或者补充证据。

人民法院有权向有关行政机关以及其他组织、公民调取证据。

《最高人民法院关于行政诉讼证据若干问题的规定》第二十二条 根据行政诉讼法第三十四条第二款的规定，有下列情形之一的，人民法院有权向有关行政机关以及其他组织、公民调取证据：

（一）涉及国家利益、公共利益或者他人合法权益的事实认定的；

（二）涉及依职权追加当事人、中止诉讼、终结诉讼、回避等程序性事项的。

第二十三条 原告或者第三人不能自行收集，但能够提供确切线索的，可以申请人民法院调取下列证据材料：

（一）由国家有关部门保存而须由人民法院调取的证据材料；

（二）涉及国家秘密、商业秘密、个人隐私的证据材料；

（三）确因客观原因不能自行收集的其他证据材料。

人民法院不得为证明被诉具体行政行为的合法性，调取被告在作出具体行政行为时未收集的证据。

〔22〕《最高人民法院关于行政诉讼证据若干问题的规定》第十二条 根据行政诉讼法第三十一条第一款（三）项的规定，当事人向人民法院提供计算机数据或者录音、录像等视听资料的，应当符合下列要求：

（一）提供有关资料的原始载体，提供原始载体确有困难的，可以提供复制件；

（二）注明制作方法、制作时间、制作人和证明对象等；

（三）声音资料应当附有该声音内容的文字记录。

〔23〕张树义/主编：《寻求行政诉讼制度发展的良性循环——行政诉讼法司法解释释评》，中国政法大学出版社2000年版，第311页。

〔24〕《最高人民法院关于行政诉讼证据若干问题的规定》第六十七条 在不受外力影响的情况下，一方当事人提供的证据，对方当事人明确表示认可的，可以认定该证据的证明效力；对方当事人予以否认，但不能提供充分的证据进行反驳的，可以综合全案情况审查认定该证据的证明效力。

〔25〕参见《行政诉讼法》第五十二、五十三条。

〔26〕**阅读提示：**《医疗广告管理办法》已于2006年11月10日经国家工商行政管理总局和卫生部决定修改，自2007年1月1日起施行。

〔27〕《医疗广告管理办法》（1993年12月1日起施行）第二条 凡利用各种媒介或者形式在中华人民共和国境内发布的医疗广告，均属本办法管理范围。

医疗广告是指医疗机构（下称广告客户）通过一定的媒介或者形式，向社会或者公众宣传其运用科学技术诊疗疾病的活动。

阅读提示：新的《医疗广告管理办法》（2007 年 1 月 1 日起施行）第二条规定："本办法所称医疗广告，是指利用各种媒介或者形式直接或间接介绍医疗机构或医疗服务的广告。"显然，这一规定比原《办法》对"医疗广告"内容的界定更为宽泛，同时，医疗广告的广告主（广告客户）也不再限于"医疗机构"。

〔28〕 本文最后两段的主要观点，参见于本案二审审判长张吉人所撰：《彭学纯诉上海市工商行政管理局不履行法定职责上诉案评析》，刊载于中华人民共和国最高人民法院行政审判庭/编：《行政执法与行政审判》（2003 年第 4 集），法律出版社 2004 年版，第 195 – 196 页。

附：

上海市徐汇区人民法院行政判决书

[2002] 徐行初字第 91 号

原告彭学纯，男，1946 年×月×日生，汉族，住本市沪太路×××弄×号×室。

被告上海市工商行政管理局，地址本市肇嘉浜路 301 号。

法定代表人张文蔚，职务局长。

委托代理人汤奥博、应钧，该局工作人员。

原告彭学纯要求被告上海市工商行政管理局履行法定职责一案，本院受理后，依法组成合议庭，于 2002 年 11 月 25 日公开开庭审理了本案。原告彭学纯，被告上海市工商行政管理局法定代表人张文蔚的特别授权委托代理人汤奥博、应钧到庭参加诉讼。本案现已审理终结。

原告诉称，原告之妻于 2000 年 8 月 16 日晚 8 点看了上海有线电视台五套戏剧频道播放的电视医疗广告后，8 月 21 日住进海军 411 医院进行治疗，29 天后竟无缘无故死在医院。原告遂于 2000 年 12 月 1 日起向被告上海市工商行政管理局投诉，要求被告履行法定职责，对违法医疗广告进行查处，被告口头答复认为该节目不属广告，因此未立案。故原告向法院起诉，要求被告履行法定职责，查处违法广告。

被告辩称，2000 年 12 月，原告彭学纯到被告广告处反映，称其看了上海有线电视台戏剧频道播出的海军 411 医院医疗广告后，带其妻前往治疗，但其妻的病不但未治好，反而加重并在医院去世。原告认为电视台有关海军 411 医院的医疗广告虚假，要求被告进行处理。被告在听取原告反映的情况后，作了进一步的调查，有关工作人员查找了原告反映时段的节目录像。该节目播出的是一个专题报道，介绍了包括海军 411 医院院长章某在内的五位上海市新长征突击手的事迹。节目虽然包括了关于骨病治疗的内容，但认定为广告依据不足，故被告口头答复原告不对该节目立案查处。现原告起诉要求被告履行法定职责与事实不符，请求法院驳回原告的诉讼请求。

庭审中，原告出示下列证据及依据，支持其诉讼主张：

1. 2000 年 8 月 16 日上海有线电视台戏剧频道播出的节目光盘一张，

原告认为该节目实为医疗广告。

2. 中国人民解放军第411医院医疗机构执业许可证（复印件），其诊疗科目中无骨科一项。

3. "12家医疗机构受罚"报道（复印件），内容有上海市工商行政管理局广告管理处处长介绍医疗类违法违规广告的情况。

4. 刊登于2001年4月27日《购物导报》及2001年4月20日《市民周刊》的上海海军411医院的广告（复印件）。

5. 上海市卫生局、上海市工商行政管理局《关于加强医疗广告管理的通知》（复印件），原告认为被告应适用该通知对违法医疗广告予以查处。

经质证，被告认为，证据1的内容与被告调查后复制给原告的内容相同，但认为广告依据不足；对证据3、5没有异议；证据2是卫生局的职权范围；证据4的内容原告曾经向被告反映过，被告对411医院的违法广告曾经处理过。

本院认为，被告作为本市的广告监督管理机关，对违反法律规定的广告活动，查证属实的，有权依照法律规定进行行政处罚。本案的争议焦点为如何认定医疗广告及2000年8月16日上海有线电视台戏剧频道播出的节目是否应认定为医疗广告。国家工商行政管理局、卫生部1993年9月27发布的《医疗广告管理办法》明确规定，医疗广告是指医疗机构通过一定的媒介或者形式，向社会或者公众宣传其运用科学技术诊疗疾病的活动。国家工商行政管理局2001年3月1日在工商广字〔2001〕第57号答复中进一步明确，大众传播媒介利用新闻报道形式介绍医疗机构及其服务，如出现医疗机构的地址、电话号码或其他联系方式等内容的；在发表有关医疗机构报道的同时，在同一媒体同一时间（时段）发布该医疗机构广告的，即使发布者声称未收取费用，也应认定为利用新闻报道形式发布医疗广告。从原告提供的电视节目内容可以看出，该专题报道从形式上具备了上述规定认定医疗广告的基本特征，被告对原告的投诉应予以调查处理，并将处理结果告知原告。综上所述，原告要求被告履行法定职责的诉讼请求应予支持。依照《中华人民共和国行政诉讼法》第五十四条第三项之规定，判决如下：

被告上海市工商行政管理局应于本判决生效之日起3个月内，履行对上海有线电视台戏剧频道2000年8月16日20时播出的专题报道节目是否构成违法医疗广告进行调查处理的法定职责，并将结果告知原告彭学纯。

案件受理费人民币100元，由被告负担。

如不服本判决，可于本判决书送达之日起 15 日内，向本院提交上诉状，并按对方当事人的人数提出副本，上诉于上海市第一中级人民法院。

审判人员署名（略）
二○○二年十二月九日

上海市第一中级人民法院行政判决书

〔2003〕沪一中行终字第 32 号

上诉人（原审被告）上海市工商行政管理局，住所地肇嘉浜路 301 号。

法定代表人张文蔚，局长。

委托代理人汤奥博、应钧，该局工作人员。

被上诉人（原审原告）彭学纯，男，1946 年×月×日生，汉族，住本市沪太路×××弄×号×室。

委托代理人沈涛，上海市光明律师事务所律师。

上诉人上海市工商行政管理局因履行法定职责一案，不服上海市徐汇区人民法院〔2002〕徐行初字第 91 号行政判决，向本院提起上诉。本院于 2003 年 2 月 13 日受理后，依法组成合议庭，于 2003 年 3 月 5 日公开开庭审理了本案。上诉人上海市工商行政管理局（以下简称市工商局）的委托代理人汤奥博、应钧，被上诉人彭学纯及其委托代理人沈涛到庭参加诉讼。本案现已审理终结。

经审理查明，2000 年 8 月 16 日晚 8 点，上海有线电视台戏剧频道《闪亮时分》栏目播放了专题节目《共和国之歌——献给人民功臣》。该节目主要介绍了包括海军 411 医院章×× 在内的五位上海市新长征突击手的事迹。被上诉人彭学纯于 2000 年 12 月向上诉人投诉称，看了该节目后，其妻于 2000 年 8 月 21 日住进海军 411 医院进行治疗，29 天后死亡。被上诉人认为该节目系违法医疗广告，故要求上诉人进行查处，上诉人口头答复认为该节目不属广告，不予立案查处，故被上诉人起诉要求上诉人履行法定职责，查处违法广告。原审认为，从被上诉人彭学纯提供的电视节目内容可以看出，该专题报道从形式上具备了认定为医疗广告的基本特征，上诉人市工商局应予以调查处理，故判决：上海市工商行政管理局应于本判决生效之日起 3 个月内，履行对上海有线电视台戏剧频道 2000 年 8 月 16 日 20 时播出的专题报道节目是否构成违法医疗广告进行调查处理的法定职责，并将结果告知彭学纯。

上诉人市工商局上诉称，专题报道节目主要介绍海军 411 医院院长的事迹，虽然其中包括了关于骨病治疗的内容，但认定为广告依据不足；上诉人接到被上诉人彭学纯的投诉后，已积极进行处理，并将节目录制成了光盘；上诉人还将处理结果告知了被上诉人，已履行了法定职责，故请求二审改判驳回被上诉人的诉讼请求。

被上诉人彭学纯辩称，有线电视台从未播放过类似节目，据了解是医院自行制作后送有线电视台的；该节目有医疗机构的名称、医师的姓名、医疗的内容，故应认定该节目是广告，请求二审维持原判。

一、二审庭审中播放了录制该节目的光盘，法庭组织双方当事人进行了观看。

上述事实，由 2000 年 8 月 16 日上海有线电视台戏剧频道播出节目的光盘一张、起诉状、一审庭审笔录、上诉状、二审庭审笔录等证据证实。

本院认为，《中华人民共和国广告法》第六条规定，县级以上人民政府工商行政管理部门是广告监督管理机关。故上诉人市工商局具有广告监督管理的行政职责。1993 年国家工商行政管理局、卫生部《医疗广告管理办法》第二条第二款规定，医疗广告是指医疗机构通过一定的媒介或者形式，向社会或者公众宣传其运用科学技术诊疗疾病的活动。从庭审播放的 2000 年 8 月 16 日晚 8 点上海有线电视台戏剧频道《闪亮时分》栏目的专题节目《共和国之歌——献给人民功臣》来看，尽管录制的光盘声音不清晰，但画面反映出节目中不仅有对海军 411 医院章某的事迹介绍，还有相当一部分内容介绍其诊疗方法和疗效，又有 3 次有意出现海军 411 医院名称的特写镜头，因此，原审认定该专题报道从形式上具备了认定为医疗广告的基本特征，并无不当，符合 1993 年《医疗广告管理办法》第二条第二款的规定。上诉人以该节目不构成广告而不予查处的理由不成立，上诉人未能履行保护被上诉人人身权和财产权的法定职责不当，原审判决上诉人应对该节目进行查处，亦无不当，可予维持。依照《中华人民共和国行政诉讼法》第六十一条（一）项之规定，判决如下：

驳回上诉，维持原判。

上诉案件受理费人民币 100 元，由上诉人上海市工商行政管理局负担（已付）。

本判决为终审判决。

审判人员署名（略）

二〇〇三年四月十一日

注：以上裁判文书仅供参考，引用请以原件为准。

贾广恩诉新乡市有线电视台

本案是我国首例起诉有线电视台过量插播广告侵权的民事讼案。

媒体广告对其受众（媒介消费者）的冒犯，可能是其内容所致，如虚假陈述、歧视性表达、情色暴力渲染等等，也可能是其呈现形态、刊播方式所致，如冒用新闻报道的形式发布广告、蓄意弱化特定信息的可识别性、超时超量播放、干扰节目完整性的不当插播广告等等。本案之讼，就属于后一种情况。

导读： 侵权与违约之辨——我国首例用户诉有线电视台过量插播广告案

纠纷： 河南省新乡市有线电视用户贾广恩发现该市有线电视台违反国家广播电视管理规定，过量插播和随意叠加（字幕）广告，在向有线电视台多次反映无效后，以侵权为由将其诉至法院。

审级： 一审

裁判： 河南省新乡市郊区人民法院民事判决书［1999］郊民初字第58号

原告： 贾广恩

被告： 新乡市有线电视台

河南省新乡市市民贾广恩于1992年11月办理了有线电视的入网手续，成为新乡市有线电视台（以下简称有线电视台）的合法用户。此后，他在收看电视时发现，当地有线电视台在转播中央电视台以及其他省、市电视台节目时，时常中断节目切换本台广告，还在电视画面上频频播出商业性字幕广告，干扰了电视节目的完整性和可视性。

1997年3月的一天，贾广恩在单位看到了《人民日报》刊登的原国家广播电影电视部下发的《关于进一步加强广播电视广告宣传管理的通知》，该通知要求各地各级广播电台、电视台播放广播电视广告应保持广播电视节目的完整，不得随意中断节目插播广告；电视台播放电视节目，不得在电视画面上叠加字幕广告；广播电台、电视台转播其他广播电台、电视台的广播电视节目，应保持被转播节目的完整，不得插播本台的广告。

一个多月后，贾广恩以用户的名义给有线电视台投寄了一封意见信，指出其违规插播广告的不当之处，但未获回音，意见信所指诉的广告播放行为依旧。7月13日，贾广恩给有线电视台寄出了第二封信，在指出对方违规的同时，还提出：在有线电视台终止其不当广告行为之前，他将拒缴视听维护费，以示抵制。10月中旬，贾广恩第三次给有线电视台写信，表示将拒缴视听维护费且已做好了诉诸法律的准备。同日，他还以书面的方式向新乡市广播电视局反映了情况，要求其采取措施制止有线电视台的违规行为。一个多月后，有线电视台向贾广恩催缴视听维护费被拒，于是派人切断了贾广恩住所的有线电视信号传输线路。

1998 年 10 月初，贾广恩以挂号信方式将其与有线电视台的争端反映至国家广播电影电视总局领导机关，一个月后，河南省广播电视厅派人至新乡市调查此事，1998 年 11 月 30 日，新乡市广播电视局对有线电视台下达了行政处罚决定书，责令其停止不当播出广告的违规行为，贾广恩住所的有线电视传输线路亦随之得以重新接通。

但时隔不久，有线电视台又开始在节目中插播流动字幕。贾广恩于是在 1999 年 1 月 13 日向新乡市郊区人民法院提起诉讼，请求法院维护其合法权益，判令有线电视台停止侵害、公开道歉并赔偿其经济损失 1000 元及精神损失 20000 元。4 月 27 日，法院开庭审理此案。

原告的委托代理人提供了以下的代理意见：

一、被告的行为严重侵害了原告及其他消费者的权利。1997 年 3 月，广电部发出了关于加强广播电视广告宣传管理的通知，要求播放广告应保持广播电视节目的完整，不得随意中断节目插播广告，不得在电视画面上叠加字幕广告。转播其他广播电台、电视台的节目应保持被转播节目的完整，不得插播本台的广告。随着中央电视台八套节目和其他省市电视台卫视节目的转播播出，被告向广大用户收取的视听维护费从 4 元/月增至 10 元/月，但在转播中央电视台和其他卫星电视台节目时，被告长时间叠加字幕广告，且时常在节目中插播广告，影响观众收看完整的电视节目。根据《消费者权益保护法》（以下简称《消法》）第九条[1]第二款的规定，消费者有权自主决定购买或者不购买任何一种商品，接受或不接受任何一项服务。原告多次以多种方式向被告提出建议，说明其行为的犯法之处和所引起的不良后果，被告不但没有停止其不法侵犯行为，还掐断了原告的电视信号，根据《消法》第十条[2]第二款的规定，消费者在购买商品或者接受服务时，有权获得质量保障、价格合理、计量正确等公平交易条件，有权拒绝经营者的强制交易行为。被告叠加字幕的行为，使原告在接受服务时没有获得质量保障，所以原告有权拒缴视听维护费，有自主选择服务的权利。

二、被告的行为违反了《广播电视管理条例》，侵犯了其他被转播电视台的权利。1997 年 8 月 8 日国务院发布的《广播电视管理条例》第二十一条规定："广播电视发射台、转播台不得擅自播放自办节目和插播广告。"被告在受到市广电局的行政处罚后，依然如故地在转播节目中插播本台的广告，或在电视画面上叠加字幕广告，其行为违反了《广播电视管理条例》的规定。

三、被告应依法立即停止侵害，公开向原告赔礼道歉，并赔偿由此造成的一切经济损失。原告与被告之间的关系是消费者与服务者之间的关系，作为服务行业的被告单位，利用该行业服务的特殊性，为了赢利，侵犯消费者享有选择服务的自主权。由于被告的侵权行为，原告为了国家的法制，为了广大有线用户的合法权益，多次采取多种方式向中央、省、市领导和被告单位反映情况，用去大量复印费、差旅费和邮费，同时使自己的健康日趋下降，精神压抑，严重影响了工作和休息，因此用去医疗费若干元（有据可证），不仅给原告造成物质上的损失，而且造成精神上的伤害，故此被告单位应依法予以赔偿。

综上，作为电视台，本应该以丰富广大消费者文化生活、提供与其他地区的文化交流为己任，不应凭借其行业的特殊性质，为了赢利，侵犯消费者享有选择服务的自主权。根据《消法》第十一条[3]的规定：消费者因购买、使用商品或者接受服务受到人身、财产损害的，享有依法获得赔偿的权利。被告对其不法行为造成的后果，给原告造成的物质、精神损失也应赔偿。上述行为有大量视听资料、证人证实，望法庭查清事实，还法律一个尊严，还原告及广大消费者一个公道。

被告有线电视台向法庭提交的答辩状称：

一、原告诉我台在所传送的中央电视台节目中插播广告或流动字幕，影响其正常收视，我台曾有过这种情况，对群众收看电视有一定的影响，这是我台执行行业管理规定不认真所致。根据民法通则规定，人身权的种类有生命健康权、姓名权、肖像权，名誉权和荣誉权。试问，我台侵犯了贾广恩何种权利？原告所诉归根结底属于行业管理问题，行业管理问题应由行业管理部门予以处理。况且，对该问题我台已在上级主管部门的监督下采取有力措施予以纠正。原告起诉我台侵权并索赔无法律依据，不能成立。

二、关于原告起诉我台强行切断其有线电视信号的问题。有线电视台是有偿服务，依费养台，发展电视事业。我台收费是严格按照《河南省有线电视台收费办法》向用户收取视听维护费的，是合法收费，无可非议。原告在我台再三催要视听维护费的情况下，拒绝交纳，致使我台不得不切断其电视信号，促使其尽快交费。违反行业管理规定和拒交视听维护费是两个不同的问题，在处理这两个问题时有它不同的渠道和方法：违反行业管理应由行业管理部门处理；拒绝交费应按收费办法处理。原告以拒交视听维护费表示抵制，是错误地把两个不同的问题硬拉到一起，这种解决问题的方法也是错误的，是不能成立的。

综上所述，我台虽有违犯行业管理规定的行为，但早已认识到，并已采取有力措施予以纠正。原告起诉我台侵权并索赔，无事实根据，亦无法律依据，不能成立，应依法驳回其诉讼请求。

1999 年 6 月 8 日，法院对贾广恩诉新乡市有线电视台一案作出判决。法庭经审理查明：原告在普及推广有线电视时入网并接通了有线电视信号。此后，在收看中央电视台节目时，原告常发现有插播广告、流动字幕出现，影响了其收视效果，原告遂依据有关文件多次向被告新乡市有线电视台反映，提醒其行为的违法性，并向上级有关单位信访，后拒缴视听费，以示抵制。1998 年 11 月 30 日，新乡市广播电视局下达了《行政处罚决定书》（新广发行决定 ［95］[4] 第 1 号），责令被告停止违法行为，自此被告进行了纠正。原告声称被告在诉讼期间仍有播放流动字幕行为，经查为被告催交收视费的通知。

法院认为：贾广恩诉新乡市有线电视台插播广告及流动字幕的侵权行为，不构成法律关系。被告的行为属违反行业性行政法规，应由其行政主管单位予以行政处罚，且被告的行为确已受到行政处罚，并已纠正。原告声称的被告近期仍有播放流动字幕的行为，经查属非营利性广告。原告要求被告赔偿经济损失和精神损失，因二者之间无直接因果关系，于法无据，不予支持。法院依照《民事诉讼法》第一百零八条[5]之规定，判决驳回原告的诉讼请求。

释解与评点

媒体广告对其受众（媒介消费者）的冒犯，可能是其内容所致，如虚假陈述、歧视性表达、情色暴力渲染等等，也可能是其呈现形态、刊播方式所致，如冒用新闻报道的形式发布广告、蓄意弱化特定信息的可识别性[6]、超时超量播放、干扰节目完整性的不当插播广告等等。本案之讼，就属于后一种情况，即媒体广告的不当插播招致媒介消费者的不满而求诸司法的救济。

✎ 有线电视台不当插播广告的早期规制与纠纷

违规插播、超量播放广告是我国电视台的痼疾之一。早在 1984 年 3 月 28 日原广播电视部发布的《关于市、县建立广播电台、电视台的暂行规定》（广发地字［1984］224 号）中，就明确规定："市、县广播电台、电视台转播中央和本省、市、自治区的广播电视节目时，要准确及时、完整无误，不得掐头去尾和中断插播。"1988 年 1 月，原广播电影电视部[7]、国家工商行政管理局又在其联合下发的《关于进一步加强电视广告宣传管理的通知》（广发视字［1988］039 号）中指出：电视广告在发展过程中，也出现了某些混乱现象，必须引起注意。例如，有的电视台无视广告管理法规的规定，中断节目播映广告，或在节目画面上叠加字幕广告……。该通知明确要求：电视台不得中断节目播映广告，或在节目画面上叠加字幕广告，违反规定的，由各级广播电视厅、局向同级工商行政管理机关提出处理建议，由工商行政管理机关按照广告管理法规的规定予以查处。各级广播电视厅、局要加强对电视广告宣传工作的领导，单独组织或会同工商行政管理机关对各级电视台遵守广告管理法规的情况进行经常性的监督和检查。各级工商行政管理机关要加强对电视广告的监督和管理，对违反广告管理法规的，要依法予以严肃处理。

至本案发生前，又先后有《关于不得在电视新闻节目播出中插播字幕广告的通知》（广发办字［1993］688 号）、《关于地方广播电台、电视台必须完整转播中央人民广播电台、中央电视台节目的通知》（广发办字［1993］836 号）、《关于进一步加强广播电视广告宣传管理的通知》（广发编字［1997］76 号）、《广播电视管理条例》（1997 年 9 月 1 日起施行）等规范性文件和行政法规对电视广告的播放予以规范，但，屡治屡犯。

平心而论，电视台想多获取一些广告收入是可以理解的。80 年代开始，传媒在经营上实行"事业单位，企业管理"，要靠商业广告活动补贴国家财政拨款之不足。进入 90 年代，越来越多的传媒逐步与国家财政拨款脱钩，成为"自负盈亏"的经营单位。不少媒体对广告的依存度达到 70% 以上。1999 年初，即本案被告播出涉案广告的同一年，国家广电总局社会司负责人曾向记者介绍：当时国内有线电视台收取的初装费从 180 至 300 元不等，它主要用于网络光缆建设、网络维修、购买节目和设备等。因为有线电视台靠收取初装费与收视费只够网络建设的三分之一，其他三分之二需通过广告费来补足。正因为我国的有线电视收视费较低，所以广电总局没有作出像国外收费电视那样禁止播广告的规定，只是限定了广告时间，规定不能过多播放广告，并禁止在影视剧中间插播广告[8]。

从更积极的方面看，包括电视广告在内的广告业，在促进流通、指导消费、繁荣经济、方便群众、扩大生产和发展国际贸易方面正发挥着越来越大的作用，是当代中国国民经济不可缺少的行业。

多数观众并非要求禁绝所有的电视广告，他们所抵制的，是不守规矩的随意插播、超量播放。

本案发生的前一年，我国内地已有媒介消费者起诉电视台不当插播广告的事例。例如，1998年5月，河北省邢台市的孟宪华起诉邢台有线电视台，诉称该有线电视台从1997年初开始，每天中午12点到下午2点半、晚上8点到10点半在其转播和自办的20多个频道中频繁插播字幕广告（每隔1分钟插播1条），这些字幕广告不仅分散其注意力，还常将原节目的字幕挡住，严重影响其正常的收视，所以诉请法院判令被告立即停止插播干扰正常收视的滚动字幕广告，赔偿原告1年的收视损失费400元和精神损失费1000元。但法院对该诉讼未予受理，其理由，一是从来没办过此类案件，二是没有处罚依据。法院方面建议孟宪华到电视台的主管部门邢台市文化局去反映，或者到消费者协会去投诉[9]。同年8月，深圳市也有观众将深圳有线广播电视台告至法院，诉称被告插播的广告经常影响到剧情和新闻的正常播放，即剧情或新闻已经开始后，插播广告还未停止，影响其正常观看。要求深圳有线广播电视台立即停止插播自己制作的电视广告，向用户道歉并承担本次诉讼的所有费用，但受诉法院裁定对该起诉不予受理[10]。

本案是我国内地法院判决的首例起诉电视台插播广告的民事讼案。在此之前，进入法院诉讼程序的媒介消费纠纷，除1997年的"丁亮诉上海有线电视台赔偿案"[11]之外，主要涉及有线电视的费用收缴和媒体虚假广告的侵权索赔。本案发生后，《经济日报》、《中国文化报》、《中国消费者报》等中央级新闻媒体均有报道[12]，也有法律界、传播学界的资深专家撰文点评[13]，原告的起诉状、被告的答辩状、法院的判决书等诉讼文书亦被中国行为法学会新闻侵权研究会编辑的《中国新闻侵权判例》（2000年）所收录[14]。本案原告贾广恩还于次年入选"中国维护消费者权益十佳"[15]评比活动的候选人，并受邀赴京参加了国家工商局主持召开的消费者维权实践与理论座谈会。

✐ 对判决书所称"不构成法律关系"的误读

本案的判决，虽不无瑕疵，但大理适当。

有资深民法学者点评指出："判决书认定当事人之间没有民事法律关系，是没有道理的。"因为：

> 按照判决书认定的事实，原告在被告普及有线电视时安装了接收有线电视的装置，并且使用了有线电视的频道，收看有线电视台的节目。按照这样的事实，原告一定是向被告交纳了有线电视的安装费用以及收视费。这说明，原告缴纳费用，安装有线电视接收装置，同时又交纳了收视费，已经向被告履行了义务；被告接受原告交纳的费用，为原告安装了接收有线电视的装置，并且准许原告接收有线电视台发出的电视信号，收看有线电视节目，也享受了权利，履行了义务。当有线电视台在违法播放广告节目的时候，原告还拒绝缴纳收视费，以示抗议。这些事实说明什么呢？只能是说明了本案当事人之间存在法律关系。如果不是这样，它们之间为什么会存在这样的权利义务关系呢？事实是再清楚不过了——这就是在本案的当事人之间，客观地存在着一种特定的法律关系，双方都享受权利，都在履行义务。对这样的客观事实视而不见，应当说，法官在对案情的认识上具有重大的失误。
>
> 按照法律关系的基本性质，可以分为三种，就是民事法律关系、行政法律关系和刑事法律关系。行政法律关系是一种管理与被管理的关系，一方是国家行政机关，另一方是行政管理相对人。它们之间的关系特点，就是一方管理另一方的不平等地位。刑事法律关系是一种特别的关系，在犯罪人与被害人之间构成一种关系，在犯罪人与国家之间，构成另一种追究与被追究的关系。这种关系更是一种不平等的关系。唯有在民事法律关系中，双方都享有权利，又都负有义务，地位平等，等价有偿，公平合理，并且当事人永远是一种相对的形式。在贾广恩和有线电视台之间，正是这种平等的、有偿的、相对的关系，这种法律关系的性质如果不是民事法律关系，又会是什么关系呢？因此，必须肯

定，本案当事人之间，确实存在法律关系，而且这种法律关系的性质，就是民事法律关系。[16]

上述点评指出，本案原、被告之间存在法律关系，其分析当然是对的。但称"（本案）判决书认定当事人之间没有民事法律关系"，则不确然。细辨被指涉的法院判词，其原文为："本院认为：原告贾广恩诉被告新乡市有线电视台插播广告及流动字幕的侵权行为，不构成法律关系。"不能忽略其中的"侵权"一词，

因为原告所讼为侵权之诉，其起诉状明言的案由亦为"侵权"[17]。所以，法院判词所称之"不构成法律关系"，系针对"是否构成侵权"而言，辨其原意，无非是想说明，在本案的原告和被告之间，不存在侵权和被侵权的法律关系，这一认定是有道理的，同时，它也没有否认，在本案的原告和被告之间，可能存在非侵权的法律关系。

恰如同一点评者所言：

> 侵权法律关系是一种法定之债，它不是由当事人相互约定而产生的债的关系，而是依照法律的规定，当在当事人之间发生一定的法律事实的时候，这种法律事实符合法律规定的构成要件，就在当事人之间发生侵权的法律关系。这种法律事实就是侵权行为。侵权行为是指行为人由于过错，或者在法律特别规定的场合无过错，违反法律规定的义务，以作为或者不作为的方式，侵害他人的人身权利或财产权利，依法应当承担损害赔偿等法律后果的行为。侵权行为这种法律事实在发生之前，在当事人之间并不存在相对的权利义务关系，只是存在绝对的法律关系，即财产权利的法律关系或者人身权利的法律关系，一方当事人享有财产权利或者人身权利，是绝对权的享有者；另一方负有尊重和不得侵害他方当事人的这种绝对权的义务；同时，另一方同样享有这样的权利，对方负有这样的义务。一方当事人不履行自己负有的不作为的义务，实施侵害对方当事人的人身权利或者财产权利的侵权行为，就破坏了当事人之间存在的、由法律规定的这种绝对性质的权利义务关系状态，就产生了侵权行为之债。
>
> 按照上述侵权之债法律关系产生的机理，侵权之债法律关系

的最基本特点是：第一，侵权之债产生之前，当事人之间不具有相对性的法律关系，只存在绝对性的法律关系；第二，侵权行为的基本要求是行为人实施了具体的不法行为，并且这种行为侵害了对方的人身权利或者财产权利；第三，只有在侵权行为发生之后，在当事人之间才发生侵权之债。在贾广恩起诉的案件中，这样的条件都不具备：首先，在起诉的法律事实发生之前，当事人之间已经存在了相对的权利义务关系，这就是收视和提供收视、交费和接受交费的双务的权利义务关系，这是一种债权法律关系，不是绝对的人身权利或者财产权利的关系。其次，本案的被告并没有实施具体的侵害原告的人身权利或者财产权利的行为，并且原告所受到的损害也不是绝对权的损害；再次，当事人之间所发生的债权关系，不是在行为发生之后产生的，而是在行为发生之前就已经存在的；最后，当事人之间争议的，并不是依照法律所产生的法律关系，而是依照它们之间的约定所产生的争议。因此，这种法律关系，不会是侵权的法律关系。[18]

由此可见，本案判决书所称："原告贾广恩诉被告新乡市有线电视台插播广告及流动字幕的侵权行为，不构成法律关系"，并无不妥。当然，原判词的表述还可优化，例如可以改为："（本院认为）被告新乡市有线电视台插播广告及流动字幕的行为，不构成原告所诉之侵权法律关系"，可能更精准一些。

《消费者权益保护法》不适用于支持原告的侵权之诉

原告律师在其代理词中援引的《消法》第九条[19]第二款、第十条[20]第二款和第十一条[21]的规定，亦不能作为认定原、被告之间构成侵权法律关系的依据。《消法》第九条第二款有关消费者自主选择权的规定，是债法性质的消费合同规范，如果援之于本案，也只能限于原告有权自主决定是否成为被告的用户，自主决定何时、何地、以何方式收看有线电视节目，而不能被理解为用户有权自主决定禁止其"不需要"的电视节目内容。《消法》第十条第二款有关消费者公平交易权的规定，的确契合本案原告的维权主张，但其仍然属于合同债权范畴的生活消费交易原则[22]，并不能以之作为原告提起侵权之诉的法律依据。至于《消法》第十一条有关消费者索赔权的规定，其中提到的"因购买、使用商品或者接受服务受到人身、财产损害"，即可能归责于经营者的违约，也可能归责于经营者的侵权。但该法条为引导性的规范，不是法院下判时可以直接适用的裁判规则[23]。该法条规定：消费者因购买、使用商品或者接受服务受到人身、财产损害的，享有依法获得赔偿的权利。其"依法"，是指消费者因购买、使用商品或者接受服务受到人身、财产损害时，只有在符合法定民事责任构成要件的情况下，才可以通过司法的究责获得赔偿。换言之，经营者的服务是否对消费者人身、财产造成可以诉诸司法究责的损害、其损害是否应予赔偿，不能只凭消费者的单方指认，而应依法而定，所依之"法"，就侵权诉讼而言，最主要的是《民法通则》和《消法》。

关于侵权责任，《民法通则》第一百零六条第二款规定："公民、法人由于过错侵害国家的、集体的财产，侵害他人财产、人身的，应当承担民事责任。"该规定表述了我国民法关于过错侵权行为责任的基本规则。"其中所谓'财产'，指财产权，所谓'人身'，指人身权。严格解释本条，则应得出如下解释意见：只有在侵犯民事权利（财产权和人身权）的情形下，才构成侵权行为，才承担民事责任。侵犯民事权利以外的权利，不构成侵权行为，不承担民事责任。"[24]对于财产权、人身权的范围以及侵权责任，《民法通则》的第五章"民事权利"和第六章"民事责任"中设有专节的规定[25]。尽管本案被告过量插播广告的不当行为确实有损于原告的收视利益，但该类收视利益尚未被法定权利化，即未被现行民法吸收为人身权或财产权的可究责救济对象，因此不能作为侵权责任构成要件的"加害行为"所侵害的客体。因此，以我国"规范出发型"的民法涉讼纠纷可诉规则考量，《消法》第十一条有关消费者索赔权的规定，同样不能作为确证本案侵权法律关系成立的法定依据。

🖉 以违约之诉究责有线电视台的不当之举

本案原告更可取的兴讼策略，是对被告提起违约之诉，请求法院判令被告承担违约责任。这种诉因的选择未必确保原告胜诉——当时宏观、微观的政法"优遇"多少偏向于被告所归属的广播电视系统，但至少增加了原告诉请的适法性，也追加了法院确证被告"无过错"的下判难度。

本案被告的涉诉行为对原告虽然不构成"侵权法律关系"，但是，被告与原告之间切切实实地存在着民事合同关系。据了解，本案原告在1992

年 11 月与被告有线电视台办理了开户手续，获得了合法的有线电视用户资格。原告办理开户手续的过程，也就是与有线电视台彼此合意，达成服务协议从而建立合同关系的过程，后者一旦收取了原告交纳的开户费，双方的合同关系即告成立并生效。该合同标的有两项内容：一是有线电视台为原告的住宅有偿架设电视信号传输线路，二是有线电视台在原告交纳开户费之后，便接纳其为合法的用户。有线电视台发给原告的用户证，即是一种资格凭证和服务承诺，即原告有权[26]通过交纳收视维护费的方式获得颁证方提供的电视信号传输服务，而颁证方则有义务在原告按时交纳收视维护费之后为其提供相应的服务。这是一种持续性的而非一次性的承诺，原告成为有线电视台的合法用户之后，只要按照有线电视台的收费标准履行了交费的义务，有线电视台即应为其提供相应的服务，双方当事人的给付义务，随着履行时间的推移不断地更新和维续。这种可预期的、持续性的合同关系，纵然没有以书面文字的方式明示，也仍然是以行业惯例和常理的方式客观存在的。

有鉴于此，本案原告可以向被告提起违约之诉，以《民法通则》第六条[27]、第八十四条[28]、第八十五条[29]、第八十八条[30]、第一百一十一条[31]的规定请求法院判令被告承担违约责任。值得提及的是，我国的《合同法》于 1999 年 3 月 15 日第九届全国人民代表大会第二次会议通过，自 1999 年 10 月 1 日起施行。本案于当年的 4 月 27 日开庭审理，1999 年 6 月 8 日判决。因是之故，法院在审理本案时还不能适用《合同法》的规定，但这并不妨碍本案的审判者先行（其实也应该）了解和领会《合同法》的要义与规定，以求在解释、适用较为简括的《民法通则》有关债权、合同责任条款时，得以以《合同法》的原则规范作为补苴罅漏的参照与指引。

如果原告可以提供其为有线电视台合法用户的证据，则根据《民法通则》第八十四条、第八十五条的规定，可认定原告与被告之间存在受法律保护的服务合同关系，原告也因此有资格向法院提起违约之诉。原告与被告当初在达成合同关系时，未就插播广告事项有所约定，根据《民法通则》第八十八条的规定，合同的当事人应当按照合同的约定，全部履行自己的义务，合同中有关质量的约定不明确，按照合同有关条款内容不能确定，当事人又不能通过协商达成协议的，按照国家质量标准履行，没有国家质量标准的，按照通常标准履行。

有线电视台违规插播广告是否影响其电视传播服务的质量，没有相关的国家质量标准予以规范，也没有设定相关的部颁标准、专业标准、经过批准的企业标准或标的产地同行业其他企业经过批准的同类产品（服务）质量标准[32]。在这种情况下，被告方就应依《民法通则》第八十八条的规定"按照通常标准履行"其传输有线电视信号的合同义务。至于何为"通常标准"，立法尚未对此进行解释，后来所制定的标准化法也没有此概念，这就给法官留置了解释和自由裁量的空间。不言而喻，自由裁量亦应合于法理而非随意的任性而为，根据《民法通则》第六条的规定：民事活动必须遵守法律，法律没有规定的，应当遵守国家政策。其中所说的"民事活动"，理应包括当事人之间设立和履行协议的合同活动，对此《合同法》有更明确的提示，《合同法》第七条规定："当事人订立、履行合同，应当遵守法律、行政法规，尊重社会公德，不得扰乱社会经济秩序，损害社会公共利益。"该条款实际就是《民法通则》第六条、第七条所确认的"合法原则"、"禁止权利滥用原则"[33]在合同法领域的对位重述。需补充的是，根据合同法专家的解释，该法第七条所称的"应当遵守法律、行政法规"，首先是指不得违反我国现行的法律和行政法规，其次也包括不得违反与现行法律和行政法规不相抵触的行政规章和其他规范性文件中的强制性规范和禁止性规定[34]。因此，不论法官如何解释《民法通则》第八十八条中的"通常标准"，都不应忽略《民法通则》第六条所宣示的"合法性原则"。关于有线电视台的广告播放，国家广播电视行政管理机关多次发布了不得随意插播、超量播放的强制规范和禁止规定，本案被告在履行其电视转播、传播的合同义务时，屡有违规之举，甚至受到行政主管部门的行政处罚，失范如此，很难认可其电视传播之服务符合"通常质量标准"，由此判定有线电视台未能依法全面诚实信用地履约，当非苛责。

但有一点要说明，本案原告因对被告滥插广告不满，遂拒交收视维护费，这就终止了原告与被告之间的服务合同关系。如果原告所获取的有线电视台违规插播广告的录像证据，是在其拒交收视维护费之后录制的，就不能作为起诉被告违约的证据，因为此时原告与被告有线电视台之间已无合同关系，故此被告滥插广告的行为不对原告构成违约。

✍ 法院判决的两处瑕疵

本案中，法院驳回了原告以侵权为由提出的诉讼请求，于大理虽无不当，然其判决亦有欠失。

其一，法院判称"原告贾广恩诉被告新乡市有线电视台插播广告及流动字幕的侵权行为，不构成法律关系。被告的行为属违反行业性行政法规，其违法行为应由其行政主管单位予以行政处罚，且被告的行为确已经行政处罚，并已予以纠正。"这种表述，过于简单化，使人觉得"原告起诉的利益关切与法无关、于情无理"，而实际上，原告并非无理取闹，尽管其主张被侵权的诉请于法无据，但其与被告之间确实存在着法律应予保护的合同利益，只是原告未向法院主张被告的违约责任而已。所以，法官应在其判词中首先对原、被告之间的合同关系言明一二，然后再说明无法支持原告侵权之诉请的理由，如此，则更能以理服人，让当事人"输得明白"。

另外，判词在否认被告涉案行为与原告"构成法律关系"之后，又马上强调"被告的行为确已经行政处罚，并已予以纠正。"这就极易给人"既已给予行政处罚，不应再究侵权责任"的错觉。事实上，对一个违反行政法律的行为主体处以行政处罚，并不能代替它所要承担的民事责任乃至刑事责任。据《民法通则》第一百一十条[35]规定的基本精神，接受一种法律责任制裁的主体，并不能必然排斥再接受另一种法律责任的制裁，因行政违法行为被处以行政处罚，如果该行为符合承担民事责任的要件，就应当再接受民事责任的制裁。这就是发生在不同基本法之间的法规竞合问题。一个单位由于行政违法行为被行政处罚，如果该行为还构成民事侵权或者违约，那么，行政处罚就不能替代其应当承担的民事责任。[36]

其二，法院判称："原告声称的被告近期仍有打流动字幕行为，经查属非营利性广告。"首先，原告所诉被告之不当广告行为，并不单指被告的"近期"所为；其次，原广播电影电视部1997年颁布的《关于进一步加强广播电视广告宣传管理的通知》第七条规定："电视台播放电视节目，不得在电视画面上叠加字幕广告。"其中并未将禁播的字幕广告限于"营利性广告"。过量插播任何与电视节目本身无关的字幕广告，都将对用户的收看效果构成消极的影响，判词对被告"字幕广告"的过度宽宥，难免"偏袒"之嫌。

注释：

〔1〕《消费者权益保护法》（1994年1月1日起施行）第九条 消费者享有自主选择商品或者服务

的权利。

消费者有权自主选择提供商品或者服务的经营者，自主选择商品品种或者服务方式，自主决定购买或者不购买任何一种商品、接受或者不接受任何一项服务。

消费者在自主选择商品或者服务时，有权进行比较、鉴别和挑选。

〔2〕《消费者权益保护法》第十条 消费者享有公平交易的权利。

消费者在购买商品或者接受服务时，有权获得质量保障、价格合理、计量正确等公平交易条件，有权拒绝经营者的强制交易行为。

〔3〕《消费者权益保护法》第十一条 消费者因购买、使用商品或者接受服务受到人身、财产损害的，享有依法获得赔偿的权利。

〔4〕**阅读提示**：按照行政文书文号的编排规则，此处的〔95〕疑为〔98〕之误。本判决书文本源自中国行为法学会新闻侵权研究会/编：《中国新闻侵权判例》，法律出版社 2000 年版，第 474－476 页，本文依其原貌转录，不做校改。

〔5〕《民事诉讼法》（1991 年 4 月 9 日起施行）第一百零八条 起诉必须符合下列条件：

（一）原告是与本案有直接利害关系的公民、法人和其他组织；

（二）有明确的被告；

（三）有具体的诉讼请求和事实、理由；

（四）属于人民法院受理民事诉讼的范围和受诉人民法院管辖。

〔6〕**阅读提示**：例如刻意采用非常小的字体、在极不明显的位置标示某些关键信息，从而造成受众的视听忽略和错觉以达到广告主所冀的误导效果。

〔7〕原广播电视部于 1986 年 1 月改名为广播电影电视部，1998 年 3 月起，改称国家广播电影电视总局。

〔8〕引自《光明日报》报道：《有线电视既收费又播大量广告——鱼与熊掌岂可兼得》，《光明日报》1999 年 1 月 7 日，第 5 版。

〔9〕参见孟宪华向邢台市桥西区人民法院递交的民事起诉状（1998 年 4 月 28 日）；商棠：《孟宪华向有线台"叫板"》，1999 年 3 月 16 日《河北经济日报·商贸周刊》；贾振波、宪华：《观众不买"掺了沙子的米"》，1999 年 5 月 18 日《河北经济日报·商贸周刊》。

2001 年 3 月，孟宪华曾再次以不当插播广告为由起诉同一家有线电视台，但仍未被法院受理。

〔10〕姚之坦：《交了服务费还要被迫看有线台插入的广告——张懿状告深圳有线电视》，1999 年 5 月 1 日《检察日报》转载自《羊城晚报》；1999 年 3 月 5 日《南方周末》第 15 版的报道。

〔11〕在该案中，上海市民丁亮诉称：1997 年 11 月 7 日凌晨，由于上海有线电视台未能正常播送有线电视节目，致其未能看到中沙足球比赛的全场，故要求被告向其当面及在报纸上公开赔礼道歉，并保证不再有因不履行约定义务而侵害用户权益的行为发生；此外，还要求被告赔偿给其由此造成的精神损失费 1000 元及参加诉讼的车费 135.40 元。法院审理后判决驳回了原告的诉讼请求。参见上海市闸北区人民法院民事判决书〔1997〕闸民初字第 3318 号。

〔12〕朱继东：《新乡有线电视台，不要侵犯收视权》，1999 年 6 月 8 日《经济日报》，第 11 版；

胡震杰：《"电视台，请还我收视权！"》，1999 年 7 月 2 日《中国文化报》，第 7 版；马吉军、谢莉葳：《插播广告，是否有损消费者权益》，1999 年 7 月 10 日《中国消费者报》，第 2 版。

〔13〕参见杨立新：《有线台过量插播电视广告的民事责任》，《中国律师》2000 年第 8 期，第 62 - 65 页；魏永征：《支持依法维护收视权》，1999 年 7 月 30 日《民主与法制画报》。

阅读提示：《民主与法制画报》已于 2001 年改名为《民主与法制时报》。

〔14〕参见中国行为法学会新闻侵权研究会/编：《中国新闻侵权判例》，法律出版社 2000 年版，第 468 - 477 页。

〔15〕该项活动由国家工商行政管理局、中国消费者协会、新华社、人民日报社、中央电视台、法制日报社联合主办，以表彰全国维护消费者权益杰出人物和事迹，弘扬社会主义精神文明，激励更多的人投身于消费者权益保护事业。经社会各界推荐，并由专家评议，此次活动在数百名被推荐人中产生了 29 位候选人参加评选。

〔16〕杨立新：《有线台过量插播电视广告的民事责任》，《中国律师》2000 年第 8 期，第 63 页。

〔17〕见（贾广恩）《起诉状》，载中国行为法学会新闻侵权研究会/编：《中国新闻侵权判例》，法律出版社 2000 年版，第 469 页。

〔18〕见注 16。

〔19〕见注 1。

〔20〕见注 2。

〔21〕见注 3。

〔22〕当然，《消费者权益保护法》所规定的消费者公平交易权，除了强调经营者在出售商品或提供服务时要讲究平等、公平和等价有偿之外，也同时要求国家承担相应的责任和义务。即国家应"通过各种措施创造、保证公平的交易环境，为公平交易的实现提供充分的前提条件，例如通过反不正当竞争法保证充分自由的竞争环境，通过价格法对价格进行调控监管，保证合理定价，等等。很难设想，没有国家对市场环境的有效监管，没有自由充分的竞争，个体消费者能够在消费交易中希求公平。"从这一层面上看，《消费者权益保护法》中规定的某些消费者权利，已经超出了私法权利的范畴而具有社会权利乃至人权的属性了。参见钟瑞华：《论消费者权利的性质》，论文天下（http：//www. lunwentianxia. com/product. free. 9308643. 1），2008 年 9 月 11 日查阅。

〔23〕关于法律裁判规则的说明和分析，可参见梁慧星：《最高法院关于侵犯受教育权案的法释〔2001〕25 号批复评析》，民商法周刊（http：//www. fatianxia. com/civillaw/list. asp？id = 2631），2008 年 9 月 11 日查阅。

〔24〕同注 23。

〔25〕参见《民法通则》（1987 年 1 月 1 日起施行）第五章"民事权利"，第一节"财产所有权和与财产所有权有关的财产权"，第四节"人身权"，第六章"民事责任"，第三节"侵权的民事责任"。

〔26〕**阅读提示：**此处所说的"有权"，主要是针对未开户（交纳初装费）者而言。未与有线电视台办理开户手续（交纳初装费）者，有线电视台可以拒绝其交纳收视维护费的要求，即其无权通过交纳收视维护费获得前者的服务；而对获得了合法用户资格的人来说，则有权要求

有线电视台收受其交纳的收视维护费，为其提供相应的传输服务，有线电视台不得拒绝。对合法用户来说，交纳收视维护费同时也是其获得有线电视传输服务所应履行的支付义务。

至于以交纳初装费作为获取合法用户资格的条件是否合理、合法，则另当别论。关于有线电视用户资格及初装费的法理分析，还可分别参见本书"刘宏志诉广达广播电视宽带网络有限公司"、"李书明诉新乡有线电视台"两案例的有关释评。

〔27〕《民法通则》第六条 民事活动必须遵守法律，法律没有规定的，应当遵守国家政策。

〔28〕《民法通则》第八十四条 债是按照合同的约定或者依照法律的规定，在当事人之间产生的特定的权利和义务关系，享有权利的人是债权人，负有义务的人是债务人。

债权人有权要求债务人按照合同的约定或者依照法律的规定履行义务。

〔29〕《民法通则》第八十五条 合同是当事人之间设立、变更、终止民事关系的协议。依法成立的合同，受法律保护。

〔30〕《民法通则》第八十八条 合同的当事人应当按照合同的约定，全部履行自己的义务。

合同中有关质量、期限、地点或者价款约定不明确，按照合同有关条款内容不能确定，当事人又不能通过协商达成协议的，适用下列规定：

（一）质量要求不明确的，按照国家质量标准履行；没有国家质量标准的，按照通常标准履行。

（二）履行期限不明确的，债务人可以随时向债权人履行义务，债权人也可以随时要求债务人履行义务，但应当给对方必要的准备时间。

（三）履行地点不明确，给付货币的，在接受给付一方的所在地履行，其他标的在履行义务一方的所在地履行。

（四）价款约定不明确的，按照国家规定的价格履行；没有国家规定价格的，参照市场价格或者同类物品的价格或者同类劳务的报酬标准履行。

合同对专利申请权没有约定的，完成发明创造的当事人享有申请权。

合同对科技成果的使用权没有约定的，当事人都有使用的权利。

〔31〕《民法通则》第一百一十一条 当事人一方不履行合同义务或者履行合同义务不符合约定条件的，另一方有权要求履行或者采取补救措施，并有权要求赔偿损失。

〔32〕《最高人民法院关于贯彻执行〈中华人民共和国民法通则〉若干问题的意见（试行）》（1988年4月2日最高人民法院通知试行）105. 依据民法通则第八十八条第二款第（一）项规定，合同对产品质量要求不明确，当事人未能达成协议，又没有国家质量标准的，按部颁标准或者专业标准处理；没有部颁标准或者专业标准的，按经过批准的企业标准处理；没有经过批准的企业标准的，按标的物产地同行业其他企业经过批准的同类产品质量标准处理。

〔33〕也有的法律释解著作将《民法通则》第六条、第七条的要旨分别概括为"遵守法律和政策的原则"、"维护国家和社会公共利益原则"。见唐德华、高圣平/主编：《民法通则及配套规定新释新解（上）》，人民法院出版社2003年版，"目录"第1页。

〔34〕唐德华、孙秀君/主编：《合同法及司法解释条文释义（上）》，人民法院出版社2004年版，第67页。

〔35〕《民法通则》第一百一十条 对承担民事责任的公民、法人需要追究行政责任的，应当追究行政责任；构成犯罪的，对公民、法人的法定代表人应当依法追究刑事责任。

〔36〕参见杨立新：《有线台过量插播电视广告的民事责任》，《中国律师》2000 年第 8 期，第 62 页。

附：

新乡市郊区人民法院民事判决书

[1999] 郊民初字第 58 号

原告贾广恩，男，1947 年 × 月生，汉族，新乡市公安局干部，住本市 × × × 路。

委托代理人卢刚辉，男，新乡至信所律师。

委托代理人薛芙蓉，女，新乡至信所律师。

被告新乡市有线电视台

法定代表人李宝琴

委托代理人唐永，男，新乡市有线电视台职员。

委托代理人杨德明，男，汉族，退休干部，住本市 × × × 街。

原被告侵权纠纷一案，本院受理后，依法由审判员组成合议庭，公开开庭进行了审理。原告贾广恩及其委托代理人卢刚辉、薛芙蓉，被告委托代理人唐永、杨德明到庭参加诉讼。本案现已审理终结。

原告诉称：本人自接通有线电视以来，每天收看中央电视台节目时，都发现随时插播广告，且叠加字幕现象非常严重。我曾多次用书信及其他方式提醒被告行为的不合法性，并要求停止侵害，恢复原状，可被告置之不理。后我拒缴视听费，以示抵制，但被告强行切断有线信号。我经上告丁国家广电总局，被告才得以恢复信号，但拒不认错和赔偿。诉讼期间，被告仍有叠加字幕行为。长期以来，使我身心受到巨大伤害。现诉诸法院，要求被告停止侵害、公开道歉，并赔偿经济损失 1000 元及精神损失 20000 元。

被告辩称：原告贾广恩诉我台传送中央电视台节目时插播广告或以流动字幕形式出现，这种情况曾有过，对视听群众收看电视有一定的影响，这应是我台在执行行业管理规定中不认真所致，根据民法通则规定未侵犯原告的任何权利，况且这个问题已于 1998 年 11 月在上级主管部门监督下，我台已予以纠正。原告诉我台侵权并索赔无法律依据不能成立。

经审理查明：原告贾广恩在普及推广有线电视时安装接通了有线电视信号。在此后长期收看中央电视台节目时，常发现有插播广告、流动字幕出现，影响了其收视效果，原告遂依据有关文件多次积极向被告新乡市有线电视台反映，提醒其行为的违法性，并向上级有关单位信访，后拒缴视听费，以示抵制。1998 年 11 月 30 日，新乡市广播电视局下达了（新广发行决定［95］第 1 号行政处罚决定书）责令被告停止违法行为。自此被告予以纠正。但原告声称被告在诉讼期间仍有打流动字幕行为，经查为被告催交收视费的通知。

本院认为：原告贾广恩诉被告新乡市有线电视台插播广告及流动字幕的侵权行为，不构成法律关系。被告的行为属违反行业性行政法规，其违法行为应由其行政主管单位予以行政处罚，且被告的行为确已经行政处罚，并已予以纠正。原告声称的被告近期仍有打流动字幕行为，经查属非营利性广告。原告要求被告赔偿经济损失和精神损失，因二者之间无直接因果关系，于法无据，不予支持。依照《中华人民共和国民事诉讼法》第一百零八条之规定，判决如下：

驳回原告贾广恩的诉讼请求。

本案诉讼费 840 元，由原告负担。

如不服本判决，可在判决书送达之日起 15 日内向本院递交上诉状及副本 2 份，上诉于新乡市中级人民法院。

审判人员署名（略）
一九九九年六月八日

注：以上裁判文书仅供参考，引用请以原件为准。

王忠勤诉西安有线电视台

本案之讼，旨在问责于有线电视台滥插广告，因其诉因时新且广有影响，被收入《人民法院案例选》。

对原告个人而言，本案的二审结果或许是一种高成本的"不利益"，但其讼事本身却有积极的社会效果，广电总局紧急下发的《关于坚决制止随意插播、超量播放电视广告的紧急通知》，就是此种积极效果的明证。该通知的拟制和发布，或可被用作考察和讨论"私法之诉与公共政策之形成"的示范案例。

导读：广有影响的起诉电视台过量插播广告的民事讼案；过量插播电视广告的侵权与违约之辨

纠纷：西安有线电视台在播放电视连续剧时过量插播广告，约 70 分钟 1 集的节目有五六次广告插播，合计占时达 20 多分钟。该市有线电视用户王某向市工商局和消费者协会投诉无果，遂向法院提起诉讼。

审级：二审

裁判：陕西省西安市碑林区人民法院民事判决书 ［1999］碑民初字第 1687 号
陕西省西安市中级人民法院民事判决书 ［2000］西民二终字第 443 号

原告：王忠勤

被告：西安有线电视台

1999 年 6 月 28 日晚 8 点钟左右，西安有线电视台（以下简称有线电视台）综合频道开始播放 48 集电视连续剧《还珠格格》（以下简称《还》剧）第二部，西安市民王忠勤当日开始在家中收看该连续剧。他发现，《还》剧放映中插播了很多商业广告，干扰了剧情的流畅观赏，对此颇为反感。接下来的十几天，该剧中仍频繁地插播广告，王忠勤遂向市工商局和消费者协会投诉，要求对有线电视台过量插播广告进行查处，但了无结果，于是，他决意通过诉讼的方式解决问题。为此，他在收看《还》剧时，将其同步录像，并对剧中插播广告的数量、时段、次数、企业名称、广告内容等做了记录，同时，还延请了律师代理此案的讼事。

1999 年 7 月 19 日，王忠勤向西安市碑林区法院立案庭提交了起诉状，两天后，法院批准同意立案，该讼案正式进入司法审理程序。

1999 年 9 月 15 日，法院开庭审理了王忠勤与西安有线电视台的收视纠纷案。原告王忠勤陈述了被告过量插播广告的具体事实，他认为，有线电视台不但要生存，而且要发展，并要给广大电视观众提供更多更好的精神食粮，广告是必不可少的，如果只是在《还》剧片头和主题曲处插播广告，是可以理解的，但在该剧播放中一而再、再而三地过量插播广告，则是对其本人及西安有线电视台几十万用户合法权益的侵害，是置国家法律、法规及广大电视观众的利益于不顾的违法行为。王忠勤指认被告违法的理由主要包括：

一、根据《消费者权益保护法》制定的《陕西省消费者权益保护条例》第七条规定：消费者因购买、使用商品或者接受服务而受到损害时，有权进行投诉、申诉、起诉和要求赔偿；第九条规定：提供商品或者服务，必须征得消费者同意，不得强行销售、强行服务。本案被告的做法即属于"强行服务"。

二、国务院制定的《广播电视管理条例》第四十二条规定：广播电台、电视台播放广告，不得超过国务院广播电视行政部门规定的时间。广电部发布的《关于进一步加强广播电视广告宣传管理的通知》（广发编字［1997］）76 号）第四条规定：播放广播电视广告应保持广播电视节目的完整，不得随意中断节目插播广告。《广播电视管理条例》第五十条还规定：转播、播放广播电视节目违反规定的，由县级以上人民政府广播电视行政部门责令停止违法活动，给予警告，没收违法所得，可以并处 2 万元以下的罚款；情节严重的，由原批准机关吊销许可证。

三、西安有线电视台发给其用户的"有线用户使用证"上印有 9 条"用户须知"及广播电视设施保护条例，这个"用户使用证"实际是以格式合同形式出现，它只载明了消费者的义务，而没有规定消费者的权利。根据《合同法》第三十九条、第四十条、第四十一条[1]的规定，提供格式条款方应当遵守公平原则，并有义务采取合同方式提请对方注意免除或限制其责任的条款；格式条款不能免除提供方的责任、不能加重对方责任、不能排除对方主要权利，否则无效。当双方对此条款发生争议时，应按常理或不利于提供方的方式解释或采用非格式条款。

四、根据《广告法》、《广告管理条例》等法律、法规制定的陕西省《关于加强医疗、药品、保健品广告监督管理暂行规定》第二十七条规定：利用电视、广播宣传预防、治疗性病的医疗广告，不得在黄金时间播出，并应控制播出次数。西安有线电视台在每晚黄金时间插播性病广告显然是违规的。

王忠勤要求法院判令被告西安有线电视台立即停止其插播的各种商业广告及治疗性病广告，并在《陕西日报》第一版显著位置及该台《还》剧播出前刊登启事，向其赔礼道歉，停止侵害，消除影响；没收被告违法收入，赔偿其在收看《还》剧期间受到侵害的费用每集 20 元，共 960 元，以及其为本案所支付的相关费用并让被告的所有用户免费收看一年或半年的有线电视节目。

被告及其委托代理人自辩称，西安有线电视台在播放《还》剧中插播广告，违反了国家有关部门的规定，这是事实，其对此并不否认。但原告在起诉状中和法庭上对被告的一些诉指和主张不符合客观实际，有必要予以说明和澄清：

一、电视剧中插播广告，在西安市、陕西省乃至全国都是一种普遍现象。国家广播电视总局最近发出《关于坚决制止随意插播、超量播放电视广告的紧急通知》（广电总局明电［1999］117 号）便是明证。插播广告决非被告之发明，也并非被告最严重。

二、原告起诉之前，鉴于观众在新闻媒体上对被告展开批评，被告即作出了"除已签订的合同外，不再签订《还》剧续集广告"的决定，并制定了逐步减少广告的总方针，做出了播放净版《还》剧的承诺，这些被告都已兑现。7 月 26 日《还》剧在本台生活频道播出时，广告已明显减少。被告于 8 月 7 日在综合频道如期播出的净版《还》剧，剧中未插播 1 次广告。因此，被告不是加大广告数量，而是逐步减少广告播出。

三、被告对《还》剧续集第一轮的广告做了统计，总广告条数约 117 条（含平播、特约、插播）3627 条次，而性病广告只有 2 条、53 条次，占总量比例分别为 1.7% 和 1.5%。该比例是同期西安地区各电视台性病广告的最低比例，同时远远少于其他电视台播放该剧时的性病广告条数。

四、被告插播广告的时机，均是在《还》剧片花出现时，而片花是港台制片人专为插入广告而设计的。因此，从这一点来说，被告之行为也并未破坏该剧的完整性。

五、越是好的节目，广告越多。好节目广告多的原因有两个，一是节目费用高，尤其是独家首播的节目，需要用广告收入弥补节目费用；二是好的节目，广告客户蜂拥而至。因此，观众要看好的节目且要先睹为快，就要有更高的付出，包括多看不愿看的广告。这种情况各电视台都是一样的，包括有线、无线台，连中央电视台也不例外。这道理和电影院获得首映权一样，一部《泰坦尼克号》，买断首映权要付出高额费用，票价自然也高。

六、原告因被告在播放电视剧中插播广告而提起的诉讼不属于人民法院的受案范围。《民事诉讼法》第三条规定："人民法院受理公民之间、法人之间、其他组织之间以及他们相互之间因财产关系和人身关系提起的民事诉讼，适用本法的规定。"该条明确了人民法院受理民事案件的范围，即因平等主体间的财产关系和人身关系引发的纠纷。对于什么是财产关系和人身关系，其范围是什么，现阶段我国法律所调整的财产关系和人身关系都包括哪些内容，《民事诉讼法》和《民法通则》等法律均有明确界定。

《民法通则》在其第一章"基本原则"第二条规定："中华人民共和国民法调整平等主体的公民之间、法人之间、公民和法人之间的财产关系和人身关系。"依据《民法通则》的规定，财产关系是指当事人之间基于财产而形成的关系，主要包括财产所有权；与所有权有关的财产权，如使用权、继承权、相邻权等；债权；知识产权（著作权、专利权、商标权等），这在《民法通则》第五章"民事权利"中有详细规定。而人身关系，是指人们基于彼此的人格和身份而形成的关系。人身权具体包括生命健康权、姓名权、名誉权、荣誉权等，这在《民法通则》第五章"民事权利"中同样有详细规定。原告民事诉状中的起诉案由，是"关于西安有线电视台在48集《还珠格格》第二部电视连续剧中大量插播广告引起的侵权赔偿。"原告所主张的权利不是我国民法所调整的财产关系和人身关系，它已超出了我国现阶段民法所保护的民事权利范围，从而也超出了民事诉讼法所规定的受案范围。

七、原告以被告插播广告提起诉讼，既以侵权赔偿为案由，但同时在其诉状的字里行间，又充满了对被告违反与用户之间合同的指责。确认被告的行为是否构成违约的前提，是确认原、被告间的合同关系是否存在。原告称《用户使用证》是格式合同，被告用不平等的格式合同对原告实施强行服务。其实，《用户使用证》不是合同，就像移动电话执机证、产品说明书不是合同一样，《用户使用证》的主要功能是作为合法用户的证明和便于入网用户了解安装、交费及报停、过户、退户、迁移、维修等方面的具体操作程序以及交费维修登记记录等，这些可从"用户证"中的"用户须知"条款中清楚看出。因此，用户与有线电视台之间的合同关系是实际形成的，而不是通过《用户使用证》建立的。不可否认，由于原告向被告交纳了收视费，被告向原告提供有偿服务，在原、被告间便形成了一种合同关系。但问题不在于是否有合同关系，而在该合同的内容是什么，双方的权利与义务是什么。用户和有线电视台之间的合同关系，其性质很明显，内容也很简单，即：用户的义务就是按期交费，权利是获享有线电视台的传输信号；有线电视台的义务是保证质量地向用户提供电视信号，权利是按规定收费，仅此而已。其合同的内容和性质并不涉及电视信号传输的内容，实际上也不可能涉及到节目内容。至于说电视节目的好坏、广告多少，这不是该合同范围的事，而是另一种法律关系，与本合同无关。原告依据《消费者权益保护法》有关条款提起赔偿，明显适用法律不当。第一，《消费者权益保护法》对消费者的保护，也是基于消费者同生产经营者之间存在着合同关系这一基本事实，消费者的权益是否受到损害，首先应依据合同内容来定，合同未约定义务，除法律有明确规定外，一方无权要求另一方履行。本案中，双方当事人并未在事实形成的合同关系中约定节目内容条款，所以原告无权以向被告交纳费用、同被告间形成合同关系为由要求被告停止播发广告。第二，原告以《消费者权益保护法》为依据提出侵权赔偿，其保护内容超出了该法保护范围。原告引用了《陕西省消费者权益保护条例》第七条的规定：因购买、使用商品或者接受服务而受到损害时，有权进行投诉、申诉、起诉和要求赔偿。而哪些方面的损害受《消费者权益保护法》保护，是有一定界限和范围的。该法第十一条规定：消费者因购买、使用商品或者接受服务受到人身、财产损害的，享有依法获得赔偿的权利。这里所指的"损害"即是财产损害和人身伤害。财产损害概念比较清楚，人身伤害主要是指对人身体的伤害、人格尊严的伤害以及侵犯了人身自由、损毁他人名誉、荣誉等，均有其特定含义和范围，不可任意扩展、引申。第三，原告引用了《陕西省消费者权益保护条例》第九条的规定：提供商品或服务，必须征得消费者同意，不得强行销售，强行服务。原告据此认为被告插播广告属强行服务，此说法不能成立。首先，选用哪个有线电视台，入哪个网，完全由用户决定，被告不会强迫用户。其次，西安有线电视台共开辟有 30 个频道，除了本台自办的综合频道、生活频道、影视频道、体育频道外，还有中央电视台各专业频道和外省、市的卫星节目。它向广大用户提供的服务是对不特定对象的服务，要满足社会各阶层、各行业、各年龄段、不同性别、不同爱好的观众的不同需要。既要对广大电视观众提供新闻节目、文艺节目、生活节目等，也包括向商业、工矿企业及各行业提供科技节目、企业形象宣传和广告宣传途径。有线电视台为观众提供了广阔的选择空间，不愿看这个频道，可换另一个频道；不愿看秦腔，可选豫剧；不愿看电视剧，可看电影；不愿看广告，可跳台换频道，根本谈不上强行服务。

八、原告在诉状中和法庭上一再声称自己合法权益受到侵害。其所谓的"侵权"，无非是浪费了原告的时间、影响其完整的观看电视节目、强迫其看广告等等。被告代理人认为，被告的行为不构成对原告的"侵权"。第一，如前所述，原告的这些权利不是民法所调整的财产关系和人身关系，不属于民诉法规定的法院受案范围。《民法通则》第五章"民事权利"中，从第一节"财产所有权和与财产所有权有关的财产权"、第二节"债权"、第三节"知识产权"到第四节"人身权"共计三十五条，规定了各种类型的民事权利，而这些权利没有一个是原告所主张的权利。再翻开第六章"民事责任"，从第一节"一般规定"、第二节"违反合同的民事责任"到第三节"侵权的民事责任"共二十八条，规定了各种应承担民事责任的情况，也没有一种情况与原告之主张相吻合。第二，原告并未有财产和人身受到损害的事实，也未有损害结果发生。第三，原告所谓受到损害的"权利"，不属于我国现阶段法律所保护的对象。笼统而广义地讲，被告在电视剧中插播广告可以说有损于原告的利益。但个人的"利益"不等于法律所赋予的"权利"，有些"利益"在一定历史阶段并不受法律保护。个人"利益"受到损害的情况很多，在公共场合吸烟者对不吸烟者构成的损害；顾客在商场购物因排队等候过久而受到损害；乘客乘坐公共汽车因车流量过多导致行车速度过慢而受到损害；读者花钱买了一本书、一份报纸，因其内容低劣而受到损害等等。不能不承认这些人的利益受到了损害，这类利益受到损害的情况可以说还颇具有普遍性、代表性。然而这类利益目前还不能得到有关法律的有效保护，尤其是不能通过民事诉讼以求解决。因为人们的权利、利益的保护范围是随着时代经济和社会的发展而不断发展扩大的，昨天不受保护的，今天就可能受到保护；今天不受保护的，明天可能会被列入保护范围。也许我们上面所说的那些权利受到损害的情况，在将来的一天会被列入民法调整范围，那些受到损害的人们，将会通过提起民事诉讼求获赔偿的方式保护自己的利益，而今天却不行。

九、被告插播广告的行为，属行政法调整范围，应通过行政手段加以解决。无须讳言，被告在播放电视剧中插播广告，违反了有关部门的规定。具体而言，主要是违反了广电部的《关于进一步加强广播电视广告宣传管理的通知》。该通知规定："播放广播电视广告应保持广播电视节目的完整，不得随意中断节目插播广告"；"广播电台、电视台每套节目播放广播电视广告的比例，不得超过该套节目每天播出总量的15%，18：00至22：00时之间不得超过该时间段总量的12%。"但，是不是插播广告违反了有关规定，就一定要受到行政处罚，就必然导致进行民事赔偿呢？答案是否定的。

首先，违法是一个大的概念，广义的违法概念，包含着对从宪法一直到地方性部门规章、命令等等的违反。而被告在播放电视剧中插播广告，主要是违反了部门规章和地方有关部门的规定。以上所提到的《关于进一步加强广播电视广告宣传管理的通知》和《关于坚决制止随意插播、超量播放广告的紧急通知》，只是广电系统一个内部的行政性管理文件。这些通知与规定，从狭义上讲并不是法律，其效力远远低于法律。违反了这些通知与规定，一般的处理方式是依据有关法律进行行政处理、行政处罚或提起纠正。《关于坚决制止随意插播广告、超量播放广告的紧急通知》第四条明确规定："……对违反上述规定的，应责令立即纠正，如不停止的，要依法给予处罚直至吊销其许可证。"说明对违反有关规定插播广告或超量播放广告的处理方式主要是责令纠正，只有对拒不纠正者才给以处罚，而这个处罚，指的仅是行政处罚。正是为了纠正社会上一些人对上述《紧急通知》认识上的偏差和误解，国家广电总局负责人随后又对该通知的性质和作用作了解释，称："《紧急通知》实际上是对1997年《关于进一步加强广播电视广告宣传管理通知》中一些规定的再次强调，其性质仍属行政性管理文件。它不同于法律法规条款，不具备法律强制性，不能作为民事诉讼中主张民事权益的依据。下发这样的通知完全是根据群众的呼声，是加强内部管理，提高管理力度的具体举措。"[2]

其次，从某些部门规章和地方性部门规定的具体内容看，他们所规定的禁止性条款和"应该"条款，其强制力也是不同的，并不是说违反任何一条都要进行处罚，而更多的条款是一种向导性的规定。同样以广电部《关于进一步加强广播电视广告宣传管理通知》为例，该通知第十五条规定："……广播电台、电视台应播放一定比例公益广告。商业电视广告中不得有乱扔废弃物、践踏绿地、毁坏花草树木等不利于环境保护的画面。"那么，是不是广播电台、电视台未播放公益广告，在广告中出现了乱扔废弃物、践踏绿地、毁坏花草树木等不利于环境保护的画面，就一定要受到广电部门的处罚，或者就一定要给收看电视的观众赔偿呢？我们认为，恐怕更大的可能还是由有关部门给予批评指正。

再次，违反有关规章、规定、通知的，应由有关行政机关处理、处罚，但并不必然导致民事赔偿。当然，公民完全可以向有关部门反映情况，也可通过其他方式和渠道帮助被告纠正错误，使被告完全按照规定办。像原告在报纸等新闻媒体上公开批评被告，和一些新闻媒体针对被告的批评报道等，我们认为都是正常的，可取的，不失为一种行之有效的方式。通过新闻舆论来监督批评、行政管理机关来监督和处理才是解决有关问题和纠纷的正确途径。

综上所述，被告方认为，其在播放《还》剧时插播广告，违反了广电部有关通知的规定，此违规行为属行政法调整范围，应通过行政手段加以解决。对此，被告已及时作了纠正；被告现在的广告播放业务已完全符合广电部有关规定，无违规可言；原告以被告在播放电视剧中插播广告侵犯了其合法权益为由提起诉讼，法律依据明显不足；本案不属法院受案范围；被告在电视剧中插播广告既不构成合同违约，也不对原告构成侵权；原告在收看电视剧中也并无损害事实发生。原告无权代表西安几十万有线电视用户主张权利。因此，原告的诉讼请求明显不能成立。请求法庭驳回原告起诉，以维护被告的合法利益。

一审法院审理查明，本案原、被告于1994年4月4日确立了有线电视收视服务合同关系，被告发给原告《有线电视用户使用证》1份，原告于1998年4月4日及1999年7月2日分别交纳了1998年度、1999年度电视收视费各115元。从1999年6月28日始，被告每晚在其综合频道播放48集电视连续剧《还珠格格》第二部时插播广告及治疗性病的广告。其中第14集插播广告分6个隔断，第一隔断插播11条，第二隔断插播14条（治疗性病广告1条），第三隔断插播12条，第四隔断插播10条，第五隔断插播10条，第六隔断插播13条，共计70条。其中治疗性病广告1条。该集时间共约70分钟，其中广告时间约27分钟。第15集插播广告分6个隔断，第一隔断插播10条，第二隔断插播14条（治疗性病广告1条），第三隔断插播12条，第四隔断插播10条，第五隔断插播11条，第六隔断插播16条，共计73条。其中治疗性病广告1条。该集时间共约70分钟，其中广告时间约28分钟。被告上述行为严重违反原广播电影电视部《关于进一步加强广播电视广告宣传管理的通知》第四条"播放广播电视广告应保持广播电视节目的完整，不得随意中断节目插播广告"及第十二条[3]"禁止播出治疗性病广告"之规定。

法院认为，被告于1998年4月4日发给原告《有线电视用户使用证》，原告向被告交纳了收视费，两者之间形成了电视收视服务合同关系，并已实际履行。被告本应依据有关部门规定及双方合同提供合格的服务，却在《还》剧中大量插播广告及播出治疗性病的广告，延长了原告收视时间，其行为侵犯了原告正常收视权，对原告身心造成了一定的损害。现原告要求被告向其赔礼道歉，赔偿其购买录像带、录音带费用及律师代理费，理由正当，应予支持。原告要求被告停止在《还》剧中插播广告，因该剧已经播放完毕，侵权行为已经消失，故其请求不予支持。对要求被告免费供其收看一年或半年电视节目之请求，无据可依，不予支持，但被告应酌情赔偿因违规插播广告给原告造成的损失。对原告要求许可其他用户免费收看电视节目之请求，因原告未受其他用户委托，不予支持。至于被告辩称该案不属法院受案范围及其行为不构成违约，该案应通过行政手段加以解决之理由，由于原告、被告属平等民事主体，双方发生纠纷，原告有权向法院起诉，故被告辩称理由不能成立。据此，法院依照《民法通则》第八十五条、第一百零六条第一款、第一百一十一条之规定[4]，判决如下：

一、西安有线电视台于本判决生效后 10 日内在晚间 20：00 - 22：00 时在该台综合频道向原告王忠勤赔礼道歉 3 次。

二、西安有线电视台于本判决生效后 10 日内一次性赔偿王忠勤因诉讼造成的损失 707.6 元。

三、西安有线电视台于本判决生效后 10 日内赔偿王忠勤 1999 年 6 至 7 月电视收视费 17.8 元。

四、驳回原告王忠勤的其他诉讼请求。

一审判决后，被告西安有线电视台不服判决，提出上诉，其理由主要为：

一、本案不属法院受案范围。本案双方因插播广告引发的纠纷不属于因财产关系和人身关系受到侵害而产生的纠纷，因此，不属于《民事诉讼法》所规定的案件受理范围。一审判决称："由于原、被告属平等民事主体，双方发生纠纷，原告有权向法院起诉，故被告辩称理由不能成立"。"平等民事主体"只是提起民事诉讼的必备条件之一，而不是全部。《民事诉讼法》第一百零八条[5]规定了起诉必须符合的条件之一是"属于人民法院受理民事诉讼的范围……"，因此，并非只要原、被告属平等民事主体，双方发生纠纷，就有权向法院起诉。法院受理民事案件，除了要审查原、被告双方是否属平等民事主体，还要审查案件是否属于法院受案范围，对不属于法院受案范围的纠纷，应裁定不予受理、驳回起诉或驳回诉讼请求。

二、一审判决已超出本案受理范围。被上诉人一审起诉的案由是："西安有线电视台在48集《还珠格格》第二部电视连续剧中大量插播广告引起的侵权赔偿"。即被上诉人是以侵权赔偿为由提起诉讼的，其要求一审法院确认上诉人的行为构成侵权并赔偿损失，一审法院没有就是否构成侵权做出裁定，反而以合同违约判令上诉人承担民事责任，已超出本案审理范围。

三、上诉人的行为不构成合同违约。所谓违约，顾名思义，即违反了双方约定的义务。而本案双方从未就有关广告播放的内容进行过约定，谈何违约？双方合同的内容、权利、义务，仅涉及一方按期交费，另一方按时提供合格的电视传输信号，并不涉及传输信号的内容。至于所传输的电视信号具体内容，又有不同的主管机关分别把关管理。节目政治内容有问题，由上级广电局及党委宣传部查处；广告内容有错误，由工商管理机关查处；插播广告超时，由县以上广播电视行政机关查处。上诉人在电视剧中超时插播广告，确系违反有关规定，但并不构成违约。

四、上诉人的行为属行政法调整范围，应通过行政手段加以解决。违反行政规定，并不必然导致承担民事责任。

五、一审判决适用法律不当，所做判决法律依据不足。一审法院依据《民法通则》第八十五条、第一百零六条第一款、第一百一十一条的规定[6]，判决上诉人承担合同违约责任，而上诉人插播广告的行为属违规行为，并不是违约行为，其适用法律明显不当。其判决上诉人向被上诉人公开赔礼道歉的法律依据亦明显不足。任何法律都未有合同违约应承担赔礼道歉责任的规定。另外，被上诉人在其诉讼请求中并未要求上诉人承担其律师费用，一审判令上诉人承担该费用已超出被上诉人请求范围，且无法律依据。另外，一审判决赔偿被上诉人 1999 年 6 至 7 月电视收视费 17.8 元，同样无事实和法律依据。该两月上诉人不止传输了《达》剧的信号，还同时传输了其他电视节目的信号，即使被上诉人不收看这些信号，同样须支付两月的收视费，被上诉人在该两月中遭受 17.8 元的损失无理由予以确认。

被上诉人王忠勤答辩要求维持一审判决。

西安市中级人民法院审理后认为：王忠勤与西安有线电视台属于平等民事主体，双方发生民事权益纠纷，任何一方均有权向人民法院提起诉讼，故上诉人西安有线电视台认为本案不应由法院受理之主张，与法相悖，不予支持。上诉人西安有线电视台提出其收取的是收视维护费，而非节目点播费；其在收取收视维护费后，按时、按质、按量输送了 28 套电视节目信号，已完成合同约定义务，使用户享受了正常的收视权；没有限制、剥夺、强制被上诉人在什么时间、收看什么节目内容，符合事实，可予以采信。本案中，收视人的正常收视权，是由有线电视台是否正常输送电视节目信号确定的，而收视节目内容的选择权，完全掌握在收视人手中，什么时间看什么节目，完全由收视人自己掌握，并未受任何人的限制。上诉人完全可以在尊重其他收视用户收视时间的基础上，自由选择收视时间、收视内容，享受自己所应接受的服务。王忠勤以西安有线电视台插播广告过多、侵权为由提起诉讼，但在诉讼过程中，未向法院提供被侵权而遭受损害的任何事实及法律依据，故其请求西安有线电视台停止侵害、消除影响、赔礼道歉、赔偿损失之诉，证据不充分，事实及法律依据不足，不予支持。原审判决未审查损害事实是否客观存在，即侵权是否成立的关键问题，却以上诉人未依合同提供合格服务，延长了被上诉人的收视时间，侵犯其正常收视权，对其身心造成了损害为理由，判决上诉人承担侵权赔偿责任，明显混淆了两种不同的民事责任，故原判第一、二项错误，依法应予以撤销。原判对于因西安有线电视台违反内部行业管理规定插播广告而判令被上诉人酌情承担赔偿责任，因原广电部制定的《关于进一步加强广播电视广告宣传管理的通知》属于行政性的内部管理文件，不具备法律强制性，不能作为民事诉讼中主张民事权益的依据，故原审判决第二、三项，将上述文件作为民事赔偿的依据，适用法律不当，亦应予以纠正。原判关于被上诉人要求免费收看一年或半年电视节目之请求，以及要求许可其他用户免费收看电视节目之请求的判决正确，可予以维持。此外，上诉人西安有线电视台在播放电视节目时，虽没有对电视剧节目内容进行删节、修改，没有侵犯被上诉人的人身权利和完整欣赏电视节目的权利，但其在播放《还》剧中确实插播广告过多，给收视用户收视电视节目造成了诸多不便，惟考虑到，其能积极采取补救措施及未对被上诉人造成人身及财产损害，故未让其承担赔偿责任。但对此，法院已责令上诉人西安有线电视台严格遵守有关行政管理规定，同时，亦向其行政主管机关提出司法建议，要求其尽快制订相关行政法规，规范电视插播广告行为，切实加强管理，严格履行其行政监管职责。西安市中级人民法院依照《民法通则》第一百零六条[7]，《消费者权益保护法》第九条[8]、第十一条[9]，《民事诉讼法》第一百五十三条[10]第一款（二）项之规定，于2000年8月7日作出终审判决：

一、维持西安市碑林区人民法院民事判决第四项。

二、撤销西安市碑林区人民法院民事判决第一、二、三项。

三、驳回王忠勤要求西安有线电视台停止侵害、消除影响、赔礼道歉、赔偿损失及免费收看一年或半年电视节目的诉讼请求。

释解与评点

本案之诉，亦在问责于有线电视台滥插广告，它和本书收录的"贾广恩诉新乡有线电视台侵权案"同年兴讼。贾广恩案是状告电视媒体过量播放广告的首例讼事，本案步趋其后，且历经二审，诉辩双方各穷其理，原、被告胜败逆转，影响之大，后来者居上，是以《人民法院案例选》[11]将本案收入其 2001 年第 4 辑，并附有"责任编辑按"[12]。

✎ 过量插播电视广告的可诉性及其侵权与违约之辨

本案的争议焦点有三：

一、关于法院应否受理原告之诉

实事求是地看，本案被告的委托代理人为有线电视台提供的答辩意见，颇具水准，尤其是对有线电视插播广告不构成原告所诉之侵权的论证，是比较周详到位的，但其援引《民法通则》第二条的规定辩称本案不属法院的案件受理范围，则显然无理。《民法通则》第二条规定，我国民法调整平等主体的公民之间、法人之间、公民和法人之间的财产关系和人身关系。本案中，原告是被告的合法用户，持有被告发放的"用户使用证"和收视维护费交纳收据，足够说明其与被告存在财产关系（债权关系）。原告虽然"不够策略"地主张侵权之诉而未选择更合法理的违约之诉，但这应该是法院受理之后所要解决的实体问题，不应要求原告在起诉时就提供能证明其诉讼请求的胜诉证据，这种做法不利于保护当事人的诉权。"如果案件依法受理后，当事人在审理过程中提供不出足够证明其诉讼请求胜诉的证据，法院可以判其败诉。但在起诉时，原告只要能够提供证明案件事实存在所必需的证据即可，以增加法院对纠纷的排解能力，保护当事人的诉权。"[13]更深一层体味，被告有线电视台一方之所以强调"本案不属法院受理民事诉讼的范围"、"上诉人（有线电视台）的行为属行政法调整范围，应通过行政手段加以解决"[14]，恐怕与其"长期以来习惯于在垂直的统属关系中运作"[15]不无关系，因为我国的电视台都是直接隶属于政府广播电视行政部门，在基层甚至实行"局台合一"。所以，有了问题"只愿意接受上级部门的批评或处理，而当自己的观众的被告、到公堂上打官司则似乎有点有失身分似的。这种心态同现代法治的距离是过于遥远了。"[16]

二、关于本案被告是否侵权

以我国现行民事法律的规定为依据考量，还不能确认被告的涉案行为符合一般侵权责任之要件，构成侵权。相关分析可参见本书"贾广恩诉新乡有线电视台"一案的释评，此不重述。另外，《人民法院案例选》将本案收入时所附的"责任编辑按"对侵权问题亦有评断，现将其中切要者摘录共享：

> 被告违背主管部门的规范性文件的要求，超量插播广告的行为是否侵犯原告的什么绝对权呢。笔者认为，在有线或无线的电视节目收视问题上，包括通过审查允许播放的任何电视节目在内，电视节目的内容都有可能发生影响个别人的身心健康的问题。但允许播放的标准并不是以每个人或者一定群体的特别情况来把握的，而是以既满足全社会公众的文化生活及其享受的需要，又符合国家利益、社会公共秩序的标准来把握的。所以，在个人的收视爱好、习惯及对电视节目内容的接受、评价上，难能存在一种可由法律明确规定的公民享有的绝对权。本案这种超量插播广告行为触犯了行政管理规范，可受到行政责任的追究，当事人不能依这种行政规范来确立自己享有一种民事绝对权，也不能作为主张民事权利的依据。[17]

以此而论，二审判决撤销了原判第一、二项，是不悖法理的。

三、被告是否违约

一审判决要求被告承担赔礼道歉等侵权责任虽然不妥，但其确认原、被告之间存在电视收视服务合同关系，是正确的，二审判决对此亦无异议。可以商榷的是，二审法院认可了上诉人的自辩，即"有线电视台在收取收视维护费后，按时、按质、按量输送了28套电视节目信号，已完成合同约定义务，使用户享受了正常的收视权，没有限制、剥夺、强制被上诉人在什么时间、收看什么节目内容"。问题在于，何为"按质"，当事人缔约时并无约定，发生纠纷后，不能只凭有线电视台的单方指认，而应适用《合同法》第六十二条[18]的规定：合同就有关质量要求不明确的，按照国家标准、行业标准履行；没有国家标准、行业标准的，按照通常标准或者符合合同目的的特定标准履行。至本案审理时，关于有线电视台向用户提供的传播服务质量，未制定国家标准和行业标准，所以应按通常标准或者符合合同目的的特定标准履行。至于何为"通常标准"或符合合同目的特定标准，立法并无明确的解释和界定。法院如适用本条款，则有两种选择：

一是请具有法定资质的国家标准或行业标准、企业标准制定机关"特事特办"，对本案被告的涉讼行为是否合乎有线电视服务的"通常标准"予以鉴定，尽管由广电系统的标准规制机关所作的鉴定本身也有一个是否公正的问题，但任何公开的表态都会或多或少地产生一种自省的压力并承担"出错"的风险，所以有聊胜于无。

二是由法官根据案情、证据和现行法律的相关原则对"符合合同目的的特定标准"进行自由裁量，得出结论。

如对适用上述规定仍无把握，还可考虑援用《合同法》第七条的规定："当事人订立、履行合同，应当遵守法律、行政法规，尊重社会公德，不得扰乱社会经济秩序，损害社会公共利益。"据合同法专家的释解，该规定中所称"应当遵守法律、行政法规"，首先指遵守我国现行的法律和行政法规，其次也包括应当遵守与现行法律和行政法规不相抵触的行政规章和其他规范性文件中的强制性规范和禁止性规定。本案二审判决书中称："因原广播电影电视部1997年2月19日广发编字〔1997〕76号《关于进一步加强广播电视广告宣传管理的通知》以及国家广电总局发出的《关于坚决禁止随意插播、超量播放广告的紧急通知》属于行政性的内部管理文件，系非规范性法律文件，不具备法律强制性，不能作为民事诉讼中主张民事权益的依据。"此系针对侵权之诉而言，而于违约之诉中，在法律、行政法规阙如的情势下，上述所谓的"行政性的内部管理文件"也可以作为判定当事人履行合同是否遵守法律、行政法规的合理依据，只要其不与上位法的规定相抵触。

本案审结4年后，国家广播电影电视总局发布了广播电影电视行业标准QY/T 204－2004《有线电视用户服务规范》（2005年3月1日实施），该规范总则中规定："有线电视广播网络运营机构应遵守国家和广播电视主管部门的有关政策和法规，以用户为中心，不断提高服务质量。"（详见本文后的附二）该规定为法院审理"约定不明而媒体确有损及用户利益之违规"的有线电视服务合同纠纷增加了下判的理据。

✎ 强化有线电视经营者的缔约义务与私法之诉的公益效果

本案一审法院支持了原告主要的诉讼请求，成为该类诉讼中首例用户一审胜诉的法院判决，曾引起广泛的社会关注，也有传播学和法学的专业人士撰文点评[19]，有的学者还将其作为"诉的利益"之法理例证，认为："形成中的权利"是一种正当利益，是尚未被现行法明确、具体承认的权利，还不属于法律权利的范畴。对"形成中的权利"的诉讼救济，即便没有实体法规范作为裁判的依据，法院也不得拒绝审判。因为保护正当利益是国家、法律和诉讼应然的职责、功能和目的。当平等主体之间有关人身或财产的正当利益或形成中的权利受到不法侵害时，就应赋予受害者享有诉权，求助诉讼保护。这样就扩大了诉的利益的基础和功能，可促成新权利的产生。本案法院肯定了原告之诉具有诉的利益，受理了案件，值得称道。至于原告所谓的"正常收视权"，目前仅见于原广电部的有关规定（属于行政规章）中，因而不属于既定的法律权利，但是法院判决予以保护，将来可能形成一种新的法律权利，其意义非同小可。当然，本案如果适用代表人诉讼可能更符合现代法的精神。[20]

事实上，只要正确地认定本案当事人之间的合同关系，依据现行民法有关合同义务与违约责任的规定，已能应对本案原告所主张的利益诉求。真正需要在制度构建上对受众权益之维护有所作为的，首先是国家的广播电视行政管理部门，这不仅是指其应当严格执法，对失当的媒体广告行为给予违者必究的处罚，更重要而且至今仍未规制到位的，是其对有线电视经营者的缔约义务缺乏必要的监管。上世纪中期至今，国内法院受理的多例有线电视服务纠纷——包括本书收录的"宋惠明、王心一等诉常德市广播电视局"、"刘宏志诉广达广播电视宽带网络有限公司"、"周泽波诉河南省开封县广播电视局"、"丘建东诉龙岩市广播电视网络中心"、"贾广恩诉新乡市有线电视台"、"王忠勤诉西安有线电视台"等案件——都因当事人之间"没有（协议）约定或者约定不明确"而难以究责，加之各地有线电视一家独大、管办不分且司法准备不足或有袒公轻私之偏，很多兴讼用户的利益难以得到充分的支持和维护。作为有线电视经营的公共监管、规制者，国家广播电视行政机关理应善尽其媒体监管职能，通过行政立法适当强化有线电视经营者的缔约义务。例如，应由广播电视行政管理部门主持，会同工商行政管理部门、物价管理部门、消费者协会联合制定有线电视服务合同示范文本，规定有线电视服务合同（协议）的必设条款和禁设条款，明确缔约双方的权利和义务，以确保有线电视经营方所拟制的格式合同符合公平原则，保障相对弱势的用户方利益。在有线电视服务合同的必设条款中，应包括经营者"合法履约"的承诺，即：有线电视经营者所承担的合同义务，除了当事人之间的约定之外，还应当遵守法律、行政法规、国家行政机关制定的有线电视管理规章及其他规范性文件的有关保障用户权益的强制性规定。这样，法院在审理有线电视消费纠纷时，在法律、行政法规"不够用"的情况下，还可依据下位的部门规章及其他规范性文件对当事人未及约定的事项进行裁判。换言之，就是将"遵守行业管理的部门规章和其他规范性文件有关服务规范的规定"作为有线电视经营者对用户的法定承诺，如有违反，用户即可提起违约之诉，从而将自上而下的内部行政监管扩展为同时可由用户启动的司法救济程序，这样，可以更有效地抑制和究问有线电视经营服务中的不法与违规。

本案于 1999 年 7 月 19 日诉至法院，一个月之后，国家广播电影电视总局就向各省、自治区、直辖市广播影视厅（局）下发了《关于坚决制止随意插播、超量播放电视广告的紧急通知》，其内容如下：

近来，许多电视观众来信和来电话，反映一些地区电视台、有线电视台随意插播广告，超量播放广告，有的播放一集电视剧中断插播广告数十条，时间长达数十分钟，甚至播放明令禁止的"治疗性病的广告"。这严重违反了国家关于电视广告管理的有关规定，严重损害了广播电视作为党和政府喉舌的形象，严重侵害了广大电视观众的利益，必须坚决予以制止。为此，根据《中华人民共和国广告法》、《广播电视管理条例》和《关于进一步加强广播电视广告宣传管理的通知》（广发编字［1997］76 号）的规定，重申和补充通知如下：

一、各电视台、有线广播电视台、广播电视台播放广告必须保持电视节目的完整性，不得随意中断节目插播广告；转播其他电视台的节目，应保持被转播节目的完整，不得插播本台的广告。

二、各电视台、有线广播电视台、广播电视台每套节目播放广告的比例不得超过该套节目每天播出总量的15%，其中18：00至22：00之间不得超过该时间段节目总量的12%。

三、各电视台、有线广播电视台、广播电视台播放节目，不得在电视画面上叠加字幕广告。

四、各省、自治区、直辖市广播影视厅（局）要对所辖区域内各电视台、有线广播电视台、广播电视台播放广告情况进行一次自查自纠，对违反上述规定的，应责令立即纠正，如不停止的，要依法给予处罚直至吊销其许可证。

五、国家广电总局将会同有关部门在近期组织检查组对各地自查自纠的情况进行抽查，并同今年对电视台、有线广播电视台、广播电视台的年检相结合，严重违反规定的，将不予登记。

该通知中虽未提及本案的讼事，但明眼人都不难体味西安观众兴讼与北京部委"紧急通知"之间的密切联系，它至少使人得以明悉：本案原告起诉的电视广告插播之失范，并非一省一市之特例，实为此伏彼起之乱象，兴讼于西安可能是偶然，维权于法院却是必然。失范不治，西北的王忠勤不起诉，也会有东北的李忠勤、华北的刘忠勤、华南的张忠勤告上法庭。上述通知中所称"一集电视剧中断插播广告数十条，时间长达数十分钟，甚至播放明令禁止的'治疗性病广告'"，与本案被告的被诉行为具有高度的相似性，其实也是一种高度的必然性。

本案的二审结果对原告个人而言或许是一种高成本的"不利益"，但其讼事本身却有积极的社会效果，广电总局紧急下发的《关于坚决制止随意插播、超量播放电视广告的紧急通知》，就是此种积极效果的明证。该通知的拟制和发布，或可被用作考察和讨论"私法之诉与公共政策之形成"的示范案例。

注释：

〔1〕《合同法》（1999 年 10 月 1 日起施行）第三十九条 采用格式条款订立合同的，提供格式条款的一方应当遵循公平原则确定当事人之间的权利和义务，并采取合理的方式提请对方注意免除或者限制其责任的条款，按照对方的要求，对该条款予以说明。

格式条款是当事人为了重复使用而预先拟定，并在订立合同时未与对方协商的条款。

第四十条 格式条款具有本法第五十二条和第五十三条规定情形的，或者提供格式条款一方免除其责任、加重对方责任、排除对方主要权利的，该条款无效。

第四十一条 对格式条款的理解发生争议的，应当按照通常理解予以解释。对格式条款有两种以上解释的，应当作出不利于提供格式条款一方的解释。格式条款和非格式条款不一致的，应当采用非格式条款。

阅读提示：本案原告起诉时，《合同法》尚未施行，本案一审于 1999 年 12 月下判，当时《合同法》已开始施行。

〔2〕转引自本案被告代理律师许小平、张天翔向法院提交的代理意见。

〔3〕《关于进一步加强广播电视广告宣传管理的通知》（1997 年 2 月 19 日）十二、广播电视广告宣传应健康文明，禁止播出有色情或性暗示等内容的广告，禁止播出治疗性病的广告。

〔4〕《民法通则》（1987 年 1 月 1 日起施行）第八十五条 合同是当事人之间设立、变更、终止民事关系的协议。依法成立的合同，受法律保护。

第一百零六条 公民、法人违反合同或者不履行其他义务的，应当承担民事责任。

公民、法人由于过错侵害国家的、集体的财产，侵害他人财产、人身的，应当承担民事责任。没有过错，但法律规定应当承担民事责任的，应当承担民事责任。

第一百一十一条 当事人一方不履行合同义务或者履行合同义务不符合约定条件的，另一方有权要求履行或者采取补救措施，并有权要求赔偿损失。

〔5〕《民事诉讼法》（1991 年 4 月 9 日起施行）第一百零八条 起诉必须符合下列条件：

（一）原告是与本案有直接利害关系的公民、法人和其他组织；

（二）有明确的被告；

（三）有具体的诉讼请求和事实、理由；

（四）属于人民法院受理民事诉讼的范围和受诉人民法院管辖。

〔6〕见注 4。

〔7〕见注 4。

〔8〕《消费者权益保护法》（1994 年 1 月 1 日起施行）第九条 消费者享有自主选择商品或者服务的权利。

消费者有权自主选择提供商品或者服务的经营者，自主选择商品品种或者服务方式，自主决定购买或者不购买任何一种商品、接受或者不接受任何一项服务。

消费者在自主选择商品或者服务时，有权进行比较、鉴别和挑选。

〔9〕《消费者权益保护法》第十一条 消费者因购买、使用商品或者接受服务受到人身、财产损害的，享有依法获得赔偿的权利。

〔10〕《民事诉讼法》第一百五十三条 第二审人民法院对上诉案件，经过审理，按照下列情形，分别处理：

（一）原判决认定事实清楚，适用法律正确的，判决驳回上诉，维持原判决；

（二）原判决适用法律错误的，依法改判；

（三）原判决认定事实错误，或者原判决认定事实不清，证据不足，裁定撤销原判决，发回原审人民法院重审，或者查清事实后改判；

（四）原判决违反法定程序，可能影响案件正确判决的，裁定撤销原判决，发回原审人民法院重审。

当事人对重审案件的判决、裁定，可以上诉。

〔11〕**阅读提示**：《人民法院案例选》是最高人民法院决定由中国应用法学研究所定期编辑的审判业务书籍，其所选录的案例，都是各个时期全国各级人民法院、专门法院审结的刑事、民

事、商事、行政、海事等各类案件中的大案、要案、疑难案以及反映新情况、新问题的具有代表性的典型案件，每个案例包括案情、审判、评析三部分，有些疑难和新型案件还附有责任编辑按，以求对读者有所启迪，收到举一反三的效果。

〔12〕见《王忠勤诉西安有线电视台播放电视剧中插播大量广告使其不能正常收视损害赔偿案》，最高人民法院、中国应用法学研究所/编：《人民法院案例选》2001 年第 4 辑（总第 38 辑），人民法院出版社 2002 年版，第 115 – 122 页。

〔13〕参见马原/主编：《民事诉讼法条文精释（上）》，人民法院出版社 2003 年版，第 646 页。

〔14〕见《西安有线电视台上诉状》，2000 年 3 月 12 日。

〔15〕魏永征：《新闻媒介要接受受众监督》，《新闻知识》1999 年第 10 期，第 10 页。

〔16〕同注 15。

〔17〕最高人民法院、中国应用法学研究所/编：《人民法院案例选》（2001 年第 4 辑），人民法院出版社 2002 年版，第 121 – 122 页。

〔18〕《合同法》第六十二条 当事人就有关合同内容约定不明确，依照本法第六十一条的规定仍不能确定的，适用下列规定：

(一) 质量要求不明确的，按照国家标准、行业标准履行；没有国家标准、行业标准的，按照通常标准或者符合合同目的的特定标准履行。

(二) 价款或者报酬不明确的，按照订立合同时履行地的市场价格履行；依法应当执行政府定价或者政府指导价的，按照规定履行。

(三) 履行地点不明确，给付货币的，在接受货币一方所在地履行；交付不动产的，在不动产所在地履行；其他标的，在履行义务一方所在地履行。

(四) 履行期限不明确的，债务人可以随时履行，债权人也可以随时要求履行，但应当给对方必要的准备时间。

(五) 履行方式不明确的，按照有利于实现合同目的的方式履行。

(六) 履行费用的负担不明确的，由履行义务一方负担。

〔19〕参见蒋俊新：《西安有线电视台败诉：欠妥》，《新闻记者》2000 年第 5 期，第 21 – 22 页；黄挽澜、秦泽：《西安有线电视台败诉：应该》，《新闻记者》2000 年第 5 期，第 19 – 20 页；魏永征：《新闻媒体要接受受众监督》，《新闻知识》1999 年第 10 期，第 10 页。

〔20〕引自江伟、邵明、陈刚/著：《民事诉权研究》，法律出版社 2002 年版，第 244 – 246 页；邵明：《论诉的利》，《中国人民大学学报》2000 年第 4 期，第 118 – 124 页。

附一：

西安市碑林区人民法院民事判决书

[1999] 碑民初字第 1687 号

原告王忠勤。

委托代理人喻博武，西安市海天法律事务所法律工作者。

被告西安有线电视台。

法定代表人张广玉，台长。

委托代理人许小平、张天翔，陕西许小平律师事务所律师。

原告王忠勤与被告西安有线电视台有线电视收视纠纷一案，本院受理后，依法组成合议庭，公开开庭进行了审理。原、被告及其委托代理人均到庭参加了诉讼。本案现已审理终结。原告诉称，被告西安有线电视台综合频道从 1999 年 6 月 28 日在晚八时零五分黄金时间，播放 48 集电视连续剧《还珠格格》（以下简称《还》剧）第二部时，大量插播广告并播出治疗性病的广告，影响其正常收视。现要求被告立即停止插播的各种商业广告及治疗性病的广告，并在《陕西日报》第一版显著位置及该台《还》剧播出前刊登启示，赔礼道歉，停止侵害，消除影响；没收被告违法收入，赔偿本人在收看《还》剧期间受到侵害的费用每集 20 元，共 960 元及投诉此案期间的费用；让所有用户免费收看一年或半年的有线电视节目。

原告对其诉称事实提供了下列证据：

一、有线电视用户使用证 1 份、交纳收视费收据 2 份，证明其与被告之间有收视合同关系；

二、代理费、交通费收据 3 份；

三、购买录音带、录像带发票 3 份；

四、华商报、西安晚报、三秦都市报、经济日报、中国工商报 12 份；

五、出租车发票 37 张；

六、特快专递邮件收据 17 张；

七、邮费、书费、打版、复印费及长途电话费收据 8 张。

被告辩称，该案应由有关行政部门通过行政手段加以解决，人民法院不应受理。原告与其之间无合同关系，不存在合同违约，侵权亦不能成立，不同意原告之请求。

被告对其辩称事实提供了下列证据：

一、西安有线电视台广告经济部通知 1 份；

二、西安大众传播有限公司证明材料 1 份；

三、西安麦通广告公司证明材料 1 份；

四、广告发布业务合同 4 份；

五、营业执照、收费许可证各 1 份；

六、三秦都市报 2 份、南方周末 1 份。

对原、被告提供的证据，经过当庭充分质证，认定其证据效力如下：对原告提供的第一项证据，被告不持异议，应确认有效；对第二、三项证据，被告虽提出异议，但该证据系原告实际损失之票据，应确认有效；对第四至第七项证据，不予确认。

对被告提供的第一至第三项证据，仅能证明其在 1999 年 7 月 1 日后不再签订在《还》剧中插播广告的合同；对第四、五项证据系被告和广告主及广告经营者签订的广告发布业务合同及营业证，应确认有效；第六项证据系传媒信息，不属证据范围，不予确认。在法庭调查过程中，原告请求播出其录制的视听资料，以证明被告在《还》剧播放中中断节目、插播广告及播出治疗性病的广告，被告当庭表示，对此事实没有异议，可以不再播放。

经审理查明，原、被告于 1998 年 4 月 4 日确立了有线电视收视服务合同关系，被告发给原告《有线电视用户使用证》一份。原告据此于 1998 年 4 月 4 日及 1999 年 7 月 2 日分别交纳了 1998 年度及 1999 年度电视收视费 115 元。从 1999 年 6 月 28 日始，每晚八时零五分，被告在其综合频道播放 48 集电视连续剧《还珠格格》第二部时，中断节目，插播广告及治疗性病的广告。其中第 14 集插播广告分 6 个隔断，第一隔断插播 11 条，第二隔断插播 14 条（治疗性病广告 1 条），第三隔断插播 12 条，第四隔断插播 10 条，第五隔断插播 10 条，第六隔断插播 13 条，共计 70 条。其中治疗性病广告 1 条。该集时间共约 70 分钟，其中广告时间约 27 分钟。第十五集插播广告分 6 个隔断，第一隔断插播 10 条，第二隔断插播 14 条（治疗性病广告 1 条），第三隔断插播 12 条，第四隔断插播 10 条，第五隔断插播 11 条，第六隔断插播 16 条，共计 73 条。其中治疗性病广告 1 条。该集时间共约 70 分钟，其中广告时间约 28 分钟。被告上述行为严重违反原广播电影电视部 1997 年 2 月 29 日广发编字〔1997〕76 号《关于进一步加强广播电视广告宣传管理的通知》第四条"播放广播电视广告应保持广播电视节目的完整，不得随意中断节目插播广告"及第十二条广播电视广告宣传应健康文明，"禁止播出治疗性病广告"之规定。

本院认为，被告于 1998 年 4 月 4 日发给原告《有线电视用户使用证》，原告据此向被告交纳了收视费，故原、被告之间形成了电视收视服务合同关系，并已实际履行。被告本应依据有关部门规定及双方合同提供合格的服务，却在《还》剧中大量插播广告及播出治疗性病的广告，延长了原告收视时间，其行为侵犯了原告正常收视权，对原告身心造成了一定的损害。现原告要求被告向其赔礼道歉，赔偿其购买录像带、录音带费用及律师代理费，理由正当，应予支持。原告要求被告停止在《还》剧中插播广告，因该剧已经播放完毕，侵权行为已经消失，故其请求不予支持。对要求被告为其免费收看一年或半年电视节目之请求，无据可依，不予支持，但应酌情赔偿因被告违规插播广告给其造成的损失。对其要求为其他用户免费收看电视节目之请求，因原告未受其他用户委托，不予支持。至于被告辩称该案不属人民法院受案范围及其行为不构成违约，该案应通过行政手段加以解决之理由，由于原告、被告属平等民事主体，双方发生纠纷，原告有权向法院起诉，故被告辩称理由不能成立。据此，依照《中华人民共和国民法通则》第八十五条、第一百零六条第一款、第一百一十一条之规定判决如下：

一、西安有线电视台于本判决生效后 10 日内于晚间二十时至二十二时在该台综合频道向原告王忠勤赔礼道歉 3 次（内容由本院审定）。

二、西安有线电视台于本判决生效后 10 日内一次性赔偿王忠勤因诉讼造成的损失 707.6 元。

三、西安有线电视台于本判决生效后 10 日内赔偿王忠勤 1999 年 6 月至 7 月电视收视费 17.8 元角。

四、驳回王忠勤要求被告西安有线电视台为其他电视用户免费收看一年或半年电视节目及赔偿其不能确定为诉讼支出的长途电话费、特快专递费用等请求。诉讼费 200 元由西安有线电视台负担（此款原告已预交，被告在支付上述款项时直付原告）。

审判人员署名（略）

一九九九年十二月十五日

陕西省西安市中级人民法院民事判决书

[2000] 西民二终字第 443 号

上诉人（原审被告）西安有线电视台。

法定代表人张广玉，该台台长。

委托代理人许小平、张天翔，陕西许小平律师事务所律师。

被上诉人（原审原告）王忠勤。

上诉人西安有线电视台因侵权赔偿一案，不服西安市碑林区人民法院[1999] 碑民初字第 1687 号民事判决，向本院提起上诉。本院依法组成合议庭，公开开庭审理了本案。上诉人西安有线电视台之委托代理人许小平、张天翔，被上诉人王忠勤到庭参加了诉讼。本案现已审理终结。

原审判决认定，王忠勤与西安有线电视台在 1998 年 4 月 4 日确立了有线电视收费服务合同关系，此后王忠勤按时交纳了 1998 年、1999 年度有线电视收视费各 115 元。1999 年 6 月 28 日，西安有线电视台在其综合频道播放 48 集电视连续剧《还珠格格》（以下简称《还》剧）第二部时，中断节目，插播了大量广告，其中第 14 集中，电视剧播放时间约为 70 分钟，广告约占 27 分钟，共计播出广告 70 条（含治疗性病广告一条），第 15 集中，播出电视剧时间约为 70 分钟，广告时间约为 28 分钟，共计播出广告 73 条（含治疗性病广告 1 条）。原审判决认为，王忠勤在领取《有线电视用户使用证》之后，按时交纳了收视费，故王忠勤与西安有线电视台之间已确立了电视收费服务合同关系。西安有线电视台本应依据有关部门规定及双方合同提供合格的服务，但却在《还》剧中大量插播广告及治疗性病广告，延长了王忠勤的收视时间，其行为侵犯了王忠勤的正常收视权，对王忠勤的身心造成了一定的损害，故王忠勤要求赔礼道歉，赔偿其购买录像带、录音带及律师代理费之请求理由正当，应予支持。但王忠勤要求西安有线电视台停止在《还》剧中插播广告，因该剧已经播放完毕，侵权行为已消失，故该请求不予支持；另外，王忠勤要求免费收看一年或半年电视节目之请求，无据可依，不予支持，但应酌情由西安有线电视台赔偿因违规插播广告期间给王忠勤造成的损失；对于王忠勤要求为其他有线用户免费收看电视节目之请求，因王忠勤未受其他用户委托，故不予支持。据此，原审法院遂判决：一、西安有线电视台于本判决生效后 10 日内于晚间二十时至二十二时在该台综合频道向原告王忠勤赔礼道歉 3 次（内容由本院审定）；二、西安有线电视台于本判决生效后 10 日内一次性赔偿王忠勤因诉讼造成的损失 707.6 元；三、西安有线电视台于本判决生效后 10 日内赔偿王忠勤 1999 年 6 月至 7 月电视收视费 17.8 元；四、驳回王忠勤要求被告西安有线电视台为其他电视用户免费收看一年或半年电视节目及赔偿其不能确定为诉讼支出的长途电话费、特快专递费用等请求。诉讼费 200 元由西安有线电视台负担（此款原告已预交，被告在支付上述款项时直付原告）。

原审判决宣判后，西安有线电视台不服提起上诉称：一、本案不属人民法院受案范围，其插播广告的行为，不构成对王忠勤的侵害，且该行为是否违规，属于行政法调整的范围，应通过行政手段加以解决；二、侵权是一方侵害另一方法律规定的基本权利，本案中，我国现阶段民法所保护的民事权利，并没有包括王忠勤所诉因插播广告而侵犯的什么权利，本案中王忠勤的人身及财产权利并未受到任何侵害，而且在王忠勤起诉之前，其已向所有用户承诺，此后再重播一次净版《还》剧，得以完全体现；三、王忠勤起诉请求是侵权赔偿，但原审法院判决却是合同违约，程序严重错误。关于合同违约，西安有线电视台认为，鉴于电视收费服务合同的特殊性，其合同义务就是按时、按质、按量地完成电视节目信号的输送，而对于输送节目内容，因为双方事先没有约定，故其不可能存在违约问题，原审法院判决其合同违约，事实依据不足；四、西安有线电视台称，其未向政府伸手要过一分钱，通过几年的努力，已使西安市民从 1993 年只能收看四五套节目，变成现在收看 28 套节目，随着节目内容的增加和收看人数的增多，每套节目内容事先与每个用户去约定是不现实的，因此其只负责节目信号传输，至于每个用户收看哪套节目，什么时间收看，完全由用户自己选择。其于 1999 年 6 月开始播放《还》剧，其他 27 套节目也是同时传输的，并没有限制王忠勤只收看综合频道节目，也没有限制王忠勤在什么时间收看或看到什么时间，正常的收视权利完全掌握在王忠勤本人手中，收看或不收看电视节目都不会造成其身心损害；五、原审法院认定的电视收视费，按政府物价部门的规定，全称应是收视维护费，主要用于有线电视设施、设备的维护以及购买、租赁制作有线电视节目、录像制品和业务管理及偿还贷款等，而并非收看电视节目的点播费。西安有线电视台认为其自建台以来，除肩负为广大西安市民宣传党的路线、方针、政策，丰富人民生活的任务外，还为发展西安经济，维护社会稳定做出了贡献，近几年来，其为困难企业、居民减免收视维护费上千万元，同时为配合老城建设改造、道路拓宽造成的线路重建、改建均从未向政府提出过任何补偿，以上费用支出单靠安装费及收视维护费是远远不能满足的，为了让市民看上高质量的电视节目，其必须加大购买成本，成本高，电视节目好，收视率才能上升，收视率上升，才能多收广告费用，广告费用多了，才能去购买新的高质量节目和加大播出节目套数，这样其才能步入良性循环，另外，这也是市场经济竞争的需要；六、西安有线电视台还认为其在《还》剧第二部播放时，因急于收回购置成本，违反了国家有关行业内部管理规定，引起了群众的不满，就此问题，其行政主管机关，已对其作出了批评指正，当时因考虑第一轮播出已和各广告公司签订了合同，为了避免引起诸多合同纠纷，故第一轮广告暂不作改动，第二轮播放时即已严格按行业规定播放广告，此后为表示对收视用户的支持，还播放了净版《还》剧。经过此次事件，其已接受了教训，并严格地制订了监督措施。

综上，西安有线电视台认为，其插播广告，虽有违规行为，但也应由有关行政部门处理，其没有侵犯王忠勤的任何民事权利，故不应承担任何赔偿责任。同时，西安有线电视台还认为，其按合同输送了节目信号，就完成了合同义务，关于播出节目内容因事先无法约定，且输送节目内容较多，用户完全有选择节目内容的权利，故其不构成合同违约，请求二审法院撤销原判，驳回王忠勤的所有诉讼请求。

被上诉人王忠勤辩称：一、西安有线电视台违规插播广告太多，影响了其正常的收视权利，延长了收视时间，对其已构成了侵权，故上诉人应承担民事赔偿责任；二、西安有线电视台为了生存、发展，广告是不可少的，但其在部分媒体和用户提出批评后，还是一而再、再而三的插播广告，继续我行我素，实属对有线台几十万用户合法权益的侵害；三、我国消费者权益保护法规定，提供商品或者服务，必须征得消费者同意，不得强行销售、强行服务，本案中不一定要"征得消费者同意"，但西安有线电视台的作法明显属于强行服务的范围；四、西安有线电视台在节目中插播广告，侵犯了其欣赏完整电视节目的权利；五、电视剧中插播广告过多，而且违规播放有关行政部门禁止播放的治疗性病的广告，该行为应由有关行政部门或法院予以处罚制裁。综上，王忠勤认为，原审法院判决正确，应依法予以维持原判。

经审理查明，原审判决除对电视收视费应明确全称为电视收视维护费外，其余认定事实基本属实。另查，西安市广播电视局在 1999 年 6 月底接到群众投诉后，即对西安有线电视台提出了批评指正意见，并令其在 7 月下旬安排第二轮《还》剧播出中，严格遵守行业内部管理规定，西安有线电视台亦向用户作出了在此后时间播出净版《还》剧的承诺。又查，西安有线电视台在 1999 年 6 月 28 日起开始在其综合频道播放《还》剧时，其余 27 套节目也同时予以传输，在此期间 28 套节目传输信号基本正常。本院认为，王忠勤与西安有线电视台属于平等民事主体，双方发生民事权益纠纷，任何一方均有权向人民法院提起诉讼，故上诉人西安有线电视台认为本案不应由人民法院受理之主张，与法相悖，不予支持；上诉人西安有线电视台提出其收取的是收视维护费而非节目点播费和其在收取收视维护费后，按时按质按量输送了 28 套电视节目信号，已完成合同约定义务，使用户享受了正常的收视权和没有限制、剥夺、强制被上诉人王忠勤在什么时间、收看什么节目内容的主张，符合事实，可予采信。本案中，收视人的正常收视权，是由有线电视台是否正常输送电视节目信号确定的，而收视节目内容的选择权，完全掌握在收视人王忠勤手中，什么时间看什么节目，完全由收视人自己掌握，并未受任何人的限制。西安有线电视台在王忠勤起诉以前，已作出了播出《还》剧净版的承诺，王忠勤完全可以在尊重其他收视用户收视时间的基础上，自由选择收视时间，享受自己所应接受的服务，王忠勤此后以西安有线电视台播放广告过多侵权为由提起诉讼，但在诉讼过程中，未向法庭提供被侵权而遭受损害的任何事实及法律依据，故其请求西安有线电视台停止侵害、消除影响、赔礼道歉、赔偿损失之诉，证据不充分，事实及法律依据不足，不予支持；原审判决未审查损害事实是否客观存在，即侵权是否成立的关键问题，却以被上诉人未依合同提供合格服务，延长了王忠勤的收视时间，侵犯了王忠勤的正常收视权，对王忠勤的身心造成损害为由，判决上诉人承担侵权赔偿责任，明显混淆了两种不同的民事责任，故原判第一、二项错误，依法应予以撤销；原判对于因上诉人西安有线电视台违反行业内部管理规定的插播广告行为而判令给王忠勤酌情承担的赔偿责任，因原广播电影电视部 1997 年 2 月 19 日广发编字 ［1997］76 号《关于进一步加强广播电视广告宣传管理的通知》以及国家广电总局发出的《关于坚决禁止随意插播、超量播放广告的紧急通知》属于行政性的内部管理文件，系非规范性法律文件，不具备法律强制性，不能作为民事诉讼中主张民事权益的依据。故原审判决第三项，将其作为民事赔偿的依据，适用法律不当，亦应予以纠正；原判关于王忠勤要求免费收看一年或半年电视节目之请求，以及王忠勤要求为其他用户免费收看电视节目之请求，判决正确，可予以维持。此外，上诉人西安有线电视台在播放电视节目时，虽没有对电视剧节目内容进行删节、修改，没有侵犯王忠勤的人身权利和完整地收看电视节目的权利，但其在播放《还》剧中，确实插播广告过多，给收视用户收视电视节目造成了诸多不便，唯考虑到，其能积极采取补救措施及确未对王忠勤造成人身及财产损害，故未让其承担赔偿责任；但对此，我院已责令上诉人西安有线电视台严格遵守有关行政管理规定，同时，亦向其行政主管机关提出司法建议，要求其尽快制订相关行政法规，规范电视插播广告行为，以及切实加强管理，严格履行其行政监管职责。关于西安有线电视台未经有关行政管理机关批准擅自播放医疗广告，违反国家有关法律法规的行为，本院也予以了民事制裁。综上，依照《中华人民共和国民事诉讼法》第一百五十三条第一款第二项、《中华人民共和国民法通则》第一百零六条、《中华人民共和国消费者权益保护法》第九条、第十一条之规定，判决如下：

一、维持西安市碑林区人民法院［1999］碑民初字第 1687 号判决第四项，即：驳回王忠勤要求被告西安有线电视台为其他电视用户免费收看一年或半年电视节目及赔偿其不能确定为诉讼支出的长途电话费、特快专递费用等请求。

二、撤销西安市碑林区人民法院［1999］碑民初字第 1687 号民事判决第一、二、三项，即：西安有线电视台于本判决生效后 10 日内，于晚间二十时至二十二时在该台综合频道向原告王忠勤赔礼道歉 3 次（内容由本院审定）；西安有线电视台于本判决生效后 10 日内，一次性赔偿王忠勤因诉讼造成的损失 707.6 元；西安有线电视台于本判决生效后 10 日内，赔偿王忠勤 1999 年 6 月至 7 月电视收视费 17.8 元。

三、驳回王忠勤要求西安有线电视台停止侵害、消除影响、赔礼道歉、赔偿损失及为其免费收看一年或半年电视节目的诉讼请求。一审案件受理费 200 元，由王忠勤承担；二审案件受理费 200 元，由西安有线电视台承担。

本判决为终审判决。

审判人员署名（略）
二〇〇〇年八月七日

注：以上裁判文书仅供参考，引用请以原件为准。

附二：

中华人民共和国广播电影电视行业标准

GY/T 204 - 2004

有线电视用户服务规范

国家广播电影电视总局 2004 年 12 月 9 日发布，2005 年 3 月 1 日实施

前言

1. 范围

2. 规范性引用文件

3. 术语和定义

4. 总则

5. "窗口"部门服务要求

6. 服务质量要求

7. 网络技术要求

8. 节目传输质量要求

附录 A（资料性附录）常规服务作业流程

前言

为了确保广播电视节目的优质可靠传输、提高有线电视广播网络运营机构的服务质量，进一步维护广大用户的合法权益，特制定本标准。

本标准在制定过程中充分考虑了全国各级有线电视广播网络的现状，总结了有线电视广播网络运营机构的用户服务经验，并参照了国内外相关资料。

有线电视广播网络运营机构提供的扩展业务和增值业务用户服务标准另行制定。

本标准的附录 A 是资料性附录。

本标准由全国广播电视标准化技术委员会归口。

本标准起草单位：国家广播电影电视总局广播电视规划院、广东省广播电影电视局、无锡市广播电视局、北京歌华有线电视网络股份有限公

司、东方有线网络有限公司。

本标准主要起草人：高少君、杨力、寇沪闽、黄广泉、罗小布、陈柏年、陈志国、蒋荻、李霞、潘渴、万乾荣、徐晓霞、玉宝华、尤玉珍、赵银华。

有线电视用户服务规范

1. 范围

本标准规定了有线电视广播网络运营机构提供有线电视用户服务应达到的通用服务质量要求。

本标准适用于有线电视广播网络运营机构提供有线电视用户服务的全过程。

2. 规范性引用文件

下列文件中的条款通过本标准的引用而成为本标准的条款。凡是注日期的引用文件，其随后所有的修改单（不包括勘误的内容）或修订版均不适用于本标准，然而，鼓励根据本标准达成协议的各方研究是否可使用这些文件的最新版本。凡是不注日期的引用文件，其最新版本适用于本标准。

GB/T7401－1987 彩色电视图像质量主观评价方法

GB/T16463－1996 广播节目声音质量主观评价方法和技术指标要求

GY/T106 有线电视广播系统技术规范

3 术语和定义

下列术语和定义适用于本标准。

3.1　用户服务（customer service）

有线电视广播网络运营机构发现用户需求和满足用户需求的综合作业过程。

3.2　有线电视广播网络（CATV broadcast network）

用射频电缆、光缆、微波、数据电缆及其组合来传输、分配和交换图像、声音及数据信号的电视广播网络。

3.3　有线电视广播网络运营机构（operator of CATV broadcast network）

在中华人民共和国境内获得有线电视业务运营资格，通过有线电视广播网络为用户提供图像、声音及数据信号服务的运营机构。

3.4　"窗口"服务部门（customer service department）

在有线电视广播网络运营机构中负责业务咨询、业务受理、收费、安装、维修和投诉受理等工作的服务部门，包括营业场所、呼叫中心和安装维护网点等。

3.5 "窗口"服务人员（customer service representation）

在有线电视广播网络运营机构中从事业务咨询、业务受理、收费、安装、维修和投诉受理等工作的作业与管理人员。

3.6 重大故障（severe malfunction）

有线电视广播网络中发生前端机房停播 5 分钟以上或光纤干线链路停传 30 分钟以上事故的故障。

3.7 一般故障（general malfunction）

有线电视广播网络故障中除重大故障以外的故障。

3.8 业务预受理（service pre‐accept）

有线电视广播网络运营机构在用户提出业务申请意向后，核实网络资源、确认是否受理该业务的过程。

4. 总则

4.1 有线电视广播网络运营机构应遵守国家和广播电视主管部门的有关政策和法规，以用户为中心，不断提高服务质量。

4.2 有线电视广播网络运营机构应为用户提供符合广播电视行业相关技术标准要求的有线电视广播信号。

4.3 有线电视广播网络运营机构应根据网络规模和用户分布情况，合理设置服务网点。

4.4 有线电视广播网络运营机构应向用户公布业务受理程序和用户服务"窗口"基本要求，包括服务项目、服务范围、服务时限、服务电话、服务守则和资费标准等。

4.5 用户办理业务时，有线电视广播网络运营机构应与用户签订服务协议，明确双方权利和义务。

4.6 有线电视广播网络运营机构应建立与用户沟通的渠道，听取用户的意见和建议，自觉改善服务工作。

4.7 有线电视广播网络运营机构应对用户信息保密，未经用户同意不能用作其它用途（法律另有规定的除外）。

5. "窗口"部门服务要求

5.1 营业场所

5.1.1 有线电视广播网络运营机构应根据所服务区域的人口密度和人口构成情况，设置营业场所。每个营业场所的营业使用面积不应小于 15 平方米，且平均每 1 万用户的营业使用面积不应小于 10 平方米。

5.1.2 营业场所应设置在交通便利的地段和用户出入方便的位置,并应当为残疾人和行动不便的老年人提供便捷的服务。

5.1.3 营业场所应在明显位置公布服务项目、服务范围、服务电话和资费标准等。

5.1.4 服务项目和服务席位较多的营业场所应设置值班台或业务引导台为用户提供业务咨询服务。

5.1.5 营业场所应设有"意见箱"或"意见簿",公布监督或投诉电话号码。

5.1.6 营业场所应保持整洁卫生,舒适安全,在明显位置标示营业时间。

5.1.7 营业场所应统一标识。

5.2 呼叫中心

5.2.1 有线电视广播网络运营机构应设立呼叫中心,为用户提供24小时业务咨询、故障申告、投诉受理等服务。暂不具备条件的应设置服务电话。

5.2.2 呼叫中心应根据网络规模和用户数量,设置相应数量的人工话务座席。

5.2.3 呼叫中心电话号码宜为特殊服务号码。

5.3 安装维护网点

5.3.1 有线电视广播网络运营机构可根据用户数量和密度,设置适当数量的安装维护网点,为用户提供安装、维修等服务。

5.3.2 安装维护网点应设立醒目标志,公布服务时间、服务范围、维护流程和联系电话等。

5.4 "窗口"服务人员

5.4.1 服务用语应达到语音清晰、语气亲切、语速适中,回答问题应准确、简洁、明了,重点突出。

5.4.2 服务人员应为用户提供热情、周到的服务,耐心、准确地解答用户的提问。

5.4.3 服务人员应统一着装、佩带标志、仪表整洁。

5.4.4 上门服务人员应遵守预约时间,并主动向用户出示表明身份的证件。在提供服务过程中应注意文明礼貌用语、爱护用户设施,保持现场环境整洁。

6. 服务质量要求

6.1 业务受理

6.1.1 预受理

用户提出安装申请后，有线电视广播网络运营机构应提供业务预受理服务。

无论是否受理，有线电视广播网络运营机构均应在 5 个工作日内答复用户。对于因不具备安装条件而不能受理的用户，应说明不能受理的原因。

6.1.2 报装与开通

经有线电视广播网络运营机构同意受理的用户需填报业务申请表并出示相关证明材料。

有线电视广播网络运营机构应为用户提供用户须知，内容包括业务说明、服务方式、资费标准、缴费方式、报修方式、客户服务电话和违约责任等，并与用户签订服务协议。

业务安装开通时限：在网络建设已完成情况下，城区不超过 5 个工作日，农村不超过 10 个工作日。

入网受理作业流程参见图 A.1（略）。

6.1.3 暂停与恢复

用户暂时停止收看有线电视时，需填写申请表、出示有效证件，经业务人员核实缴费信息后，可办理业务暂停。暂停期间，免收收视维护费。

用户恢复收视服务时需填写申请表、出示有效证件、办理相关手续。业务恢复时限为 5 个工作日。

暂停/恢复作业流程参见图 A.2（略）。

6.1.4 用户迁移

用户在同一有线电视广播网络运营机构网内可办理迁移。办理迁移时，用户需办理迁移登记手续并缴纳相应手续费。用户迁移时限同 6.1.2 的有关规定。

迁移作业流程参见图 A.3（略）。

6.1.5 用户过户

有线电视广播网络运营机构应为用户提供同址过户服务。

6.1.6 用户业务终止

有线电视广播网络运营机构应为用户提供业务终止服务。

6.1.7 故障与维修

有线电视广播网络运营机构应向用户提供 24 小时故障报修受理服务。受理后，应在故障修复时限内完成维修工作。

故障修复时限：一般故障 24 小时，重大故障 48 小时（不可抗力因素除外）。

有线电视广播网络运营机构应制定重大故障的应急措施、处理流程和处理方法。

6.2 收费

有线电视广播网络运营机构宜充分利用信息技术支持多种收费方式，为用户缴费提供方便。

用户缴费时，有线电视广播网络运营机构应提供收费凭证。

有线电视广播网络运营机构应免费为用户提供一年内缴费记录查询。

6.3 投诉

有线电视广播网络运营机构应为用户提供多种投诉渠道，如：电话投诉、来信来函投诉、服务网点投诉或网上投诉等。

有线电视广播网络运营机构应认真受理用户投诉，并在 3 个工作日内答复用户。

6.4 回访

有线电视广播网络运营机构应安排对用户的回访，以了解用户对服务质量的满意程度。

6.5 公告

因网络频率资源变更、线路检修、设备搬迁、缆线割接、网络及软件升级等可预见的原因影响用户收看时，有线电视广播网络运营机构应提前24 小时向所涉及的用户公告。

7. 网络技术要求

有线电视广播网络系统技术要求应满足 GY/T106 的规定。

8. 节目传输质量要求

有线电视广播网络运营机构应确保广播电视节目传输质量。

8.1 图像质量

在正常情况下，用户端的图像质量等级应不低于 4 分。图像质量主观评价方法应符合 GB/T7401 – 1987 规定的 5 级损伤制。

8.2 声音质量

在正常情况下，用户端的声音质量等级应不低于 4 分。声音质量主观评价方法应符合 GB/T16463 – 1996 规定的 5 级评分制。

附录 A（资料性附录）

常规服务作业流程（略）

包崇雄诉福鼎市有线电视台

本案是首例也是迄今独有的一例以法院判决支持原告主要诉请而结案的电视广告插播涉讼纠纷。

我国现行法律、法规、规章和其他规范文件中的多数裁判规则和行政规则并非专为应对媒介消费诉讼而设定，其中那些可以适用于确认、维护公民视听阅读等媒介消费利益的裁判规则与行政规则，是通过具体个案的法院裁判逐一"激活"和"锁定"的。

导读： 国内首例判决不当插播电视广告构成违约的民事诉案；本案之外的延伸话题：公民视听阅读等媒介消费权益的理念建构

纠纷： 福鼎市有线电视台在转播福建省电视台电视剧频道的节目时，插播大量广告和点播歌曲，致使电视剧节目中断，前后无法衔接。福鼎市有线电视用户包崇雄要求有线电视台改正无果后，向法院提起诉讼。

审级： 一审

裁判： 福建省福鼎市人民法院民事判决书［2002］鼎民初字第 1 - 065 号

原告： 包崇雄

被告： 福鼎市有线电视台

2002 年 1 月，福建电视台电视剧频道播放韩剧《顺风妇产医院》，福鼎市有线电视台（以下简称有线电视台）在每晚转播时都在剧中插播 15 分钟的点歌和广告，电视剧频道的信号被强行中断，由于插播时间较长，造成剧情前后无法衔接，观众无法完整地收看此时段的节目。

福鼎市的有线电视用户包崇雄认为，有线电视台在非自办频道中任意插播电视节目，不仅侵害了被插播频道主办者的合法权益，也损害了原告依法享有的收视服务合同利益。于是，包崇雄租来录像设备，将某晚有线电视台插播点歌和广告的电视剧节目全程录像，随后于 2002 年 1 月 30 日向当地法院提起民事诉讼。

包崇雄在其诉状中称：被告有线电视台大约在 2000 年初开始在福建电视台影视频道（后改为福建电视台 - 5 套电视剧频道）插播广告、点歌。本人曾在缴纳有线电视收视维护费时数次向被告提出停止插播要求，但均如石沉大海，杳无音讯。日前正值韩国百集喜剧片《顺风妇产医院》在福建电视台 - 5 套电视剧频道每晚的黄金时间热播，被告仍在 19：15 - 19：30 这一时段中插播点歌和广告，致使本人无法完整的看完此时段的节目，只好熬到深夜看重播，给本人的生活工作造成严重影响。本人是合法的有线电视用户，与被告有线电视台存在消费合同关系，本人的消费者法律地位理应得到法律的认可与保护，本人享有要求被告适当履行合同义务即提供高质量的电视信号和保证电视节目完整性的权利，被告亦负有对应义务。为了维护本人依法享有的合同利益，依据《消费者权益保护法》第二条[1]、第四条[2]、第四十条[3]第七项，《合同法》第一百零七条[4]及《民事诉讼法》第一百零八条[5]之规定，特向法院提起诉讼，请求依法审理并判令被告停止在福建电视台－5套中插播点歌和广告，判令被告赔偿原告精神损失费1500元，误工费100元，空白录像带费、打字费30元，合计1630元。

法院受理包崇雄的起诉后，于2002年3月18日开庭审理此案，并当庭作出了一审判决。针对原告的起诉，被告有线电视台的主要辩称是：一、原告包崇雄并非被告福鼎有线电视台的用户，无权起诉被告；二、原告要求赔偿精神损失费1500元，没有法律依据。

庭审中，双方当事人对下列事实没有异议，法院予以确认：

一、被告有线电视台在1995年与包××（原告包崇雄之父）建立了有线电视收视合同关系，其后包××均依约缴纳了收视费。

二、被告福鼎市有线电视台在转播福建省电视台－5套电视剧频道《顺风妇产医院》的节目中，每日于19：15分至19：30分在该频道上插播点歌和广告。

三、原告在诉讼请求中索赔的误工费100元，空白录像带费、打字费30元。

但双方当事人在庭审中对下列事实有争议，法院对之进行了审查和认定。

一、关于包崇雄是否是本案适格的原告。被告认为，有线电视台只与原告包崇雄的父亲包××发生有线电视收视合同关系，没有与原告发生有线电视收视合同关系，所以原告不是本案适格的原告。原告认为，其父亲与被告订立了有线电视收视合同关系，原告与父亲共同生活，因此原告同样享有该合同所赋予的权利。原告提供的户口薄证明，其与父亲是共同生活的。被告对原告提供的证据没有发表不同的意见。经质证，法院认为，原告的父亲作为户主与被告订立了有线电视收视合同，并已履行了合同义务，原告作为同住亲属，与其父均享有该合同所取得的权利，原告对有线电视台提起本案的民事诉讼是适格的。

二、关于被告是否应赔偿原告精神损失费1500元。原告提出，由于被告的插播行为，致使其无法对该时段的节目完整观看，只能熬到深夜看重播，由此对其工作生活造成严重影响，因此要求被告赔偿精神损失 1500元。被告则称，原告以此要求赔偿精神损失 1500 元，没有法律依据。经质证，法院认为，被告在转播福建省－5 套电视剧频道节目时插播广告和点歌的行为，不存在给原告造成精神损失的事实，原告以此要求赔偿精神损失费 1500 元没有事实和法律依据，原告的该项请求法院不予支持。

综上，法院认为，被告有线电视台与原告之父订立收视合同，根据原广电部发布的《有线电视管理规定》第二十一条[6]的规定，被告即有完整地直接传播中央电视台、省级电视台和当地电视台的电视节目及国家教委办的电视教学节目的义务，现被告在转播福建省－5 套电视剧频道的节目中，擅自插播广告和点歌，破坏了节目的完整性，致使原告无法在该时段内完整地观看该节目。被告的行为侵犯了原告因收视合同所享有的权利，被告应停止该行为并赔偿原告因此造成的误工费 100 元，空白录像带及打字费 30 元。原告要求被告赔偿精神损失费 1500 元没有依据，法院不予支持。依照《合同法》第十条[7]第一款、第六十二条[8]第一款（一）项、第一百零七条[9]的规定，判决被告有线电视台停止在其转播的福建省电视台－5 套电视剧频道的节目中擅自插播广告、点歌的行为，赔偿给原告误工费 100 元，空白录像带及打字费 30 元，驳回原告其它的诉讼请求。

一审判决后，原告和被告均未上诉。

释解与评点

在中国内地，起诉电视台过量、失当插播广告的讼事，始见于 1998年，本书中收录了该类诉讼的三起案例。除本案外，还有贾广恩诉新乡有线电视台案、王忠勤诉西安有线电视台案。已公开的案例记录中，本案是首例也是迄今独有的一例以法院判决支持原告主要诉请而结案的电视广告插播涉讼纠纷。

✎ 原告合理地选择了违约之诉；法院的下判适当，但说理不足

据了解，本案发生时，原告正在准备法学专业的自学考试，是以能够对其兴讼的法律依凭作出更合理的申表。在贾广恩和王忠勤的讼案中，两原告均以侵权究责于被告，本案原告则向法院主张"要求被告适当履行合同义务的权利"以维护其"依法享有的合同利益"，前两者为侵权之诉，

后者则为违约之诉。两厢比较，后者即本案原告的诉由更准确地对应了争诉双方的法律关系，其中的法理，已在本书的贾广恩和王忠勤讼案点评中详细拆解，其基本思路，也同样适之于本案法律关系的研判，这里不再赘述。

本案的法院判决是正确的，但判词的说理不足，尤其未阐明被告依《有线电视管理规定》所承担的行政义务与其依合同约定所承担的履约义务之间有何内在的联系，也未对其援引《合同法》第六十二条第一款（一）项的下判理由予以必要的解释和说明，实有憾焉。另外，判决书下判时分别引用了《合同法》第十条第一款、第六十二条第一款（一）项、第一百零七条的规定，其实，还可以引用该法第七条关于"当事人履行合同，应当遵守法律、行政法规，尊重社会公德，不得扰乱社会经济秩序，损害社会公共利益"的规定。该法条主要规定了合同的合法性原则，即合同应当在四个方面符合法律的规定：一是内容合法，二是形式、成立程序合法，三是履行合法，四是目的合法。其中的"履行合法"，是指当事人应当依法正确行使合同权利、履行合法义务，否则，就应承担相应的违约责任。所谓依法，应作广义的理解，首先是指不得违反我国现行法律、法规和行政规章中的强制性规范，其次，还包括在无法律明文规定的情况下，也不得违反国家政策的相关禁止性规定和命令性规范。[10] 既然《有线电视管理规定》[11]、《广播电视管理条例》[12]、《关于坚决制止随意插播、超量播放电视广告的紧急通知》[13] 等行政规章和行政规范都制定了关于电视台播放广告的强制性禁止规定，本案被告在履行其与有线电视用户的服务合同时，就有义务遵守这些规定，否则便有悖合同法第七条规定的合法性原则。法院虽然不能直接将部门规章和行政规范文件作为据此下判的法律，但可在判决的理由阐释部分予以说明，以之作为本案判决在法律政策原则框架下的一种价值取向之依据。

✐ 公民视听阅读等媒介消费权益的理念建构

本案原告以及贾广恩、王忠勤等人的诉讼，明确表达了公民对大众传播服务的一种权利主张，其要义，在于收视利益的维护和救济。这种以获享和维护某种收视利益为诉求的权利主张，随着我国广播电视的普及和因之产生的利益冲突而不断地扩散和聚敛。它至少体现为四个方面的理念建构，即：媒介消费者的自发呼求、传播学和法学专业人士的学理讨论、立法与行政机关的规范表述和司法系统的裁判释说。

其一，关于媒介消费者的自发吁求

获享广播电视的各种视听服务，是当代社会最为大众化的媒介消费形态，也是一种普遍的生活需要，当这种需要的满足受到不尽合理的侵扰或陷于有悖公平的阻障时，不甘隐忍者总会自发地表达利益诉求，寻觅救济之道。事实上，早在首例"收视权纠纷"争讼至法院前数年，就已出现了相关的权利吁求。1992 年初，广播电影电视部政策法规司主办的《广播电影电视决策参考》曾刊载两封观众来信，反映无法收看中央电视台节目的问题，其中一封来信称：

> 我在陕西广播电视设备厂搞销售工作，经常外出。我每天晚上喜欢看电视。但最近在重庆，中央台电视《新闻联播》以后再也看不到其它的节目了，全部换成了重庆一台、二台和四川台的节目直至完毕。无休止的广告让你喘不过气来，真是"牛不喝水强按头"。
>
> 我想中央台的节目应该让全国人民都看到，像重庆这样的作法上级部门是否该管一管呢？

另一封来信则直接呼吁"还我观看中央电视台节目的权利"，信中称：

> 我是河南省逐平县一名普通的观众，由于我们这里文娱活动贫乏，工作之余，最大的享受莫过于看电视了。特别是中央台一套、二套节目，每天非看不可的。但自从我们县成立电视台以来，我的生活被完全打乱了。我们这里是白天看不成电视，因为县里根本不转播，每天晚上七点左右开始转播，当我们怀着浓厚的兴趣观看中央台节目时，画面往往被县电视台播送的广告、录像占用，一占就是几个小时。即便是个别晚上不被占用，当我们正兴致勃勃地观看中央台的经济半小时、文娱节目或体育节目时，突然，画面上出现"今天节目全部结束，祝各位晚安"的字幕，你想看也看不成。
>
> 春节前夕，电视台通过县里下了通知，每个单位交春节期间放映录像款 100－500 元不等。这意味着今年春节我们更看不到中央台精彩的节目了。为此，我呼吁，还给我们观看中央台节目的权利，让中央台重新回到我们生活中来！

我希望有关部门能过问此事。^[14]

当然，许多权利吁求本身并不一定经由书面表达，也不一定使用"权利"这一语言符号。举凡公民对其应享、应得收视利益的肯定评价，对其为了获享收视利益而要求媒体等相关方承担对应义务的公开主张，都属于媒介消费者原发的、本真的民意表达和舆论建构，其行为载体，可能是向媒体或相关行政管理部门提出意见，表示不满，也可能如本案原告及贾广恩、王忠勤等人所为，向法院起诉，请求裁判。

上述原发于媒介消费者的各种利益诉求，或能经由各种途径传导至媒体及其行政管理机关，甚或被直接擢选为传播政策法规的正当性、合理性支撑。2004 年 4 月 29 日，国家广电总局向各省、自治区、直辖市广播影视局（厅），总局机关各司局，中央电视台、中国教育电视台，各广播影视报刊、出版社发出了《关于高度重视群众意见努力净化荧屏工作的通报》（详见附二），该通知甚至将两封"群众来信"直接作为附件一并下发，并称："这两封来信既反映了群众的心声，也反映了当前影视工作中一些亟待改进和解决的问题，应该引起各级广播影视管理部门和播出机构的高度重视。"

其二，关于传播学和法学专业人士的学理论证

这一方向上较早的一例学理论述，见之于 1990 年初作为内部资料印发的第 1 期《广播影视法制参考资料》，其上发表有《试论〈广播电视法〉中的"权利与义务"》一文，该文提出，如果制定《广播电视法》，则其中的"权利与义务"应包括六个方面的内容，其中一个方面就是"公民对广播电视所享有的权利及承担的义务"，即：

第一，公民有收听、收看好广播电视节目的权利。收听、收看广播电视节目有困难或有干扰的，公民有权要求广播电视部门或其他有关部门予以解决，排除干扰。

第二，公民有向广播电台、电视台投稿，表达自己的意见并因此获得报酬的权利。广播电台、电视台是联系党和人民政府与群众之间的桥梁和纽带，因此，公民有权向广播电台、电视台投稿，表达自己对国家各方面的意见，并因此获得相应的报酬。

第三，公民有保护广播电视设施的权利和义务。广播电视设施是维持广播电视正常运转的主要组成部分，也是国家财产，受

国家法律保护。因此，公民个人都有权利、也有义务保护广播电视设施，发现有破坏广播电视设施的行为或人，可以向广播电视部门或其他国家机关报告。

第四，公民有缴纳视听费的义务。视听费的收取，是广播电视部门依照国家法律征收的一种费用。凡是有收音机、收录机、电视机等视听工具的公民，都有向广播电视部门缴纳视听费的义务，任何具备缴纳视听费条件的公民不得拒绝履行这一法律义务，否则应受到法律的追究，承担相应的责任。[15]

1991年初，《中国记者》杂志发表了一篇题为《视听传播研究的一个新视角》的述评，该文指出，国内学界仍然缺乏对视听者权益的实际考察与思考，并呼吁加强这方面的理论研究。作者认为：所谓视听者权益是对公众或者观众在广播电视视听活动中应享权利和利益的一种原则性概括。结合中国的广播电视工作实际，积极探索社会成员有关公民权利在视听传播圈内的逻辑实现，有着极为广泛的现实意义。广播电视领域中的视听者权益主要表现在文化娱乐欣赏、信息获知、言论表达、教育学习、传播参与、优质服务（准时播出、节目预告、视听常识普及等等）6个方面。随着法制建设的进展，视听者权益的部分内容可能会被分散地纳入我国有关的法规条款之中，但相当一部分内容因其自身的性质仍然只能表达为某种原则性的概括与自律性的认识。研究视听者权益问题首先应该走出书房，考察它在特定环境中的具体实践过程。而不能一味沉湎于脱离实际的学理演证，否则将劳而无获，难有建树。[16]这是较早在公开出版物上"原则而务虚性地"提倡开展"具体而务实性"的视听权益研究的文论。

2000年，中国人民大学的一位研究生在其法律硕士论文《大众传播中的受众权益保护》[17]中，以专章（第四章）论述了"有线电视订户权益保护"的问题，该论文提出，有线电视用户既拥有一般受众的权益，也拥有基于有线电视特性的权益，论文作者认为，有线电视订户的权益主要包括：一、缔约权；二、传播权；三、订户隐私权；四、收视权；五、订户申诉权。

关于"有线电视订户的缔约权"，作者认为：既然是一种有偿服务的民事合同关系，为保护订户权益，也为确定和规范有线电视系统经营者与订户之间彼此的权利和义务关系，双方都有权订立书面契约。在合同履行过程中，任何一方不依照先前约定的合同标的、数量、质量、价款和酬金等条款要求，全面、实际地履行自己应尽的义务，都必须承担相应的违约责任。

关于"有线电视订户的收视权"，作者提出：

> 有线电视收视权其实是受众知晓权的具体表现。收视权是用户有收看电视节目的权利，包括免费收视权和有偿收视权。值得注意的是，订户的收视权是基于对有线电视经营者以法律和合同规定的交费义务：一、有线电视初装费；二、网络维护费；三、节目费；四、其它合法费用。美国的有线电视经营者主要收取节目费，而且分为基本月费、个别频道费用、按片付费三类。我国《有线电视管理规定》第十四条规定，有线电视台可向有线电视终端户收取有线电视建设费、收视维护费。也就是说，人们日常简称的"收视费"，实际上是有线电视收视的"维护费"，而非节目费，它主要用于有线电视网络的建设、改造和日常维护。

> 西安有线电视台用户状告西安有线台一案，一审胜诉，二审败诉，就说明对有线电视收费理解不同。实际上我国有线电视是公益事业，目前收取的费用中还不包括节目费，也就是说用户是免费收视节目，但免费收看不等于没有收视权益，只不过在有线电视系统与用户之间不存在对等给付义务（用户按规定交费，系统保质保量传输节目），用户收视权益由国家纳入法规管制。有线电视滥插播广告不存在与用户违约问题，但存在违反《广播电视管理条例》等法规问题。因此，有线电视用户败诉符合有关法规。

> 目前，我国有线电视用户收视权益由国家保护，将来节目收费后，用户可在收视合同中提出有关权益，并规定违约责任。

作者还进一步从订立基本契约、费率限制、广告管理等三个方面讨论了有线电视订户权益的法律保护问题，作者认为，法律对有线电视订户权益的保护，体现在民法、合同法、消费者权益保护法甚至刑法等法律规定中。

关于"广告管理"，论文的看法是：

> 允许有线电视系统或频道经营者播放广告，在很多国家法律

法规中都有详细的规定。广告使消费者获得大量消费资讯，但节目中如插播广告，中断订户的收视权，则造成对该广告没兴趣的订户的不公平。为保护订户权益，规范电视市场秩序，美国、我国台湾地区和我国现行法规对广告的播出方式、广告时间、广告内容、播出手续均有严格规定。大体上分为：

一、频道的限制

允许播出广告的频道只有基本频道和广告专用频道。付费频道、按片付费节目频道不得播送商业广告，但节目预告不在此限。其理由，是这些频道是付费有偿服务，不得播放额外广告，损害订户权益。此外，公益频道不能播送商业广告，但可以播送公益广告。我国的有线台频道不少，但还少有付费频道，都属于基本频道和卫星电视节目频道，有关法规也未对频道播出广告进行限制。也就是说，目前我国的有线台是可播出广告的。

二、广告方式

为保障订户的收视权益，有线电视广告的播出方式应为：1. 在节目前后播出；2. 在法律允许的节目长度时间内插播；3. 应与节目有明显区分。台湾"有线电视法"[18]第三十八条规定：有线电视广告应于节目前后播出，但节目播送时间在 60 分钟以上者，得插播一次。台湾《有线电视广告制作标准》[19]第四项规定：播放广告时应以特定字幕、图卡、旁白或其它方式与节目明显区分。这种规定较完善地保障了订户收视权益。

我国有关电视管理的法规，大都明文规定播放电视广告应当保持节目的完整，不得随意中断节目插播广告，不得在电视画面上叠加字幕广告。1999 年 8 月，广电总局发出《关于坚决制止随意插播、超量播放电视广告的紧急通知》，重申电视台播放广告必须保持节目的完整性，不得随意中断节目插播广告，并且做出对违反规定者处罚甚至吊销许可证的规定。

三、广告时间

除广告专用频道不限制广告播出时间外，其它频道的广告播出时间应受到法规限制。1997 年，广电部发布《关于进一步加强广播电视广告宣传管理的通知》规定：每套节目播广播电视广告的比例，不得超过该套节目每天播出总量的 15%，18：00 至 22：00之间不得超过该时段节目总量的 12%。我国台湾地区"有线电视法"规定，广告时间合计不得超过该频道播送时间的 10%。香港、荷兰规定不得超过 5%。美、日、加等国未作规定。比较中外法规，我国关于广告时间的限制不严不松，但由于我国观众的不满，特别是有线电视订户屡屡起诉电视台滥插播广告，因此必须严格执行有关规定或使之具体化。

四、广告内容

法律对广告内容的限制如同对节目内容的限制一样。这里特别要指出有关保护订户权益的规定。我国《广告法》及有关电视管理法规规定，广告内容应健康文明，禁止播出色情或性暗示内容广告，禁止播出治疗性病的广告。台湾地区有关规定为：1. 违反法律的；2. 妨害青少年身心健康的；3. 妨害公序良俗的（广告），均应禁止播出。香港明文规定限制如烟草、贷款服务、婚姻介绍所、算命等行业在有线电视频道作广告。

该篇硕士论文，是国内较早专门讨论有线电视用户视听权益的研究成果，但文中点评王忠勤讼案时所称"有线电视滥插播广告不存在对用户的违约"，是值得商榷的。

除上所述，还有不少学理性的专著和文论直接或间接地对公民作为电视观众和用户的权益问题进行了有意义的探讨和论证[20]，但其论者多非法律工作者。除个别文论外[21]，这些学理性的论述多偏重于应然层面的论理，耽于务虚，很少在法律应用的层面深入地点化和拆解，也少有对法院裁判的法理分析与评断。但从另一方面看，这类学理性的论述也有其超越现实的积极意义，因为某些利益冲突和权利诉求，并不一定非要等到可以实际地"触摸"方才觉悟，而是能够（有时甚至应该）凭借生活的经验与理性的推演大致地预料和提前防备的。

例如，1991 年 4 月 20 日，广播电影电视部发布了《〈有线电视管理暂行办法〉实施细则》，该细则首次以部门规章的方式明确授权"有线电视台、有线电视站，可向有线电视系统的终端户收取适当的有线电视建设费、维护费"[22]，但其中并没有设置关于"乱收费"的禁止性规定和罚则。甚至在 3 年之后发布的《有线电视管理规定》中，仍然存在同样的问题[23]。对此瑕疵，即便当时尚未出现有线电视"乱收费"的事实，也完全可以且应该从维护用户权益的角度超前地提出学理的批评和建议，因为只要对行政事业性收费、有线电视的区域垄断和部门利益的最大化有所了解，就有理由对可能出现的有线电视"乱收费"提前警示与告诫，保障用户的利益。所谓见微知著，未雨绸缪者，实为收视权益的学理研讨价值之所在。

其三，立法与行政机关的规范确认

视听阅读等媒介消费是当代社会日益普遍、不断发展的生活需要，反映这种需要的正当利益诉求总会或早或晚地获得体制性的支持与保障，国家的立法与行政机关也会以规范性文件的形式不断地确认和明示这种支持与保障。

以创制主体与效力等级而分，国家立法与行政机关颁行的规范性文件主要包括宪法、法律、行政法规、行政规章和其他行政规范。

宪法及宪法相关法是法律体系的主导部门。在这一法律部门中，宪法居于首要地位，它是国家的根本大法，规定了国家的根本制度和根本任务、公民的基本权利和义务，具有最高的法律效力。所有的公民、组织和机构，尤其是各级国家机关，都必须以宪法为根本的活动准则，维护宪法的尊严，保证宪法的实施。

我国宪法第二十二条第一款规定：

> 国家发展为人民服务、为社会主义服务的文学艺术事业、新闻广播电视事业、出版发行事业、图书馆博物馆文化馆和其他文化事业，开展群众性的文化活动。

上述宪法条文的内容，是在 1982 年修改宪法时新增加的，其中提到的新闻广播电视事业、出版发行事业，都属于为媒介消费提供精神文化产品和服务的大众传播事业。宪法修改委员会副主任彭真在其所作的《关于中华人民共和国宪法修改草案的报告》中，曾有如下的说明：

> 在建设高度物质文明的同时，努力建设高度的社会主义精神文明，是我国人民建设社会主义的一项根本任务。充实了有关社会主义精神文明建设的条款，是这次修改宪法的重要进展之一。
>
> 关于社会主义精神文明建设中的文化建设这个方面，这次宪法修改草案的《总纲》，根据全民讨论中提出的意见，将教育、科学、卫生体育、文化各自单列一条。这比原来草案中合为一条，加重了分量，也充实了内容。……卫生和体育事业对于保护

人民健康、增强人民体质、提高学习和工作效率的重要性，文学艺术、新闻、出版等各项文化事业对于丰富和提高人民精神生活的重要性，都是很明显的。它们的发展，也不能单靠国家的力量，都需要依靠各种社会力量，需要开展广泛的群众性的活动。这些原则和要求，都已写进了有关条文。[24]

研读彭真的修宪报告，可以看出，宪法之所以要在总纲中明示国家促进大众传播事业发展之责任，最主要的考虑，是因为新闻、出版等大众传播事业对于丰富和提高人民的精神生活，具有明显的重要性。而与大众传播相对应、以大众传播为资源的精神生活，正是以媒介消费的形态普及和实现的。所以，宪法第二十二条有关国家发展大众传播事业的规定，意味着制宪者从确认责任主体的角度为满足公民的媒介消费需要创制了最具权威性的法律渊源与立法保障。2007年，中国共产党第十七次全国代表大会的报告中明确提出"使人民基本文化权益得到更好保障"，所谓"人民基本文化权益"，其重要内容之一，就是"广大人民群众看电视听广播、读书看报的权益"[25]，十七大报告的要求，既是执政党根本宗旨在文化领域的具体体现，也是对宪法第二十二条规定的一种与时俱进的回应、强调与落实。

值得注意的是，宪法第二十二条第一款不仅将发展广播、电视、新闻出版等大众传播事业，作为国家的一项根本任务予以明文规定，而且着意强调了国家发展的是"为人民服务、为社会主义服务"的大众传播。所谓"为人民服务、为社会主义服务"，主要是对我国大众传播事业宗旨和政治方向的根本要求，而不是对大众传播资源享用者的身份要求和资格限制。事实上，所有中华人民共和国的公民，都有权依法成为"为人民服务、为社会主义服务"的大众传播资源的享用者和消费者。

在我国，"全国人大及其常委会制定法律的行为，国务院制定行政法规的行为，省、自治区、直辖市以及省和自治区人民政府所在地的市、国务院批准的较大的市的人大及其常委会制定地方性法规的行为，民族自治地方的人大制定自治条例和单行条例的行为，以及因授权而享有立法权的地方制定法规的行为，都是依法进行的立法活动。"[26]国务院部门和地方政府等国家行政机关则可以依法制定行政规章和行政规范[27]。

目前，我国尚未制定广播电视法和新闻法对公民获享大众传播的权利、利益、义务和责任予以集中的立法确认和规范。但在宪法及宪法相关法、民法商法、行政法、经济法、社会法、刑法、诉讼与非诉讼程序法[28]等7个法律部门的有关法律规范[29]中，已有一些条文涉及公民接近和享用大众传播资源——即媒介消费的支持与保护问题，其中有些规定虽非专为保障媒介消费而设置，但也可以适用于对公民媒介消费权益的支持或保护。

例如，1994年制定的《广告法》，是我国历史上第一部较全面地规范广告内容及广告活动的法律，它确认的各项广告准则，对国内所有的商业广告活动和广告内容都具有根本的规范指导作用。该法第一条概括地表述了广告法的立法目的，即：

为了规范广告活动，促进广告业的健康发展，保护消费者的合法权益，维护社会经济秩序，发挥广告在社会主义市场经济中的积极作用，制定本法。

其中提到的"保护消费者的合法权益"，事实上就包括了对报纸读者、广播听众和电视观众等媒介消费者的利益维护和保障。因为多数广告都是通过大众媒体传播的，人们最先接触的，往往不是广告推销的实际商品或服务，而是媒体的广告信息，从这一意义上说，广告法所保护的消费者权益，首先就是社会成员作为报纸、电视、广播的视听读者所应享有的免受不良广告欺骗、侵扰的权益。[30]

再如，我国已制定的残疾人保障法[31]、未成年人保护法[32]、预防未成年人犯罪法[33]、老年人权益保障法[34]等都分别专设条款对残疾人、未成年人、老年人等弱势群体接近和享用大众传播资源的利益给予了强调和关照。

至于《消费者权益保护法》以及《民法通则》、《合同法》、《行政处罚法》等民事和行政基本法，虽然不可能专就公民的阅读视听等媒介消费权益设定规范，但却是许多媒介消费纠纷中公民主张权益和法院断案下判的核心法律依据。

行政机关作为国家和公共利益的监护人和执法人，对媒体行使监管职责。这一职责的具体承担者主要是各级广播电视、新闻出版行政管理部门以及工商行政管理部门，这些部门有义务、有责任把"保障人民群众的文化权益，满足人民群众多样化精神文化需求，坚决抵制有害、不良信息的传播，作为管理工作的出发点和落脚点。"[35]其具体的履职尽责方式之一，就是将公民对广播电视和新闻出版的各种不断发展的、合理的利益诉求与权利主张加以聚敛和规范化表述，并对之予以政策支持和执法保障。

所谓规范化表述，主要指通过制定各种行政法规、规章、规范和办事制度，对公民作为媒介消费者的权益予以确认和固定，这种确认和固定，往往是对媒介消费者自发的权益吁求和传播学、法学专业人士学理论证的吸纳和因应，也是国家行政机关依其职权对公民视听权益的一种体制内的理性建构。

我国目前没有专门调整大众媒体及其传播活动的单行法律。全国性的大众媒体行政管理法制规范，主要源自国务院制定的行政法规及国务院新闻出版、广播电视行政管理部门发布的各种行政规章。其中最重要的两部法规，是国务院于 1997 年相继颁行的《出版管理条例》[36] 和《广播电视管理条例》。这两部法规是目前出版和广播电视领域覆盖面最广泛、内容最全面的部门基本行政法规，为各级新闻出版和广播电视行政部门的依法行政提供了基本准则，也是政府部门制定规章或规范性文件的基本依据。

这两个条例调整的重点，是大众传播活动中的管理与被管理的行政法律关系，而不是大众媒体与其服务对象之间平等的民事权利义务关系[37]。通读《出版管理条例》和《广播电视管理条例》，便不难发现，这两个条例中并没有对公民视听阅读等媒介消费权益的直接确认和规定[38]，也极少规定大众媒体侵害其服务对象的民事责任。当然，我们不能由此得出结论说，《出版管理条例》和《广播电视管理条例》没有为公民的媒介消费提供支持和保障。作为大众传播领域两个基干性的行政法规，《出版管理条例》和《广播电视管理条例》对媒介消费的支持和保障，主要是通过对大众传播秩序的维护，对繁荣和发展大众传播事业采取的优惠和奖励措施，对大众媒体违规不法行为的约束与制裁来体现的。

相对于行政法规而言，国务院部委、具有行政管理职能的国务院直属机构和省、自治区、直辖市人民政府和较大的市的人民政府所制定的各种行政规章和其他规范性文件具有更突出的执行性、实施性功能特征，有时还带有一定限度的创设性，其中新闻出版、广播电视、工商管理等行政部门制定的规章与规范文件，往往直接关涉公民媒介消费的权利虚实与利益获享。

具体就本案和贾广恩、王忠勤讼案中争诉的视听利益而论，原广播电影电视部于 1993 年发布的《关于不得在电视新闻节目播出中插播字幕广告的通知》（广发办字［1993］688 号）已有所关涉，该通知中称：

> 近来，不断收到观众来信来电，强烈反映一些地（市）、县级电视台在转播中央电视台和省级电视台新闻节目时插播字幕广

告。这种做法不仅干扰了中央电视台和省级电视台新闻节目的完整播出，扰乱了电视工作的正常秩序，损害了电视新闻的整体形象，也侵犯了观众收看电视新闻节目的正当权利，与我部历来强调"要保证完整转播中央台和省台第一套节目"的规定相违背。为维护电视整体形象，保证电视播出工作的正常秩序，特通知如下……。

其中有关"观众收看电视新闻节目的正当权利"之表述，就是我国行政机关对公民免受侵扰地获享媒体传播资源的一种"文件赋权"和利益确认。当然，规范化表述并不止于在文件中表称"观众权利"、"电视观众的利益"[39]、"广播电视用户合法权益"[40]、"有线电视用户的合法权益"[41]、"群众看电视的基本文化权益"、"（电视）用户的选择权"、"低收入家庭的收视权益"[42]等权益用语，更具实质内涵的规范化表述，是指通过行政法规、规章和其他规范文件的制定和颁行，对关涉公民视听利益的事项作出保障性的规定和制度安排。例如，国家广播电影电视总局在其制定的《广播电视广告播放管理暂行办法》（2004 年 1 月 1 日起施行）中规定：

> 广播电视广告应当与其他广播电视节目有明显区分，不得以新闻报道形式播放或变相播放广告。时政新闻节目及时政新闻类栏目不得以企业或产品名称冠名。有关人物专访、企业专题报道等节目中不得含有地址、电话、联系办法等广告宣传内容。（第十五条）
>
> 广播电台、电视台每套节目每天播放广播电视广告的比例，不得超过该套节目每天播出总量的 20%。其中，广播电台在11：00 至 13：00 之间、电视台在 19：00 至 21：00 之间，其每套节目中每小时的广告播出总量不得超过节目播出总量的 15%，即 9 分钟。（第十七条）
>
> 播放广播电视广告应当保持广播电视节目的完整性，除在节目自然段的间歇外，不得随意插播广告。除 19：00 至 21：00 以外，电视台播放一集影视剧（一般为 45 分钟左右）中，可以插播一次广告，插播时间不得超过 2.5 分钟。（第十八条）
>
> 播放广播电视广告应当尊重大众生活习惯，不得在 6：30 至7：30、11：30 至 12：30 以及 18：30 至 20：00 之间人们用餐时播放容

易引起受众反感的广告，如治疗痔疮、脚气等类药品及卫生巾等卫生用品的广告。（第十九条）

发射台、转播台（包括差转台、收转台）、有线广播电视传输网络机构在转播和传输广播电视节目时，应当保证被转播和传输节目的完整性。不得以任何形式插播自行组织的广告，不得任意切换原广告或以游动字幕、叠加字幕等形式干扰节目的完整性。（第二十一条）

县级以上广播电视行政部门及广播电台、电视台应当建立公众投诉机制，对受众提出批评性意见的广播电视广告及时检查，并将结果答复投诉者。（第二十七条）

违反本办法第十七、十八、十九、二十、二十一条规定，情节轻微的，由县级以上广播电视行政部门予以警告、责令限期改正，并可处以2万元以下罚款。拒不改正或60日内连续3次出现违规行为的，由省级以上广播电视行政部门做出暂停播放广告、暂停相关频道（频率）播出的处理决定。情节严重的，由原批准机关吊销许可证，同时对直接责任人和主要负责人追究相关责任。（第二十九条）

上述规定中虽然没有使用权利、权益、利益等词语，但却实实在在地关护和明示了公民作为广播电视受众的若干视听利益，或者说，通过上述部门规章的禁止性规范化表述，在传播制度的文本和操作层面细化并确认了公民对广播电视广告播放的正当、合理的利益诉求。

其四，司法系统的裁判释说

国家立法与行政机关有关公民视听阅读等媒介消费权益的规范表述，有些属于原则宣示、立场声明等柔性的"表态话语"，并不直接附有强制的执行力，其作用在于指明方向；有些则属于裁判规则或行政规则等刚性的"执行指令"，以相关的司法或行政主体的强制力保证其执行，其作用在于提供裁判的标准和究责的依据。

所谓"裁判规则"，就是法院可以用来断案下判的那部分法律、法规条款，例如，《消费者权益保护法》第四十九条规定："经营者提供商品或者服务有欺诈行为的，应当按照消费者的要求增加赔偿其受到的损失，增加赔偿的金额为消费者购买商品的价款或者接受服务的费用的一倍。"根据这条规定，武汉市洪山区人民法院就可以判决"虚标"报纸版数的《市场时报》社加倍赔偿读者的损失（详见本书中的"周尚万诉市场时报社案"）。而《消费者权益保护法》第六条所规定的"大众传播媒介应当做好维护消费者合法权益的宣传，对损害消费者合法权益的行为进行舆论监督"就不是裁判规则。因为即便读者或观众有充分的证据证明某家电视台或报社"很不重视维护消费者合法权益的宣传"并将其诉至法院，法院也不会受理，受理了，也不能援用《消费者权益保护法》第六条的规定直接下判。

所谓"行政规则"，就是行政机关用以具体设定其内部组织或行政管理相对人行为规范并可据以对违规者追惩究责的那部分规章和规范条文。例如，原广播电影电视部在其下发的《关于不得在电视新闻节目播出中插播字幕广告的通知》（广发办字〔1993〕688 号）中提出："地（市）、县级电视台在转播中央电视台和省级电视台新闻节目时不得插播字幕广告"，就是一条针对电视播放的行政管理规则，其要求是明确具体、可衡量的，如果地（市）、县级电视台没有达到这一要求，按照该通知的规定是应该受到纪律处分或行政处罚的。

"裁判规则"与"行政规则"的区别在于：前者属于法律、法规，法院在审理民事和行政案件时，可直接引用；后者属于行政规章或行政规范，法院在案件裁判时不能直接引用，但与宪法、法律、行政法规不相抵触的规章及其他规范性文件，法院可以在审判案件时参照。[43]

毋需释言，现行法律、法规、规章和其他规范文件中的多数裁判规则和行政规则并非专为应对媒介消费诉讼而设定，其中那些可以适用于确认、维护公民视听阅读等媒介消费利益的裁判规则与行政规则，是通过具体个案的法院裁判逐一"激活"和"锁定"的。以本案和贾广恩、王忠勤讼案中争诉的视听利益之维护为例，有线电视用户最初以侵权为由，起诉被告过量插播广告的不当之举，结果因"不构成侵权法律关系"而败诉，本案原告则改以违约究责于被告并获得法院的支持。通过这种司法个案的裁判积累，就将静态的一般性的裁判规则和行政规则动态地指向化地"介绍"和"引荐"给依法维权的媒介消费者，使其逐渐增加和深化对自身应享权益、能享权益和实享权益的理解和认识。从这一意义上认识，司法裁判显然也是媒介消费者权益理念建构的一种重要载体。这也正是本书成稿的旨趣之所在。

注释：

〔1〕《消费者权益保护法》（1994 年 1 月 1 日起施行）第二条 消费者为生活消费需要购买、使用商品或者接受服务，其权益受本法保护；本法未作规定的，受其他有关法律、法规保护。

〔2〕《消费者权益保护法》第四条 经营者与消费者进行交易，应当遵循自愿、平等、公平、诚实信用的原则。

〔3〕《消费者权益保护法》第四十条 经营者提供商品或者服务有下列情形之一的，除本法另有规定外，应当依照《中华人民共和国产品质量法》和其他有关法律、法规的规定，承担民事责任：

（一）商品存在缺陷的；

（二）不具备商品应当具备的使用性能而出售时未作说明的；

（三）不符合在商品或者其包装上注明采用的商品标准的；

（四）不符合商品说明、实物样品等方式表明的质量状况的；

（五）生产国家明令淘汰的商品或者销售失效、变质的商品的；

（六）销售的商品数量不足的；

（七）服务的内容和费用违反约定的；

（八）对消费者提出的修理、重作、更换、退货、补足商品数量、退还货款和服务费用或者赔偿损失的要求，故意拖延或者无理拒绝的；

（九）法律、法规规定的其他损害消费者权益的情形。

〔4〕《合同法》（1999 年 10 月 1 日起施行）第一百零七条 当事人一方不履行合同义务或者履行合同义务不符合约定的，应当承担继续履行、采取补救措施或者赔偿损失等违约责任。

〔5〕《民事诉讼法》（1991 年 4 月 9 日起施行）第一百零八条 起诉必须符合下列条件：

（一）原告是与本案有直接利害关系的公民、法人和其他组织；

（二）有明确的被告；

（三）有具体的诉讼请求和事实、理由；

（四）属于人民法院受理民事诉讼的范围和受诉人民法院管辖。

〔6〕《有线电视管理规定》（1994 年 2 月 3 日起施行）第二十一条 有线电视台必须安排专用频道完整地直接传送中央电视台、省级电视台和当地电视台的电视节目以及国家教委办的电视教学节目。

〔7〕《合同法》第十条 当事人订立合同，有书面形式、口头形式和其他形式。法律、行政法规规定采用书面形式的，应当采用书面形式。

当事人约定采用书面形式的，应当采用书面形式。

〔8〕《合同法》第六十二条 当事人就有关合同内容约定不明确，依照本法第六十一条的规定仍不能确定的，适用下列规定：

（一）质量要求不明确的，按照国家标准、行业标准履行；没有国家标准、行业标准的，按照通常标准或者符合合同目的的特定标准履行。

（二）价款或者报酬不明确的，按照订立合同时履行地的市场价格履行；依法应当执行政府定价或者政府指导价的，按照规定履行。

（三）履行地点不明确，给付货币的，在接受货币一方所在地履行；交付不动产的，在不动产所在地履行；其他标的，在履行义务一方所在地履行。

（四）履行期限不明确的，债务人可以随时履行，债权人也可以随时要求履行，但应当给对方必要的准备时间。

（五）履行方式不明确的，按照有利于实现合同目的的方式履行。

（六）履行费用的负担不明确的，由履行义务一方负担。

〔9〕见注4。

〔10〕参见唐德华、孙秀君/主编：《合同法及司法解释条文释义（上）》，人民法院出版社2004年版，第65－69页。

〔11〕《有线电视管理规定》第二十一条 有线电视台必须安排专用频道完整地直接传送中央电视台、省级电视台和当地电视台的电视节目以及国家教委办的电视教学节目。

〔12〕《广播电视管理条例》（1997年9月1日起施行）第四十二条 广播电台、电视台播放广告，不得超过国务院广播电视行政部门规定的时间。

〔13〕《关于坚决制止随意插播、超量播放电视广告的紧急通知》（国家广播电影电视总局明电〔1999〕117号）一、各电视台、有线广播电视台、广播电视台播放广告必须保持电视节目的完整性，不得随意中断节目插播广告；转播其他电视台的节目，应保持被转播节目的完整，不得插播本台的广告。二、各电视台、有线广播电视台、广播电视台每套节目播放广告的比例不得超过该套节目每天播出总量的15％，其中18：00至22：00之间不得超过该时间段节目总量的12％。三、各电视台、有线广播电视台、广播电视台播放节目，不得在电视画面上叠加字幕广告。

〔14〕盛文：《还我观看中央电视台节目的权利》，《广播电影电视决策参考》1992年第2期，第46页。

〔15〕宗华：《试论〈广播电视法〉中的"权利与义务"》，广播电影电视部政策法司主办、张书义/主编：《广播影视法制参考资料》1990年第1期（总第3期），第17、25页。

〔16〕宋小卫、郭镇之：《视听传播研究的一个新视角》，《中国记者》1991年第1期，第40－41页。

〔17〕张小争：《大众传播中的受众权益保护》，中华传媒网（http：//academic. mediachina. net/article. php？id＝1267），2008年10月22日查阅。

〔18〕阅读提示：台湾于1993年公布（台湾）"有线电视法"，1999年修正后重新发布，更名为（台湾）"有线广播电视法"，其后又于2000年、2001年、2003年、2007年多次修正。

〔19〕阅读提示：台湾于1994年公布（台湾）《有线电视广告制播标准》，1999年修正后重新发布，更名为（台湾）《有线广播电视广告制播标准》。

〔20〕参见郭镇之、宋小卫：《视听者权益散论》，《广播电视决策参考》（内部发行）1991年第5期，第31－34页；宋小卫：《受众权益研究导论》，《新闻研究资料》（总第56辑）1992年3月出版，第28－45页；宋小卫：《关注阅听人之权益——中国内地（1999－2001）的受众权益研究》，载于《解读受众：观点、方法与市场》，河北大学出版社2001年版，第46－62页；刘燕南、卫文华：《论"三次售卖"——兼谈电视互动节目中的受众权益问题》，《中国广播电视学刊》2005年第9期，第48－50页；王定天、王俊杰、卢焱等/著：《广播电视法规与职业道德》，中国广播电视出版社2005年版，第七章"广播电视受众权益"；涂昌波/

著：《广播电视法律制度概论》，中国传媒大学出版社 2007 年版，第六章"广播电视节目制度"；文长辉/著：《媒介消费学》，中国传媒大学出版社 2007 年版，第六章"媒介消费者利益、权益与消费效用"。

〔21〕在这一方向上产生的兼有学理深度与实务应用价值的文论确实不多，被引率较高的有杨立新发表的《有线台过量插播电视广告的民事责任》（《中国律师》2000 年第 8 期，第 62 - 65 页）、黄挽澜、秦泽发表的《西安有线电视台败诉，应该》（《新闻记者》2000 年第 5 期，第 19 - 20 页）、魏永征发表的《新闻媒体要接受受众监督》（《新闻知识》1999 年第 10 期，第 10 页）等。

〔22〕《〈有线电视管理暂行办法〉实施细则》（1991 年 4 月 20 日起施行）第十二条 有线电视台、有线电视站，可向有线电视系统的终端户收取适当的有线电视建设费、维护费。

收取的建设费、维护费，应本着"取之于民、用之于民"的原则，主要用于购置、安装、维护有线电视设施、设备和购买、租赁、制作有线电视节目、录像制品以及业务管理等。

阅读提示：1990 年 11 月 16 日起实施的《有线电视管理暂行办法》中，并未规定有线电视台、有线电视站可以向有线电视系统的终端户收取有线电视建设费、维护费。该《暂行办法》是经国务院批准以广播电影电视部令第 2 号发布的，属于立法法施行以前，按照当时有效的行政法规制定程序，经国务院批准、由国务院部门公布的行政法规。作为部门规章的《〈有线电视管理暂行办法〉实施细则》对上位行政法规并未规定的事项在其实施细则中增设授权性的许可，从行政程序法的角度衡量，未必妥当。

〔23〕《有线电视管理规定》只在第十四条规定："有线电视台可向有线电视终端户收取有线电视建设费、收视维护费。"同样对可能出现的"乱收费"没有作出禁止性的规定和相应的处罚规定。

〔24〕原文载于孙琬钟等主编：《中华人民共和国法律释义全书》（第 1 卷），中国言实出版社 1996 年版，第 16 - 24 页。

〔25〕**阅读提示**：2007 年 5 月，中共中央政治局常委李长春在湖南考察时强调：加强公共文化服务体系建设，是贯彻落实科学发展观、构建社会主义和谐社会的必然要求，是满足人民群众日益增长的精神文化需要的重要途径。要高度重视和切实加强公共文化服务体系建设，实现好、维护好、发展好人民群众基本文化权益。要把公共文化服务体系建设纳入经济社会发展规划，坚持公益性、均等性、便利性、基本性的原则，以政府为主导、以财政投入为保障、以城乡区域均衡发展为基本要求、以满足人民群众基本文化需求为主要目标，鼓励社会力量积极参与，加强公共文化基础设施和服务网络建设，提高公共文化产品供给能力，保障好广大人民群众看电视听广播、读书看报、公共文化鉴赏、参与大众文化活动等基本文化权益。要坚持向基层、农村和中西部地区倾斜，优先安排关系人民群众切身利益的重大公共文化服务项目。参见新华网的报道（http://news.xinhuanet.com/politics/2007 - 05/16/content_6109339.htm），2007 年 12 月 26 日查阅。李长春的上述讲话，可视为有关"人民基本文化权益"的一种高层阐释和引导。

〔26〕人大法工委研究室/著：《立法法条文释义》，人民法院出版社 2000 年版，第 4 页。

〔27〕此处所谓行政规范，是与"行政法规"、"行政规章"相并列的概念，系指"各类国家行政

机关为实施法律和执行政策，在法定权限内制定的除行政法规和规章以外的具有普遍约束力和规范体式的决定、命令等的总称。"见叶必丰、周佑勇/著：《行政规范研究》，法律出版社 2002 年版，第 33－34 页。

〔28〕关于我国法律部门的划分，法学界和立法工作部门还提出了其他的方案。有的认为应由 6 个部门构成（民法、民诉法、刑法、刑诉法、行政法、行诉法）；有的认为由 9 个部门构成（在 6 个部门的基础上，增加了宪法、经济法、社会法）；有的则认为由 10 个部门构成（将上述分类中的三个诉讼法合并为司法程序法，另增加了商法、环境资源法、劳动法等）。有的同志还提出，有关我国已经参加的国际条约在国内适用的冲突规范，也应考虑成为我国法律体系的组成部分。第九届全国人大常委会经组织专题研究，按照基本上达成的共识，认为将我国的法律体系划分为 7 个门类比较合适。2001 年 3 月 9 日，在第九届全国人民代表大会第四次会议上，李鹏委员长在关于全国人民代表大会常务委员会工作报告及关于全国人民代表大会常务委员会工作报告的决议中，即采纳了 7 个法律部门的划分标准。当然，法律部门的划分也不是一成不变的，随着社会的发展，会产生新的社会关系，新的法律部门将可能出现，原有的法律部门也会有所调整。参见王维澄：《关于有中国特色社会主义法律体系的几个问题》，《求是》1999 年第 14 期，第 8－11 页；刘隆亨：《论全国人大对社会主义法律体系构架的认定》，《法学杂志》2001 年第 4 期，第 11－13 页；杨景宇：《我国的立法体制、法律体系和立法原则》，2003 年 4 月 25 日在十届全国人大常委会第一次法制讲座上的报告，人民网（http：//www. people. com. cn/GB/14576/15097/1956768. html），2003 年 7 月 8 日查阅。

〔29〕法律学术界一直都有以法律规范而非单行法划分部门法的观点。有些法律的部门归属比较明确，有些法律则不能被简单地完全归划某一法律部门，比如《消费者权益保护法》，通常被归入经济法，但其中有关消费者合同的规定，又可视为民法合同规范的特别规定。

〔30〕《广告法》（1995 年 2 月 1 日起施行）第三条 广告应当真实、合法，符合社会主义精神文明建设的要求。

第四条 广告不得含有虚假的内容，不得欺骗和误导消费者。

第十三条 广告应当具有可识别性，能够使消费者辨明其为广告。

大众传播媒介不得以新闻报道形式发布广告。通过大众传播媒介发布的广告应当有广告标记，与其他非广告信息相区别，不得使消费者产生误解。

第三十八条 违反本法规定，发布虚假广告，欺骗和误导消费者，使购买商品或者接受服务的消费者的合法权益受到损害的，由广告主依法承担民事责任；广告经营者、广告发布者明知或者应知广告虚假仍设计、制作、发布的，应当依法承担连带责任。

广告经营者、广告发布者不能提供广告主的真实名称、地址的，应当承担全部民事责任。

社会团体或者其他组织，在虚假广告中向消费者推荐商品或者服务，使消费者的合法权益受到损害的，应当依法承担连带责任。

〔31〕《残疾人保障法》（1990 年 12 月 28 日第七届全国人民代表大会常务委员会第十七次会议通过，2008 年 4 月 24 日第十一届全国人民代表大会常务委员会第二次会议修订，2008 年 7 月 1 日起施行）第四十三条 政府和社会采取下列措施，丰富残疾人的精神文化生活：

（一）通过广播、电影、电视、报刊、图书、网络等形式，及时宣传报道残疾人的工作、生活等情况，为残疾人服务；

（二）组织和扶持盲文读物、盲人有声读物及其他残疾人读物的编写和出版，根据盲人的实际需要，在公共图书馆设立盲文读物、盲人有声读物图书室；

（三）开办电视手语节目，开办残疾人专题广播栏目，推进电视栏目、影视作品加配字幕、解说；

（四）组织和扶持残疾人开展群众性文化、体育、娱乐活动，举办特殊艺术演出和残疾人体育运动会，参加国际性比赛和交流；

（五）文化、体育、娱乐和其他公共活动场所，为残疾人提供方便和照顾。有计划地兴办残疾人活动场所。

第五十条　县级以上人民政府对残疾人搭乘公共交通工具，应当根据实际情况给予便利和优惠。残疾人可以免费携带随身必备的辅助器具。

盲人持有效证件免费乘坐市内公共汽车、电车、地铁、渡船等公共交通工具。盲人读物邮件免费寄递。

国家鼓励和支持提供电信、广播电视服务的单位对盲人、听力残疾人、言语残疾人给予优惠。各级人民政府应当逐步增加对残疾人的其他照顾和扶助。

第六十二条　违反本法规定，通过大众传播媒介或者其他方式贬低损害残疾人人格的，由文化、广播电影电视、新闻出版或者其他有关主管部门依据各自的职权责令改正，并依法给予行政处罚。

〔32〕《未成年人保护法》（1991年9月4日第七届全国人民代表大会常务委员会第二十一次会议通过，2006年12月29日第十届全国人民代表大会常务委员会第二十五次会议修订，2007年6月1日起施行）第三十二条　国家鼓励新闻、出版、信息产业、广播、电影、电视、文艺等单位和作家、艺术家、科学家以及其他公民，创作或者提供有利于未成年人健康成长的作品。出版、制作和传播专门以未成年人为对象的内容健康的图书、报刊、音像制品、电子出版物以及网络信息等，国家给予扶持。

国家鼓励科研机构和科技团体对未成年人开展科学知识普及活动。

第三十三条　国家采取措施，预防未成年人沉迷网络。

国家鼓励研究开发有利于未成年人健康成长的网络产品，推广用于阻止未成年人沉迷网络的新技术。

第三十四条　禁止任何组织、个人制作或者向未成年人出售、出租或者以其他方式传播淫秽、暴力、凶杀、恐怖、赌博等毒害未成年人的图书、报刊、音像制品、电子出版物以及网络信息等。

〔33〕《预防未成年人犯罪法》（1999年11月1日起施行）第三十条　以未成年人为对象的出版物，不得含有诱发未成年人违法犯罪的内容，不得含有渲染暴力、色情、赌博、恐怖活动等危害未成年人身心健康的内容。

第三十一条　任何单位和个人不得向未成年人出售、出租含有诱发未成年人违法犯罪以及渲染暴力、色情、赌博、恐怖活动等危害未成年人身心健康内容的读物、音像制品或者电子出版物。任何单位和个人不得利用通讯、计算机网络等方式提供前款规定的危害未成年人身心健康的内容及其信息。

第三十二条 广播、电影、电视、戏剧节目，不得有渲染暴力、色情、赌博、恐怖活动等危害未成年人身心健康的内容。广播电影电视行政部门、文化行政部门必须加强对广播、电影、电视、戏剧节目以及各类演播场所的管理。

〔34〕《老年人权益保障法》（1996 年 10 月 1 日起施行）第三十八条 广播、电影、电视、报刊等应当反映老年人的生活，开展维护老年人合法权益的宣传，为老年人服务。

〔35〕王太华：《在全国广播电视社会管理工作会议上的讲话》，《广播电影电视决策参考》2007 年第 3 期。

〔36〕**阅读提示：**《出版管理条例》于 1997 年 1 月 2 日由国务院发布，后经 2001 年 12 月 12 日国务院第 50 次常务会议修订，2001 年 12 月 25 日国务院令第 343 号公布，自 2002 年 2 月 1 日起施行。

〔37〕根据《立法法》的规定，国务院可以就以下事项制定行政法规：一、为执行法律的规定需要制定行政法规的事项；二、宪法第八十九条规定的国务院行政管理职权的事项。由于我国并未制定《出版法》和《广播电视法》，所以，国务院出台《出版管理条例》和《广播电视管理条例》，显然不是"为执行法律的规定"而只能是出于实施"国务院的行政管理职权"的需要。按照宪法第八十九条的规定，国务院的职权之一就是"领导和管理教育、科学、文化、卫生、体育和计划生育工作"，其中提到的"文化"一项，就包括了报纸、广播、电视等大众媒体及其传播活动。正因如此，《出版管理条例》和《广播电视管理条例》在申明其立法目的时，首先提到的，就是"为了加强对出版活动的管理"和"为了加强广播电视管理"。

〔38〕《出版管理条例》共六十八条，直接提到公民权利的只有第一条、第五条、第二十四条和第二十八条。其中前两个条款原则性地要求保障公民"依法行使出版自由的权利"。第二十四条则确认了现阶段我国公民行使出版自由的主要方式，即"公民可以依照本条例的规定，在出版物上自由表达自己对国家事务、经济和文化事业、社会事务的见解和意愿，自由发表自己从事科学研究、文学艺术创作和其他文化活动的成果。"第二十八条规定了公民的更正答辩权。这几条规定，第一次在行政法规的层次上重申并进一步具体表述了宪法明示的出版自由这一基本的公民权利。行政法规对出版自由的保障无疑将丰富大众传播的内容，因此也将随之丰富媒介消费的内容，以此而论，保障出版自由应该是国民的媒介消费需要得以充分满足的必要条件和前提，但出版自由本身并不属于媒介消费的范畴。

《广播电视管理条例》共五十五条，其中没有直接规定公民的授权性条款。

〔39〕见于《关于坚决制止随意插播、超量播放电视广告的紧急通知》（国家广播电影电视总局明电〔1999〕117 号）。该通知中称："近来，许多电视观众来信和来电话，反映一些地区电视台、有线电视台随意插播广告，超量播放广告，有的播放一集电视剧中断插播广告数十条，时间长达数十分钟，甚至播放明令禁止的'治疗性病的广告'。这严重违反了国家关于电视广告管理的有关规定，严重损害了广播电视作为党和政府喉舌的形象，严重侵害了广大电视观众的利益，必须坚决予以制止。"

〔40〕见于《广播电视设备器材入网认定管理办法》（2004 年 6 月 18 日国家广播电影电视总局令第 25 号发布，2004 年 8 月 1 日起施行）第一条 为保证广播电视节目信号安全、优质、高效播出与传输，维护广播电视用户合法权益，规范广播电视设备器材入网认定管理，制定本办法。

〔41〕分别见于《有线电视基本收视维护费管理暂行办法》（发改价格〔2004〕2787 号，2005 年 1 月 1 日起执行）、《有线电视用户服务规范》（中华人民共和国广播电影电视行业标准 GY/T 204 - 2004，国家广播电影电视总局 2004 年 12 月 9 日发布，2005 年 3 月 1 日实施）、《全国有线电视数字化进展的情况通报》（国家广播电影电视总局 2007 年 2 月 27 日发布）。

《有线电视基本收视维护费管理暂行办法》第一条规定："为规范有线电视网络经营者的价格行为，维护有线电视用户和有线电视网络经营者的合法权益，根据《中华人民共和国价格法》、《广播电视管理条例》等国家有关规定，制定本办法。"

《有线电视用户服务规范》的前言中称："为了确保广播电视节目的优质可靠传输、提高有线电视广播网络运营机构的服务质量，进一步维护广大用户的合法权益，特制定本标准。"

《全国有线电视数字化进展的情况通报》中称："推进有线电视数字化，必须把以人为本、用户至上作为工作的出发点和落脚点，始终坚持社会效益第一的原则，确保党和政府的声音进入千家万户，维护广大有线电视用户的合法权益。"

〔42〕见于《全国有线电视数字化进展的情况通报》（国家广播电影电视总局 2007 年 2 月 27 日发布）。该通报中称："近日，李长春、刘云山、陈至立等中央领导同志就有线数字电视如何改进服务、满足人民群众精神文化需求做了重要批示，指出：有线电视数字化关系千家万户，有很强的公益性，群众看电视是基本文化权利，要始终坚持公益性的性质不动摇。"

"推广有线数字电视，要尊重用户的选择权，要与用户协商签订服务协议，明确各自的权利和义务。"

"要从我国的国情和实际出发，特别是中西部地区城市，必须充分考虑到当地经济社会总体发展水平，充分考虑到社会各阶层的经济承受能力和心理承受能力，充分考虑到少数低收入家庭的收视权益，对于包括低保户在内的低收入家庭，要给予相应的资费减免优惠政策，不能因为调价过高而影响有线数字电视的平稳推进，更不能因为价格问题而使社会低保人群无法看到数字电视。"

〔43〕我国法律仅在行政诉讼法中确立了"参照规章制度"和规章效力冲突时的裁决制度。人民法院审理行政案件，可以在裁判文书中引用合法有效的规章及其他规范性文件。民事诉讼法则对此没有直接规定。最高人民法院曾在其《关于人民法院制作法律文书如何引用法律规范性文件的批复》（法〔研〕复〔1986〕31 号）中提出：国务院各部委发布的命令、指示和规章，各县、市人民代表大会通过和发布的决定、决议，地方各级人民政府发布的决定、命令和规章，凡与宪法、法律、行政法规不相抵触的，法院可在办理民事案件时参照执行，但不要引用。有学者对 1985 年至 2004 间最高人民法院公报收录的典型案例进行检索，从中找到 32 份民事判例非常典型地适用了行政规章，以此说明民事纠纷中行政规章适用问题的重要性。参见于立深：《行政规章的民事法源地位及问题》，《当代法学》2005 年第 4 期，第 15 - 23 页。

附一：

福建省福鼎市人民法院民事判决书

[2002] 鼎民初字第 1－065 号

原告包崇雄，男，1978 年 2 月 17 日出生，汉族，住福鼎市 ×××
路 × 号。

被告福鼎市有线电视台。

法定代表人池学童，台长。

委托代理人褚孝宾，福建和同律师事务所律师。

原告包崇雄与被告福鼎市有线电视台有线电视收视合同纠纷一案，本
院于 2002 年 2 月 4 日受理后，依法组成合议庭，于 2002 年 3 月 18 日公开
开庭进行了审理。原告包崇雄，被告福鼎市有线电视台的委托代理人褚孝
宾到庭参加诉讼。本案现已审理终结。

原告包崇雄诉称，原告是被告福鼎市有线电视台有线电视用户包日升
的儿子，与包日升一起居住。1995 年起，包日升安装了有线电视，与被告
形成消费合同关系。被告于 2000 年年初开始在福建省电视台－5 套电视剧
频道（原为福建电视台影视频道）插播广告、点歌，时值福建省电视台－
5 套电视剧频道上播放电视剧《顺风妇产医院》。被告在播放过程中，每日
于 19：15 分至 19：30 分在该频道上插播点歌和广告，使原告无法完整看完
该时段的《顺风妇产医院》。现要求：一、被告停止在福建电视台－5 套电
视剧频道中插播广告和点歌。二、赔偿原告精神损失费 1500 元，误工费
100 元，空白录像带费、打字费 30 元。

被告福鼎市有线电视台辩称，一、原告包崇雄并非被告福鼎有线电视
台的用户，无权起诉被告。二、原告要求赔偿精神损失费 1500 元，没有法
律依据。

庭审中双方对下列事实没有异议，本院予以确认。

一、被告福鼎市有线电视台于 1995 年间与包日升建立了有线电视收视
合同关系，其后包日升均依约缴纳了收视费。

二、被告福鼎市有线电视台在转播福建省电视台－5 套电视剧频道
《顺风妇产医院》的节目中，每日于 19：15 分至 19：30 分在该频道上插播
点歌和广告。

三、原告诉讼请求中的误工费 100 元，空白录像带费、打字费 30 元。

庭审中双方对下列事实有争议，本院予以分析并认定。

一、包崇雄是否是本案适格的原告。被告认为被告只与包崇雄的父亲包日升发生有线电视收视合同关系，没有与包崇雄发生有线电视收视合同关系，所以包崇雄不是本案适格的原告。原告包崇雄认为，原告与其父亲包日升共同生活，包日升作为用户与被告订立了有线电视收视合同关系，原告包崇雄享有该合同所赋予的权利。原告包崇雄提供其与包日升的户口簿证明其与包日升是共同生活的。被告对原告提供的证据没有发表不同的意见，经质证，本院认为，原告的父亲包日升作为户主与被告订立有线电视收视合同，并已履行了合同义务。原告作为包日升的同住亲属，与包日升均享有该合同所取得的权利，包崇雄作为本案的原告是适格的。

二、被告是否应当赔偿给原告精神损失费 1500 元。原告包崇雄认为由于被告的插播行为，致使其无法对该时段的节目完整观看，只好熬到深夜看重播，给原告的工作生活造成严重影响，因此要求被告赔偿精神损失 1500 元。被告认为原告以此要求赔偿精神损失 1500 元没有法律依据。经质证，本院认为，被告在转播的福建省电视台－5 套电视剧频道的节目中插播广告和点歌的行为不存在给原告造成精神损失，原告以此要求赔偿精神损失费 1500 元没有事实和法律依据，原告的该项请求本院不予支持。

综上所述，本院认为，被告福鼎市有线电视台与用户包日升订立收视合同，根据广电部《有线电视管理规定》第二十一条的规定，被告即有完整地直接转播中央电视台、省级电视台和当地电视台的电视节目及国家教委办的电视教学节目的义务，现被告福鼎市有线电视台在转播福建省电视台－5 套电视剧频道的节目中擅自插播广告和点歌，破坏了节目的完整性，致使原告无法在该时段内完整地观看该节目。被告的行为侵犯了原告因收视合同所享有的权利。被告应停止该行为，并赔偿原告因此造成的误工费 100 元，空白录像带及打字费 30 元。原告要求被告赔偿精神损失费 1500 元没有依据，本院不予支持。依照《中华人民共和国合同法》第十条第一款、第六十二条第一款（一）项、第一百零七条的规定，判决如下：

一、被告福鼎市有线电视台停止在其转播的福建省电视台－5 套电视剧频道的节目中擅自插播广告、点歌的行为。

二、被告福鼎市有线电视台赔偿给原告误工费 100 元，空白录像带及打字费 30 元。

三、驳回原告其它的诉讼请求。本案受理费 125 元，原告负担 60 元，被告负担 65 元。

如不服本判决，可在判决书送达之日起 15 日内向本院递交上诉状，并按对方当事人的人数提出副本，上诉于福建省宁德市中级人民法院。上诉案件受理费缴纳办法：到本院领取省财政厅印制的人民法院诉讼费用缴费通知书，至迟在上诉期满后 7 日内预交到宁德市中级人民法院，逾期不交按自动撤回上诉处理。

审判人员署名（略）

二〇〇二年三月十八日

注：以上裁判文书仅供参考，引用请以原件为准。

附二：

关于高度重视群众意见
努力净化荧屏工作的通报

2004 年 4 月 29 日，国家广电总局向各省、自治区、直辖市广播影视局（厅），总局机关各司局，中央电视台、中国教育电视台，各广播影视报刊、出版社发出《关于高度重视群众意见努力净化荧屏工作的通报》，《通知》指出，为贯彻落实《中共中央、国务院关于进一步加强和改进未成年人思想道德建设的若干意见》，根据中央精神，总局近日下发了《关于加强涉案剧审查和播出管理的通知》，各级广播影视管理部门和播出机构采取有效措施，取得了明显成效。这一举措在全国观众中产生了强烈反响，广大群众纷纷来信来电，对总局的这项措施表示拥护和支持。

以下所附两封群众来信，既反映了群众的心声，也反映了我们当前影视工作中一些亟待改进和解决的问题，应该引起各级广播影视管理部门和播出机构的高度重视。加强对涉案题材影视剧的审查和播出管理，净化荧屏，为未成年人的健康成长营造良好的舆论氛围，是一项深得群众支持的正确举措。各级广播影视管理部门和播出机构要进一步增强政治意识、大局意识和责任意识，严格遵守党的政治纪律和宣传纪律，切实贯彻落实广电总局关于影视宣传管理的各项政策措施。对于涉案题材电视剧、电影片、电视电影，以及用真实再现手法表现案件的纪实电视专题节目中含有暴力、凶杀、恐怖等不利于未成年人身心健康的内容，要删减、弱化、调整。要大力推进国产动画的发展，严禁播出那些未经审查的内容荒诞、情节暴力、画面血腥的境外动画影碟，引进、播出境外影视动画片要严格把关，控制总量。对于弘扬民族精神、美好品德、健康情感的影视剧要热情支持，大力提倡，积极推广。

附件：两封群众来信摘要

来信一：要给孩子们提供健康有益的精神食粮

广电总局领导：

您们好！今天在中央电视台"新闻联播"以及《济南时报》头版听到、看到国家广播电影电视总局有关限制播出含有展示血腥、暴力、凶杀、恐怖的情节和内容的电视剧、电影片、电视电影，以及用真实再现手法表现案件的纪实电视专题节目的通知精神。作为一名退休教师，我打心里拥护并坚决支持。

近几年，电视剧市场日趋繁荣，出现了不少好的节目。同时，不能不承认也出现了不少粗制滥造有害青少年身心健康的剧目。为了追求所谓的收视率，凶杀案、连环杀人案，以及包括心理不健全的犯罪案例都成为一些编导人员热衷的创作素材。我认为不是所有的刑事案件都可以编成电视剧搬到屏幕上来展现的。电视剧不同于通讯报道和报告文学，电视剧通过艺术夸张和渲染，具有强烈的艺术感染力。有些涉案剧怪异离奇、紧张刺激、血腥暴力，联系到现实社会中发生的青少年绑架案、杀人案等，不能不说在一些青少年的心理上造成了畸形和阴影。还有，往往一些涉案剧和反腐剧混合在一起写，这对于涉世不深、思想单纯的青少年就具有更大的负面影响，容易造成青少年潜在的心理隐患。一些案件的表现可以安排在"焦点访谈"、"新闻调查"、"法制专题"等栏目，予以正面报道和评述，让观众分明是非，知晓法理。这种节目形式对帮助青少年增强法制观念、提升道德情操也大有裨益。

一些"历史戏说剧"借胡编乱造古人古事来取悦观众、来挣钱，是应该大力反对的。学校教师辛辛苦苦教授的古代史、近代史，就让一两部不负责任的"历史戏说剧"给搅浑了，特别是那部《走向共和》，为李鸿章、袁世凯、慈禧太后涂脂抹粉，为他们的卖国行径鸣冤叫屈，丑化革命家孙中山等，在青少年中影响很坏。写历史剧要坚持正确的唯物史观，不能随心所欲、篡改历史。如果有些学者对过去已有定论的历史人物、历史事件持不同的看法，以及有新的见解和新的佐证，可以先在学术界展开争论，百花齐放、百家争鸣。然而，不可以随意否定多年来学者的研究成果，不可以任意以正史的面貌通过艺术形式向青少年传播错误观点，特别是中央电视台播出的节目，在一定程度上代表国家的权威，必须更加慎重。

要多制作和播出一些史实准确、思想精深、艺术精湛、制作精良，有关中国重大历史事件和重要历史人物的电视剧，让青年学生通过艺术形象了解历史，感悟中华民族文化的精粹，让他们在观看中汲取营养、陶冶情操、塑造精神。最近，中央电视台第八频道播出的电视连续剧《孙子》，就是一部非常好的历史剧，描写了孙子的一生和《孙子兵法》十三篇诞生的过程，寓教于乐，对帮助青年人"早立志、立大志"起到潜移默化的引导作用。这部电视剧还展示了中国的治国之道、治军之道、治学之道、治人之道、治己之道的哲学思想和唯物史观，表述了"兵不血刃"、"不战而屈人之兵"的兵学思想，具有一定积极意义。文艺作品是精神食粮，我们应该象父母给孩子们选购食品一样挑剔、一样精心，食品是入口的，文艺节目、电视剧、书是入心的！

电视剧创作、制作和选播人员都要有"为青少年父母"的责任心！因为你们是塑造人类灵魂的工程师！

谢谢您们在百忙中看完我的信。

余不一一。

致敬

济南铁四小退休教师庄明璐

2004 年 4 月 19 日

来信二：引进境外动画要严格审查把关（略）

徐三堤诉中国经营报社

本案起诉的目的，是向虚假广告的经营者和发布者追索财产损失。

刊播不良广告是大众媒体的一种病态行止，以民事利益衡量，其为害最甚者，非虚假广告莫属，它既是媒体监管和处罚的重要对象，也是媒介消费者兴讼的常见诉因。法院审理的肯綮之处，在于如何分配当事人的举证责任、如何认定涉案证据的证明力，以公正地究责于被告。

导读： 对媒体虚假广告的侵权举证、究责以及法官采信证据的自由心证

纠纷： 武汉市民徐某称，其在《中国经营报》上看到一则销售电子娱乐设备的广告，遂前往广告主处洽购，结果被骗现金近19万元，广告主逃匿，于是诉至法院，要求《中国经营报》和红都广告有限公司（广告经营者）赔偿其经济损失。

审级： 二审

裁判： 北京市海淀区人民法院民事判决书［2003］海民初字第5708号
北京市第一中级人民法院民事判决书［2004］一中民终字第1619号

原告： 徐三堤

被告： 中国经营报社、北京红都广告有限公司

武汉市民徐三堤因虚假广告纠纷向北京市海淀区人民法院提起诉讼，状告中国经营报社（以下简称经营报社）、北京红都广告有限公司（以下简称红都公司）发布虚假广告，使其上当受骗，损失近19万元，要求法院判令二被告赔偿其经济损失。

原告诉称，2002年春节期间，他两次在《中国经营报》上看到同一则中缝广告，其内容为：武昌武璐路718号的武汉千奇电子娱乐设备公司（以下简称千奇公司）新近研制出了新型大型电子娱乐设备"机械怪兽"、"超级梦幻方块"，该设备是境外目前最时尚的娱乐设备，在内地限量出售，保证购买者6个月收回全部投资，要求用现金预先定购，货供不应求。如果买后经营状态不佳，还可按售价的80%包回收。原告随即按该广告所登地址前往千奇公司，该公司一位陈姓经理出面接待，介绍了产品的售价及售后服务，并让其查看了设备样品。

5月5日，原告携现金18.5万元到千奇公司，交给了该陈姓经理，双方约定5月20日凭票补差额提货。5月20日，原告前去提货时发现人已不在，随即向公安机关报案。几个月后，公安人员通知原告，该千奇公司

是虚构的，陈经理等人仍下落不明，同时，经向工商机关查询，也证实无千奇公司这一单位。原告向法庭提供了刊载涉案广告的报纸、千奇公司预收货款付款凭证和千奇公司的书面承诺等证据。

徐三堤认为，二被告未依法审查广告证明文件，发布虚假广告，应承担相应的赔偿责任。

被告经营报社辩称：涉案中缝广告是由红都公司代理、由我社发布的，发布前红都公司已向我社提交了千奇公司的营业执照。该广告共发布两次，一次是2002年1月28日，另一次是2002年2月4日，无论红都公司还是我社，均不存在"明知或者应知广告虚假仍设计、制作、发布"的故意。根据法律规定，广告经营者和发布者只承担"查验广告的有关证明文件"这一形式审查的责任，而不是承担实质审查的责任。千奇公司通过广告代理公司向报社提交的营业执照，其形式完整齐备，其内容显示经营范围主营"大型娱乐设备"，这与所刊广告售卖产品的性质基本相符，不存在明显的瑕疵和缺陷。本案涉及明显的刑事诈骗问题，即存在一犯罪团伙利用广告公司和媒体故意发布虚假信息实施犯罪活动的事实。如果原告陈述属实，则不仅原告是受害人，红都公司和我社作为善意第三人亦属被骗的受害人。原告认为报社"故意发布虚假广告欺骗广大读者和投资者"，显然是对广告发布责任的无限加大。原告提交的千奇公司"预收货款凭证"不是通常意义上的"收据"或"发票"，单此一份证据不具证明力。本案的审理应以公安机关对刑事案件的侦查终结以及法院对这一刑事诈骗案件的审理结果为依据，而此刑事案件至今未审结，因此应中止本案的审理。

被告红都公司辩称，原告提出的经济赔偿要求无事实和法律依据。首先，红都公司不具有广告法第三十八条[1]规定的"明知"和"应知"的过错。红都公司在为千奇公司代理发布广告业务过程中，尽到了形式审查广告主证明文件的法定义务。其次，红都公司在为千奇公司代理发布广告的同时，针对该广告配发了警告性文字"忠告：请接产方实地考察后再合作，盈亏自负！"此警告性文字不仅提请购买者谨防失误，而且明确了购买者应对自己的购买行为承担全部责任。原告所主张的经济损失证据不足。原告仅向法庭提供了一份"千奇公司"为其开具的"预收货款凭证"，作为已付款的证据。仅凭此单一证据，在没有其他相应的证据佐证其本身的真实性时，不能作为本案定案的根据。同时，原告并没有提供证据，证明其未从"千奇公司"提到货品，也就是说，原告始终没有向法庭出示其确有经济损失的完整证据。我们认为，只有待"千奇公司"刑事诈骗案件侦破之后，才能证明原告的经济损失是否真实存在。综合本案在实体上和程序上的诸多问题，我们请求法庭驳回原告的诉讼要求。

二被告向法庭提供了千奇公司营业执照传真件、广告内容传真件、两次刊登广告内容的报纸和红都公司与经营报社的广告代理合同等证据。

根据当事人的举证、质证情况，一审法院认定了以下事实：

2001年12月30日，红都公司与经营报社签订专项广告代理协议，约定红都公司受托代理《中国经营报》中缝专项广告业务，前者有义务对其承揽广告的有关证明材料之真实性、合法性及广告主的资质进行严格审核并妥善保管以供经营报社随时查验。2002年1月，红都公司通过电话的方式接受广告主千奇公司委托，在《中国经营报》中缝发布销售大型娱乐设备广告，并形式上审查了千奇公司传真的企业营业执照复印件，见复印件载明千奇公司经营范围"主营大型娱乐设备"与其广告内容相符，同意发布广告，同时收取了千奇公司汇来的广告费280元，其后又将该企业营业执照复印件交与经营报社审查。2002年1月28日和2002年2月4日，《中国经营报》两次发布了千奇公司销售大型娱乐设备的广告，广告标题为"售大型娱乐设备"，其内容是：

千奇娱乐设备公司是专门设计制造大型娱乐设备的生产单位，生产的许多大型娱乐设备成为许多国家和地区的新潮玩具。特别是新近设计制作的"机器怪兽"（8，10人）、"超级梦幻方块"（8人）等产品自2001年夏季在境外销售以来一直成为最时尚的电子娱乐工具之一。为了让内地朋友享受境外的乐趣，本公司限量出售此款娱乐设备。欢迎有经济实力的企业、个人前来购买。购买产品投资较大，回报率极高，根据广大客户反馈的情况，90%以上都是半年内收回投资。

由于供不应求，凡是现款购买1-2台者，通常情况可当日提货，特殊情况不过3日，凡是购5台以上者，预付一定货款后可优惠5%，本公司还确保15日内提货并免费送货上门。如果客户购买后不满意或经营状况不佳，提货后90日内主要部件未损坏，本公司按售价的70%-80%全面回收，现款结算。（以上内容具有法律约束力）

凭本报纸广告购买优惠3%。

单位：武汉千奇电子娱乐设备公司 地址：武汉市武昌区中南 ××路×××号。电话：136286×××× 027-8721×××× 联系人：周女士 陈先生

该广告下方用黑体字并加方块标注：

"忠告：请接产方实地考察后再合作，盈亏自负！"

诉讼中，二被告称，根据经营惯例，二被告对广告主采取形式审查制，并根据广告主的地域情况区别审查。对北京地区的广告主，要求审查其营业执照的原件，对外地的广告主则不要求审查原件。武汉市没有进行全国联网，不能网上查询，其他查询方式涉及到费用问题，查询比较困难，所以见到传真件即可。至于是否预见到这种做法可能会出问题并导致不良后果，二被告在回答法庭询问时称：之前还不曾出现类似本案的问题，同时称，目前还没有有效的办法避免。本案中，报纸广告上的千奇公司名称与该公司传真的营业执照名称有一些差别，前者标示的名称为："武汉千奇电子娱乐设备公司"，后者则为"武汉市千奇娱乐设备有限公司"。二被告称，系疏忽所致。

为证明与千奇公司发生业务关系的事实，原告向法庭提交了"武汉市千奇电子娱乐设备公司预收货款凭证"和千奇公司的书面承诺。其中，凭证载明：付款单位徐三堤，2002年5月5日，机械怪兽2台，每台9.8万元，应付货款19.012万元，现已预付现金18.5万元，提货时应补交余款5120元。该凭证上盖有千奇公司公章和财务章。书面承诺的书写时间为2002年5月6日，内容是：5月5日，我单位收取徐先生预付货款18.5万元，当天汇至台湾，其订购娱乐设备的中心软件需从台湾购进，为此，其3日内提货的要求不能满足，保证5月20日补齐差额后提货。

原告称其与千奇公司联系四次，2月份根据报纸提供的电话号码首次联系，3月份、4月份分别去了一次，直至5月份携款前往。在千奇公司的办公地点见到1台样机，是机器怪兽。千奇公司一名姓陈的经理说，设备刚刚开始在内地销售，效益很好，一年之内可以免费维修，并保证，如果效益不好，还可以按进价的80%回收。至于为何交了18.5万元的现金款且无书面合同，原告回答说千奇公司称货很紧销，坚持要交这么多，不交就算了。法庭问及原告对产品是否进行了考察，原告答称产品的商标是千奇公司的商标，产品里面的芯片是台湾产的；比样品大，包括坐人的地方有一辆轿车那么大；其购物的目的是为了经营。原告称，于5月5日交纳

预付款回家后就心中不踏实，不日返回，但千奇公司已无踪影，到工商管理部门查询，并无此单位，遂到公安部门报案。

经法庭电话咨询武汉市洪山区公安分局经济分队，原告徐三堤等人的报案属实，但因千奇公司并未在工商部门登记注册，千奇公司工作人员的身份证明均系伪造，在涉案人身份未确定前，公安局尚不能正式立案，故建议民事案件先行审理。经向武汉市洪山区人民法院调查，该院确有以千奇公司为被告起诉的民事案件，案情相同，但原告并非徐三堤，该案已经开庭审理，准备择日宣判。

经查询相关资料，类似案件的判例为邱金友诉长江日报社刊登虚假广告侵权赔偿案，该案认定广告发布者长江日报社承担主要责任[2]，并作为案例刊登在《人民法院案例选－民事卷（中）》上。

综合以上事实，法院认为：广告法第三十八条第一款与第二款的规定是一种相互补充关系，其中，第一款规定：违反本法规定，发布虚假广告，欺骗和误导消费者，使购买商品或者接受服务的消费者的合法权益受到损害的，由广告主依法承担民事责任；广告经营者、广告发布者明知或者应知广告虚假仍设计、制作、发布的，应依法承担连带责任。第二款规定，广告经营者、广告发布者不能提供广告主的真实名称、地址的，应当承担全部赔偿责任。根据该两款的规定，广告经营者和广告发布者对广告消费者承担的民事责任是一种与其过错相适应的责任。广告经营者与广告发布者因其过错已经造成消费者的实际损害发生时，应赔偿由此而给消费者造成的全部损失，但消费者有过错的情况下，则应按照过错相抵原则承担各自的责任。

本案中，红都公司与经营报社具有过错。广告是广告主通过广告发布者和经营者向社会不特定的人或单位发布的一种要约邀请，发布的目的是邀请购买者向广告主进行要约，以便双方设立合同关系。内容确定的要约邀请也可以视为要约。这说明广告经营者和发布者审查广告应保证广告主向广告相对人发布的广告必须真实、合法，否则，就有可能给要约人——消费者造成损害。故广告发布者、广告经营者对广告主真实地址和真实名称的审查必须是严格的形式审查，这种审查，如果是针对常期客户，可基于信赖关系而不必拘于形式，如果是针对一个陌生的客户，则查验的证件必须为原始证件[3]。本案中，二被告对北京客户和外地客户采取不同的审查办法，一方面说明二被告对广告主进行原件审查是清楚并认可的，另一方面说明，二被告对其不进行原件审查的后果是有预见的，并放任了该种结果的发生。二被告仅凭传真件就发布广告，致使原告无法找到广告主、广告主欺诈得逞，对此二被告具有不可推卸的法律责任，应对其后果承担过错责任。

原告在与广告主千奇公司缔约的过程中亦有过错。具体体现为：缔约时进行的考察不够细致。二被告在其发布广告的下方明确提醒："请接产方实地考察后再合作，盈亏自负！"原告前往千奇公司考察多次，说明其详细阅读了提醒内容，此外，原告购买游戏机的目的是用于经营，为确保使用安全的目的，其亦应尽考察义务，但其对所购买的游戏机之产地、车间和质量等内容未逐一核实，甚至对生产样机、生产场地描述不清，考察的目的并未达到。

原告在与千奇公司签订合同时，对方不与其订立书面合同，且不开具正式发票，但索要货款几乎是全部货款，这说明千奇公司与其发生的交易不是按正常的商业惯例进行，作为商事主体，原告理应产生警觉，避免不规范的行为后果，但其显然未尽合理的注意义务。

由于千奇公司是一个未经合法注册的公司，现在经办人员下落不明，这使得在判断原告与千奇公司是否发生了买卖合同关系、是否产生了实际损害这一问题上产生分歧。

认定原告与千奇公司设立了买卖合同关系的理由是：口头合同也是合同，原告向法庭提供的发票和千奇公司的承诺足以证明双方设立了合同关系。除原告之外，还有其他客户受广告诱导与千奇公司订立了合同，这些客户分别来自不同的省市和地区，他们之间不太可能存在共同虚构事实的可能。注意义务与一个人商业经验、人生阅历、文化程度等很多因素有关，原告之所以疏忽大意，主要还是过于相信广告发布者的信誉，中国经营报作为全国一级刊物，面向全国发行，徐三堤没有产生怀疑应是常理。

认为原告与千奇公司不存在买卖关系的理由有：原告提供的证据表明，双方之间的交易手续并不健全，千奇公司财务章和公章的伪造主体并不必然是千奇公司，仅凭"预交货款凭证"不能充分证明其与千奇公司存在真实的交易关系。同样，也不能证明其交易损失真实存在。故应根据先刑后民的原则移交刑事侦查，待侦查结果确定后另行处理。

比较上述两种观点，合议庭认为，应支持前一种观点，这是因为，原告已穷尽了举证责任，其提交的证据能够证明刊登虚假广告的事实已经存在，但二被告却没有任何反驳证据证明原告与千奇公司未发生买卖合同关系的事实。故原告陈述的事实可信度较高。公安机关至今不能确定犯罪嫌疑人的下落，采取先刑后民的原则暂时不会使事实明了，而这种风险完全由被害人原告承担，显属不公。而且，到目前为止，已判决的类似案件很少出现假被害人的情况，但被害人的利益得不到保护的问题却比较明显。根据优势证据规则，应确认原告与千奇公司买卖合同关系存在，二被告按其过错程度承担由此而给原告造成的损失。

综上所述，一审法院依据《广告法》第二十七条[4]、第三十八条[5]第一款、第二款的规定，判决被告经营报社、红都公司赔偿原告经济损失 12 万元。

被告经营报社和红都公司不服一审判决，向北京市第一中级人民法院提起上诉。

经营报社上诉称：优势证据规则是美国一直实行的证据制度，是采取判例法国家的一种法律制度，其与我国实事求是的证据原则和"谁主张、谁举证"的法律规定是相对立的。而且，3 个被害人均承认自己是在武汉当地从事商品交易多年的个体户，仅从其身份证上的地址得出"不太可能存在共同虚构事实的可能"这种结论，是对事实的错误判断。在无法查清实际损害及具体金额，甚至原告是否有实际支付巨额货款的能力时，一审判决适用法律错误。本案应适用先刑后民的原则，故请求依法驳回原告的诉讼请求。

红都公司上诉称：原审判决所持观点和认定的事实是错误的。本案是广告主主体虚假的刑事诈骗案，原审法院在事实无法查清的情况下，认定原告等人没有共同虚构事实的可能、原告与千奇公司存在合同关系、原告已穷尽举证责任及其过于相信广告发布者的信誉等事实是错误的。特别是由于千奇公司不能到庭质证，原告出示的证据真假不能确定，因此其主张不能得到证实，所以请求法院慎重断案。

徐三堤辩称：原审法院认定事实清楚，适用法律正确，上诉人只重经济利益，不顾法律规定，多次发布虚假广告，应承担相应责任。请求二审法院依法驳回上诉，维持原判。

二审法院认为：我国广告法规定，广告经营者和发布者对广告主的主体资格、广告内容的真实性均应作严格审查，若未尽审查义务或审查不严，发布虚假广告，欺骗和误导消费者，使消费者的合法权益受到损害的，应承担相应的过错责任。本案中，千奇公司以电话委托的方式要求红都公司和经营报社为其刊登广告，红都公司和经营报社本应严格审查千奇公司的营业执照原件，同时要求千奇公司提供"机器怪兽"（8，10 人）、

"超级梦幻方块"等产品的质检证明等相关文件以核查广告内容的真实性，并且依法应与千奇公司签订书面合同，但其仅审查了千奇公司的营业执照传真件即为千奇公司发布广告，且红都公司和经营报社均未能提供千奇公司的真实名称及地址，已构成发布虚假广告的行为，因此应当承担相应的法律责任。

近年来，广告主发布虚假广告进行诈骗的案件已发生多起，各种媒体对此类诈骗行为均有所披露。被上诉人阅读《中国经营报》刊登的千奇公司广告时，应已注意到该广告下方有"请接产方实地考察，盈亏自负！"的提示内容，其前往千奇公司的办公地址接洽业务时，亦应严格审查该公司的主体资格和履约能力。倘若被上诉人支付千奇公司 18.5 万元的事实成立，对个人而言该笔款项数额巨大，但其未与千奇公司签订书面购货合同即支付巨额现金，且未要求千奇公司提供真实的税务发票，未尽购买者合理的注意义务，亦应承担相应的责任。

本案中，千奇公司纯属虚构，其财务章及公章的伪造主体无法确定，现有证据又不能证明千奇公司所谓的办公地址曾经存在及陈经理确有其人，在此情况下，法院仅凭盖有千奇公司公章和财务章的收款凭证无法认定被上诉人已支付给千奇公司 18.5 元现金的事实，即无法认定其因虚假广告而遭受实际损害的事实，故其依据现有证据，要求经营报社及红都公司赔偿损失的诉讼请求，法院不予支持。原审法院认定徐三堤与千奇公司存在真实交易关系，系认定事实不清、证据不足，本院应予改判。经营报社和红都公司的上诉理由成立，本院予以支持。鉴于经营报社和红都公司发布虚假广告的行为违反我国《广告法》的相关规定，本院将建议相关工商行政管理部门对其行为予以行政处罚。

综上，根据《民事诉讼法》第六十四条[6]第一款、第一百三十条[7]、第一百五十三条[8]第一款（三）项、第一百五十七条[9]的规定，二审法院判决撤销本案的一审民事判决，驳回徐三堤的诉讼请求。

释解与评点

刊播不良广告是大众媒体的一种病态行止，以民事利益衡量，其为害最甚者，非虚假广告莫属，它既是媒体监管和处罚的重要对象，也是媒介消费者兴讼的常见诉因。本案起诉的目的，是向虚假广告的经营者和发布者追索财产损失，法院审理的肯綮之处，在于如何分配当事人的举证责任、如何认定涉案证据的证明力，以公正地究责于被告。

✎ 对媒体虚假广告的侵权举证及究责

本案原告诉称，经营报社和红都公司未依法审查广告证明文件，故意发布虚假广告，致使其钱财被骗，所以请求法院判令二被告赔偿其经济损失。

民事诉讼举证责任分配的一般原则，是谁主张，谁举证[10]，即当事人对其诉讼请求所依据的事实，有责任提供证据加以证明，无证据或者证据不足以证明其事实主张的，由负有举证责任的当事人承担不利后果[11]。因此，从法理上说，原告起码应提供如下证明以支持其诉请：一、被告确实发布了虚假广告；二、原告因虚假广告欺骗或误导而遭受了实际损失。

关于上述第一项证明，原告向法庭提供了刊登虚假广告的《中国经营报》作为证据。该证据为原件书证，与本案事实直接相关，其形式、来源符合法律规定，而且得到了被告方的事实认可，因此具有完全的证明力。

根据《广告法》第三十八条的规定：违反本法规定，发布虚假广告，欺骗和误导消费者，使购买商品或者接受服务的消费者的合法权益受到损害的，由广告主依法承担民事责任；广告经营者、广告发布者明知或者应知广告虚假仍设计、制作、发布的，应当依法承担连带责任。该规定中所称的"明知或者应知"，是指广告经营者和广告发布者具有主观上的故意或者过失。如果广告经营者、广告发布者明明知道广告内容与广告主提供的有关证明文件内容不相符合，仍为其设计、制作、发布了广告，即构成发布虚假广告的故意；如果广告经营者、广告发布者主观上认为只要证明文件齐全，广告内容就是真实的，所以只查验了证明文件而未核实广告内容是否与其一致，在这种情况下设计、制作、发布了虚假广告，则属于主观上的过失。需要特别指出的一点是，"广告经营者、广告发布者对广告内容的核实，主要是通过对照有关证明文件，审核广告内容是否与有关证明文件的内容相一致而进行的。对于因有关证明文件内容的虚假或错误，导致广告虚假的，不能认定为广告经营者、广告发布者'明知或者应知广告虚假仍设计、制作、发布'。"[12]

本案中，尽管原告未就被告"明知或者应知广告虚假仍设计、制作、发布"提供相应的证据，但被告在依法查验千奇公司有关证明文件时，确有瑕疵。根据《广告管理条例施行细则》（1988年1月9日起施行）[13]的规定："广告客户申请刊播、设置、张贴广告，应当提交各类证明的原件或有效复制件。"而本案的二被告并未按照规定要求广告主提交相关证明的原件或有效复制件，仅凭其传真件就发布广告，所以属于应知"不该"却仍违规而行的主观过失，理应对其后果承担过错责任。

同时，根据《广告法》第三十八条第二款的规定，违法发布虚假广告，导致购买商品或接受服务的消费者合法权益受到损害的，由广告主依法承担民事责任；如果广告经营者、广告发布者不能提供广告主的真实名称、地址的，应当承担全部民事责任。这一规定是民法无过错责任原则的体现，《民法通则》第一百零六条第三款规定："没有过错，但法律规定应当承担民事责任的，应当承担民事责任。"该种民事责任的归责要旨是，无论行为人有无过错，法律规定应当承担民事责任的，受害人无须就加害人的过错进行举证，加害人也不得以其没有过错为由主张免责或免责抗辩，但如存在受害人故意或过失的情况，则可依法减免加害人的责任。一般来说，过错责任原则通过对个人主观方面的要求来体现民法的公平原则，适用的是传统的、自然法学的公平正义标准。而无过错责任原则"是从整个社会利益之均衡、不同社会群体力量之强弱比对以及寻求补偿以息事宁人的角度来体现民法的公平原则。它反映了高度现代化社会化大生产条件下的公平正义观，也带有社会法学的某种痕迹。"[14]《广告法》第三十八条第二款的规定，意在为处于相对弱势地位的消费者提供更有力的保护，同时也强化了广告经营者、广告发布者的注意义务和违法责任。

无过错责任原则的适用，虽然不考虑加害人有无过错而免除原告对加害人过错的举证和证明责任，但原告仍须证明侵权行为的存在和侵权行为所造成的损害后果。具体就本案而言，原告徐三堤要使法院判令经营报社和红都公司承担赔偿责任，不仅要证明二被告确实发布了虚假广告（侵权行为的存在），还要对其所受到的实际损失承担举证责任（侵权行为造成的后果），亦即前文所述的第二项证明。

✎ 优势证据规则与"高度盖然性"的证明标准

关于第二项证明，本案原告为之提交的证据，是千奇公司预收货款的付款凭证和千奇公司的书面承诺。本案审理中，一审法院和二审法院对这两件证据尤其是前者的证明力具有不同的心证评断，进而形成了不同的判决结果。

本案的一审法庭认可了原告提交的付款凭证和书面承诺的证明力，在阐析了下判理由之后，合议庭认为："根据优势证据规则，应确认徐三堤与千奇公司买卖合同关系存在，二被告按其过错程度承担由此而给徐三堤造成的损失。"

一审判词中所称的"优势证据规则"，是法院对民事诉讼证据的证明力进行判断和权衡的一种原则和标准。这种证据证明原则和标准的基本理念是：法官不得以证据不足为由而拒绝裁判，而应在民诉法规定的期限内凭借可得证据认定争议事实；在待证事实真伪不明而又缺少进一步证据的情况下，认定盖然性高的事实发生，较认定盖然性低的事实发生，更接近于真实。它是人们在对事物的认识达不到客观真实而又需要作出评断时不得不采用的一种认识手段和决策方法。所谓盖然性，是指一种可能而非必然的性质，盖然性的高低亦即可能性的大小。

本案一审判词在其理由阐析部分提到：

"受广告诱导与千奇公司订立合同的客户除了徐三堤之外，还有其他客户，这些客户分别来自不同的省市和地区，他们之间不太可能存在共同虚构事实的可能。"

"就原告而言，其已经穷尽了举证责任，根据原告的证据能够证明刊登虚假广告的事实已经存在，但二被告却没有任何反驳证据证明徐三堤与千奇公司未发生买卖合同关系的事实。故原告陈述事实的可信度较高。"

"到目前为止，已判决的类似案件很少出现假被害人的情况，但被害人的利益得不到保护的问题却比较明显。"

这些运用逻辑规律和经验法则的判断，都是对涉案事实可能性的一种权衡比较，其下判思路，的确体现了优势证据规则的要义。

但应指出的是，目前两大法系国家对民事诉讼的证明标准均采用了"盖然性"规则，也即优势证据规则。相比较而言，英美法系强调的是"盖然性占优势"的标准，其证明标准相对较低，只要当事人指证的真实性大于不真实性，此项事实主张就被认定为真实；只要一方当事人所提供的证据被陪审团确信为更具可信性，即达到了优势——即便是一种微弱的优势证据的证明标准，该方当事人就应获得有利于自己的裁判结果。而大陆法系在诉讼证明上则更多地主张"高度盖然性"的标准，顾名思义，该标准的证明要求较之英美的盖然性占优势标准更高一些，其盖然性的程度虽然不必达到或接近确然，但也不能仅凭微弱的证据优势就对事实作出认定。

到目前为止，我国的法律规范性文件并未直接采用"优势证据"的概念，与之最切近的司法规范，当属《最高人民法院关于民事诉讼证据的若干规定》第七十三条第一款的规定,其内容为:"双方当事人对同一事实分别举出相反的证据,但都没有足够的依据否定对方证据的,人民法院应当结合案件情况,判断一方提供证据的证明力是否明显大于另一方提供证据的证明力,并对证明力较大的证据予以确认。"该条款的规定被其制定者释解为"关于高度盖然性的证明标准的规定"[15],因为其判定证据可采信的标准,是要求一方所持证据的证明力"明显"大于另一方证据的证明力,仅仅"大于"而未达到"明显"的程度,仍不能以之作为断案的凭据。值得注意的是,该条款设定的适用前提为"双方当事人对同一事实分别举出相反的证据,但都没有足够的依据否定对方证据",而本案中的被告并未就原告的实际损失提出反证,不存在"双方当事人对同一事实分别举出相反的证据"的情况,因此,如何对其适用"优势证据规则",还是值得讨论的。

本案上诉后,二审法院之所以改判驳回徐三堤的诉讼请求,撤销一审判决,主要是审判者认为原判决"认定事实不清、证据不足"。这说明二审的审判者并不认同原告所持证据的证明力具有较高的盖然性和明显的说服力。其实,事实的"清"与"不清",证据的"足"与"不足",在某些情况下,并无其泾渭分明的界标,而取决于案件主审者的自由心证。尽管本案的审判者都是司法专业的理性人,都具备"依照法定程序,全面、客观地审核证据"[16]的职业认知,也有能力"依据法律的规定,遵循法官职业道德,运用逻辑推理和日常生活经验,对证据有无证明力和证明力大小独立进行判断"[17]。但是,每位下判的法官都有其独自的生活体验和社会阅历,都会在这样或那样的问题上持有各自的利益偏重和得失考量,正如美国法学家戴维·凯尔瑞斯所言:"(许多)司法判决最终仍然是基于法官的价值取向而作出的判断,而这种判断因法官不同而不同。"[18]从这一意义上看,本案一审判决的被撤销,非因其有适法或事实认定的"硬伤",实为心证各异使然,更具体地说,是因为二审法庭对原审原告所持证据的证明应达到什么样的标准,有不同于一审的认定。所憾者,比之一审判词的充分论证,二审判决书在宣示论据、释明判理方面过于简单,因而使人对其认证的标准和下判的理由不尽了然。但有一点是显而易见的,这就是二审法院的下判者,对原审原告所持证据可信性的核查,采用了较之一审法官更为严格的认证尺度和证明标准。

✎ 《广告法》第三十八条第一款的合理化修改

因媒体发布虚假广告而引发的侵权诉讼,在媒介消费者与媒体的涉讼纠纷中占有相当的比例，也是国内司法案例文献出版物中较早收入的媒介消费类诉讼案例[19]。审理该类案件的主要法律依据之一，是1994年制定的《广告法》。该法自1995年2月1日起实施，初步形成了以其为核心和主干，以《广告管理条例》为必要补充，以广告管理行政规章和规范性文件为操作依据，以地方行政规定为针对措施的专门性法制体系，对于规范广告活动，保护消费者合法权益，促进广告业的健康发展，起到了十分重要的作用。近年来，随着我国经济的高速增长和广告业日新月异的发展，广告法的一些条款已经不能满足管理执法和诉讼司法的需求，还有的内容需要增补和修订。目前，《广告法》的修改工作已被列入中国今后五年（2008－2012）的立法规划，预计新的《广告法》将在2010年前后公布施行[20]。

在要求《广告法》进行修改的意见和建议中，不乏对该法第三十八条有关"广告经营者、广告发布者承担连带责任"规定的诘究。该法条第一款规定："违反本法规定，发布虚假广告，欺骗和误导消费者，使购买商品或者接受服务的消费者的合法权益受到损害的，由广告主依法承担民事责任；广告经营者、广告发布者明知或者应知广告虚假仍设计、制作、发布的，应当依法承担连带责任。"论者认为：根据该规定，广告商、媒体明知或者应知广告虚假仍设计、制作、发布，致消费者权益受损的，应当承担连带责任。在法律未明确规定由广告商、媒体证明其恪尽审查程序义务的情况下，自然应理解为由消费者负举证责任。"审查程序对消费者而言是一种幕后行为，且现代商品或服务多具技术性和专业性，消费者要进行举证，其实多属不可能。为使广告商和媒体的连带责任产生实效，以加重其规避广告审查义务的违法成本与不利后果，应当引入过错推定原则，由广告商和媒体就其所尽程序义务加以举证。"[21]这种意见是有道理的。

根据参与《广告法》审查修改工作的专家解释，所谓"广告经营者、广告发布者明知或者应知广告虚假仍设计、制作、发布"，主要指广告经营者、广告发布者违反了《广告法》第二十七条规定的义务，该规定的内容是："广告经营者、广告发布者依据法律、行政法规查验有关证明文件，核实广告内容。对内容不实或者证明文件不全的广告，广告经营者不得提供设计、制作、代理服务，广告发布者不得发布。"而广告经营者、广告发布者对于广告内容的核实审查，主要是通过对照有关证明文件，审核广告内容是否与有关证明文件的内容相一致而进行的，其审查行为是以广告主是否具备签约能力或资格这一形式要件为目的，亦即本案一审判决书中所称的"形式审查"。举例来说，如果广告主提交的主体资格证明文件是汽车修理行业的营业执照，但其所做的广告却是农业机械产品推销的内容，这就超出了其主体资格证明文件的范围，广告经营者、广告发布者不能为其制作和发布广告，否则的话，就应承担"明知或者应知广告虚假仍设计、制作、发布"的违法责任。至于广告主是否属于恶意缔约或将来能否实际履约，则不属于形式审查的范畴。例如，某电脑销售商在交验了所需的证明文件之后，于媒体上发布了某款电脑的产品广告，称该电脑配置有正版的系统软件，某消费者看到媒体广告后购买了该电脑，结果发现其安装的系统软件并非正版，这种情况下出现的媒体广告与实际产品不一致，就不属于《广告法》第三十八条规定的"广告经营者、广告发布者明知或者应知广告虚假仍设计、制作、发布"的连带责任范畴，因为广告经营者、广告发布者没有义务和能力对广告主的实际履约能力或是否属于恶意缔约进行预测或调查。当然，消费者可以根据《广告法》和《消费者权益保护法》的规定追究广告主即电脑销售商的民事责任。

由于提交与核查广告证明文件是在广告主和广告经营者、广告发布者之间进行的，媒体发布的广告是否与广告主提交的证明文件相一致，媒介消费者通常是无从知晓的。如果消费者受到媒体广告的欺骗，即便媒体本身存在过错，消费者有时也很难对之举证追究其连带责任，而只能找广告主"算账"。所以，《广告法》的修改，应考虑由广告经营者、广告发布者就其履行了"查验有关广告证明文件"的义务进行举证并承担没有证据或证据不足的不利后果。这样，可以强化广告经营者、广告发布者的责任和风险意识，压缩其因消费者举证难而"获得"的规避责任之空间，同时，也有助于消费者对违法制作、发布虚假广告的广告经营者、广告发布者问责索赔。

事实上，即便目前的《广告法》没有明确就广告经营者、广告发布者的举证责任倒置作出规定，法院也还是可以依法要求广告经营者、广告发布者承担必要的证明义务。根据《最高人民法院关于民事诉讼证据的若干规定》第七十五条的规定，在民事诉讼中，"有证据证明一方当事人持有证据无正当理由拒不提供，如果对方当事人主张该证据的内容不利于证据持有人，可以推定该主张成立。"在本案中，原告并不掌握报社是否尽到了广告审查义务的证据，因为这是报社的内部行为，一般情况下原告无从知晓，但按照《广告法》[22]、《广告管理条例施行细则》[23]的有关规定，报社有法定的义务在一定时间内保存涉案广告主向报社交验的有关证明材料，如果原告主张报社未尽其广告审查的义务，即便原告没有提供支持该指诉的直接证据，法院仍然可以依据《广告法》和《广告管理条例施行细则》的规定，要求报社出示其履行广告审查义务的证明，如果报社拒不提供，则法院可以据此推定原告的指诉成立，除非报社给出其不能提供相关证据的正当理由。

注释：

〔1〕《广告法》（1995 年 2 月 1 日起施行）第三十八条 违反本法规定，发布虚假广告，欺骗和误导消费者，使购买商品或者接受服务的消费者的合法权益受到损害的，由广告主依法承担民事责任；广告经营者、广告发布者明知或者应知广告虚假仍设计、制作、发布的，应当依法承担连带责任。

广告经营者、广告发布者不能提供广告主的真实名称、地址的，应当承担全部民事责任。

社会团体或者其他组织，在虚假广告中向消费者推荐商品或者服务，使消费者的合法权益受到损害的，应当依法承担连带责任。

〔2〕**阅读提示：**在该案例中，法院对原告向广告主（事后携款逃逸）交纳了大额现金这一事实"确认属实"，而本案中，原告所持的付款凭证是否具有完全的证明力，尚存争议，这是本案与一审判决书所引"邱金友诉长江日报社刊登虚假广告侵权赔偿案"这一先决案例的不同之处。

〔3〕此处所谓原始证件，包括原件和有效复制件，有效复制件系指该复制件上附有原出证部门原始签章或公证机关的原始公证证明。

〔4〕《广告法》第二十七条 广告经营者、广告发布者依据法律、行政法规查验有关证明文件，核实广告内容。对内容不实或者证明文件不全的广告，广告经营者不得提供设计、制作、代理服务，广告发布者不得发布。

〔5〕同注 1。

〔6〕《民事诉讼法》（1991 年 4 月 9 日起施行）第六十四条 当事人对自己提出的主张，有责任提供证据。

当事人及其诉讼代理人因客观原因不能自行收集的证据，或者人民法院认为审理案件需要的证据，人民法院应当调查收集。

人民法院应当按照法定程序，全面地、客观地审查核实证据。

〔7〕《民事诉讼法》第一百三十条 被告经传票传唤，无正当理由拒不到庭的，或者未经法庭许可中途退庭的，可以缺席判决。

〔8〕《民事诉讼法》第一百五十三条 第二审人民法院对上诉案件，经过审理，按照下列情形，分别处理：

（一）原判决认定事实清楚，适用法律正确的，判决驳回上诉，维持原判决；

（二）原判决适用法律错误的，依法改判；

（三）原判决认定事实错误，或者原判决认定事实不清，证据不足，裁定撤销原判决，发回原审人民法院重审，或者查清事实后改判；

（四）原判决违反法定程序，可能影响案件正确判决的，裁定撤销原判决，发回原审人民法院重审。

当事人对重审案件的判决、裁定，可以上诉。

〔9〕《民事诉讼法》第一百五十七条 第二审人民法院审理上诉案件，除依照本章规定外，适用第一审普通程序。

〔10〕《民事诉讼法》第六十四条 当事人对自己提出的主张，有责任提供证据。

当事人及其诉讼代理人因客观原因不能自行收集的证据，或者人民法院认为审理案件需要的证据，人民法院应当调查收集。

人民法院应当按照法定程序，全面地、客观地审查核实证据。

阅读提示：当然，除了"谁主张，谁举证"之外，侵权诉讼中也还有举证责任倒置的情况，后者是基于现代民法的正义和公平精神而对前者的补充和矫正。具体的规定可参见《最高人民法院关于民事诉讼证据的若干规定》（2001 年 12 月 21 日法释〔2001〕33 号）第四条。

〔11〕《最高人民法院关于民事诉讼证据的若干规定》（2002 年 4 月 1 日起施行）第二条 当事人对自己提出的诉讼请求所依据的事实或者反驳对方诉讼请求所依据的事实有责任提供证据加以证明。

没有证据或者证据不足以证明当事人的事实主张的，由负有举证责任的当事人承担不利后果。

〔12〕曹康泰/主编：《〈中华人民共和国广告法〉释义》，法律出版社 1995 年版，第 168 页。

〔13〕《广告管理条例施行细则》于 1988 年 1 月 9 日起施行，其后历经 1998 年 12 月 3 日国家工商行政管理局令第 86 号修订，2000 年 12 月 1 日国家工商行政管理局令第 99 号第二次修订，2004 年 11 月 30 日国家工商行政管理总局令第 18 号第三次修订。本案发生于 2003 年，应适用第二次修订后的《广告管理条例施行细则》，该《细则》第十五条规定："广告客户申请刊播、设置、张贴广告，应当提交各类证明的原件或经原出证部门签章、公证机关公证的复制件。"

阅读提示：第三次修订后的《细则》对上述规定略有改动，表述为："广告客户申请刊播、设置、张贴广告，应当提交各类证明的原件或有效复制件。"（第十三条）

〔14〕唐德华、高圣平/主编：《民法通则及配套规定新释新解（下）》，人民法院出版社 2003 年版，第 2509 页。

〔15〕最高人民法院民事审判第一庭/著：《民事诉讼证据司法解释的理解与适用》，中国法制出版社 2002 年版，第 351 页。

〔16〕引自《最高人民法院关于民事诉讼证据的若干规定》第六十四条的规定。

〔17〕同注 16。

〔18〕转引自最高人民法院民事审判第一庭/著：《民事诉讼证据司法解释的理解与适用》，中国法制出版社 2002 年版，第 326 页。

〔19〕1996 年 11 月中国人民大学出版社出版的《中国审判案例要览（1995 年综合本）》（中国高级法官培训中心、中国人民大学法学院/编）收入了"刘陆江诉《重庆晚报》社发布虚假广

告侵权损害赔偿案"(第 747 - 751 页),就本书作者的查阅范围而言,这是我国内地司法案例文献公开出版物中较早刊载的因媒介消费而产生的民事诉讼案例。该案件的裁判文书分别为:四川省重庆市中区人民法院〔1993〕中字民初字第 1915 号;四川省重庆市中级人民法院〔1994〕重民终字第 678 号。

《中国审判案例要览》是我国出版最早的一部编年体大型案例文献与评析的丛书,自 1992 年开始出版以来,逐年按类分卷出版,收录上年度中全国各级法院审结的典型案例,全书共分刑、民、经济、行政四大分卷,在国内外应用法学研究领域有较大影响。

〔20〕参见沈衍琪:《〈广告法〉将提前修订》,2008 年 6 月 27 日《北京日报》,第 10 版。

〔21〕王甜甜:《论我国广告审查法律制度的缺欠与完善》,《甘肃社会科学》2007 年第 6 期,第 108 - 110 页。

〔22〕《广告法》第二十七条 广告经营者、广告发布者依据法律、行政法规查验有关证明文件,核实广告内容。对内容不实或者证明文件不全的广告,广告经营者不得提供设计、制作、代理服务,广告发布者不得发布。

第二十八条 广告经营者、广告发布者按照国家有关规定,建立、健全广告业务的承接登记、审核、档案管理制度。

〔23〕《广告管理条例施行细则》第十三条 广告客户申请刊播、设置、张贴广告,应当提交各类证明的原件或有效复制件。

第十六条 根据《广告管理条例》第十二条的规定,代理和发布广告,代理者和发布者均应负责审查广告内容,查验有关证明,并有权要求广告客户提交其他必要的证明文件。对于无合法证明、证明不全或内容不实的广告,不得代理、发布。

广告经营者必须建立广告的承接登记、复审和业务档案制度。广告业务档案保存的时间不得少于一年。

附：

北京市海淀区人民法院民事判决书

[2003] 海民初字第 5708 号

原告徐三堤，男，1960 年×月×日出生，汉族，个体户，住武汉市江厦区××街××村××湾。

被告中国经营报社，住所地北京市海淀区中关村南大街 35 号北门西侧。

法定代表人孟昭宇，社长。

委托代理人陆波，女，中国经营报社法律部主管，住该单位宿舍。

被告北京红都广告有限公司，住所地北京市丰台区西局南街 21 号。

法定代表人褚建刚，经理。

委托代理人刘新民，男，北京红都广告有限公司法律顾问，住该单位宿舍。

原告徐三堤诉被告中国经营报社（以下简称经营报社）、被告北京红都广告有限公司（以下简称红都公司）虚假广告纠纷一案，本院受理后，依法组成合议庭，公开开庭进行了审理。原告徐三堤，被告经营报社委托代理人陆波，被告红都公司委托代理人刘新民均到庭参加了诉讼。本案现已审理终结。

原告徐三堤诉称：我于 2002 年春节期间先后两次在中国经营报中缝广告中看见同一条广告，称：武昌武璐路 718 号的武汉千奇电子娱乐设备公司（以下简称千奇公司）新近研制出了新型大型电子娱乐设备"机械怪兽"、"超级梦幻方块"，并称该设备是境外目前最时尚的娱乐设备，在内地限量出售，保证购买者 6 个月收回全部投资，要求用现金预先定购，货供不应求。如果买后经营状态不佳，还可按售价的 80% 包回收。我信以为真，随即按报纸上登的地址前往千奇公司，该公司陈经理接待了我，给我介绍了产品的售价及售后服务，提供了一些资料，看了设备样品。5 月 5 日，我携现金 18.5 万元到千奇公司交给了陈××经理，双方约定 5 月 20 日凭票补差额提货。我于 5 月 20 日前去提货，发现人已不在，我随即在公安机关报案。几个月后，公安人员告诉我千奇公司是虚构的，陈经理等人下落不明，工商机关也证实无千奇公司这一单位。我认为经营报社和红都公司未依法审查广告证明文件，故意发布虚假广告欺骗广大读者，给我造成极大经济损失，请求人民法院判令二被告赔偿我损失 18.5 万元及其他经济损失 3000 元。

原告徐三堤向法庭提供的证据有：1. 报纸；2. 千奇公司预收货款付款凭证；3. 千奇公司的书面承诺。

被告经营报社辩称：原告在起诉中称的中缝广告是由红都公司代理，由我社发布的。红都公司已向我社提交了千奇公司的营业执照，广告共发布两次，一次是 2002 年 1 月 28 日，另一次是 2002 年 2 月 4 日，红都公司未曾就该广告获利，无论是红都公司还是我社，均不存在"明知或者应知广告虚假仍设计、制作、发布"的故意。根据法律规定，广告经营者和发布者只承担"查验广告的有关证明文件"这一形式审查的责任，而不是承担实质审查的责任。就本案诉争的广告而言，千奇公司通过广告代理公司向报社提交的营业执照从其形式来看，完整齐备；从其内容来看，经营范围主营"大型娱乐设备"与所刊广告的内容基本相符，不存在明显的瑕疵和缺陷。从原告提交的本案基本"事实与理由"来看，本案涉及一个明显的刑事诈骗问题，即存在一犯罪团伙利用广告公司和媒体故意发布虚假信息实施犯罪活动的事实。在本案中，如果原告陈述的是事实，那么不仅原告是受害人，红都公司和我社作为善意第三人也是被骗的受害人，因此原告认为报社"故意发布虚假广告欺骗广大读者和投资者"显然是对广告发布责任的无限加大。原告提交的千奇公司的"预收货款凭证"不是通常意义上的"收据"或"发票"。我们认为单就这一份证据不具有证明力。本案的审理应以公安机关对刑事案件的侦查终结以及法院对这一刑事诈骗案件的审理结果为依据，而此案至今未审结，因此我们要求中止本案审理。

被告红都公司辩称，原告提出的经济赔偿要求没有事实和法律依据。首先，红都公司不具有广告法第三十八条规定的"明知"和"应知"的过错。红都公司在为千奇公司代理发布广告业务的过程中，尽到了形式审查广告主证明文件的法定义务。其次，红都公司在为千奇公司代理发布广告的同时，针对该广告配发了警告性文字"忠告：请接产方实地考察后再合作，盈亏自负！"此警告性文字不仅提请购买者谨防失误，而且明确了购买者应对自己的购买行为承担全部责任。原告所主张的经济损失证据不足。原告仅向法庭提供了一份"千奇公司"为其开具的"预收货款凭证"，作为已付款的证据。我们认为这一单一证据，在没有其他相应的证据来佐证其本身的真实性时，是不能作为本案定案的根据的。同时，原告并没有提供其没有从"千奇公司"提到货的证据，也就是说原告始终没有向法庭出示自己已经发生了经济损失的完整证据。我们认为只能等待"千奇公司"刑事诈骗案件侦破之后，才能证明原告的经济损失是否真的存在。因此，综合本案在实体上和程序上的诸多问题，我们请求法庭驳回原告的诉讼要求。

二被告向法庭提供的证据有：1. 千奇公司营业执照传真件；2. 广告内容传真件；3. 两次刊登广告内容的报纸；4. 红都公司与经营报社的广告代理合同。

根据当事人的举证、质证情况，本院经审理认定本案事实如下：

2001年12月30日，红都公司与经营报社签订专项广告代理协议，约定红都公司受托代理《中国经营报》中缝专项广告业务，并有义务对其所承揽广告的有关证明材料之真实性、合法性及广告主的资质进行严格审核并妥善保管，在经营报社查验时及时提供，不得以任何理由推诿。2002年1月，红都公司通过电话的方式接受广告主千奇公司的委托，在《中国经营报》中缝中发布销售大型娱乐设备的广告，并形式上审查了千奇公司传真的企业营业执照复印件，见复印件载明千奇公司经营范围主营大型娱乐设备与广告内容相符，同意发布广告，同时收取了千奇公司汇来的广告费280元，后又将该企业营业执照复印件交与经营报社审查。2002年1月28日和2002年2月4日《中国经营报》两次发布了千奇公司销售大型娱乐设备的广告，广告醒目标题是：售大型娱乐设备

主要内容为：

"千奇娱乐设备公司是专门设计制造大型娱乐设备的生产单位，生产的许多大型娱乐设备成为许多国家和地区的新潮玩具。特别是新近设计制作的"机器怪兽"（8，10人）、"超级梦幻方块"（8人）等产品自2001年夏季在境外销售以来一直成为最时尚的电子娱乐工具之一。为了让内地朋友享受境外的乐趣，本公司限量出售此款娱乐设备。欢迎有经济实力的企业、个人前来购买。购买该产品投资较大，回报率极高，根据广大客户反馈的情况，90%以上都是半年内收回投资。

由于供不应求，凡是现款购买1-2台者，通常情况可当日提货，特殊情况不过3日，凡是购5台以上者，预付一定货款后可优惠5%，本公司还确保15日内提货并免费送货上门。如果客户购买后不满意或经营状况不佳，提货后90日内主要部件未损坏，本公司按售价的70%-80%全面回

收，现款结算。（以上内容具有法律约束力）

凭本报纸广告购买优惠3%。

单位：武汉千奇电子娱乐设备公司 地址：武汉市武昌区中南××路×××号。电话：136286×××× 027-8721××× 联系人：周女士 陈先生"

广告下方用黑体字并加方块标注：忠告：请接产方实地考察后再合作，盈亏自负！

诉讼中，二被告称，根据经营惯例，二被告对广告主采取形式审查制，并根据广告主的地域情况区别审查。北京地区的广告主要求审查营业执照的原件，但外地的广告主不要求审查原件，武汉市没有进行全国联网，不能网上查询，其它查询方式涉及到费用问题，查询比较困难，故见到传真件即可。法庭问及是否想到会出问题的后果，二被告称，之前，还不曾出现此问题，同时称，目前还没有有效的办法避免。本案中，报纸中千奇公司的名称与千奇公司传真的营业执照名称有一些差别，前者无"市"、"有限"字样，后者均有；前者有"电子"字样，后者没有。二被告称，皆因疏忽所致。徐三堤还称，其咨询过当地工商局，千奇公司提供给二被告的营业执照格式是旧版本，现早已作废不用。二被告称，不知新版与旧版的区别。问及徐三堤有无证据证明提供的是旧版，其称没有，只是到工商局进行过口头咨询。

徐三堤为证明其与千奇公司发生业务关系的事实，向法庭提交了"武汉市千奇电子娱乐设备公司预收货款凭证"和千奇公司的书面承诺，其中，凭证载明：付款单位徐三堤，2002年5月5日，机械怪兽2台，每台9.8万元，应付货款19.012万元，现已预付现金18.5万元，提货时应补交余款5120元。凭证上盖有千奇公司公章和财务章。承诺载明的书写时间是2002年5月6日，内容为，5月5日，我单位收取徐先生预付货款18.5万元，当天汇至台湾，其订购娱乐设备的中心软件需从台湾购进，为此，其提出3日内提货的要求不能满足，保证5月20日补齐差额后提货。

徐三堤称与千奇公司联系四次，二月份根据报纸提供的电话号码进行了联系，三月份、四月份分别去了一次，直至5月份携款前往。在千奇公司的办公地点见到1台样机，是机器怪兽，千奇公司一名姓陈的经理说，设备刚刚开始在内地销售，效益很好，一年之内可以免费维修。并保证如果效益不好，还可以按进价的80%回收。问及为何交了18万元的现金款且无书面合同，答是千奇公司坚持要交这么多，千奇公司称货很紧俏，不交就算了。与千奇公司约定在洪山区光谷高新区交货，因为千奇公司的生产地址转移到那里。问及对产品是否进行了考察，答产品的商标是千奇公司的商标，产品里面的芯片是台湾产的；比样品大，包括坐人的地方有一辆轿车那么大。购物的目的是为了经营。徐三堤于5月5日交了预付款回家后就觉得心里不踏实，不日返回，但千奇公司已无踪影，到工商管理部门查询，并无此单位，遂到公安部门报案。

经电话咨询武汉市洪山区公安分局经济分队，徐三堤等人的报案属实，但因千奇公司并未在工商部门登记注册，千奇公司工作人员的身份证明均系伪造，在涉案人身份未确定前，尚不能正式立案，故建议民事案件先行审理。经向武汉市洪山区人民法院调查，该院确有以千奇公司为被告起诉的民事案件，案情相同，但原告并非徐三堤，该案已经开庭审理，准备择日宣判。

经查询相关资料，类似案件的判例为邱金友诉长江日报社刊登虚假广告侵权赔偿案，该案认定广告发布者长江日报社承担主要责任，并作为判例刊登在《人民法院案例选－民事卷（中）》上。

上述事实亦有当事人陈述、开庭笔录在案佐证。

综合以上事实，本院认为：

广告法第三十八条第一款与第二款的规定是一种相互补充关系，其中，第一款规定，违反本法规定，发布虚假广告，欺骗和误导消费者，使购买商品或者接受服务的消费者的合法权益受到损害的，由广告主依法承担民事责任；广告经营者、广告发布者明知或者应知广告虚假仍设计、制作、发布的，应依法承担连带责任。第二款规定，广告经营者、广告发布者不能提供广告主的真实名称、地址的，应当承担全部赔偿责任。根据该两款的规定，广告经营者和广告发布者对广告消费者承担的民事责任是一种与其过错相适应的责任。广告经营者与广告发布者因其过错已经造成消费者的实际损害发生时，应赔偿由此而给消费者造成的全部损失，但消费者有过错的情况下，则应按照过错相抵原则承担各自的责任。

本案中，红都公司与经营报社具有过错。广告是广告主通过广告发布者和经营者向社会不特定的人或单位发布的一种要约邀请，发布的目的是邀请购买者向广告主进行要约，以便双方设立合同关系。内容确定的要约邀请也可以视为要约。这说明广告经营者和发布者审查广告应保证广告主向广告相对人发布的广告必须真实、合法，否则，就有可能给要约人——消费者造成损害。故广告发布者、广告经营者对广告主真实地址和真实名称的审查必须是严格的形式审查，这种审查，如果是针对常期客户，可以基于信赖关系而不必拘于形式，但如果是针对一个陌生的客户，查验的证件必须是原始证件。本案中，二被告对北京客户和外地客户采取不同的审查办法，一方面说明二被告对广告主进行原件审查是清楚并认可的，另一方面说明，二被告对其不进行原件审查的后果是有预见的，并放任了该种结果的发生。故二被告仅凭传真件就发布广告致使无法找到广告主，广告主欺诈得逞具有不可推卸的法律责任，应对此后果承担过错责任。

徐三堤在与广告主千奇公司缔约的过程中也存在过错。具体体现在以下几个方面：第一，其缔约时进行的考察不够细致，二被告发布的广告，在其下方明确提醒："请接产方实地考察后再合作，盈亏自负！"徐三堤前往千奇公司考察多次，说明其详细阅读了提醒内容，此外，徐三堤购买游戏机的目的是用于经营，为确保使用安全的目的，其亦应尽考察义务，但其对所购买的游戏机的产地、车间和质量等内容未逐一核实，甚至对生产样机、生产场地描述不清，考察的目的并没有达到。徐三堤在与千奇公司签订合同时，千奇公司不与其订立书面合同，并不给其开具正式发票，但索要货款几乎是全部货款，这说明千奇公司与其发生的交易不是按正常的商业惯例进行，作为商事主体，其理应产生警觉，避免不规范的行为后果，但显然其未尽合理的注意义务。

本案中由于千奇公司是一个未经合法注册的公司，现在经办人员下落不明，这使得在判断徐三堤与千奇公司是否发生了买卖合同关系、是否产生了实际损害这一问题时产生分歧。认定徐三堤与千奇公司设立了买卖合同关系的理由是：口头合同也是合同，徐三堤向法庭提供的发票和千奇公司的承诺足以证明双方之间设立了合同关系。受广告诱导与千奇公司订立合同的客户除徐三堤之外，还有其他客户，这些客户分别来自不同的省市和地区，他们之间不太可能存在共同虚构事实的可能。注意义务与一个人商业经验、人生阅历、文化程度等很多因素有关，徐三堤之所以疏忽大意，主要还是过于相信广告发布者的信誉，经营报作为全国一级刊物，面向全国发行，徐三堤没有产生怀疑应是常理。认为徐三堤与千奇公司不存在买卖关系的理由有：徐三堤提供的证据表明，双方之间的交易手续并不健全，千奇公司财务章和公章的伪造主体并不必然是千奇公司，仅凭"预交货款凭证"不能充分证明其与千奇公司存在真实的交易关系。同样，也不能证明其交易损失真实存在。故应根据先刑后民的原则移交刑事侦查，待侦查结果确定后另行处理。比较上述两种观点，合议庭认为，应支持前一种观点，这是因为，就原告而言，其已经穷尽了举证责任，根据原告的证据能够证明刊登虚假广告的事实已经存在，但二被告却没有任何反驳证据证明徐三堤与千奇公司未发生买卖合同关系的事实。故原告陈述事实的可信度较高。公安机关至今不能确定犯罪嫌疑人的下落，采取先刑后民的原则暂时不会使事实明了，而这种风险完全由被害人徐三堤承担，显属不公。到目前为止，已判决的类似案件很少出现假被害人的情况，但被害人的利益得不到保护的问题却比较明显。故合议庭认为，根据优势证据规则，应确认徐三堤与千奇公司买卖合同关系存在，二被告按其过错程度承担由此而给徐三堤造成的损失。

综上所述，依据《中华人民共和国广告法》第二十七条、第三十八条第一款、第二款之规定，判决如下：

自本判决生效之日起 10 日内，被告中国经营报社、被告北京红都广告有限公司赔偿原告徐三堤经济损失 12 万元。

案件受理费 5270 元（原告预交），由原告徐三堤负担 2270 元（已交纳），由被告中国经营报社、被告北京红都广告有限公司负担 3000 千元（于本判决生效后 7 日内交纳）。

如不服本判决，可于判决书送达之日起 15 日内，向本院递交上诉状，并按对方当事人的人数提出副本，于上诉期满之日起 7 日内交纳上诉案件受理费（与一审同额），上诉于北京市第一中级人民法院。

审判人员署名（略）

二〇〇三年七月二十日

北京市第一中级人民法院民事判决书

[2004] 一中民终字第 1619 号

上诉人（原审被告）中国经营报社，住所地北京市海淀区中关村南大街 35 号北门西侧。

法定代表人金碚，社长。

委托代理人褚建刚，男，汉族，1962 年 × 月 × 日出生，北京红都广告有限公司经理，住北京市东城区 × × × 号。

委托代理人刘新民，男，回族，1949 年 × 月 × 日出生，北京红都广告有限公司法律顾问，住北京市宣武区×××街×号。

上诉人（原审被告）北京红都广告有限公司，住所地北京市丰台区西局南街 21 号。

法定代表人褚建刚，经理。

委托代理人刘新民，男，回族，1949 年 × 月 × 日出生，北京红都广告有限公司法律顾问，住北京市宣武区×××街×号。

被上诉人（原审原告）徐三堤，男，1960 年 × 月 × 日出生，汉族，个体户，住湖北省武汉市××县××乡××湾。

上诉人中国经营报社（简称经营报社）、北京红都广告有限公司（简称红都公司）因虚假广告纠纷一案，不服北京市海淀区人民法院于 2003 年 7 月 20 做出的［2003］海民初字第 5708 号民事判决，向本院提起上诉。本院于 2004 年 2 月 13 日受理本案后，依法组成合议庭，于 2004 年 4 月 6 日公开开庭进行了审理。上诉人经营报社及红都公司的委托代理人褚建刚、刘新民到庭参加了诉讼。被上诉人徐三堤经本院合法传唤，无正当理由，拒不到庭。本案现已审理终结。

北京市海淀区人民法院判决认定：广告是广告主通过广告发布者和经营者向社会不特定的人或单位发布的一种要约邀请，发布的目的是邀请购买者向广告主进行要约，以便双方设立合同关系。内容确定的要约邀请也可以视为要约。这说明广告经营者和发布者审查广告应保证广告主向广告相对人发布的广告必须真实、合法，否则，就有可能给要约人——消费者造成损害。故广告发布者、广告经营者对广告主真实地址和真实名称的审查必须是严格的形式审查。这种审查，如果是针对长期客户，可以基于信赖关系而不必拘于形式，但如果是针对一个陌生的客户，查验的证件必须是原始证件。本案中，经营报社和红都公司对北京客户和外地客户采取不同的审查办法，一方面说明其对广告主进行原件审查是清楚并认可的，另一方面说明，二者对其不进行原件审查的后果是有预见的，并放任了该种结果的发生。故二者仅凭传真件就发布广告致使无法找到广告主、广告主欺诈得逞具有不可推卸的法律责任，应对此后果承担过错责任。

徐三堤在与广告主武汉千奇电子娱乐设备公司（简称千奇公司）缔约的过程中也存在过错。具体体现在以下几个方面：第一，其缔约时进行的考察不够细致，红都公司和经营报社发布的广告，在其下方明确提醒："请接产方实地考察后再合作，盈亏自负！"徐三堤前往千奇公司考察多次，说明其详细阅读了提醒内容，此外，徐三堤购买游戏机的目的是用于经营，为确保使用安全的目的，其亦应尽考察义务，但其对所购买的游戏机的产地、车间和质量等内容未逐一核实，甚至对生产样机、生产场地描述不清，考察的目的并没有达到。徐三堤在与千奇公司签订合同时，千奇公司不与其订立书面合同，并不给其开具正式发票，但索要货款几乎是全部货款，这说明千奇公司与其发生的交易不是按正常的商业惯例进行，作为商事主体，其理应产生警觉，避免不规范的行为后果，但显然其未尽合理的注意义务。

本案中由于千奇公司是一个未经合法注册的公司，现在经办人员下落不明，这使得在判断徐三堤与千奇公司是否发生了买卖合同关系、是否产生了实际损害这一问题时产生分歧。认定徐三堤与千奇公司设立了买卖合同关系的理由是：口头合同也是合同，徐三堤向法庭提供的发票足以证明双方之间设立了合同关系。受广告诱导与千奇公司订立合同的客户除徐三堤之外，还有其他客户，这些客户分别来自不同的省市和地区，他们之间不太可能存在共同虚构事实的可能。注意义务与一个人商业经验、人生阅历、文化程度等很多因素有关，徐三堤之所以疏忽大意，主要还是过于相信广告发布者的信誉，经营报作为全国一级刊物，面向全国发行，徐三堤没有产生怀疑应是常理。认定徐三堤与千奇公司不存在买卖关系的理由有：徐三堤提供的证据表明，双方之间的交易手续并不健全，千奇公司财务章和公章的伪造主体并不必然是千奇公司，仅凭"预交货款凭证"不能充分证明其与千奇公司存在真实的交易关系。同样，也不能证明其交易损失真实存在。故应根据先刑后民的原则移交刑事侦查，待侦查结果确定后另行处理。比较上述两种观点，合议庭认为，应支持前一种观点，这是因为，就徐三堤而言，其已经穷尽了举证责任，根据其证据能够证明刊登虚假广告的事实已经存在，但红都公司和经营报社却没有任何反驳证据证明徐三堤与千奇公司未发生买卖合同关系的事实。故徐二堤陈述的事实的可信度较高。公安机关至今不能确定犯罪嫌疑人的下落，采取先刑后民的原则暂时不会使事实明了，而这种风险完全由被害人徐三堤承担，显属不公。到目前为止，已判决的类似案件很少出现假被害人的情况，但被害人的利益得不到保护的问题却比较明显。故根据优势证据规则，应确认徐三堤与千奇公司买卖合同关系存在，红都公司和经营报社按其过错程度承担由此给徐三堤造成的损失。

综上，一审法院依据《中华人民共和国广告法》第二十七条、第三十八条第一款、第二款之规定，判决：自本判决生效之日起 10 日内，红都公司和经营报社赔偿徐三堤经济损失 12 万元。

一审宣判后，经营报社和红都公司不服原审判决，在法定上诉期内向本院提起上诉。徐三堤服从一审判决。

经营报社上诉称：优势证据规则是美国一直实行的证据制度，是采取判例法国家的一种法律制度，其与我国实事求是的证据原则和"谁主张、谁举证"的法律规定是相对立的。而且，三个被害人均承认自己是在武汉当地从事商品交易多年的个体户，仅从其身份证上的地址得出"不太可能存在共同虚构事实的可能"这种结论，完全是对事实的错误判断。在无法查清实际损害及具体金额，甚至徐三堤是否有实际支付巨额货款的能力时，一审法院的判决适用法律错误，本案应适用先刑后民的原则。故请求依法驳回徐三堤的诉讼请求。

红都公司上诉称：原审判决所持观点和认定的事实是错误的。1. 本案是广告主主体虚假的刑事诈骗案。特别是徐三堤等人，极有可能就是其利用司法审判达到诈骗目的的诈骗团伙的成员。2. 原审法院在事实无法查清的情况下，认定徐三堤等人没有共同虚构事实的可能、徐三堤与千奇公司存在合同关系、徐三堤已穷尽举证责任及其过于相信广告发布者的信誉等等事实是错误的。特别是由于千奇公司不能到庭质证，徐三堤出示的证据真假不能确定，因此其主张不能得到证实。综上，请求法院慎重断案。

徐三堤辩称：原审法院认定事实清楚，适用法律正确，上诉人只重经济利益，不顾法律规定，多次发布虚假广告，应承担相应责任。请求二审法院依法驳回上诉，维持原判。

经审理查明：

2001 年 12 月 30 日，红都公司与经营报社签订专项广告代理协议，约定红都公司受托代理《中国经营报》中缝专项广告业务，并有义务对其所承揽广告的有关证明材料之真实性、合法性及广告主的资质进行严格审核并妥善保管，在经营报社查验时及时提供，不得以任何理由推诿。

2002 年 1 月，千奇公司电话委托红都公司在《中国经营报》中缝为其发布销售大型娱乐设备的广告，并向红都公司以传真方式发送其企业营业执照副本，该传真件载明千奇公司主营大型娱乐设备。红都公司收取千奇公司汇来的广告费 280 元后，将千奇公司的企业营业执照副本传真件交与经营报社审查。

2002 年 1 月 28 日和 2002 年 2 月 4 日，《中国经营报》两次发布了千奇公司的广告。该广告醒目标题是：售大型娱乐设备，主要内容为："千奇娱乐设备公司是专门设计制造大型娱乐设备的生产单位，生产的许多大型娱乐设备成为许多国家和地区的新潮玩具。特别是新近设计制作的'机器怪兽'（8，10人）、'超级梦幻方块'（8人）等产品自2001年夏季在境外销售以来一直成为最时尚的电子娱乐工具之一。为了让内地朋友享受境外的乐趣，本公司限量出售此款娱乐设备。欢迎有经济实力的企业、个人前来购买。购买该产品投资较大，回报率极高，根据广大客户反馈的情况，90%以上都是半年内收回投资。

由于供不应求，凡是现款购买1-2台者，通常情况可当日提货，特殊情况不过3日，凡是购买5台以上者，预付一定货款后可优惠5%，本公司还确保15日内提货并免费送货上门。如果客户购买后不满意或者经营状况不佳，提货后90日内主要部件未损坏，本公司按售价的70%-80%全面回收，现款结算。（以上内容具有法律约束力）

凭本报纸广告购买优惠3%。

单位：武汉千奇电子娱乐设备公司　地址：武汉市武昌区中南××路×××号。电话：136286×××××，027-8721×××　联系人：周女士 陈先生"

该广告下方用黑体字并加方块标注"忠告：请接产方实地考察后再合作，盈亏自负！"

一审期间，徐三堤称其根据广告提供的电话号码与千奇公司联系4次，并在千奇公司的办公地点见到1台"机器怪兽"样机，千奇公司的陈经理以货紧俏为由，要求交付18万元的现金。为证明其与千奇公司发生业务关系的事实，提交了"武汉市千奇电子娱乐设备公司预收货款凭证"和书面承诺，该收款凭证载明：付款单位徐三堤，2002年5月5日，机器怪兽2台，每台9.8万元，应付货款19.012万元，现已预付现金18.5万元，提货时应补交余款5120元。该凭证备注栏还载明"持中国经营报广告优3%，5月20日补款提货。"该收款凭证上盖有千奇公司公章和财务章。书面承诺载明的书写时间是2002年5月6日，内容为"5月5日，我单位收取徐先生预付货款18.5万元，当天汇至台湾，其订购娱乐设备的中心软件需从台湾购进，为此，其提出3日内提货的要求不能满足，保证5月20日补齐差额后提货。"

2003年4月22日，武汉市工商行政管理局武昌分局出具了千奇公司未经工商登记的证明。

以上事实，有广告代理合同、千奇公司营业执照传真件、广告内容传真件、《中国经营报》涉案广告、预收货款凭证、书面承诺及当事人庭审陈述在案佐证。

本院认为：

我国广告法规定，广告经营者和发布者对广告主的主体资格、广告内容的真实性均应作严格审查，若未尽审查义务或审查不严，发布虚假广告，欺骗和误导消费者，使购买商品或接受服务的消费者的合法权益受到损害的，应承担相应的过错责任。本案中，千奇公司以电话委托的方式要求红都公司和经营报社为其刊登广告，红都公司和经营报社本应严格审查千奇公司的营业执照原件，同时要求千奇公司提供"机器怪兽"（8，10人）、"超级梦幻方块"等产品的质检证明等相关文件以核查广告内容的真实性，并且依法应与千奇公司签订书面合同，但其仅审查了千奇公司的营业执照传真件即为千奇公司发布广告，且红都公司和经营报社均未能提供千奇公司的真实名称及地址，已构成发布虚假广告的行为，故理应承担相应的法律责任。

近年来，广告主发布虚假广告进行诈骗的案件已发生多起，各种媒体对此类诈骗行为亦有披露。徐三堤阅读《中国经营报》刊登的千奇公司广告时，应当已注意到该广告下方有"请接产方实地考察，盈亏自负！"的提示内容，其前往千奇公司的办公地址接洽业务时，亦应严格审查该公司的主体资格和履约能力。倘若徐三堤支付千奇公司18.5万元的事实成立，对个人而言该笔款项数额巨大，徐三堤未与千奇公司签订书面购货合同即支付巨额现金，且未要求千奇公司提供真实的税务发票，未尽购买者合理的注意义务，亦应承担相应的责任。

本案中，千奇公司纯属虚构，其财务章及公章的伪造主体无法确定，现有证据又不能证明千奇公司所谓的办公地址曾经存在及陈经理确有其人，在此情况下，本院仅凭盖有千奇公司公章和财务章的收款凭证无法认定徐三堤已支付给千奇公司18.5万元现金的事实，即无法认定徐三堤因虚假广告而遭受实际损害的事实，故徐三堤依据现有证据要求经营报社及红都公司赔偿损失的诉讼请求，本院不予支持。原审法院认定徐三堤与千奇公司存在真实交易关系，系认定事实不清、证据不足，本院应予改判。经营报社和红都公司的上诉理由成立，本院予以支持。鉴于经营报社和红都公司发布虚假广告的行为违反我国广告法的相关规定，本院将建议相关工商行政管理部门对其行为予以行政处罚。

综上，根据《中华人民共和国民事诉讼法》第六十四条第一款、第一百三十条、第一百五十三条第一款（三）项、第一百五十七条之规定，缺席判决如下：

一、撤销北京市海淀区人民法院［2003］海民初字第 5708 号民事判决书。

二、驳回徐三堤的诉讼请求。

一审案件受理费 5270 元，由徐三堤负担（已交纳）；二审案件受理费 5270 元，由徐三堤负担（于本判决生效后 7 日内交纳）。

本判决为终审判决。

审判人员署名 （略）

二〇〇四年五月十三日

注：以上裁判文书仅供参考，引用请以原件为准。